Monika Dickhaus

Die Bundesbank im westeuropäischen Wiederaufbau

Schriftenreihe
der Vierteljahrshefte für Zeitgeschichte
Band 72

Im Auftrag des Instituts für Zeitgeschichte

Herausgegeben von

Karl Dietrich Bracher, Hans-Peter Schwarz, Horst Möller

Redaktion: Norbert Frei und Hans Woller

R. Oldenbourg Verlag München 1996

Die Bundesbank im westeuropäischen Wiederaufbau

Die internationale Währungspolitik der Bundesrepublik Deutschland 1948 bis 1958

Von Monika Dickhaus

R. Oldenbourg Verlag München 1996

Die Deutsche Bibliothek – CIP-Einheitsaufnahme

[Vierteljahrshefte für Zeitgeschichte / Schriftenreihe]
Schriftenreihe der Vierteljahrshefte für Zeitgeschichte / im Auftr. des Instituts für Zeitgeschichte hrsg. – München : Oldenbourg.
Früher Schriftenreihe
Schriftenreihe zu: Vierteljahrshefte für Zeitgeschichte
NE: HST

Bd. 72. Dickhaus, Monika: Die Bundesbank im westeuropäischen Wiederaufbau. – 1996

Dickhaus, Monika:
Die Bundesbank im westeuropäischen Wiederaufbau : die internationale Währungspolitik der Bundesrepublik Deutschland 1948 bis 1958 / Monika Dickhaus. – München : Oldenbourg, 1996
(Vierteljahrshefte für Zeitgeschichte : Schriftenreihe ; Bd. 72)
ISBN 3-486-64572-2

Gesamtherstellung: Appl, Wemding

ISBN 3-486-64572-2

Inhalt

Einleitung

Die vorliegende Arbeit befaßt sich mit der internationalen Währungspolitik der Deutschen Bundesbank bzw. ihrer Vorgängerin, der Bank deutscher Länder (BdL), im westeuropäischen Wiederaufbau nach dem Zweiten Weltkrieg. Mehrere Gründe sprachen und sprechen dafür, sich dieses Themas anzunehmen.

Heutzutage ist die Deutsche Bundesbank eine wichtige Institution im deutschen Wirtschaftsleben, denn mit ihren geldpolitischen Entscheidungen und ihren wirtschaftspolitischen Stellungnahmen übt sie erheblichen Einfluß auf die nationale Währungs- und Wirtschaftsentwicklung aus. Sie ist aber auch für das internationale Währungs- und Wirtschaftsgeschehen von Bedeutung. Zumindest im europäischen Zusammenhang – gelegentlich aber auch darüber hinaus – gibt sie den Ton an, und europäische Zentralbanken folgen häufig den Entscheidungen der Bundesbank mit gleichgerichteten geldpolitischen Maßnahmen binnen Stunden.

Diese Bedeutung der Bundesbank spiegelt sich in der in- und ausländischen Presse wider. Dabei zeigt sich jedoch nicht nur, daß ihr und ihren Aktivitäten große Aufmerksamkeit zugemessen wird. Gleichzeitig wird deutlich, daß die Bundesbank eine erstklassige Reputation genießt, daß ihr Respekt und Bewunderung gezollt, aber auch Verehrung und Furcht entgegengebracht wird. Artikel, in denen die Bundesbank als eine vorbildliche Institution, als „Macht am Main", als „chief in the ERM [Exchange Rate Mechanism] row" oder gar als „monetärer Gralshüter" bezeichnet wird[1], sind leicht zu finden. Dementsprechend verwundert es nicht, daß die deutsche Zentralbank auch über die deutschen Grenzen hinaus in weiten Bevölkerungskreisen bekannt, der Name des Bundesbankpräsidenten oftmals sogar geläufiger als der des Bundeswirtschaftsministers ist. Gelegentlich wird Deutschland im Ausland sogar mit der Bundesbank assoziiert[2]. Behauptungen wie die eines renommierten britischen Journalisten, die Bundesbank habe die Wehrmacht als bekannteste und gefürchtetste Institution Deutschlands abgelöst, und die Tatsache, daß er sie dabei im Titel seiner Monographie als „die Bank, die Europa regiert", vorstellt, sprechen Bände[3].

---

[1] Peter Marsh/Quentin Peel, „The Bundesbank chief in the row over need to realignment", in: Financial Times vom 16.9.1992, S.1; Hirn, Macht, S.74; Oliver Schumacher, „Kulturkampf der Geldhüter", in: Die Zeit, Nr.47, 17.11.1995, S.25.

[2] Der Bekanntheitsgrad der Bundesbank zeigt sich beispielsweise in der Werbung des britischen Hypermarktes Sainsbury, der im Juni 1991 seine Produkte (deutsche Weine) in britischen Tageszeitungen ganzseitig folgendermaßen anpries: „Introducing five wines from Sainsbury's that won't break the Bundesbank." The Guardian, 20.6.1991, S.5.

[3] Vgl. Marsh, Bundesbank, S.18. Der Orginaltitel des Werkes lautet „The Bank that rules Europe". Er wurde übersetzt als „Die Bundesbank. Geschäfte mit der Macht".

Natürlich kann man derartige Äußerungen als journalistisch, als überzeichnet und unangemessen ablehnen. Allerdings genießt die Deutsche Bundesbank auch in wissenschaftlichen Arbeiten einen guten Ruf, und sie findet auch hier große Aufmerksamkeit. Zwar sind in diesen Publikationen Einschränkungen und Differenzierungen üblich, und es herrschen gedämpftere Töne vor: Während beispielsweise die Effektivität der Bundesbank und die Probleme monetärer Steuerung angesprochen werden, wird festgehalten, daß die Stärke der Bundesbank weitgehend eine Funktion der wirtschaftlichen Stellung der Bundesrepublik ist. Ferner wird ihre Politik häufig kritisch hinterfragt sowie das tatsächliche Ausmaß ihrer Unabhängigkeit und die Grenzen ihres Einflusses untersucht[4]. Insgesamt herrscht aber auch in der Wissenschaft die Meinung vor, daß die Bundesbank eine Institution ist, die eine ausgesprochen positive Erfolgsbilanz in binnen- wie in außenwirtschaftlicher Hinsicht vorweisen kann und deren Einfluß auf die nationale und internationale Währungspolitik und Wirtschaftsentwicklung beträchtlich ist[5]. Da sie dabei oftmals als ein Symbol für Preisstabilität und Stabilitätspolitik angesehen wird[6], sieht man ihrer Abschaffung im Rahmen einer Europäischen Wirtschafts- und Währungsunion mit Skepsis entgegen. Sofern aber ihre Abschaffung unvermeidbar ist, müsse die zukünftige europäische Zentralbank wenigstens weitgehend der Bundesbank gleichen[7].

Die Stärke, die Position und der Einfluß der Deutschen Bundesbank legitimieren zweifellos die Frage nach dem Selbstverständnis, den Traditionen und der Geschichte dieser Institution, zumal weitgehend Übereinstimmung herrscht, daß die Erfahrungen der deutschen Zentralbank und das daraus resultierende „Ethos“ für das Verständnis ihrer Politik wesentlich sind[8]. Wenngleich viele Komponenten zur Stärke der Bundesbank beitragen, ist durchaus dem ehemaligen britischen Schatzkanzler Norman Lamont zuzustimmen, der im Oktober 1993 anläßlich eines Personalwechsels an der Spitze der Deutschen Bundesbank bemerkte: „Die Stärke der Bundesbank liegt vor allem in der Geschichte des Hauses und geht deshalb über die Summe der einzelnen Mitarbeiter hinaus.“[9]

---

[4] Die wissenschaftliche Literatur zur Bundesbank ist fast unüberschaubar. Sie kann weitgehend über die einschlägigen Zeitschriften wie Kredit und Kapital, Journal of Monetary Economics und Journal of Money, Credit and Banking erschlossen werden. Darüber hinaus vgl. zur Autonomie Baum, Analysen; Alesina/Summers, Central Bank Independence. Zu den Problemen monetärer Steuerung vgl. Friedman, Monetary Policy.

[5] Vgl. als ein Beispiel Kennedy, Bundesbank.

[6] Vgl. als ein Beispiel Goodman, Sovereignty, S. 58 ff.

[7] Vgl. Caesar, Autonomie, S. 111 ff.; Neumann, Bundesbank, S. 81 ff.; Vaubel, Public-Choice-Analyse, S. 22 ff. Im Vertrag von Maastricht wurden die Prinzipien der zukünftigen Europäischen Zentralbank wie Unabhängigkeit und Verpflichtung auf die Geldwertstabilität weitgehend festgelegt, wobei häufig auf die Bundesbank rekurriert wurde. Darüber hinaus wurden in den letzten Jahren in einigen Ländern der Europäischen Union die Zentralbankstatuten zwecks Vorbereitung auf eine Europäische Wirtschafts- und Währungsunion modifiziert. Auch hier diente die Bundesbank oftmals, ausgesprochen oder unausgesprochen, als Modell.

[8] Vgl. als ein Beispiel Kennedy, Bundesbank, S. 6 ff.

[9] Norman Lamont, „Schluß mit der Illusion“, in: Die Zeit, Nr. 40, 1. 10. 1993, S. 46.

Sofern man auf die Traditionen, die Geschichte und das Selbstverständnis der deutschen Zentralbank zu sprechen kommt, ist es im allgemeinen üblich, auf die Große Inflation 1914 bis 1923 zu verweisen. Diese wird auch heute noch als prägend für die Bundesbank angesehen, und mit Verweis auf sie werden restriktive Maßnahmen häufig erklärt[10]. Demgegenüber werden andere Epochen in den Hintergrund gedrängt. Insbesondere wird der Nachkriegszeit im Vergleich zur Großen Inflation eine unbedeutendere Rolle zugemessen, selbst wenn zu vermuten steht, daß die Wurzeln für die herausragende Stellung der deutschen Zentralbank sowie für ihre Reputation nicht zuletzt in den ersten Jahren ihres Bestehens zu suchen sind: Erstens ist wohl nicht zu bestreiten, daß immer in den ersten Lebensjahren einer Institution Grundsteine gelegt und Reputationen erworben werden. Zweitens finden sich schon in den fünfziger Jahren Hinweise darauf, daß die Bank ein großes Ansehen genoß und als wichtig angesehen wurde: So formulierte beispielsweise der Economist im Jahre 1955, daß es keinen „sterner guardian of a country's currency" als die deutsche Zentralbank gäbe[11]. Zur gleichen Zeit wies der amerikanische Wirtschaftswissenschaftler Henry C. Wallich ihr in einer ersten Darstellung des deutschen Wirtschaftswunders eine tragende Rolle zu[12].

Wenn man sich die heutige Bedeutung der Bundesbank und die Tatsache, daß in den vierziger und fünfziger Jahren wichtige Weichenstellungen erfolgten, vor Augen führt, ist um so erstaunlicher, daß die Geschichte der Deutschen Bundesbank bzw. ihrer Vorgängerin, der Bank deutscher Länder (BdL), in dieser Zeit bisher nur wenig erforscht wurde. Zwar kann man nicht sagen, daß ihre Aktivitäten im dunkeln lägen. Ganz im Gegenteil: Jeder kann sich mit Leichtigkeit über ihre Politik, ihre Maßnahmen und ihre Anschauungen informieren. Zum ersten hat die Bank selbst ihre Politik und Ansichten in Monats- und Jahresberichten ausführlicher dargestellt und begründet, als Zentralbanken gemeinhin zu tun pflegen[13]. Zum zweiten wurde die Arbeit der deutschen Zentralbank von Anfang an von journalistischer und wissenschaftlicher Auseinandersetzung begleitet. Darüber hinaus fehlt es nicht an Aufsätzen und Monographien, die sich rückschauend den Erfahrungen der Bank und ihrer Entwicklung widmen. Gleichwohl kann von einer ausreichenden und zufriedenstellenden Erforschung der Geschichte der deutschen Zentralbank nicht gesprochen werden.

Daß zeitgenössische Darstellungen aus dem Hause der Zentralbank wie die Monats- und Jahresberichte zwar die Maßnahmen der Bank und ihre Ansichten dokumentieren, aber eine historische Untersuchung nicht ersetzen können, bedarf wohl keiner Erläuterung. Ihnen fehlt in jeder Hinsicht die Distanz zum Untersuchungsobjekt. Ferner müssen sie als Teil der Informationspolitik der Bank

[10] Vgl. als ein Beispiel Kennedy, Bundesbank, S. 6ff.

[11] „Germany's Boom", in: The Economist, 13. 8. 1955, S. 523f.

[12] Vgl. Wallich, Triebkräfte, S. 14.

[13] Das wird deutlich, wenn man die periodischen Veröffentlichungen der deutschen Zentralbank z. B. mit den Geschäftsberichten der Bank von England vergleicht.

verstanden werden[14]. Aber auch zeitgenössische Werke über die deutsche Zentralbank können den Historiker nicht zufriedenstellen. Abgesehen davon, daß auch hier ein mangelnder zeitlicher Abstand vorliegt, konnten sich diese Analysen nur auf die Veröffentlichungen der Bank stützen; ihnen fehlt damit eine ausgewogene Quellengrundlage. Wichtiger aber noch ist die Tatsache, daß die Autoren dieser Werke meist nur eingeschränkten Fragestellungen nachgingen und spezifischen Ansätzen und Interessenlagen verpflichtet waren. Überwiegend juristischer oder wirtschaftswissenschaftlicher Provenienz, untersuchen sie beispielsweise die geldpolitischen Maßnahmen der Bank, die Handhabung ihres Instrumentariums, die Auswirkungen, Möglichkeiten und Grenzen ihrer Politik sowie die staatsrechtliche Stellung der Bank[15]. Da politikwissenschaftliche und soziologische Ansätze nur bedingt zum Tragen kamen[16], wurde den institutionellen Arrangements, dem sozio-politischen Kontext, den politischen Bedingtheiten, der Kooperation mit anderen Entscheidungsträgern und dem „Wie" und „Warum" der Entscheidungsfindung wenig Beachtung geschenkt. Dies ist zum großen Teil darauf zurückzuführen, daß bankinterne Konflikte damals wie heute häufig mit Schweigen belegt werden und demnach schwer eruierbar sind. Ferner liegt diese Ausrichtung darin begründet, daß Zentralbanken in der Vergangenheit häufig als apolitische und technokratische Institutionen angesehen wurden. So beklagten im Jahre 1986 die amerikanischen Wirtschaftswissenschaftler Eugenia Froedge Toma und Mark Toma die Defizite der Zentralbankforschung: „Until recently, economists have tended to analyze central banks in an utopian framework. The implicit assumption has been that central banks conduct their operations to maximize the public interest. Any deviation from the optimal rate of inflation could be attributed to technical problems associated with unanticipated changes in the money multiplier or money demand. Because of the assumptions employed, the economist's role is that of a technician, one who identifies the precise relationships between the monetary base, the money supply, and the resulting inflation rate."[17]

Aber auch die Arbeiten, die sich mit der deutschen Zentralbank und ihrer Entwicklung aus einer größeren Distanz beschäftigen, können nicht befriedigen. Die aus Anlaß bestimmter Jubiläen verfertigten Rückblicke genügen den wissenschaftlichen Ansprüchen der Geschichtswissenschaft nur bedingt[18]. Anderen Ar-

---

[14] Zur Festlegung der Grundlinien der Pressepolitik der deutschen Zentralbank vgl. BBK, B 330/2054, Direktorium, Protokoll, 23.9.1948. Acheson/Chant haben die Informationspolitik der kanadischen Zentralbank untersucht und dabei festgestellt, daß sie damit versuchte, ihren Handlungsspielraum zu vergrößern. Vgl. Acheson/Chant, Mythology.

[15] Als Beispiele vgl. Gaugenrieder, Stellung; Dürr, Wirkungsanalyse; Müller, Politik; Jenkis, Inflation.

[16] Vgl. Gilles, Autonomie, S. 219 ff.

[17] Toma/Toma, Central Bankers, S. 1. Zu den Defiziten der Zentralbankforschung aus soziologischem Blickwinkel vgl. Gilles, Autonomie, S. 219 ff.

[18] Aus Anlaß des 100. Jahrestages der Reichsbankgründung wurde eine Festschrift verfertigt. Vgl. Deutsche Bundesbank (Hrsg.), Währung und Wirtschaft. Hierzu ist festzuhalten, daß die Verfasser der Artikel, die die Zentralbankpolitik der fünfziger Jahre darstellen, während der geschilder-

beiten liegen, wie schon den zeitgenössischen Forschungen, spezifische Fragestellungen und ein eingeschränkter Blickwinkel zugrunde: Beispielsweise untersuchen sie die ordnungspolitische Bedeutung und die Auswirkungen der Notenbankunabhängigkeit auf die Geldwertstabilität, interessieren sich für die Entwicklung des geldpolitischen Instrumentariums oder gehen der Frage nach, ob die Bank schon in den fünfziger Jahren eine antizyklische Politik betrieben hat[19]. Obwohl im Bundesbankarchiv umfangreiches Quellenmaterial zugänglich ist, werden Quellen meistens nicht konsultiert. Bisher gibt es nur wenige Arbeiten, die historische Methoden anwenden, Quellen einbeziehen, die Bank in den historischen Kontext einordnen, Entscheidungsprozesse innerhalb der Bank und die Einbindung der Bank in nationale und internationale Politikprozesse untersuchen. Sie analysieren aber zumeist nur vergleichsweise kurze Episoden und können deshalb lediglich als erste Bausteine einer historischen Erforschung der deutschen Zentralbank angesehen werden[20].

Insgesamt liegt also eine Lücke bei der historischen Erforschung der deutschen Zentralbank in der Nachkriegszeit vor. Das ist gravierend, da diese Institution ohne eine präzise Kenntnis ihrer historischen Erfahrungen nicht ergründet werden kann und die Wurzeln ihrer Bedeutung und ihrer Reputation im nationalen und internationalen Kontext eindeutig in den fünfziger Jahren zu suchen sind. Darüber hinaus führt dieses Defizit dazu, daß die deutsche Wirtschaftsentwicklung, die deutsche Wirtschaftspolitik und das deutsche Wirtschaftswunder, aber auch die deutsche Außenpolitik und die internationale Währungspolitik nur in Ansätzen erfaßt werden können. Dafür ist es vielmehr erforderlich, auch die Politik, die Position und die Rolle der deutschen Zentralbank, die Entscheidungsfindung innerhalb der Bank, ihre Einbindung in den nationalen und internationalen Politikprozeß detailliert zu untersuchen. Es steht zu vermuten, daß eine solche Analyse neue Einsichten in die politische und wirtschaftliche Entwicklung der Bundesrepublik und Westeuropas mit sich bringt. Nicht nur die bundesrepublikanische Wirtschaftspolitik und der wirtschaftspolitische Entscheidungsprozeß können auf ihrer Grundlage differenzierter gesehen werden, auch das europäische und internationale Währungssystem sowie die europäische

---

ten Ereignisse und während des Abfassens der Beiträge Angehörige der deutschen Zentralbank waren. Sie stellen somit die Ereignisse als Zeitzeugen und Währungspolitiker dar, wobei sie sich auf die Verarbeitung der Sekundärliteratur beschränken und Interna nur ansatzweise offenbaren. Vgl. Emminger, Geld- und Währungspolitik; Schlesinger, Geldpolitik.

[19] Vgl. z.B. Caesar, Handlungsspielraum; Ehrlicher (Hrsg.), Geld- und Währungspolitik; Bernholz, Inflation; Scheide, Konjunkturpolitik; Ehrlicher (Hrsg.), Wandlungen; Müller, Mindestreserve; Bordo/Eschweiler, Rules; Feldsieper/Terres, Entwicklung.

[20] Vgl. Geiger/Ross, Banks, die an dem Zeitraum 1950 bis 1952 interessiert sind; Hentschel, Entstehung und ders., Europäische Zahlungsunion, wo die Entstehung des Bundesbankgesetzes bzw. die deutschen Devisenkrisen 1950/51 untersucht werden; Horstmann, Entstehung, der nur die Entstehung der deutschen Zentralbank darstellt; Wandel, Entstehung, der die Gründung der BdL bearbeitet. Ganz neu: Berger, Konjunkturpolitik, der die Zentralbank für einen längeren Zeitraum, nämlich die Zeit des Wirtschaftswunders, unter dem Gesichtspunkt der Konjunkturpolitik untersucht.

und internationale Währungspolitik in der Nachkriegszeit werden als Konsequenz anders interpretiert werden müssen. Schließlich wird die Untersuchung dazu führen, das „Faszinosum" der Deutschen Bundesbank wenn nicht zu enthüllen, so doch besser zu erkennen[21].

Die Geschichte der Bundesrepublik Deutschland wurde in den letzten Jahren weitgehend aufgearbeitet[22]. Dabei wurde der wirtschaftlichen Entwicklung des westdeutschen Staates große Aufmerksamkeit geschenkt, denn schließlich ist „die Geschichte der Bundesrepublik Deutschland [...] vor allem ihre Wirtschaftsgeschichte"[23]. Doch wenn auch zur Zeit des Wirtschaftswunders die wirtschaftliche Entwicklung grundlegend war, so wird gleichfalls darauf hingewiesen, daß der internationalen Politik im Rahmen der Adenauerschen Kanzlerdemokratie das Primat zukam. Schließlich mußte das anfänglich besetzte Deutschland und der danach nur semi-souveräne westdeutsche Teilstaat politische Erwägungen anstellen, und die westdeutsche Wirtschaftspolitik mußte sich mit diesem Primat arrangieren, zumal vor dem Hintergrund des Kalten Krieges[24].

Doch wenn auch die westdeutsche Wirtschaftspolitik und der Bundeswirtschaftsminister Ludwig Erhard im Primat der Politik ihre Grenzen fanden, so mißt die historische Literatur Erhard weiterhin eine prominente Rolle zu. Zwar hat die wirtschaftsgeschichtliche Forschung in den letzten Jahren auch auf andere Ursprünge des Wirtschaftswunders – sei es das Rekonstruktionspotential, sei es die weltwirtschaftliche Entwicklung, sei es die Produktivitätslücke – hingewiesen und somit Erhards Bedeutung als Vater und Urheber des Wirtschaftswunders relativiert[25]. Ferner sind Erhards Leistungen bei der Durchsetzung der Sozialen Marktwirtschaft in Frage gestellt worden, wobei die tragende Rolle der Industrie und der Verbände hervorgehoben und demnach Ansätze einer „korporativen Marktwirtschaft" festgestellt wurden[26]. Gleichwohl stehen Erhard und seine Wirtschaftspolitik noch immer im Mittelpunkt der Aufmerksamkeit. Neben ihm verblassen andere wirtschaftspolitische Entscheidungsträger wie die deutsche Zentralbank, die ja schließlich und angeblich nur den Geldumlauf und die Geldversorgung zu regeln hatte. Oftmals wird sie in der historischen Literatur nur

---

[21] Marsh, Bundesbank, S. 9.

[22] Für einen Überblick über den Forschungsstand vgl. Doering-Manteuffel, Zeitgeschichte. Wenn auch Doering-Manteuffel die wirtschaftliche Entwicklung einbezieht, ist er hier nicht erschöpfend. Als neuere wirtschaftsgeschichtliche Gesamtdarstellungen seien deshalb Glastetter/Högemann/Marquardt, Entwicklung; Giersch/Paqué/Schmieding, Miracle, genannt.

[23] Abelshauser, Wirtschaftsgeschichte, S. 8.

[24] Dementsprechend eröffnet Werner Link seinen Artikel über die bundesrepublikanische Außenpolitik mit der Feststellung: „Am Anfang war die Internationale Politik!" Vgl. Link, Außenpolitik, S. 571.

[25] Vgl. als Überblick über die verschiedenen Interpretationsansätze Dumke, Reassessing.

[26] Abelshauser, Korea; ders., Wirtschaftsgeschichte. Als neueste Untersuchung über den Einfluß der Industrie auf die deutsche Politik vgl. Rhenisch, Industrie. Die Interpretation, daß die Soziale Marktwirtschaft seit 1951 korporative Aspekte aufweist, ist auf erhebliche Kritik gestoßen. Vgl. Klump, Wirtschaftsgeschichte. Als weiterer Vertreter der Gegenposition vgl. Helmstädter, Wirtschaftsordnung.

en passant erwähnt[27]. Es wird häufig nur festgestellt, daß sie mit ihren auf die Geldwertstabilität abzielenden Maßnahmen die Erhardsche Politik unterstützt und abgesichert habe[28]. Dadurch, daß sie die Geldwertstabilität erfolgreich bewahrte, habe sie zum Wiederaufbau, zum Wirtschaftswunder und zur deutschen Exportleistung beigetragen. Ob sich aber darauf die Rolle der deutschen Zentralbank in den fünfziger Jahren beschränkt, vermögen nur detaillierte Untersuchungen zu entscheiden. Ein Beitrag dazu soll im folgenden geleistet werden. Dabei wird der Schwerpunkt aus drei Gründen auf der internationalen Währungspolitik der Bank liegen.

Zunächst war für die wirtschaftliche Entwicklung Deutschlands in den fünfziger Jahren die Außenwirtschaft von herausragender Bedeutung. Oftmals spricht man nicht nur vom deutschen Wirtschaftswunder, sondern sogar vom deutschen Exportwunder. Schließlich wuchs in der Zeit von 1948 bis 1956 der deutsche Anteil an den Weltexporten von 1,1 auf 8,0 Prozent an, während die Exportquote der Bundesrepublik von 5,1 (1949) auf 15,4 Prozent (1956) anstieg[29]. Aufgrund dieses Befundes haben einige Wirtschaftshistoriker sogar die deutschen Wachstumsraten mit dem Modell des export-led-growth auf die Steigerung der deutschen Ausfuhren zurückgeführt[30].

Vor dem Hintergrund dieser Interpretation kommt der deutschen Außenwirtschaftspolitik und der internationalen Währungspolitik des westdeutschen Teilstaates eine große Bedeutung zu. Hinzu kommt, daß in den fünfziger Jahren in der Bundesrepublik heftige Debatten um die Außenwirtschaftspolitik geführt wurden, denn im Zusammenhang mit der politischen und wirtschaftlichen Rekonstruktion Europas nach dem Zweiten Weltkrieg standen sich hier drei Optionen gegenüber: die Fortführung und Vertiefung des europäischen Regionalismus im Rahmen der europäischen Marshallplanorganisation Organisation for European Economic Co-operation (OEEC); die Verfolgung der klein-europäischen supranationalen Integration mit den sechs Gründerstaaten der Europäischen Gemeinschaft für Kohle und Stahl (EGKS); die Errichtung eines globalen Wirtschaftssystems und dementsprechend die weltwirtschaftliche Öffnung der bundesrepublikanischen Wirtschaft bzw. die deutsche Rückkehr zum Weltmarkt[31]. Im Rahmen dieser Auseinandersetzungen hoben Erhard und ein Teil seiner Mitarbeiter im Wirtschaftsministerium die Bedeutung eines freien Außenhandels hervor, verliehen ihm den Rang einer Zivilisationsgrundlage und sahen in seiner Verwirklichung die Überwindung von übersteigertem Nationalismus sowie die Durchsetzung der Marktwirtschaft nach außen. Sie strebten die Rückkehr zum Weltmarkt an und argumentierten, „kein auch noch so weit gesteckter Regiona-

---

[27] Vgl. z. B. Kramer, West German Economy.
[28] Vgl. z. B. Wallich, Triebkräfte. S. 14 ff.; Giersch/Paqué/Schmieding, Miracle, S. 45 ff.
[29] Vgl. Tabelle 5, S. 121.
[30] Vgl. Hennings, West Germany, S. 479 ff.
[31] In dieser Arbeit, die den Zeitraum 1948 bis 1958 behandelt, ist mit Europa stets Westeuropa gemeint. Genauso zielt der Begriff der Weltwirtschaft stets auf die westliche Weltwirtschaft ab.

lismus" könne befriedigen[32]. Andere – wie zum Beispiel der Bundeskanzler Konrad Adenauer – hoben das Primat der Politik hervor und befürworteten damit eine europäische Zusammenarbeit in welcher Form auch immer. Wieder andere plädierten aus wirtschaftlichen Gründen für eine Ausrichtung der deutschen Außenwirtschaftspolitik auf das OEEC-Europa.

Auch die deutsche Zentralbank stand vor diesen Optionen und nahm an den entsprechenden Diskussionen teil. Ihre Haltung, der vor dem Hintergrund der Auseinandersetzung zwischen Erhard und Adenauer ein vergrößertes Gewicht zukommen mußte, wird hier untersucht werden.

Aber nicht nur in der Bundesrepublik, sondern auch im europäischen und globalen Kontext stand die internationale Währungspolitik im Brennpunkt der Debatten. Das zeigt ein kurzer Überblick über die währungsgeschichtlichen Probleme und Diskussionen in der Nachkriegszeit.

Da sich im Zusammenhang mit der Weltwirtschaftskrise protektionistische Tendenzen ausgebreitet hatten, ferner im Sommer 1931 der Gold-Devisen-Standard zusammengebrochen war, war in den dreißiger Jahren Außenhandel fast nur noch im Rahmen von regionalen Handels- und Währungsblöcken möglich. Dies resultierte in einem Rückgang des Welthandels, der durch die kriegerischen Auseinandersetzungen noch verschärft wurde[33].

Für die Nachkriegszeit wurde die Konstruktion eines neuen Weltwirtschaftssystems für notwendig erachtet[34]. Schon während des Krieges beschäftigten sich die Regierungen in Washington und London mit entsprechenden Projekten. Das Ziel war dabei die Schaffung eines weltweiten, nicht-diskriminatorischen, multilateralen Handels- und Währungssystems. In bezug auf das Währungssystem einigten sich 44 Länder auf der Konferenz von Bretton Woods darauf, ein globales Währungssystem zu errichten, das den internationalen Warenaustausch ohne devisenrechtliche Beschränkungen erlauben sollte. Allerdings wurde schon bald deutlich, daß dies angesichts der weltwirtschaftlichen Ungleichgewichte problematisch war, denn den aus dem Weltkrieg gestärkt hervorgegangenen USA stand ein zerstörtes, zerrissenes und geschwächtes Europa gegenüber. Das mußte zuerst aufgebaut werden.

Für ihren Wiederaufbau benötigten die europäischen Länder Investitionsgüter, Rohstoffe und Nahrungsmittel. Da es jedoch vor dem Hintergrund der Zerstörungen, des beginnenden Kalten Krieges und des in Europa vorherrschenden Bilateralismus schwierig war, diese – wie früher – aus Europa zu beziehen, richteten sich alle Augen auf die USA. Allerdings waren der Befriedigung dieser Nachfrage

---

[32] Das wird in Erhards Schrift „Deutschlands Rückkehr zum Weltmarkt" besonders griffig formuliert. Vgl. Erhard, Rückkehr, hier S. 9.

[33] Als eine kurze, erste Einführung in die Vorgeschichte vgl. Griffiths, Disintegration, und als ein Standardwerk Kindleberger, Weltwirtschaftskrise.

[34] Als Standardwerk zur Rekonstruktion Europas vgl. Milward, Reconstruction. Für die Geschichte der europäischen Integration vgl. Milward, Rescue, sowie die in Schwabe (Hrsg.), Anfänge; Serra (Hrsg.), Rilancio; Milward u. a., Frontier; Trausch (Hrsg.), Integration, versammelten Studien.

enge Grenzen gesetzt, da die europäischen Gold- und Dollarreserven stark dezimiert waren und die geringe Wettbewerbsfähigkeit der europäischen Volkswirtschaften es nicht erlaubte, in den Dollarraum zu exportieren. Da so eine allgemeine Dollarknappheit vorherrschte, kamen vor allem im Handelsverkehr mit dem Dollarraum protektionistische Maßnahmen, mengenmäßige Beschränkungen, Zölle und Devisenkontrollen zur Anwendung. Aber auch in Europa selbst wurden protektionistische Mittel weiterhin eingesetzt, denn schließlich wollte kein europäisches Land seine knappen Dollars im innereuropäischen Handel verwenden.

Die Schwierigkeiten, den Protektionismus abzubauen und eine globale Wirtschafts- und Währungsordnung zu realisieren, wurden spätestens im Jahre 1947 deutlich. Wie der britische Wirtschaftshistoriker Alan S. Milward hervorhebt, wollten die europäischen Nationalstaaten nicht auf protektionistische Maßnahmen verzichten. Sie gaben ihrem Wiederaufbau, ihrer Modernisierung und ihrer Industrialisierung die Priorität vor einer zahlungsbilanzorientierten Politik und verweigerten sich entsprechend den Zwängen, die ein globales Wirtschafts- und Währungssystem barg. In bezug auf die Währungspolitik lehnten sie sowohl Anpassungen ihrer Wechselkurse als auch eine restriktive Geldpolitik ab, denn das eine würde nur zu einer Verteuerung der notwendigen Importe führen, das andere hätte lediglich die Behinderung des Wiederaufbaus bedeutet[35].

Mit dem Marshallplan zogen die USA im Jahre 1947 die Konsequenz aus diesen Schwierigkeiten. Sie boten Dollarhilfe an und betonten, daß eine europäische Zusammenarbeit und eine europäische Integration notwendig seien, um zuerst den europäischen Wiederaufbau zu erreichen. Dabei sollte in erster Linie der innereuropäische Handel rekonstruiert, die mengenmäßigen Beschränkungen, der Bilateralismus und die Devisenbewirtschaftungsmaßnahmen in Europa abgebaut werden. Zu diesem Zweck wurde im Jahre 1948 die Organisation for European Economic Co-operation (OEEC) gegründet. Im Jahre 1950 wurde ferner eine Europäische Zahlungsunion (EZU) errichtet. Da mit dieser Zahlungsunion ein europäisches Liberalisierungsprogramm verknüpft war, wurde damit nicht nur eine europäische Währungskooperation und ein europäischer Weichwährungsblock eingerichtet, sondern auch eine europäische Diskriminierung zum Dollarraum institutionalisiert.

Die europäische Währungskooperation im Rahmen der EZU arbeitete für $8^1/_2$ Jahre. Innerhalb dieser Zeit machte Europa erhebliche wirtschaftliche Fortschritte: Der Stand der Vorkriegsproduktion wurde erreicht; der innereuropäische Handel wurde liberalisiert und aufgebaut; die Produktivität und Wettbewerbsfähigkeit stieg an; die Dollarknappheit verschwand; Währungsreserven wurden auf- und die mengenmäßigen Beschränkungen zum Dollarraum abgebaut. Parallel dazu wurden lebhafte Diskussionen sowie intensive Verhandlungen über Diskriminierung zum Dollarraum, europäischen Regionalismus, wirtschaftspoliti-

[35] Vgl. Milward, Reconstruction, S. 1 ff.

sche Kooperation, wirtschaftliche Integration, Reform der EZU und ein zukünftiges globales Wirtschafts- und Währungssystem geführt. In währungspolitischer Hinsicht war das Ergebnis, daß die EZU im Verlauf der Jahre mehrmals modifiziert, durch Erhöhungen des Dollaranteils in den EZU-Kreditlinien „gehärtet" und so die währungspolitische Diskriminierung abgebaut wurde. In handelspolitischer Hinsicht wurde in unterschiedlicher Zusammensetzung über Zölle und Zollabbau verhandelt, was neben Zollsenkungen im Rahmen des General Agreement on Tariffs and Trade (GATT) im Jahre 1957 zur Errichtung einer Zollunion, der Europäischen Wirtschaftsgemeinschaft (EWG), zwischen den Benelux-Ländern, Frankreich, Italien und Deutschland führte. So wurde in den fünfziger Jahren einerseits der Regionalismus des OEEC-Europas durch die Verringerung der Diskriminierung zum Dollarraum abgebaut. Andererseits wurden mit der Errichtung der EWG neue Formen des Regionalismus entwickelt. Der letzte Schritt erfolgte zum Jahresende 1958. Am 27. Dezember 1958 wurde die EZU aufgelöst, womit die Konvertibilität der europäischen Währungen erklärt und gleichzeitig ein globales Wirtschafts- und Währungssystem errichtet wurde, das auf dem Internationalen Währungsfonds (IWF) und dem GATT beruhte. Zur gleichen Zeit demonstrierte die EWG mit ihrer ersten Binnenzollsenkung, die sie wie vorgesehen zum Jahresende 1958 durchführte, ihre Wirkmächtigkeit.

Wie dieser kurze Überblick zeigt, sind die Auseinandersetzungen über die europäische und internationale Wirtschafts- und Währungspolitik wesentlich für ein Verständnis der Nachkriegsentwicklung. Gleichwohl wurden sie bisher vernachlässigt, und im Hinblick auf das internationale Währungssystem wird heutzutage häufig vom globalen Bretton-Woods-System gesprochen, wobei die dreizehnjährige Übergangszeit ausgeblendet wird[36]. Erst in den letzten Jahren, mit der Öffnung der Archive und mit dem Zusammenbruch des Ostblockes, rückte die Erfahrung der regionalen Währungskooperation wieder in den Vordergrund[37], und heutzutage wird die EZU als eine Säule des westeuropäischen Wiederaufbaus verstanden[38]. Doch wenn auch die historische Forschung in den letzten Jahren erhebliche Fortschritte gemacht hat und Jacob J. Kaplan und Günther Schleiminger, zwei ehemalige Mitglieder des EZU-Direktoriums, die Geschichte der EZU minutiös, wenn auch mit zum Teil bemerkenswerten Auslassungen,

---

[36] In den ersten Nachkriegsjahren war eine Ausblendung der EZU nicht denkbar. Vgl. Diebold, Trade; Triffin, Europe; Rees, Britain. Heutzutage hingegen wird die EZU meist nicht erwähnt, wenn das Bretton-Woods-System thematisiert wird. Vgl. den zum 50. Jahrestag der Bretton-Woods-Konferenz erschienenen Sammelband Bordo/Eichengreen (Hrsg.), Retrospective. Nur in der historischen Einführung wird die EZU genannt. Die restlichen 568 Seiten kommen ohne sie aus.

[37] Im Zusammenhang mit dem Zusammenbruch des Rates für Gegenseitige Wirtschaftshilfe wurde gefragt, ob eine Zahlungsunion auch für Osteuropa sinnvoll sei. Vgl. Eichengreen, Reconstructing; ders., Payments Mechanism, wo auch die hierzu existierende „graue Literatur" angeführt wird.

[38] Vgl. Milward, Reconstruction, S. 470. Eine ähnliche Einschätzung der EZU findet sich in fast allen historischen Arbeiten. Als Beispiele vgl. Dore, European Payments Union; Kaplan/Schleiminger, EPU; Milward, Rescue; ders., European Monetary Agreement; ders. u. a., Frontier; Dickhaus, European Payments Union; dies., Provisional; Dore, Britain.

nachgezeichnet haben[39], ist die europäische Währungskooperation der Nachkriegszeit noch nicht zufriedenstellend erforscht. Vor allem sind noch weitere detaillierte Studien zur Haltung einzelner Länder zur EZU notwendig[40]. Von großem Interesse ist hier die Bundesrepublik. Sie war im Rahmen des Kalten Krieges nicht nur ein exponiertes Land und ein einzubindendes (Gefahren-)Potential; im Rahmen des europäischen Wiederaufbaus war sie auch ein bedeutender Markt und wichtiger Lieferant für andere europäische Länder. Ferner war die Bundesrepublik im ersten Jahr der EZU ihr Hauptschuldner, in den späteren Jahren ihr Hauptgläubiger. Von ihr hing das Funktionieren der EZU ab, und in den Diskussionen über ihre Reform konnte sie erheblichen Einfluß ausüben. Aus diesem Grund bezeichnet auch Milward die währungspolitischen Entscheidungen der OEEC aus dem Jahre 1955 und das Europäische Währungsabkommen (EWA) als ein „Anglo-German-Agreement"[41]. Schließlich ist über die deutsche Haltung nur bekannt, daß Erhard jeglichen Regionalismus ablehnte, während andere wirtschaftspolitische Entscheidungsträger entweder eine Fortführung der europäischen Wirtschafts- und Währungskooperation, oder einen Zusammenschluß im Rahmen einer Zollunion befürworteten. Die daraus resultierenden heftigen Auseinandersetzungen wurden bisher nicht detailliert untersucht. Wie sie verliefen, welche Entscheidungsträger welche Positionen aus welchen Gründen einnahmen, ist aber für das Verständnis der europäischen Integration und Währungskooperation von Interesse. Dabei kommt der Haltung der deutschen Zentralbank erhebliche Bedeutung zu. Immerhin war sie die Kreditgeberin der EZU.

Zum dritten ist eine Untersuchung der internationalen Währungspolitik der deutschen Zentralbank in der Nachkriegszeit von Interesse, da ein internationales Währungssystem, das auf festen Wechselkursen beruht, eine bestimmte Geldpolitik impliziert: Im Falle von Zahlungsbilanzdefiziten ist eine restriktive Politik zu betreiben; im Fall von Überschüssen ist eine expansive Politik notwendig. Demnach muß in einem solchen System der außenwirtschaftlichen Situation Priorität zukommen, und die binnenwirtschaftliche Lage muß nachgeordnet werden. Für die deutsche Zentralbank, die mit der Wahrung der Geldwertstabilität beauftragt ist, war das in den fünfziger Jahren ein wichtiges Problem. Während der Koreakrise wies die deutsche Zahlungsbilanz ein beträchtliches Defizit gegenüber Europa auf, und das erforderte eine restriktive Politik. Ab 1952 er-

---

[39] Vgl. Kaplan/Schleiminger, EPU. Unter anderem vernachlässigen Kaplan/Schleiminger die innerdeutschen Auseinandersetzungen und beschönigen die Durchsetzungskraft des EZU-Direktoriums. Auch arbeiten sie die Machtstrukturen innerhalb der EZU nicht heraus. Für eine ähnliche Kritik vgl. die Rezensionen von Alan Milward und Charles Goodhart in: Economic History Review 63 (1990), S.767f. und Journal of Economic Literature 29 (1991), S.616f.

[40] Ein Anfang wurde allerdings gemacht: Zur Haltung der Belgisch-Luxemburgischen-Wirtschaftsunion vgl. Milward, Belgium; Peters-Godts, Politique européenne. Zur Haltung des Vereinigten Königreiches vgl. Dore, European Payments Union; dies., Britain. Die Haltung der Bank von England zeichnet Fforde, Bank of England, nach.

[41] Milward, European Monetary Agreement, S.120.

wirtschaftete die Bundesrepublik im Handels- und Dienstleistungsverkehr mit Europa Überschüsse. Anfänglich konnte diesen noch durch Abbau der mengenmäßigen Beschränkungen begegnet werden. Im Verlauf der Jahre aber wurde das schwieriger, und die Überschüsse verlangten eine expansive Geldpolitik. Eine solche konnte allerdings in einer Periode der Hochkonjunktur – wie sie im Jahre 1954/55 herrschte – die Geldwertstabilität gefährden. Diese Problemkonstellation legt nahe zu untersuchen, wie sich die deutsche Zentralbank zu den Zwängen dieses oder eines anderen Währungssystems verhielt.

Nach diesem kurzen Überblick über die Bedeutung des Untersuchungsobjektes und den Stand der Forschung kann die vorliegende Arbeit nunmehr folgendermaßen charakterisiert werden:

Sie ist eine vor allem auf Primärquellen basierende, historisch-kritische Untersuchung der internationalen Währungspolitik der deutschen Zentralbank während des Zeitraums 1948 bis 1958. Dabei stehen zwei Interessen im Mittelpunkt. Zum ersten wird nach den Anschauungen und Positionen der Bank, nach ihren Intentionen und nach ihrer Strategie angesichts der deutschen und europäischen Rekonstruktion gefragt. Somit werden vor allem die Herausarbeitung der Motive und Motivationen sowie der bankinternen Entscheidungsprozesse und die Aufdeckung der in der Bank herrschenden Kräfteverhältnisse verfolgt. Zum zweiten wird untersucht, wie die Zentralbank versuchte, ihre Positionen in nationalen und internationalen Diskussionen und Verhandlungen zur Geltung zu bringen. Aufgrund dieser Analyse können Aussagen über ihre Rolle und ihren Einfluß in den bundesrepublikanischen und internationalen Entscheidungsprozessen gemacht werden. Insgesamt ist damit die vorliegende Arbeit als eine Studie von Zentralbankverhalten bzw. als eine Untersuchung in Finanzdiplomatie konzipiert. Auf eine Wirkungsanalyse ihrer Politik und auf counter-factual-analyses wurde hingegen weitgehend verzichtet. Während das erste zum Großteil schon geleistet worden ist und aus diesem Grund nur am Rande aufgenommen wird[42], ist das zweite im Zusammenhang mit dieser Arbeit nur eingeschränkt sinnvoll. Das Ziel ist vielmehr, den damaligen Wissens- und Erkenntnisstand, so wie er sich in der Zentralbank niederschlug, festzustellen sowie die Handlungsspielräume und Zwangslagen zu thematisieren und von ihnen auszugehen.

Die Grobstruktur der Arbeit folgt dem chronologischen Ereignisverlauf. Zuerst allerdings werden in einem ersten Kapitel die Begriffe der Integration und der Konvertibilität erläutert sowie die zeitgenössischen Debatten über die Errichtung eines neuen Wirtschafts- und Währungssystems dargestellt. Das ist unabdingbar, um die Problematik zu verdeutlichen und um den Rahmen abzustecken, in dem sich die Akteure bewegten. Die dann folgenden Kapitel sind der deutschen Zentralbank und ihrer internationalen Währungspolitik gewidmet.

[42] Vgl. Dürr, Wirkungsanalyse; Jenkis, Inflation; Müller, Politik.

Kapitel zwei behandelt die ersten Jahre des westdeutschen Zentralbanksystems. Da mit der Gründung des westdeutschen Zentralbanksystems im Jahre 1948 nur ein Rahmen für die westdeutsche Währungspolitik gegeben war, wird analysiert, wie dieser im Verlauf der ersten Jahre ausgefüllt wurde. Es wird untersucht, wie sich das Zentralbanksystem formierte und wie sich in ihm, einem Kompromiß aus Föderalismus und Zentralismus, Willensbildungs- und Entscheidungsprozesse einspielten. Ferner werden das geldpolitische Konzept und die außenwirtschaftliche Strategie des Zentralbanksystems sowie deren Formulierung und Durchsetzung analysiert. Schließlich wird herausgearbeitet, wie es seine Position auf nationaler und internationaler Ebene fand und seine Reputation aufbaute. Den Endpunkt findet dieses Kapitel im Jahre 1951, denn mit der Überwindung der aus der Koreahausse kommenden Schwierigkeiten war dieser Formationsprozeß abgeschlossen, und eine Außenwirtschaftsstrategie hatte sich durchgesetzt.

Das dritte Kapitel untersucht die Haltung der Bank zu dem seit 1951/52 ausgiebig diskutierten und verhandelten Problem der Konvertibilität und der europäischen Währungskooperation im Rahmen der EZU. Es zeigt die ersten Stellungnahmen der Bank zu diesen Fragen und enthüllt dabei eine Haltung, die bei aller prinzipiellen Befürwortung der Konvertibilität von großer Skepsis gekennzeichnet war. Ferner offenbart es, daß diese Position auch in den folgenden Jahren beibehalten wurde, ungeachtet der Tatsache, daß sich die außenwirtschaftliche Situation der Bundesrepublik nachhaltig verbesserte und dies den Handlungsspielraum vergrößerte. Besonderes Gewicht wird in diesem Kapitel der Herausarbeitung der Motive, die dieser Haltung zugrunde lagen, zukommen. Ferner wird untersucht, wie sich die Bank zu den mit den Überschüssen anwachsenden Kosten der Nicht-Konvertibilität stellte. Das dritte Kapitel zeigt die Bank aber auch in nationalen und internationalen Verhandlungen über die EZU und das EWA. Es analysiert, ob, wie und inwieweit die Bank ihren Ansichten hier Geltung verschaffen konnte. Seinen Endpunkt findet dieses Kapitel mit der Härtung der EZU und der Unterzeichnung des EWA im Sommer 1955.

In dem vierten und letzten Kapitel werden die Jahre 1955 bis 1958 untersucht. In diesem Zeitraum hatte die Bank im Rahmen des de-facto-konvertiblen EZU-Systems vor allem mit den deutschen Zahlungsbilanzüberschüssen und den europäischen Ungleichgewichten zu kämpfen. Diese gefährdeten das Funktionieren der EZU und bedrohten die Stabilität der DM. Trotz dieser Probleme hielt die Zentralbank an der EZU fest und lehnte durchgreifende Reformmaßnahmen ab. Gleichzeitig verfolgte sie aber, sofern es notwendig war, eine restriktive Politik. Die daraus resultierenden Auseinandersetzungen mit den europäischen Handelspartnern führten dazu, daß die deutsche Zentralbank ihre geldpolitischen Standards im europäischen Rahmen weitgehend durchsetzen konnte. So sind schon in dieser Zeit erste Anzeichen einer Führungsrolle der Bundesbank innerhalb Europas auszumachen. Neben den EZU-Problemen waren in dieser Zeit auch die

Verhandlungen zur EWG wichtig. Wenngleich das Projekt eines Gemeinsamen Marktes vor allem auf die Handelspolitik abzielte und der Währungspolitik in den Römischen Verträgen nur eine untergeordnete Rolle zugemessen wurde, ist es notwendig, im Rahmen einer Untersuchung der internationalen Währungspolitik auch die Haltung der Bank hierzu zu analysieren.

Hauptfundus dieser Arbeit ist die Überlieferung des im Jahre 1970 gegründeten Historischen Archivs der Deutschen Bundesbank in Frankfurt, das die Akten der westdeutschen Zentralbank seit ihrer Gründung im Jahre 1948 beherbergt[43]. Hier sind die Sitzungen des Zentralbankrats durch die Protokolle, Stenogramme und Anlagen vollständig dokumentiert. Auf dieser Grundlage kann der Entscheidungsprozeß über alle geldpolitischen Maßnahmen der deutschen Zentralbank auf höchster Ebene rekonstruiert werden. Die Tatsache, daß aus diesem Archiv nicht die Entscheidungsprozesse innerhalb der einzelnen Landeszentralbanken erschließbar sind[44], erwies sich als unwesentlich. Die vorliegenden Quellen zeigen deutlich, daß Frankfurt von Anfang an in bezug auf die internationale Währungspolitik wie auf die Außenwirtschaftspolitik des Zentralbanksystems die Führungsrolle übernahm, so daß auf einen Einschluß des Landeszentralbankmaterials verzichtet werden konnte[45]. Allerdings gab es auch einige Probleme mit dem Archivmaterial. So sind die Diskussionen innerhalb des Direktoriums der Zentralbank möglicherweise nur unvollständig, sicherlich aber unzureichend überliefert[46]. Ferner ist aufgrund des späten Gründungsdatums des Archivs die Ablieferung von Unterlagen aus einzelnen Abteilungen oftmals nur mangelhaft. Das jedoch konnte weitgehend durch die umfangreichen Nachlässe Wilhelm Vockes und Otmar Emmingers ausgeglichen werden[47]: Vocke, Präsident des BdL-Direktoriums von 1948 bis 1957, und Emminger, im Verlauf der Koreakrise in die Bank eingetreten und dort von Anbeginn mit der internationalen Zusammenarbeit befaßt, seit 1953 sogar als Mitglied des Direktoriums für die Abteilung „Internationale Organisationen und Abkommen" zuständig, waren diejenigen, die die internationale Währungspolitik der deutschen Zentralbank in dieser

[43] Für einen kurzen Überblick über das Archiv vgl. Lindenlaub, Archiv, S. 361 f.

[44] Die Unterlagen der Landeszentralbanken werden zum Teil in den Archiven der Landeszentralbanken aufbewahrt.

[45] Wie weitgehend der Zentralbankrat außenwirtschaftliche Fragen der Auslandsabteilung der BdL überließ, wird daran deutlich, daß er erst im Sommer 1949 feststellte, er hielte es „für geboten, bei seinen regelmäßigen Erörterungen der währungs- und kreditpolitischen Lage auch die grundsätzlichen oder sonst einschneidenden Maßnahmen der Auslandsabteilung, einzubeziehen, um eine Einflußnahme des Zentralbankrates auf wichtige Entscheidungen nach Möglichkeit sicherzustellen". BBK, B 330/16, ZBR, Protokoll, 12.7.1949.

[46] Die Protokolle der Sitzungen des Direktoriums sind häufig nichtssagend. Ferner ist unsicher, ob sie vollständig sind. Da die Sitzungen nicht immer regelmäßig stattfanden und die Protokolle nicht durchgängig numeriert wurden, könnten hier Lücken vorhanden sein. Daß Sitzungen manchmal nicht protokolliert wurden, hat Emminger in seinen Memoiren festgehalten. Vgl. Emminger, D-Mark, S. 80.

[47] Der Nachlaß Vocke ist in den numerisch organisierten Bestand des Historischen Archivs der Deutschen Bundesbank inkorporiert. Der Nachlaß Emminger wird hingegen separat ausgewiesen.

Periode maßgeblich gestalteten, so daß trotz der mangelnden Abgabe von Unterlagen aus den Abteilungen eine Analyse der internationalen Währungspolitik der Zentralbank möglich ist[48].

Die Dokumentation des Historischen Archivs der Deutschen Bundesbank war zu ergänzen, da die Arbeit nicht nur an den bankinternen Entscheidungsprozessen, sondern auch an der Vermittlung der Position der Bank und an ihrer Zusammenarbeit mit den Ressorts sowie an ihrer Kooperation mit anderen Zentralbanken und im Rahmen von internationalen Organisationen interessiert ist. Aus diesem Grund wurden auch andere Materialien gesichtet.

Auf deutscher Seite waren hier in erster Linie die Unterlagen der wirtschaftspolitischen Ressorts – bis 1949 die Verwaltung für Wirtschaft des Vereinigten Wirtschaftsgebietes, danach die Bundesministerien für Finanzen und Wirtschaft unter der Leitung Fritz Schäffers (bis 1957) und Franz Etzels (ab 1957) bzw. Ludwig Erhards – zu konsultieren. Sie zeichneten für verschiedene Aspekte der internationalen Währungspolitik verantwortlich[49]. Von Bedeutung war aber auch das Bundesministerium für den Marshallplan bzw. das Bundesministerium für wirtschaftliche Zusammenarbeit unter der Leitung Franz Blüchers, denn ihm oblag die Federführung in Fragen der europäischen Zusammenarbeit, vor allem soweit sie die OEEC betrafen. Gleichfalls bedeutend war das Bundeskanzleramt und ab 1952 das Auswärtige Amt: zum einen berührt die internationale Währungspolitik stets die Außenpolitik; zum zweiten war es in den fünfziger Jahren für die semi-souveräne Bundesrepublik undenkbar, internationale Währungspolitik ohne Ansehen der internationalen Politik zu betreiben. Deshalb wurden die entsprechenden Bestände des Bundesarchivs und des Politischen Archivs des Auswärtigen Amtes – soweit zugänglich[50] – einbezogen.

---

48 Vgl. BBK, ORG, Emminger, Verfügung, 20.10.1953. Wilhelm Vocke (*1886) nahm nach seinen juristischen Studien und anschließenden Verwaltungstätigkeiten im Jahre 1918 seine Tätigkeit in der Reichsbank auf und war dort von 1919 bis zu seiner Entlassung im Jahre 1939 – geschuldet einer maßgeblich von ihm verfaßten Eingabe an Adolf Hitler – im Direktorium vertreten, wobei er den Reichsbankpräsidenten bei der Bank für Internationalen Zahlungsausgleich (BIZ) in Basel vertrat. Von 1939 bis 1945 war er Privatier. Nach dem Krieg beauftragten ihn die Briten mit der stellvertretenden Leitung der Reichsbankleitstelle Hamburg. Otmar Emminger (*1911) studierte Volkswirtschaft in Berlin, München, Edinburgh und London. Dort arbeitete er über die englischen „Währungsexperimente" der Nachkriegszeit. Vgl. Emminger, Währungsexperimente. Nach seinen Studien war er im Wissenschaftsbetrieb tätig bzw. beim Institut für Konjunkturforschung angestellt. 1937 trat er der NSDAP bei. Nach dem Krieg fand er Anstellung zuerst im Bayrischen Wirtschaftsministerium, dann bei der deutschen OEEC-Delegation in Paris. Im Herbst 1950 trat er in die BdL ein. Für die biographischen Angaben vgl. das in BBK, P-A, und BBK, BSG, gesammelte Material.

49 Im Frühjahr 1952 entschied das Kabinett, daß das Wirtschaftsministerium für die Abteilung „Geld und Kredit" und damit für das Währungs- und Notenbankwesen zuständig sein sollte. Gleichwohl blieb das Finanzministerium in die internationale Währungspolitik involviert. Es war z.B. für die Devisenüberwachung und die Auslandsverschuldung der öffentlichen Hand zuständig und zeichnete in Fragen der Devisengesetzgebung mit. Vgl. LESt, I 4)71, Zuständigkeit innerhalb der Bundesregierung auf dem Gebiet des Geld-, Kredit-, Währungs- und Versicherungswesen[s], o.D. [März 1952]. Vgl. auch Kabinettsprotokolle V (1952), 206. Kabinettssitzung am 11.3.1952, S.157f.

50 Ein Teil der wichtigen Unterlagen war nicht zugänglich. Die Protokolle des Kabinett-Ausschusses unterliegen noch immer dem VS-Vermerk.

Um die internationalen Verhandlungen zu erhellen, habe ich die einschlägigen Bestände des Public Record Office, Kew, und der National Archives and Records Administration, Washington bzw. Suitland, konsultiert. Ferner wurde das Material des in den Historical Archives of the European Communities, Florenz, deponierten Archivbestandes der OEEC einbezogen, denn die OEEC und die EZU spielten eine wichtige Rolle. Schließlich wurden die Bestände des Archivs der Federal Reserve Bank New York, New York, und der Historical Archives of the Bank of England, London, konsultiert, um die Zusammenarbeit der deutschen Zentralbank mit anderen Zentralbanken zu erhellen. Dabei erwies sich vor allem das Material aus der Bank von England als sehr informativ, denn sie hat nicht nur regen Anteil am währungspolitischen Geschehen in Deutschland genommen, sondern war auch – vor allem am Anfang – aufs beste informiert, da das britische Mitglied der Alliierten Bankenkommission, Donald Macdonald, weitgehend das Vertrauen Vockes besaß.

*

Die vorliegende Arbeit ist die überarbeitete Fassung meiner Dissertation, die im März 1995 vom Europäischen Hochschulinstitut Florenz angenommen wurde. Ich hätte sie ohne die vielfältige Hilfe, die mir im Verlauf der Jahre zuteil wurde, nicht zum Abschluß bringen können.

Dabei geht mein Dank vor allem an Prof. Werner Abelshauser und Prof. Richard T. Griffiths, die als Doktorvater bzw. co-supervisor die Arbeit mit Anregungen, Ermunterungen, Interesse und viel Zeitaufwand unermüdlich und unverzagt begleitet haben. Ferner möchte ich Prof. Gerd Hardach, Prof. Alan S. Milward und Prof. Wilfried Loth für ihr großes Interesse, die anregenden Bemerkungen und Diskussionen meinen aufrichtigen Dank aussprechen.

Die Arbeit wurde zum größten Teil in Florenz am Europäischen Hochschulinstitut geschrieben, und in Bielefeld überarbeitet. Ohne das Institut, die tatkräftige Unterstützung seiner Mitarbeiterinnen und das anregende kollegiale Umfeld, das Diskussionen ermöglichte und mir oftmals kooperativ zur Seite stand, wäre sie in dieser Form nicht möglich gewesen. Sie wäre auch ohne die monetäre Absicherung, die mir der DAAD (Bonn), das Europäische Hochschulinstitut und zum Schluß das Kulturwissenschaftliche Institut (Essen) gewährten, nicht geschrieben worden. Dafür bedanke ich mich.

Wie der Arbeit unschwer zu entnehmen ist, habe ich viele Wochen im Archiv der Deutschen Bundesbank verbracht. Geleitet haben mich hier PD Dr. Dieter Lindenlaub und sein vorzüglicher staff. Sie haben mich unbürokratisch in die Geheimnisse dieses Archivs eingeweiht und – bestens informiert – haben sie mir ein Durchkommen durch die Aktenberge ermöglicht. Ihnen spreche ich meinen Dank aus. Des weiteren bedanke ich mich bei den MitarbeiterInnen des Bundesarchivs (Koblenz), des Historischen Archivs der Europäischen Gemeinschaften

(Florenz), der Ludwig-Erhard-Stiftung (Bonn), der Stiftung Bundeskanzler-Adenauer-Haus (Rhöndorf), der Historical Archives of the Bank of England (London), des Public Record Office (Kew), des Westfälischen Wirtschaftsarchivs (Dortmund) und des Archivs der Federal Reserve Bank of New York (New York). Nur mit ihrem Engagement war die Materialsammlung möglich. Ferner danke ich Walter Kulla, Sir Alec Cairncross, Dr. Wilfried Guth, Dr. Lore Fünfgelt, Dr. Günter Schleiminger und Prof. Hans Möller dafür, daß sie sich für Gespräche zur Verfügung stellten.

In den Hochs und Tiefs dieser Arbeit haben mich meine Familie und meine Freunde mit viel Nachsicht, Geduld, Verständnis, Liebe und Lachen begleitet. Ohne das wäre es viel schwieriger gewesen.

Oft wird gesagt, Zueignungen seien eine Hypokrisie. „It is for oneself that books are written and no activity is more selfish than writing. There is no shortening the time it takes to set so much down on paper and in that time love, friendship and duty are all postponed." Das ist wohl wahr. Dennoch möchte ich die Arbeit meinen Eltern Hans und Erika Dickhaus widmen. Ihnen habe ich viel zu verdanken.

I. Integration und Konvertibilität in der Nachkriegszeit

„Der allgemeine Sprachgebrauch verwendet die Begriffe Zusammenarbeit, Verflechtung, Kooperation oder Integration mehr oder minder als Synonyme, aber gerade diese Unklarheit ist geeignet, der politischen Zielstrebigkeit in dieser Richtung Abbruch zu tun, ja manchmal sogar eine Art babylonischer Sprachverwirrung auszulösen."

L. Erhard, 25.3.1955[1]

„Die Tatsache, daß die Konvertierbarkeit der Währungen in den letzten Jahren zu einem Modewort der wirtschaftspolitischen Diskussion geworden ist, ist der Klarheit und Eindeutigkeit, mit denen dieser Begriff verwendet wird, nicht sehr zugute gekommen. Er teilt damit das Schicksal anderer Schlagworte aus der wirtschaftswissenschaftlichen Hexenküche der letzten Jahre – wie z.B. europäische Integration, internationale Koordinierung der Wirtschaftspolitik, Liberalisierung – unter denen sich jeder, der sie im Munde führte, etwas anderes vorstellt."

O. Emminger, 15.12.1952[2]

Nach dem Zweiten Weltkrieg mußte eine neue Weltwirtschaftsordnung errichtet werden, denn ohne eine internationale Wirtschaftsordnung war Außenhandel unmöglich und der Wiederaufbau nicht zu bewerkstelligen. Die Errichtung einer neuen internationalen Wirtschaftsordnung war jedoch nicht unproblematisch. Nach den Erfahrungen mit der Weltwirtschaftskrise mußte sie nicht nur Außenhandel ermöglichen, sondern auch binnenwirtschaftlichen Bedürfnissen Rechnung tragen und der staatlichen Wirtschaftspolitik einen Platz einräumen. Demnach wurde während der vierziger und fünfziger Jahre in wirtschaftswissenschaftlichen, wirtschaftspolitischen und politischen Kreisen diskutiert, wie ein neues Weltwirtschaftssystem aussehen sollte, worauf bei seiner Errichtung der Schwerpunkt zu legen war und wie es erreicht werden könnte. Im Rahmen dieser Debatten wurde häufig auf den Begriff der Integration zurückgegriffen.

Der Integrationsbegriff ist ausgesprochen komplex und vielschichtig. Selbst wenn er heutzutage meist eindeutig regional definiert wird, nämlich als ein wirtschaftlicher Zusammenschluß mehrerer Länder, zu erreichen durch einen Abbau

[1] BAK, B 136/1310, Erhard an Adenauer, 25.3.1955.

[2] BBK, NL Emminger, Konvertibilität/Abbau der Devisenzwangswirtschaft I 1949–52, Emminger, Konvertibilität und Liberalisierung, 15.12.1952.

von Zöllen und anderer Beschränkungen im Waren-, Dienstleistungs- und Kapitalverkehr[3], so bleibt dabei oftmals der präzise Inhalt dieses Konzeptes, die anzustrebende Endstufe des Integrationsprozesses, umstritten. Deshalb können auch heute noch die Grenzen des Integrationsbegriffes durchaus unterschiedlich abgesteckt werden. Nicht genug damit: In den vierziger und fünfziger Jahren war das Konzept der Integration noch viel weniger eindeutig. Der Begriff war erst seit kurzem in die politisch-ökonomische Fachsprache eingeführt worden. Da er sich innerhalb weniger Jahre auch im allgemeinen Sprachgebrauch durchsetzte, ein „Modewort“ wurde, ja sogar zum Leitwort der Nachkriegsgeschichte avancierte, war sein Inhalt oftmals vage, zum Teil nahm er sogar allgemeinere Züge an[4]. Da ferner der Begriff der Integration im Verlauf der fünfziger Jahre einen Bedeutungswandel durchmachte[5], war er oftmals mit einer „babylonischen Sprachverwirrung“ verbunden[6].

Die Komplexität des Integrationsbegriffs und sein Bedeutungswandel in der Nachkriegszeit machen es unumgänglich, auf diesen Terminus einzugehen. Er muß erläutert und historisch präzise eingeordnet werden. Besonderes Gewicht ist dabei auf die währungspolitische Integration zu legen, denn auch sie war in der Nachkriegszeit ein wichtiges Problem, zu dem verschiedene Vorschläge vorgebracht und lebhaft diskutiert wurden. Darüber hinaus wurde in den Diskussionen um die währungspolitische Integration auf den Begriff der Konvertibilität rekurriert, und auch dieser Begriff entwickelte sich zu einem „Modewort“, was mit den entsprechenden Problemen behaftet war. Ferner wurde das Konvertibilitätskonzept im Verlauf der Debatten über die Konvertibilität mit unterschiedlichen Inhalten gefüllt. Schließlich ist festzuhalten, daß das Konzept der Konvertibilität auf der einen Seite in den fünfziger Jahren mit dem Begriff der währungspolitischen Integration gleichgesetzt wurde, auf der anderen Seite aber geradezu der Gegenpol zu dem Integrationskonzept war, das im Verlauf der fünfziger Jahre mehr und mehr an Bedeutung gewann.

Der Begriff der wirtschaftlichen Integration im Wandel der Zeit

In seiner 1977 erschienenen History of Thought on Economic Integration hat Fritz Machlup die ersten wirtschaftswissenschaftlichen Anwender des Begriffes Integration aufgespürt. Dabei hat er nachgewiesen, daß der Begriff der wirtschaftlichen Integration – sofern er sich auf den internationalen Handel, und nicht auf die Organisation von Unternehmen bezog – erst in den dreißiger Jahren in die wirtschaftswissenschaftliche Fachsprache eingeführt wurde[7]. Mit seiner negativen Form, der Desintegration, bezeichneten liberale Wirtschaftswissen-

[3] Vgl. Brockhaus-Enzyklopädie, Bd. 10, Mannheim [19]1989, S. 552.
[4] Vgl. Dirks, Integration, S. 401 ff.
[5] Vgl. Herbst, Integrationstheorie.
[6] Vgl. Fußnoten 1 und 2.
[7] Vgl. Machlup, History, S. 3 ff.

schaftler wie Wilhelm Röpke und Moritz J. Bonn die Zerstörung der internationalen Arbeitsteilung, die aufgrund von protektionistischen Bestrebungen und durch die Einführung monetärer Barrieren wie Devisenbewirtschaftungsmaßnahmen im Verlauf der Weltwirtschaftskrise stattgefunden hatte. Dem wurde das Zeitalter der weltwirtschaftlichen Verflechtung und Integration, das 18. und 19. Jahrhundert, gegenübergestellt[8]. Unter wirtschaftlicher Integration, einem Begriff, der sowohl einen Prozeß als auch einen Zustand bezeichnet, wurde demnach die Wiederherstellung einer internationalen Arbeitsteilung bzw. die Existenz eines liberalen Weltwirtschaftssystems verstanden. In diesem Sinne wurde der Begriff auch anfänglich in wirtschaftspolitischen Kreisen, in die er nach und nach eindrang, benutzt. Allerdings erhielt er dabei im Verlauf der Zeit einen regionalen und institutionellen Beigeschmack. Da in den ersten Nachkriegsjahren offensichtlich wurde, daß es angesichts der weltwirtschaftlichen Ungleichgewichte unmöglich war, eine globale Integration unmittelbar zu verwirklichen, wurde beispielsweise im amerikanischen Department of State im Zusammenhang mit dem Marshallplan als erster Schritt einer wirtschaftlichen Integration die Wiedererrichtung einer europäischen Arbeitsteilung und der Wiederaufbau des innereuropäischen Handels anvisiert. Um das zu erreichen, sollte eine Institution gegründet werden, welche als Forum für die erforderliche europäische Kooperation fungieren sollte[9]. Als im Oktober 1949 Paul Hoffman, Leiter der amerikanischen Marshallplanbehörde European Cooperation Administration (ECA), eindringlich Fortschritte bei der wirtschaftlichen Integration forderte, war dieser Begriff schon eindeutig auf die westeuropäischen Wirtschaften bezogen, während die Forderung an den Ministerrat der europäischen Marshallplanorganisation, der Organisation for European Economic Co-operation (OEEC), gerichtet war. Hoffman verlangte von diesem Gremium „the formation of a single large market within which quantitative restrictions on the movements of goods, monetary barriers to the flow of payments and, eventually, all tariffs are permanently swept away“[10].

An dem liberalen Integrationskonzept, das prinzipiell die ganze Welt umfassen sollte, waren so Ende der vierziger Jahre entscheidende Modifikationen vorgenommen worden. Integration meinte nun mehr und mehr den Abbau von mengenmäßigen Beschränkungen, von Zöllen und von monetären Barrieren innerhalb einer Region. Das sollte durch multilaterale Kooperation erreicht und durch eine entsprechende Institution abgesichert werden. Allerdings umfaßte diese neue Konnotation noch nicht alle Aspekte, die im Verlauf der Jahre immer

---

[8] Vgl. Röpke, Disintegration; Bonn, Crumbling.

[9] Vgl. hierzu die einschlägigen Dokumente aus dem Department of State, die im Verlauf der Entstehung, Vorbereitung und Planung des European Recovery Program (ERP) verfaßt wurden, z. B. das Cleveland-Moore-Kindleberger Memorandum of 12 June 1947, on a European Recovery Program, auszugsweise abgedruckt in: Kindleberger, Marshall Plan Days, S. 3 ff.; FRUS 1947 III, S. 197 ff.

[10] Hoffman am 31. 10. 1949 vor dem Ministerrat der OEEC, zit. n. Machlup, History, S. 11.

stärker mit dem Begriff der Integration in Zusammenhang gebracht wurden. Vorerst nämlich meinte der Begriff vor allem die Kooperation von Nationalstaaten, wobei deren Souveränität weitgehend unangetastet blieb. Zwar hatte es Bestrebungen gegeben, die OEEC mit größeren Kompetenzen auszustatten. Auch hatte es innerhalb der ECA Überlegungen zur Errichtung supranationaler Bürokratien gegeben. Letztendlich waren jedoch solche Ideen von amerikanischer Seite nicht vorgebracht und verlangt worden[11]. Gleichwohl wurde die Einschränkung der Souveränität im weiteren Verlauf ein wesentlicher Aspekt des Integrationsbegriffes, denn das sich Ende der vierziger Jahre auf französischer Seite ausformende Integrationskonzept maß gerade diesem Gedanken ein großes Gewicht zu[12]. Französische Politiker sahen in der Supranationalität einen Weg, die direkten alliierten Kontrollen Deutschlands durch die indirekten Kontrollen supranationaler Behörden zu ersetzen. Als der französische Außenminister Robert Schuman im Mai 1950 einen Pool der deutschen und französischen Kohle- und Stahlproduktion vorschlug, dem auch andere Länder beitreten könnten, zog dieser Plan, der die Errichtung einer supranationalen Hohen Behörde vorsah, in der Presse, im allgemeinen Sprachgebrauch wie auch in der politischen Fachsprache schnell den Integrationsbegriff auf sich. Integration wurde von nun an auch mit einem wirtschaftlichen Zusammenschluß einer Gruppe von Ländern, mit der Errichtung einer supranationalen Behörde, mit dauerhaftem Souveränitätsverzicht, gemeinsamer Politik und mit vollständigem Abbau von mengenmäßigen Beschränkungen wie Zöllen innerhalb dieses Zusammenschlusses gleichgesetzt. Zwar gab es parallel hierzu stets Stimmen, die unter Integration ein globales Wirtschaftssystem oder die Zusammenarbeit innerhalb der OEEC verstanden[13]. Ferner wurde das Projekt des Schumanplanes in mehrerer Hinsicht als unzureichend angesehen, um sich für den Begriff der Integration zu qualifizieren[14]: Es war nur auf einen Sektor beschränkt, umfaßte nur sechs Länder, und im Verlauf der Verhandlungen über die Europäische Gemeinschaft für Kohle und Stahl (EGKS) wurden die Kompetenzen der Hohen Behörde eingeschränkt, so daß die Supranationalität nur teilweise realisiert werden konnte. Gleichwohl war mit dem Schumanplan ein Begriffswandel eingeleitet worden, der dazu führte, daß unter dem Begriff der Integration auch immer die dauerhafte Aufgabe von nationalstaatlicher Souveränität konnotierte.

Der Begriff der Integration, ob in seiner liberal-globalen oder in seiner regionalen Ausprägung, umfaßte nicht nur den Abbau von mengenmäßigen Beschränkungen und Zöllen, sondern auch die Aufhebung monetärer Barrieren. In der Weltwirtschaftskrise war das globale Weltwährungssystem, der Gold-Devisen-Standard, zusammengebrochen. Im Juli 1931 hatte das Deutsche Reich im Ver-

[11] Vgl. Milward, Reconstruction, S. 283 ff.
[12] Vgl. Herbst, Integrationstheorie, S. 191 ff.
[13] Vgl. z. B. Röpke, Integration; ders., Order.
[14] Beispielsweise stellte das Erhard immer wieder heraus. Vgl. Hohmann (Hrsg.), Erhard, S. 334 ff.; Erhard, Rückkehr, S. 153 ff.

lauf der Bankenkrise Devisenbewirtschaftungsmaßnahmen einführen müssen. Im September 1931 hatte sich das Vereinigte Königreich während einer akuten Liquiditätsenge gezwungen gesehen, die Konvertibilität des Pfundes zu festen Wechselkursen zu suspendieren. Als Konsequenz entstanden in den dreißiger Jahren mehrere regionale Währungsblöcke, die sich im weiteren Verlauf konsolidierten und gegen andere Währungsblöcke durch monetäre Restriktionen und bilaterale Zahlungsabkommen abgrenzten[15].

Dem Zusammenbruch des Gold-Devisen-Standards maß Röpke in seinem Buch über die internationale ökonomische Desintegration große Bedeutung für den Zerfall der Weltwirtschaft zu[16]. Eine Rekonstruktion dieses Währungssystems und damit eine währungspolitische Integration scheiterte jedoch vor dem Krieg daran, daß die einzelnen Länder die Lasten eines solchen Systems für untragbar hielten. Der Gold-Devisen-Standard und die Gewährung der Konvertibilität wurden mit Skepsis betrachtet. Man lehnte den Automatismus dieses Systems, vor allem seinen Zwang zur Deflation, ab.

Da andererseits aber im Verlauf der dreißiger Jahre offensichtlich geworden war, daß der Außenhandel ohne ein internationales Währungssystem beeinträchtigt wurde oder gar unmöglich war, wurden noch während des Krieges Verhandlungen geführt, um die Grundzüge eines Währungssystems, das in der Nachkriegszeit gelten würde, auszuarbeiten. Als Ergebnis dieser Verhandlungen unterzeichneten 44 Länder im Jahre 1944 auf der Währungs- und Finanzkonferenz der Vereinten Nationen in Bretton Woods das Abkommen über den Internationalen Währungsfonds (IWF)[17]. Damit wurde ein Forum errichtet, auf dem internationale Währungsprobleme diskutiert werden konnten. Ferner wurde mit dem Abkommen ein Stabilisierungsfonds ins Leben gerufen, der im Falle einer Liquiditätskrise dem betroffenen Land Zahlungsmittel zur Verfügung stellen würde. Schließlich wurde im IWF-Abkommen formuliert, daß die Konvertibilität der Währungen die Grundlage des internationalen Währungssystems sein sollte. Auch einigte man sich darauf, das internationale Währungssystem auf feste, allerdings anpaßbare Wechselkurse zu gründen, wobei das Abkommen für die Veränderung der Wechselkurse gewisse Regeln aufstellte. Mit dieser Absprache war die uneingeschränkte Souveränität der Unterzeichnerländer in Hinsicht auf ihre Wechselkurspolitik durchbrochen. Das jedoch wurde als notwendig angesehen, da im Verlauf der dreißiger Jahre verstärkt zu dem Mittel der Abwertung gegriffen worden war, um die Auswirkungen der Weltwirtschaftskrise zu vermindern. Allerdings hatte sich dabei nur gezeigt, daß solche Maßnahmen – zumal wenn sie unkoordiniert getroffen werden – die zugrunde liegenden Probleme nicht lösen können.

---

[15] Vgl. als grundlegende Literatur Kindleberger, Weltwirtschaftskrise.

[16] Vgl. Röpke, Disintegration, S. 119ff.

[17] Zur Vorgeschichte und zu den Verhandlungen vgl. Horsefield u.a., IMF, Bd. I. Als neueres Werk zum IWF vgl. Bordo/Eichengreen (Hrsg.), Retrospective.

Das Abkommen von Bretton Woods erwies sich vorerst jedoch als nicht tragfähig. Eine globale währungspolitische Integration konnte in der Nachkriegszeit damit nicht erreicht werden. Auch nach Ablauf der im Abkommen zugestandenen Übergangszeit sahen sich die meisten Unterzeichnerländer nicht in der Lage, zur Konvertibilität überzugehen, während das Vereinigte Königreich, das im Sommer 1947 die Konvertibilität für das Pfund einführte, sie nach nur sechs Wochen wieder aufgeben mußte[18]. So blieb die Weltwirtschaft nach dem Krieg in bezug auf Währungsfragen vorerst in Bilateralismus gefangen. Das Problem der währungspolitischen Integration, des Aufbaus eines internationalen Währungssystems oder der Konvertibilität blieb bestehen und wurde weiterhin debattiert. Im Rahmen dieser Diskussionen wurden die Begriffe der Konvertibilität, der währungspolitischen Kooperation oder Integration ein- und gegeneinander abgegrenzt. Die Funktionen sowie die Vor- und Nachteile der Konvertibilität wurden abgewogen, die notwendigen und hinreichenden Voraussetzungen einer Konvertibilitätserklärung formuliert. Pläne, wie eine währungspolitische Kooperation und Integration erreicht und abgesichert werden könnte, wurden geschmiedet. Diese Debatten zeigen nicht nur die Problematik des Konvertibilitätsbegriffes, sondern sie lassen auch die unterschiedlichen Erwartungen, Strategien und wirtschaftspolitischen Schulen erkennen.

Zum Begriff der Konvertibilität

In ihrer ursprünglichen und umfassenden Definition bedeutete Konvertibilität die Garantie, die von Zentralbanken ausgegebenen Banknoten zu einem festen Kurs in Gold umtauschen zu können[19]. Damit stand es jedem, der im Besitz von konvertibler Währung war, frei, seine Guthaben in eine andere goldgebundene Währung umzutauschen, womit kurz- wie langfristige internationale Kapitalbewegungen möglich waren und ein globales Währungssystem errichtet war. Da sich allerdings in der Zwischenkriegszeit diese umfassende Definition als problematisch erwiesen hatte, wurde der Begriff der Konvertibilität nach dem Zweiten Weltkrieg eingeschränkt. Dabei wurde nach dem Entstehungszeitpunkt der Guthaben, nach dem Zweck der Konvertierung und nach dem Inhaber des Guthabens differenziert.

Schon im Abkommen von Bretton Woods hatte man sich darauf geeinigt, daß der Begriff der Konvertibilität nur kürzlich erworbene Guthaben und solche für laufende Geschäfte umfassen sollte[20]. Da in der Zwischenkriegszeit die internationalen Kapitalbewegungen zu Problemen geführt hatten, da ferner während des Zweiten Weltkrieges viele Länder Pfundguthaben in beträchtlicher Höhe ak-

---

[18] Vgl. hierzu Cairncross, Years, S. 121 ff.
[19] Vgl. den Artikel „Convertibility of Bank Notes", in: Palgrave's Dictionary, Bd. I, S. 407 ff.
[20] Vgl. Articles of Agreement of the IMF, 22.7.1944, vor allem Artikel VI, Absatz 3, und Artikel VIII, Absatz 4, in: Horsefield u. a., IMF, Bd. III, S. 185 ff.

kumuliert hatten, wurde es für unverzichtbar gehalten, ältere Aktiva von der Konvertibilität auszuschließen und internationale Kapitalbewegungen zu begrenzen[21]. Allerdings wurde eine solche Einschränkung auch als problematisch angesehen. Zum einen – so wurde betont – sei es schwierig, laufende Transaktionen von Kapitalbewegungen zu unterscheiden. Kontrollen könnten leicht umgangen werden[22]. Zum anderen gab es in den späten fünfziger Jahren auch Stimmen, die eine solche Unterscheidung prinzipiell bedenklich fanden. Sie stellten heraus, daß internationale Kapitalbewegungen erforderlich sind, um Ungleichgewichte in der Handelsbilanz kompensieren zu können[23].

In bezug auf den Inhaber wurde in der Nachkriegszeit zwischen Inländern und Ausländern unterschieden.

Bei Ausländer-Konvertibilität wird nur dem Devisenausländer die Konversion in eine andere Währung gewährt. Demgegenüber kann der Deviseninländer weiterhin Restriktionen wie Devisenbewirtschaftungsmaßnahmen und mengenmäßigen Beschränkungen unterliegen, wodurch der Devisenausgang des Landes, das Ausländer-Konvertibilität gewährt, weitgehend problemlos reguliert werden kann[24]. Damit ist die Ausländer-Konvertibilität augenscheinlich vor allem für die Handelspartner des konvertiblen Landes, die nun in den Besitz von konvertiblen Währungsreserven kommen können, vorteilhaft. Allerdings kann von ihr auch das Land, das Ausländer-Konvertibilität gewährt, profitieren. Zum einen steigt mit der Ausländer-Konvertibilität der Gebrauchswert seiner Währung, die nun leichter für internationale Transaktionen benutzt werden kann[25]. Das kommt nicht nur den Finanzkreisen dieses Landes zugute, sondern es kann auch mit erheblichen handelspolitischen Vorteilen verbunden sein[26].

Bei Inländer-Konvertibilität kann demgegenüber nur der Inländer ohne Einschränkungen seine Guthaben in Devisen umtauschen. Deshalb ist die Inländer-Konvertibilität weitgehend mit dem Abbau der mengenmäßigen Beschränkungen und der Abschaffung der Devisenbewirtschaftung identisch. In den fünfziger Jahren wurde zeitweise sogar der vollständige Abbau von mengenmäßigen Beschränkungen mit Konvertibilität gleichgesetzt[27]. Die Inländer-Konvertibilität

---

21 Vgl. Horsefield u. a., IMF, Bd. I, S. 83 ff.

22 Vgl. Bernard, Wege, S. 275 ff.

23 Vgl. Reichert, Rückkehr, S. 31. Ähnlich auch Limmer, Konvertierbarkeit, S. 188. Schon sehr früh Röpke, Wege, S. 103 ff.

24 Deshalb wurde die Ausländer-Konvertibilität in den fünfziger Jahren auch oftmals als „Schein-Konvertibilität" angegriffen. Vgl. Franz Aschinger, „Der Stand der Konvertibilitätsbestrebungen II. Die Frage des Vorgehens", in: Neue Zürcher Zeitung (Morgenausgabe), 3. 6. 1953, S. 3.

25 Aus diesem Grund wird die Ausländer-Konvertibilität häufig als „finanzielle" oder „monetäre" Konvertibilität bezeichnet. Vgl. Gablers Wirtschaftslexikon, Wiesbaden [9]1976, Bd. I, Sp. 2481 ff.

26 Da die Handelspartner an dem Export in das betreffende Land großes Interesse haben, sind sie unter Umständen zu Konzessionen bereit. Vgl. Hirschman, Power, S. 113.

27 Vgl. Krüger, Voraussetzungen, S. 76 ff., S. 110 ff.; BdL, Geschäftsbericht 1952, S. 25. Dem Wissenschaftlichen Beirat beim Bundeswirtschaftsministerium genügte eine „nicht entscheidende" Beeinflussung der Zahlungsbilanz durch Einfuhrkontingente. Vgl. Wissenschaftlicher Beirat beim Bundeswirtschaftsministerium, Gutachten vom 16. 11. 1952, S. 156.

birgt den Vorteil, daß der Inländer die Möglichkeit hat, auf dem billigsten Markt einzukaufen. Allerdings ist auch zu erwähnen, daß mit der Inländer-Konvertibilität Probleme und Gefahren verbunden sind. Zum einen ist die Inländer-Konvertibilität mit der Möglichkeit freier Kapitalausfuhr gleichzusetzen, da die Ausfuhr von Kapital nicht mehr kontrolliert werden kann. Zum anderen kann die Inländer-Konvertibilität auf Dauer nur aufrechterhalten werden, sofern die konvertiblen Reserven alimentiert werden können. Demnach war das Land, das den Inländern ein Umtauschrecht zusprach, darauf angewiesen, daß die Handelspartner ihm ihrerseits Ausländer-Konvertibilität gewährten[28].

Die Unterscheidung zwischen Inländer- und Ausländer-Konvertibilität ist deshalb bedeutend, weil in den fünfziger Jahren umstritten war, ob der Konvertibilitätsbegriff in erster Linie die Inländer-Konvertibilität oder die Ausländer-Konvertibilität umfassen sollte. Schon das IWF-Abkommen war in dieser Hinsicht nicht zu eindeutigen, sondern nur zu widersprüchlichen Aussagen gelangt[29]. Auch im weiteren Verlauf bestanden unterschiedliche Positionen fort: Das Vereinigte Königreich sah die Ausländer-Konvertibilität als grundlegend an und legte entsprechend das Schwergewicht auf deren Verwirklichung. Demgegenüber erachteten die kontinentalen Länder in erster Linie die Inländer-Konvertibilität für erstrebenswert[30].

Während der Begriff der Integration im Verlauf der vierziger und fünfziger Jahre – wie gezeigt – nach und nach auch einen regionalen Beigeschmack erwarb, wurde der Begriff der Konvertibilität nur in Hinsicht auf Zweck, Entstehungszeitpunkt und Inhaber der zu konvertierenden Guthaben genauer gefaßt. In regionaler Hinsicht wurde nicht differenziert, so daß der Begriff der Konvertibilität in den fünfziger Jahren durchgängig mit globaler Währungsintegration identisch war. Das bedeutet allerdings nicht, daß in dieser Zeit regionale Ansätze zur währungspolitischen Integration unwesentlich waren. Ganz im Gegenteil: Vor dem Hintergrund der existierenden weltwirtschaftlichen Ungleichgewichte und der Dollarknappheit waren auch für das Währungsproblem regionale Lösungen unabweisbar. Im weiteren Verlauf wurden sie auch angestrebt und realisiert. Um innereuropäischen Handel zu erlauben, mußte einerseits das System von bilateralen Handels- und Zahlungsabkommen, das in Europa im Jahre 1947 vorherrschte, aufgebrochen werden. Da sich andererseits aber zur gleichen Zeit eine Rückkehr zu einem globalen System als unmöglich erwiesen hatte, waren regionale Lösungen unumgänglich. Allerdings ist zu betonen, daß diese regionalen währungspolitischen Integrationsbemühungen nie mit dem Begriff der Konverti-

[28] Sofern die Ausländer-Konvertibilität nur von einigen Ländern gewährt wurde, mußte fast zwangsläufig zwischen konvertiblen und nicht-konvertiblen Handelspartnern unterschieden werden. In den fünfziger Jahren sah sich beispielsweise die Schweiz veranlaßt, die Inländer-Konvertibilität des Schweizer Franken aus diesem Grund einzuschränken. Vgl. Haberler, Konvertibilität, S. 23.

[29] Das IWF-Abkommen stipulierte in Artikel VIII, Absatz 2, daß für laufende Transaktionen Restriktionen generell zu vermeiden seien. Damit führte es einen Konvertibilitätsbegriff ein, der In- und Ausländer-Konvertibilität umfaßte. In Artikel VIII, Absatz 4, hingegen wurde der Begriff der Konvertibilität auf Ausländer-Konvertibilität eingeschränkt.

[30] Vgl. hierzu auch S. 165ff.

bilität belegt wurden, denn das entscheidende Kriterium einer Umtauschbarkeit in Gold oder Dollar konnte mit regionalen Absprachen nicht erreicht werden.

Eine erste regionale währungspolitische Vereinbarung wurde im Herbst 1948 im Rahmen der OEEC getroffen. Die OEEC-Mitglieder unterzeichneten ein einjähriges innereuropäisches Zahlungsabkommen. Dem folgte im Herbst 1949 ein zweites. Mit diesen Abkommen einigten sich die OEEC-Mitglieder darauf, ihre Zahlungssalden, die bisher bilateral ausgeglichen worden waren, zu kompensieren[31]. Darüber hinaus wurden in diesen Abkommen Ziehungsrechte – das heißt Kreditierungsverpflichtungen für die Gläubiger, Überziehungsmöglichkeiten für die Schuldner – eingeführt[32]. Dabei entschädigte die ECA die Gläubiger für ihre Kreditvergaben mit bedingter Marshallplanhilfe.

Mit den beiden innereuropäischen Zahlungsabkommen wurden in gewissem Umfang Zahlungen innerhalb Europas ermöglicht, und so konnte ein Zusammenbruch des innereuropäischen Handels verhindert werden. Gleichwohl war man von einer Lösung des europäischen Währungsproblems weit entfernt. Eine dauerhafte währungspolitische Integration der europäischen Länder war damit nicht erfolgt[33]. Um die monetären Hemmnisse in Europa dauerhaft zu beseitigen und die währungspolitische Integration in Europa herbeizuführen, wurde im weiteren Verlauf sogar mit der Idee einer europäischen Zentralbank und einer einheitlichen europäischen Währung gespielt[34]. Allerdings wurde ein solches Projekt nicht weiter verfolgt. Vielmehr wurde von amerikanischer Seite die Errichtung einer europäischen Zahlungsunion vorgeschlagen, und im Sommer 1950 unterzeichneten die OEEC-Mitgliedsländer nach langwierigen Verhandlungen das EZU-Abkommen[35]. Diese Zahlungsunion, innerhalb der die volle Transferierbarkeit aller beteiligten Währungen galt, machte die Diskriminierung aus Zahlungsgründen ge-

---

[31] Dabei gab es zwei Kompensationsarten. Die Kompensation ersten Grades beruhte auf dem Prinzip des „geschlossenen Kreises": Beispielsweise wurden die Zahlungssalden Land X an Land Y 1 $, Land Y an Land Z 1 $ und Land Z an Land X 2 $ durch die Kompensation im „geschlossenen" Kreis auf den Saldo Land Z an Land X 1 $ reduziert. Gegen diese Kompensationsart konnten die Teilnehmer keinen Einspruch erheben. Hingegen hing die Kompensation zweiten Grades von den Genehmigungen der betroffenen Länder ab, da sich durch sie die Guthaben eines Landes in einer bestimmten, möglicherweise unerwünschten Währung erhöhen konnten. Für die Funktionsweise dieser Abkommen vgl. Möller, Verrechnungs- und Zahlungsabkommen.

[32] Im ersten Zahlungsabkommen handelte es sich dabei um bilaterale Ziehungsrechte. Im zweiten Abkommen wurden diese Ziehungsrechte zum Teil multilateralisiert.

[33] Die Zahlungsabkommen wurden jeweils nur für einen kurzen Zeitraum abgeschlossen. Sie waren aber auch in anderer Hinsicht problematisch: Zum einen hingen sie vollständig von der Marshallplanhilfe ab. Zum anderen beruhte die Zuteilung von Ziehungsrechten auf geschätzten Zahlungsbilanzen, und diese Schätzungen waren umstritten. Ferner schränkten die anfangs nur bilateralen, später teilweise multilateralen Ziehungsrechte die Kompensationsmöglichkeiten ein.

[34] Die Idee einer europäischen Zentralbank wurde beispielsweise innerhalb der ECA erörtert. Vgl. Milward, Reconstruction, S. 296 ff. Aber auch innerhalb der Bundesrepublik gab es Stimmen, die für eine europäische Zentralbank plädierten. Vgl. Richard Merton, „Für eine europäische Notenbankunion", in: Frankfurter Allgemeine Zeitung, 1. 5. 1951, Wirtschaftspolitische Beilage, S. 1 f.; ders., „Eine europäische Zentralbank", in: Frankfurter Allgemeine Zeitung, 28. 6. 1952, S. 7.

[35] Zu den EZU-Verhandlungen vgl. Milward, Reconstruction, S. 320 ff.; Kaplan/Schleiminger, EPU, S. 28 ff.; Dickhaus, Provisional.

gen einen spezifischen europäischen Handelspartner unnötig. Sie ermöglichte ferner die Liberalisierung und damit den Aufbau des innereuropäischen Handels, zumal sie nicht nur die volle Transferierbarkeit, sondern auch die Bereitstellung zusätzlicher Liquidität vorsah. Diese wurde zum Teil von der ECA zur Verfügung gestellt, zum Teil wurde sie von den Mitgliedsländern aufgebracht, da die Gläubiger der EZU verpflichtet waren, 60 Prozent ihrer Überschüsse zu kreditieren. Da die Zahlungsunion die Kredite an die Schuldnerländer weitergab, konnten diese ihre Defizite zu 60 Prozent über einen EZU-Kredit abdecken und mußten nur die restlichen 40 Prozent in Gold oder Dollar begleichen.

Wenn auch mit der EZU keine Konvertibilität im globalen Sinne, sondern lediglich eine Transferierbarkeit erreicht wurde, war mit ihr eine regionale währungspolitische Integration verwirklicht. Das war auch mit gewissen Einschränkungen der nationalstaatlichen Souveränität in bezug auf die Währungspolitik verbunden. So wurde ein EZU-Direktorium eingerichtet. Dies hatte die Aufgabe, die Währungssituation und -entwicklung der Teilnehmerländer zu beobachten und gegebenenfalls Empfehlungen zur Wirtschafts- und Währungspolitik auszusprechen. Da das Direktorium seine Entscheidungen nach dem Mehrheitsprinzip traf, war damit ein supranationales Element in die EZU eingeführt worden. Diese Supranationalität hatte jedoch Grenzen, denn die Empfehlungen des Direktoriums mußten vom OEEC-Ministerrat gebilligt werden, wo das Prinzip der Einstimmigkeit galt. Ferner bewirkte das Kreditsystem der EZU und die darin eingebauten Anreize eine Einschränkung der Souveränität. Zwar wurden Kredite automatisch und demnach ohne bestimmte Anforderungen an die nationale Wirtschaftspolitik vergeben. Gleichzeitig aber war festgelegt worden, daß Defizite zu einem gewissen progressiv steigenden Anteil in Gold ausgeglichen werden mußten, weshalb der währungspolitische Handlungsspielraum der Teilnehmerländer vor allem bei Zahlungsbilanzdefiziten an Grenzen stoßen mußte[36].

Insgesamt ist also festzuhalten, daß mit der Gründung der EZU Fortschritte hinsichtlich der währungspolitischen Integration Europas erreicht und sogar ein regionales europäisches Konvertibilitätssystem verwirklicht worden war. Allerdings wurde dies in den fünfziger Jahren nicht als „Konvertibilität“ angesehen[37].

---

[36] Das Kreditsystem und seine Anreize sollten die Korrektur von Zahlungsbilanzungleichgewichten veranlassen. Es funktionierte folgendermaßen: Die Quote eines jeden Landes, welche die Kreditierungsverpflichtungen und Überziehungsmöglichkeiten bestimmte, wurde in fünf gleiche Tranchen aufgeteilt. Der Schuldner konnte in der ersten Tranche sein Defizit zu 100% mit dem EZU-Kredit abdecken. In der zweiten Tranche deckte er sein Defizit zu 80% über den EZU-Kredit ab und beglich die verbleibenden 20% in Gold. In der dritten Tranche erhöhte sich das Verhältnis Kredit zu Gold auf 60 zu 40. In der vierten Tranche waren dann 60%, in der fünften Tranche 80% des Defizits in Gold zu begleichen. Auf der Gläubigerseite war das Anreizsystem weniger ausgefeilt: In der ersten Tranche mußte der Gläubiger 100% kreditieren. In der zweiten bis fünften Tranche erhielt er seine Überschüsse zu 50% in Gold ausbezahlt.

[37] Diese Sichtweise hat sich gewandelt. In den siebziger Jahren führte Gablers Wirtschaftslexikon die EZU als ein Beispiel für regionale Konvertibilität an. Vgl. Gablers Wirtschaftslexikon, Wiesbaden ^{9}1976, Bd. I, Sp. 2481 ff.

Wenn auch der amerikanische Nationalökonom Albert O. Hirschman betonte, daß die EZU die Konvertibilität der europäischen Währungen untereinander herstelle, und gerade darin die Leistung der EZU erblickte[38], war doch die Meinung vorherrschend, die EZU gewähre lediglich Transferierbarkeit der europäischen Währungen und diese sei keinesfalls mit Konvertibilität zu verwechseln. Vielmehr wurde immer wieder hervorgehoben, daß aufgrund des Abrechnungsmechanismus der EZU, demzufolge Defizite und Überschüsse nur zu einem gewissen Prozentsatz in Gold oder Dollar zu begleichen waren, höchstens eine „partielle Konvertibilität" hergestellt worden sei[39]. Ansonsten aber wurde die EZU sogar oftmals als Gegenpol zur Konvertibilität kritisiert oder gar als ein kontraproduktiver Mechanismus auf dem Weg zur Konvertibilität angesehen. Mit ihr – so wurde argumentiert – sei ein europäischer Weichwährungsblock errichtet worden. Durch die Schaffung eines solchen Blockes und durch die Einbindung von einigen an sich konvertibilitätsreifen Ländern in dieses System würde die Konvertibilitätserklärung dieser Währungen gegenüber dem Dollar behindert oder verzögert[40].

Funktionen der Konvertibilität

Während der Diskussionen um die währungspolitische Integration wurde der Begriff der Konvertibilität zum Teil eingeschränkt, zum Teil genauer gefaßt. Dabei zeigte sich der Begriff weitgehend resistent gegenüber regionaler Eingrenzung, wenngleich in den fünfziger Jahren das Problem der währungspolitischen Integration auch auf regionaler Ebene angegangen wurde. Darüber hinaus wurden in diesen Diskussionen die Vor- und Nachteile der Konvertibilität sowie ihre Funktionen debattiert, während die Erwartungen und die Gefahren, die man sich von ihrer Einführung versprach, formuliert wurden. Schließlich war allen Beteiligten klar, daß Konvertibilität, sofern sie anzustreben war, kein Selbstzweck sein sollte[41].

In erster Linie erwartete man von der Konvertibilität positive Auswirkungen auf den Außenhandel. Es wurde erhofft, daß der Abbau monetärer Barrieren und die Umtauschbarkeit der Währungen den Handelsaustausch steigere, wodurch eine internationale Arbeitsteilung mit ihren positiven Auswirkungen wieder eingerichtet würde. Wie schon die liberale Außenhandelstheorie des 19. Jahrhunderts dargelegt hatte, konnten dann komparative Kostenvorteile

[38] Vgl. Hirschman, European Payments Union, S. 55. Ähnlich auch Albrecht, Menschliche, S. 193.

[39] Krüger, Voraussetzungen, S. 141.

[40] Diese Argumentation spielte schon bei den Verhandlungen zur Gründung der EZU eine Rolle. Im amerikanischen National Advisory Council on International Monetary and Financial Policy argumentierten der Vertreter des amerikanischen Schatzamtes und der US-Exekutivdirektor des IWF so. Vgl. FRUS 1950, I, NAC, Minutes of Meeting, 19.1.1950, S. 819ff.

[41] Das wird in der zeitgenössischen Literatur und den Quellen gleichermaßen betont. Vgl. Reichert, Rückkehr, S. 16; Lutz, Problem, S. 82; BAK, B 102/56905, V D 1b, Vermerk Konvertibilität, 17.9.1953.

wahrgenommen werden, und Spezialisierungen der Volkswirtschaften wären möglich. Ferner könnte auf dem billigsten Markt eingekauft und auf dem teuersten verkauft, also eine Verbesserung der Austauschbeziehungen erreicht werden. Gleichzeitig würde der Absatzmarkt vergrößert und die Rohstoffversorgung verbessert[42]. Aber auch aus ordnungspolitischer Perspektive war die Konvertibilität von Interesse. Da sie den internationalen Wettbewerb steigere, wirke sie sich günstig auf die Preisstabilität aus. Auch führe sie zu Rationalisierungen und steigere dadurch die Produktivität und die Leistungs- und Wettbewerbsfähigkeit der Volkswirtschaft, denn „jene künstlichen Pflanzen, die da in der Treibhausluft gezüchtet worden sind, [würden] verdorren“[43]. All das, so wurde immer wieder und ganz allgemein festgestellt, wäre vorteilhaft für die Produktion und das Wachstum, weshalb die Konvertibilität potentiell zur Vollbeschäftigung und zum Ausgleich konjunktureller Schwankungen beitrage[44].

In den fünfziger Jahren wurden aber außer diesen allgemeinen positiven Auswirkungen auch noch weitere Vorteile von der Konvertibilität erwartet. Für die Bundesrepublik erhoffte man sich, daß die Konvertibilität erlauben würde, die traditionellen deutschen Defizite im Außenhandel mit Übersee durch die deutschen Überschüsse aus dem Europageschäft auszugleichen. Da mit der Konvertibilität anderer Länder die deutsche Dollarlücke geschlossen werde, könnten die „natürlichen“ deutschen Handelsmuster wiederhergestellt werden[45]. Als im Verlauf der fünfziger Jahre eine weitergehende wirtschaftliche Integration der sechs EGKS-Staaten diskutiert wurde, erhoffte man von der Konvertibilität, daß sie als ein Gegengewicht zu dieser kleineuropäischen Integration fungieren würde. Ein solches Gegengewicht wurde als notwendig angesehen, da – wie Wilhelm Röpke herausstellte – zu befürchten war, daß bei einem Zusammenschluß von stabilen, marktwirtschaftlich orientierten Ländern mit chronisch defizitären und planwirtschaftlich ausgerichteten Ländern die ersteren „infiziert“ werden könnten[46]. Mit der Konvertibilität hingegen verringere sich diese Gefahr, denn damit wäre ein Zusammenhang aller Volkswirtschaften hergestellt. Dementsprechend sah beispielsweise auch der Bundeswirtschaftsminister Ludwig Erhard die Herstellung der Konvertibilität als eine notwendige Ergänzung zur Errichtung der Europäischen Wirtschaftsgemeinschaft (EWG) an[47].

Aber auch auf dem finanziellen Sektor wurden positive Auswirkungen erwartet. Eine konvertible Währung würde – vor allem wenn sie mit Ausländer-Konvertibilität ausgestattet war – als frei verwendbare Währung an Prestige gewinnen und in internationalen Finanztransaktionen benutzt werden. Diese Hoff-

---

42 Vgl. z.B. Krüger, Voraussetzungen, S. 18f.
43 Erhard, Aspekte, S. 115. Vgl. auch Eucken, Grundsätze, S. 241ff. und 264ff.
44 Erhard war ein Verfechter dieser Ansicht. Vgl. BBK, B330/57, ZBR, Stenogramm, 11.6.1952.
45 Vgl. Röpke, Wirtschaftspolitik, S. 80.
46 So argumentierte Röpke im September 1958 in einem Artikel in The Banker, abgedruckt in: Röpke, Order, S. 264.
47 Vgl. Bulletin des Presse- und Informationsamtes, Nr. 238, 30.12.1958.

nung spielte vor allem für das Vereinigte Königreich eine wichtige Rolle. Außerdem wurde oftmals auf den Zusammenhang zwischen Konvertibilität und kurz- wie langfristigem Kapitalimport hingewiesen. Deutsche Wirtschaftsexperten hoben in diesem Zusammenhang hervor, daß Deutschland unter Kapitalmangel leide. Ferner betonten sie, daß der deutsche Export bei einer Exportpalette von kostenintensiven und oftmals spezialangefertigten Investitionsgütern auf Außenhandelsfinanzierung angewiesen war. Da aber die ausländischen Finanzkreise wegen der fehlenden deutschen Kreditwürdigkeit nicht in Deutschland investieren und auch deutsche Exporte häufig nicht angezahlt würden, während gleichzeitig von den deutschen Importeuren Vorauszahlung oder unwiderrufbare, bestätigte Akkreditive verlangt wurden, mußte hier Abhilfe geschaffen werden. Aus diesem Grund betonte Hermann J. Abs, einer der führenden deutschen Bankenvertreter, schon im Jahre 1949, daß die Bundesrepublik Maßnahmen ergreifen müsse, um die ausländische Kreditbereitschaft zu erhöhen. Neben der Regelung der Altschulden müßte vor allem der „Sauberkeit und Gesunderhaltung" der Währung höchste Priorität eingeräumt werden[48]. Nur bei Konvertibilität oder stetiger Konvertibilisierung, Erhöhung der Verfügungsmöglichkeiten über investiertes Kapital und bei erhöhten Konversionserlaubnissen hätte das Ausland Interesse an Investitionen in die deutsche Volkswirtschaft. Hingegen würde bei einer nicht-konvertiblen Währung die Tendenz vorherrschen, investiertes Kapital abzuziehen[49].

Allerdings blieben die Leistungen der Konvertibilität nicht unwidersprochen. So wurden die positiven Auswirkungen auf den Außenhandel skeptisch gesehen. Bei einer Konvertibilitätserklärung wäre, da dann zwangsläufig die EZU aufgelöst werden würde, ein Rückschritt in der europäischen Liberalisierung und ein Rückfall der europäischen Länder in den Bilateralismus wahrscheinlich. Das müßte aber zwangsläufig zu einer Schrumpfung des innereuropäischen Handels und einer erneuten Vergrößerung der Dollarlücke führen[50]. Vor allem auf deutscher Seite wurde damit gerechnet, daß im Falle einer Konvertibilitätserklärung der deutsche Export leiden würde, da sowohl der Vorzugsmarkt in Westeuropa als auch die Finanzierung der deutschen Exporte über die Notenbank wegfielen. Ferner wurde zu bedenken gegeben, daß die nicht-konvertiblen Länder dann das konvertible Land einerseits diskriminieren, sich andererseits auf es „wie eine Beute" stürzen würden[51]. Schließlich wurde angeführt, daß es in der Bundesrepublik schutzbedürftige Wirtschaftszweige gäbe[52]. Weiterhin wurde in der Bundesrepublik der internationalen Kapitalverflechtung Skepsis entgegenge-

48 Vgl. Vortrag von Hermann J. Abs, „Probleme der deutschen Auslandsverschuldung und der Auslandskredite" aus dem Jahre 1949, abgedruckt in: Schwarz (Hrsg.), Wiederherstellung, S. 80ff.

49 Vgl. Erhard, Aspekte, S. 118: „Wer könnte nach kaufmännisch-wirtschaftlichen Grundsätzen denn bereit sein, hier (in der Bundesrepublik, M.D.) Geld oder Kapital anzulegen?"

50 Vgl. Österreichisches Institut zur Wirtschaftsforschung, Konvertibilität, S. 25ff.

51 Haberler, Konvertibilität, S. 32.

52 Vgl. Hankel/Käckenhoff, Konvertierbarkeit, S. 96f.

bracht. Unter Hinweis auf die Erfahrungen der Zwischenkriegszeit wurde auf die Möglichkeit „abrupter Kapitalbewegungen" und die Gefahr von Kapitalflucht hingewiesen. Eine Kontrolle der Kapitalströme wurde als notwendig angesehen, weshalb der Kontrollapparat der Devisenbewirtschaftung nicht abgebaut werden dürfe[53]. Schließlich verwiesen die Skeptiker darauf, daß es auch nach einer Konvertibilitätserklärung sinnvoll sei, einen währungspolitischen Kooperationsmechanismus in Europa beizubehalten, denn die Fortführung der engen Kooperation auf dem Zahlungsgebiet, die Beobachtung, Besprechung und Koordinierung der nationalstaatlichen Handels- und Zahlungspolitik sei auch im Rahmen einer Konvertierbarkeit notwendig[54]. Vor dem Hintergrund dieser grundsätzlichen Kritik wurde insgesamt bezweifelt, ob sich die Konvertibilität – wie ihre Befürworter hervorhoben – positiv auf die Wirtschaftsentwicklung, die Beschäftigung und die Konjunktur auswirken würde[55].

Wenngleich der Konvertibilität als einem internationalen Währungssystem in erster Linie Funktionen im Bereich der Außenwirtschaft zugesprochen wurden, so lag ein ebenso wichtiger Funktionsbereich der Konvertibilität auf dem Gebiet der Binnenwirtschaft. Es wurde immer wieder hervorgehoben, daß die Konvertibilität von Noten in Gold zu einem festen Wechselkurs im Rahmen des Goldstandards als ein Schutz gegen die übermäßige Ausgabe von Banknoten und damit als eine „goldene Bremse an der Kreditmaschine" fungiert hätte[56], da sie die Ausrichtung der Geldpolitik auf den Goldbestand und somit auf die außenwirtschaftlichen Entwicklungen verlangte: Im Falle von inflationären Tendenzen, die Handelsbilanzdefizite mit sich brächten und den Goldbestand verringerten, mußte eben zwangsweise eine restriktive Geldpolitik eingeleitet werden. So induziere die Konvertibilität automatisch eine sogenannte „gesunde" Geldpolitik[57]. Diese Automatik, sosehr sie einerseits befürwortet wurde, war aber andererseits zugleich einer der Aspekte der Konvertibilität, der heftig angegriffen, angezweifelt und hinterfragt wurde.

Schon 1923 hatte der britische Wirtschaftswissenschaftler John Maynard Keynes anläßlich der Diskussion über eine Rückkehr zum Goldstandard die Konvertibilität wegen dieses Automatismus als „a barbarous relic", „an outworn dogma" angegriffen[58]. Da das Wachstum des monetären Goldbestandes nicht mehr wie in früheren Zeiten mit der wirtschaftlichen Entwicklung korrespondiere, könne die Konvertibilität nicht die Stabilität des Wirtschaftssystems garantie-

---

53 Vgl. Bernard, Wege, S. 275 f.; Lutz, Problem, S. 79.

54 Vgl. z. B. von Mangoldt, EZU-Jahr, S. 460 f.

55 Vgl. BBK, NL Emminger, Konvertibilität/Abbau der Devisenzwangswirtschaft I 1949–52, Emminger, Maßnahmen zur Wiederherstellung der Konvertibilität der Währungen, o. D.

56 Vgl. den Artikel „Convertibility of Bank Notes", in: Palgrave's Dictionary, Bd. I, S. 407; Schumpeter, Bremse, S. 80.

57 Das betonte vor allem Röpke immer wieder. Vgl. Röpke, Wege, S. 92 ff.

58 Keynes, Tract, S. 138. Als neuere Werke zu Keynes' Geld- und Währungstheorie, die auch Ansätze anderer Wirtschaftswissenschaftler thematisieren, vgl. Klausinger, Theorien, S. 109 ff.; Flanders, Economics, S. 107 ff. und S. 155 ff.

ren[59]. Mehr noch: Die laut den Spielregeln des Goldstandards vorgesehene Deflation bei Zahlungsbilanzdefiziten war laut Keynes unmöglich und unerwünscht, ja sogar gefährlich für die Stabilität der Wirtschaft, der Preise und der Beschäftigung[60]. Die unbedingte Priorität der Außenwirtschaft – sei es im Rahmen des Goldstandards, sei es im Rahmen eines anderen internationalen Währungssystems – war deshalb seines Erachtens höchst problematisch. Eine deflationäre Politik betreiben zu wollen, um unter Vernachlässigung der Binnenwirtschaft Zahlungsbilanzdefizite zu korrigieren, sei nicht nur bei hoher Arbeitslosigkeit untragbar. Auch könnten die damit angestrebten Ziele – Senkung der Lohnkosten, Herstellung der Wettbewerbsfähigkeit – nicht erreicht werden. Der Automatismus des Goldstandards führe nur noch weiter in die Krise, sowohl in nationaler als auch in internationaler Hinsicht[61].

Anstatt durch ein internationales Währungssystem zur Deflation gezwungen zu sein, war es laut Keynes in bestimmten Situationen notwendig und sinnvoll, eine expansive Politik betreiben zu können. In bezug auf die Geldpolitik prangerte er deshalb an, daß in einem Konvertibilitätssystem das außenwirtschaftliche Gleichgewicht mit Hilfe der Regulierung des Zinsniveaus hergestellt werden sollte. Dies war seines Erachtens eine gefährliche Praxis. Statt dessen forderte er die Möglichkeit, auch während einer Krise und ungeachtet der Entwicklung der Zahlungsbilanz niedrige Zinssätze verwirklichen zu können[62]. Jedem Land müsse eine gewisse Autonomie in bezug auf seine Geldpolitik gewährt werden[63]. Deshalb hielt er Einschränkungen oder Modifizierungen an dem Konzept der Konvertibilität für notwendig. Nur so könnte man sich von gewissen weltwirtschaftlichen Entwicklungen abkoppeln, den Zinssatz niedrig halten, Investitionen ermöglichen, eine autonome Konjunkturpolitik betreiben und dadurch die Arbeitslosigkeit bekämpfen.

Auch das Deutsche Reich hatte in den zwanziger Jahren Gelegenheit, die einschränkenden Wirkungen des Gold-Devisen-Standards auf die Geldpolitik zu erfahren[64]. Als Konsequenz entwickelten sich auch in Deutschland, vor allem während der Weltwirtschaftskrise, Ansätze eines „quasi-keynesianischen Wirtschaftsdenkens“[65]. Allerdings nahm man in der Nachkriegszeit davon wieder einen gewissen Abstand, und die Bizone schlug – so wird oftmals betont – im Jahre 1948 einen „ordnungspolitischen Sonderweg“ ein[66]. Zwar kritisierten auch deutsche Wirtschaftsexperten durchaus die Konvertibilität als internationales Währungssystem. So stellte beispielsweise der deutsche Nationalökonom Kurt Har-

[59] Vgl. Keynes, Tract, S. 132ff.
[60] Vgl. ebenda, S. 118f. und S. 138.
[61] Vgl. Keynes, Theory, S. 382ff.
[62] Vgl. ebenda, S. 339; Keynes, Treatise, Bd. II, S. 347.
[63] Vgl. ebenda, Bd. II, S. 272.
[64] Vgl. Hardach, Weltmarktorientierung.
[65] Jaeger, Geschichte, S. 172.
[66] Abelshauser, Epochenbedeutung, S. 12.

tung heraus, daß „die bei erster Betrachtung immer so einleuchtenden *autoharmonischen Wirkungszusammenhänge*, so richtig und jeder immanenten Kritik gewachsen sie sind, *auch in Beziehung auf die Konvertierbarkeit der Währungen weitgehend nur noch theoretische Bedeutung haben*“[67]. Allerdings genoß in der Bundesrepublik aufgrund der Erfahrung mit der Großen Inflation 1914 bis 1923 und aufgrund der Erfahrung mit der nationalsozialistischen Wirtschaftspolitik, die zur zurückgestauten Inflation der Nachkriegszeit geführt hatte, eine „gesunde“, anti-inflationäre Politik ein großes Ansehen[68]. Doch selbst wenn eine solche Politik häufig als unabdingbar angesehen wurde, war es für die Befürwortung der Konvertibilität nicht ausreichend, auf ihre stabilisierende und bremsende Funktion hinzuweisen. Vielmehr mußten die Befürworter der Konvertibilität auch formulieren, warum eine Automatik einem diskretionären Währungsmanagement vorzuziehen sei.

Schon in den zwanziger Jahren hatte Keynes apodiktisch festgehalten, daß ein Automatismus nicht funktionieren könne, daß vielmehr alle Währungen „managed currencies“ seien und demnach eine aktive Geldpolitik notwendig sei: „In the modern world of paper currency and bank credit there is no escape from a ‚managed currency‘, whether we wish it or not.“[69] Dem wurde von seiten des Ordoliberalismus insofern widersprochen, als er für die Ordnung des Geldwesens einen Automatismus als notwendig ansah. Anfang der fünfziger Jahre hatte der ordoliberale Wirtschaftswissenschaftler Walter Eucken betont: „International das Preissystem zur Auswirkung kommen zu lassen [...], erfordert [...], daß eine internationale Geldordnung geschaffen wird, die den Wettbewerb *zwischen* den Volkswirtschaften gestattet, auf strengen Regeln aufgebaut ist und möglichst automatisch funktioniert.“[70] Für die Errichtung einer solchen Automatik sprach laut Eucken die bisherige Erfahrung. Sie zeige nämlich, „daß eine Währungsverfassung, die den Leitern der Geldpolitik freie Hand läßt, diesen mehr zutraut, als ihnen im allgemeinen zugetraut werden kann“[71]. Das Positive eines automatisch spielenden Währungssystems war somit, daß „Schwäche gegenüber Interessentengruppen und der öffentlichen Meinung, [sowie] falsche Theorien“ keinen Platz hätten. Vielmehr bliebe es, wie Friedrich Lutz schon 1935 formuliert hatte, bei einem Automatismus dabei, daß wie zu Zeiten der Goldwährung „der Zen-

---

[67] Hartung. Probleme, S. 94. Ähnlich kritisch auch Predöhl, Stellung; Stucken, Geld. Vgl. auch Dürr, Konjunkturpolitik, S. 80: „Nach den Erfahrungen der Vergangenheit [können] weder internationale Konjunkturpolitik noch selektive kredit- und finanzpolitische Maßnahmen den Konflikt zwischen Konjunkturpolitik und Konvertibilität nachhaltig beseitigen.“

[68] Auf die Bedeutung dieser beiden Inflationen wurde schon in der Nachkriegszeit verwiesen. Vgl. Stucken, Geldpolitik, S. 197. Auch heutzutage wird ihre entscheidende Rolle immer wieder betont. Vgl. Kennedy, Bundesbank, S. 6f.

[69] Keynes, Tract, S. 133ff.

[70] Eucken, Grundsätze, S. 167. Diese Meinung wurde keineswegs durchgängig akzeptiert. Beispielsweise wollte Predöhl „an die Stelle des ordnenden Automatismus [...] die ordnende Hand der staatlichen Wirtschaftspolitik [...] setzen“. Vgl. Predöhl, Stellung, S. 26.

[71] Eucken, Grundsätze, S. 257.

tralbankleiter der immanenten Logik der Dinge zu folgen, daß er nicht zu **befehlen**, sondern zu gehorchen hat, wenn auch zu **gehorchen** wie ein hochintelligenter Diener, der lediglich aus gewissen Anzeichen entnimmt, was sein Herr verlangt, und dann ohne ausdrückliches Geheiß das richtige tut"[72].

Solche Ansichten hätten in Zentralbankkreisen Widerspruch erwarten lassen. Schließlich waren mit einem Automatismus eine klare Einschränkung der eigenen Autonomie und Abstriche am unabhängigen und deshalb „charmed life" der Zentralbank verbunden[73]. Vor allem aber wurde die Kompetenz und Standfestigkeit von Währungspolitikern offensiv angezweifelt. Doch weit gefehlt: Auch Währungspolitiker befürworteten einen Automatismus. Der Nationalökonom Otto Veit, Anfang der fünfziger Jahre Präsident der Landeszentralbank Hessen, sprach beispielsweise in diesem Zusammenhang von der „heiklen Entscheidungslast" und war zufrieden mit einer Regelung, die die Zentralbank Sachzwängen unterstellte und so vor Ansprüchen schützte[74]. Wenngleich in der Bundesrepublik in den fünfziger Jahren durchaus Kritik am Goldstandard und seinem Automatismus geübt wurde, so verwies man auch immer wieder auf die „glücklichen Zeiten des Gold-Automatismus"[75].

Abgesehen von diesem Vorteil aber hatten Währungspolitiker noch einen zweiten Grund, einen geldpolitischen Automatismus zu befürworten. Vor dem Hintergrund des keynesianischen Plädoyers für niedrige Zinssätze war es nämlich seit den dreißiger Jahren „modern" geworden, die störenden statt die heilenden Auswirkungen von Zinssatzänderungen zu betonen[76]. Da hingegen ein Automatismus kategorisch kreditpolitische Maßnahmen verlangte, würde mit der Konvertibilität der Geldpolitik eine gewisse Bedeutung zurückgegeben. Die Zeit der „Aschenbrödelrolle" der Kreditpolitik, die in Zentralbankkreisen häufig beklagt wurde, käme dann zu einem glücklichen Ende[77].

In den vierziger und fünfziger Jahren wurde eine währungspolitische Integration als notwendig angesehen. Dabei wurden häufig eine globale Integration und die Konvertibilität der Währungen befürwortet, denn von ihr erwartete man sich Impulse auf dem Gebiet der Außenwirtschaft und der Binnenwirtschaft. Allerdings wurden auch die positiven Auswirkungen der Konvertibilität hinterfragt und das Konvertibilitätskonzept insgesamt kritisch gesehen. Während einige die Konvertibilität als integralen Bestandteil der Marktwirtschaft verstanden, die auf jeden Fall verwirklicht werden müßte, betonten andere die Probleme und Gefahren. Während der neoliberale Ökonom Friedrich Lutz, überzeugt von der Wirk-

---

[72] Ebenda; Lutz, Goldwährung, S. 238.

[73] Der Ausdruck „Charmed life" geht auf Bagehot, Lombard Street, S. 107 zurück: „A bank of issue, which need not pay its notes in cash, **has** a charmed life; it can lend what it wishes, and issue what it likes, with no fear of harm to itself, and with no substantial check but its own inclination."

[74] Veit, Grundriß, S. 91 f.

[75] Veit, Verantwortung, S. 165. Als Kritiker vgl. Emminger, „Die Etappe der Währungsneuordnung", in: Frankfurter Allgemeine Zeitung, Wirtschaftspolitische Beilage, 1. 5. 1951, S. 5 f.

[76] Vgl. Sayers, Central Banking, S. 207.

[77] Bernard, Wege, S. 275. Ähnlich auch Jacobsson, Wiederbenutzung, S. 32 ff.

samkeit marktwirtschaftlicher Prinzipien, die Konvertibilität anstrebte, da die Goldwährung – wie er bereits im Jahre 1935 festgestellt hatte – „das Währungssystem der freien Marktwirtschaft" ist[78], formulierte der Wirtschaftswissenschaftler Hans Bachmann im Jahre 1955: „Die volle Konvertibilität ist und bleibt eine Schönwettererscheinung; sie ist sozusagen die Achillesferse der freien Marktwirtschaft."[79]

Voraussetzungen der Konvertibilität

Die gegensätzlichen Ansichten zur Konvertibilität führten auch zu Meinungsdivergenzen in bezug auf die Voraussetzungen und Bedingungen, die vor einer Konvertibilitätserklärung gegeben sein müssen. Entsprechend sind in den fünfziger Jahren zwei Schulen auszumachen, die in dieser Frage unterschiedliche Positionen einnahmen.

Die erste Richtung, zu der vor allem Anhänger des Ordoliberalismus gehörten, betonte, daß mit der Konvertibilität „der ordnende Zwang aus dem Markte" zur Geltung käme. Sie erwartete deshalb, daß die Konvertibilität automatisch zur „richtigen", das heißt auf innere Stabilität ausgerichteten Politik führe[80]. Während die „Devisenzwangswirtschaft" nicht als „Ordnungskategorie" anzusprechen sei, werde mit der Konvertibilität eine „Ordnung" eingeführt, und diese „selbst [ist] ein entscheidender Schritt zur Lösung der Zahlungsbilanzspannungen"[81].

Im Gegensatz zu dieser Ansicht betrachtete die zweite, allerdings keineswegs in sich geschlossene Schule die Ordnungsqualitäten der Konvertibilität mit Skepsis, weshalb sie stärker als die Ordoliberalen hervorhob, daß vor einer Konvertibilitätserklärung gewisse Bedingungen gegeben sein müßten[82]. Eine erste Voraussetzung für die Konvertibilität war ihres Erachtens die Schaffung stabiler innerer Verhältnisse, worunter die Abwesenheit von sowohl inflationären wie auch deflationären Tendenzen verstanden wurde: Inflationäre Tendenzen – so wurde in diesem Zusammenhang argumentiert – würden zu einem Verlust der Wettbewerbsfähigkeit und damit zu Importsteigerung und Exportrückgang, also Zahlungsbilanzdefiziten, führen[83]. Deflationäre Tendenzen hingegen würden die Partnerländer zu vermehrten Importen veranlassen, was in einem Reservenschwund und

---

[78] Lutz, Goldwährung, S. 246. Vgl. hierzu auch Bernholz, Geldwertstabilität.

[79] Bachmann, Betrachtungen, S. 135.

[80] Röpke, Wege, S. 83. Vgl. hierzu auch Erhard, Aspekte, S. 113 f.

[81] Erhard, Aspekte, S. 109; Röpke, Wege, S. 83. Auch die von der OEEC mit einem Gutachten zur Konvertibilität beauftragten Wirtschaftswissenschaftler kamen im Juni 1952 zu einem ähnlichen Ergebnis. Vgl. OEEC-Dokument C(52)173 vom 18.6.1952, zit. nach HAEC, OEEC 333/1, MBC(52)65, OECE, Comité de direction de l'UEP, Rapport préliminaire au Conseil sur la convertibilité , 2.10.1952.

[82] Zu betonen ist allerdings, daß der Ordoliberalismus, selbst wenn er die Konvertibilität als „Ordnungskategorie" ansah, keineswegs der Meinung war, die Konvertibilität könne ganz ohne Voraussetzungen erfüllt werden. Vgl. z. B. Röpke, Wege, S. 83 und S. 168, wo er die Heraufsetzung des Goldpreises forderte.

[83] Vgl. Limmer, Konvertierbarkeit, S. 120 ff.

letztendlich in einer administrativen Beschränkung der Einfuhren resultieren könnte. Das aber solle nicht die Grundlage für den Wiederaufbau Europas sein, denn – so wurde hervorgehoben – „dans l'état actuel de la concurrence mondiale, il ne suffit pas pour un pays d'avoir une économie stable, il faut encore qu'elle soit en expansion“[84].

Als eine zweite Bedingung für eine Konvertibilitätserklärung wurden ausreichende Währungsreserven bzw. eine Alimentierung der Reserven durch Kreditlinien verlangt. Dies sei nicht nur notwendig, um den Konvertierungsansprüchen gerecht werden zu können und um das Vertrauen in die konvertible Währung zu stärken, sondern vor allem auch, um – angesichts der Wirkungsverzögerungen jeder Zahlungsbilanzpolitik – einen Handlungsspielraum zu haben[85].

In der Diskussion über die Reserven war ein wichtiger Aspekt deren Höhe. Diese hing von mehreren Parametern ab. Erstens war hierbei die Anzahl der Teilnehmer an einer Konvertibilitätsinitiative von Bedeutung, denn sowohl die bis dahin akkumulierten Guthaben der beteiligten Währungen als auch die zukünftigen Exporterlöse würden konvertibel und könnten dann zu den Währungsreserven gerechnet werden. Zweitens sei – so wurde betont – die Höhe der benötigten Reserven eine Funktion des verwirklichten Konvertibilitätskonzeptes, denn sofern ein Abbau der Devisenbewirtschaftung auf dem Kapitalsektor verfolgt wurde, waren höhere Reserven notwendig. Allerdings könnten in einem solchen Fall auch die Reserven durch private Kapitalzufuhr aufgefüllt werden[86]. Eine weitere wichtige Frage war, mit welchen Mitteln eine Reservenaufstockung erreicht werden könne. Mit anderen Worten: Wie war ein Zahlungsbilanzgleichgewicht oder gar ein Zahlungsbilanzüberschuß zu erlangen, bzw. wie war die damals existierende Dollarlücke zu füllen? Da abgelehnt wurde, ein Reservenwachstum durch Verschärfung der Importbeschränkungen, also durch eine „hortende Devisenbewirtschaftung“[87] zu erreichen, wurden in diesem Zusammenhang Bedingungen an das internationale Währungssystem formuliert bzw. ein entsprechendes Verhalten der Gläubigerländer verlangt. So wurde die ausreichende Ausstattung des internationalen Währungssystems mit internationaler Liquidität als notwendig angesehen. Die müsse über eine Änderung des Goldpreises oder eine Erhöhung der IWF-Quoten erreicht werden. Ferner müßten die Gläubigerländer eine „Gute-Gläubiger-Politik“ verfolgen. Die USA sollten den amerikanischen Protektionismus abbauen, eine gewisse Expansion zulassen oder weitere Dollarhilfe gewähren[88]. Darüber hinaus wurde aber auch die Herstellung der

[84] HAEC, OEEC 333/1, MBC(52)65, Comité de direction de l'UEP, Rapport préliminaire au Conseil sur la convertibilité, 2.10.1952.

[85] Vgl. Röpke, Wege, S. 106.

[86] Vgl. ebenda, S. 105 ff.

[87] Limmer, Konvertierbarkeit, S. 93.

[88] Vgl. Röpke, Wege, S. 108, der von einer Heraufsetzung des Goldpreises von 35 $/Unze auf 50 bis 60 $/Unze sprach. Haberler, Konvertibilität, S. 41 ff., fand eine Senkung der amerikanischen Zölle „höchst wünschenswert“, aber nicht zwingend notwendig.

Wettbewerbsfähigkeit der nicht-konvertiblen Länder als eine Voraussetzung für die Konvertibilität angesehen. Dafür seien der Wiederaufbau, die Beseitigung von inflationären Tendenzen, die Verfolgung einer „richtigen" Politik, aber auch die Festsetzung des „richtigen" Wechselkurses bzw. eine Abwertung zum Dollar notwendig. Zeitweise wurde sogar in bezug auf die Wechselkurse die Flexibilität der Kurse befürwortet, denn über einen schwankenden Wechselkurs könnte jegliche Belastung von der Zahlungsbilanz genommen und die Wettbewerbsfähigkeit mit dem Ausland hergestellt werden[89]. Schließlich wurde für die Schließung der Dollarlücke der Aufbau des innereuropäischen Handels als notwendig angesehen, denn die Dollarlücke bestand gemäß dieser Argumentation auch deshalb, weil der innereuropäische Handel durch Zahlungs- und Handelsabkommen behindert wurde. Mit dem Abbau der Handelsbeschränkungen in Europa aber könnte ein Teil der Importe aus dem Dollarraum auf Europa verlagert werden, so daß bei den Dollarausgaben eingespart würde[90].

Neben der Schaffung stabiler Verhältnisse, ausreichendem Reservenbestand und Schließung der Dollarlücke waren aber auch die in den vorangegangenen Jahren angehäuften Verbindlichkeiten zu regeln. Bevor die Konvertibilität erklärt werden könne, müßten – so wurde herausgestellt – die Altschulden konsolidiert werden. Falls dies nicht geschähe, wäre die Konvertibilität aufgrund von Kapitalabzügen permanent gefährdet[91].

Wenngleich von ordoliberaler Seite oftmals herausgestellt wurde, daß die Konvertibilität eine „Ordnungskategorie" sei, die die „richtige" Politik induziere und somit automatisch zur Lösung von Zahlungsbilanzspannungen führe, wurden in den Diskussionen über die Konvertibilität auch einige Voraussetzungen formuliert, die vor einer Konvertibilitätserklärung erfüllt sein sollten. Damit wurden gleichzeitig Bedingungen an ein internationales Währungssystem gestellt. Doch selbst wenn Voraussetzungen und Bedingungen benannt wurden, in der wirtschaftswissenschaftlichen Diskussion herrschte weitgehend Einigkeit darüber, daß letztendlich ein globales Währungssystem notwendig sei und errichtet werden sollte. Wie das jedoch praktisch erreicht werden könnte und abzusichern sei, war das nächste Problem. Dabei stand vor allem die Frage der regionalen Währungskooperation im Mittelpunkt.

Wege zur Konvertibilität

In bezug auf die Frage, welcher Weg einzuschlagen sei, um die Konvertibilität zu erreichen, war vor allem umstritten, ob die Konvertibilität unmittelbar und di-

---

[89] Die Stabilität der Wechselkurse war seit den dreißiger Jahren umstritten. Mit dem IWF hatte man sich zwar auf feste, aber anpaßbare Wechselkurse geeinigt. Gleichwohl war die Frage der Flexibilität im Laufe der vierziger und fünfziger Jahre immer wieder aktuell. Als Advokaten für flexible Wechselkurse vgl. Friedman, Essays, S. 157ff.; Lutz, Problem; ders., Konvertibilitätsdiskussion.

[90] Vgl. Hirschman, European Payments Union, S 49f.

[91] Vgl. Bernard, Wege.

rekt hergestellt werden sollte, oder ob man sich ihr langsam und schrittweise, unter Umständen mit Rückgriff auf regionale Hilfskonstruktionen, annähern könnte. Gleichzeitig stand damit die Frage zur Debatte, ob ein gemeinsames Vorgehen aller europäischen Länder oder eine entsprechende Initiative eines einzelnen Landes sinnvoll sei. Auch wurde in diesem Zusammenhang diskutiert, ob nach der Konvertibilitätserklärung die Fortführung einer europäischen Währungskooperation sinnvoll war und ob die Konvertibilität dadurch abgesichert werden könne.

In bezug auf diese Fragenkomplexe war im Sommer 1947 eine erste wichtige Entscheidung gefallen. Das Scheitern der britischen Konvertibilitätserklärung und die europäische Zahlungsbilanzkrise hatten gezeigt, daß die Errichtung eines weltweiten Konvertibilitätssystems mit festen Wechselkursen und basierend auf dem IWF nicht unmittelbar verwirklicht werden konnte. Auch war deutlich geworden, daß die Konvertibilitätserklärung einer „Schlüsselwährung" wie des Pfundes nicht ausreichte, um ein globales Währungssystem zu installieren[92]. Demnach stand in den folgenden Jahren zwangsläufig der regionale Ansatz in Europa im Vordergrund. Doch wenn auch vorerst der regionale Weg beschritten worden war, wurden diese Kooperation im weiteren Verlauf immer wieder diskutiert: Im Winter 1949/50 wurde anläßlich der EZU-Verhandlungen erneut debattiert, ob eine europäische Zahlungsunion unabweisbar war. Seit Ende 1952 erörterte man diese Frage im Rahmen der EZU, wobei in erster Linie diskutiert wurde, ob die EZU schrittweise reformiert werden könne.

Wie schon oben festgehalten, stießen die Errichtung eines Weichwährungsblokkes und die Währungskooperation, wie sie in der EZU verwirklicht worden war, von Anfang an auf einige Skepsis. Zum Beispiel war laut Röpke ein solcher regionaler Zahlungsmechanismus grundsätzlich problematisch. Seines Erachtens war eine regionale Zahlungsunion kein geeigneter Weg zur Konvertibilität, da Ungleichgewichte nur saldiert und Fortschritte zur Konvertibilität behindert würden, während sich die Verbindung zwischen Europa und der Welt lockere[93]. Andere hielten dem entgegen, daß der EZU eine wichtige Rolle in der europäischen Währungsneuordnung zukomme, denn zuerst müsse der innereuropäische Handel aufgebaut werden. Entsprechend wurde im Jahre 1950 unter Hinweis auf die Zwangslage festgestellt, daß die Alternative nicht „EZU oder Konvertibilität", sondern „EZU oder Bilateralismus" heiße[94]. Als im Jahr 1952 diese Diskussion wieder auflebte, stand nun die Frage nach der Reform- und Anpassungsfähigkeit der EZU im Vordergrund. Es wurde diskutiert, ob die EZU aufgelöst und damit

[92] Der amerikanische Wirtschaftswissenschaftler John Williams hatte die besondere Bedeutung der „key currencies" schon anläßlich der IWF-Verhandlungen betont. Sein Vorschlag wurde jedoch sowohl von den USA als auch vom Vereinigten Königreich abgelehnt. In gewisser Hinsicht fand der key currency approach aber mit dem Anglo-American Financial Agreement von Dezember 1945 Eingang, denn dieses Abkommen verpflichtete die Briten zur Konvertibilitätserklärung. Vgl. Horsefield u. a., IMF, Bd. I, S. 17f. und Bd. III, S. 119ff.

[93] Vgl. Röpke, Wirtschaftspolitik, S. 80ff.

[94] Vgl. Emminger, Europäische Zahlungsunion. Diese Meinung wurde vor allem in ECA-Kreisen vertreten. Vgl. Kaplan/Schleiminger, EPU, S. 42f.

ein „Sprung in die Konvertibilität" gewagt werden sollte, oder ob eine schrittweise Weiterentwicklung der EZU letztendlich zur Konvertibilität hinführen könne. Ferner stand zur Debatte, ob nach der Konvertibilitätserklärung eine Fortführung der europäischen Währungskooperation notwendig sei.

Befürworter eines „Sprunges" stellten in dieser Diskussion heraus, daß die EZU nicht mit der Ausländer-Konvertibilität vereinbar war, weshalb das Land, das die Konvertibilität erklären wolle, seine Mitgliedschaft in der EZU aufkündigen müsse. Ihres Erachtens war demnach ein abrupter Schnitt unabweisbar[95]. Ferner betonten die Advokaten für einen „beherzten und aufs Ganze gehenden Entschluß", jedes weitere „Zaudern" sei „bedenklich und gefährlich", denn ein Festhalten an der EZU führe nur dazu, daß der Handel in „unnatürliche Kanäle" gezwängt würde[96]. Es sei „wirtschaftlich nicht sinnvoll", einen Zahlungsbilanzausgleich innerhalb Europas herstellen zu wollen. Zwar könne nicht geleugnet werden, daß die EZU das Wachstum des innereuropäischen Handels ermöglicht habe. Allerdings – so fuhren sie fort – sollten die Leistungen der EZU in dieser Hinsicht nicht überbewertet werden, zumal absehbar sei, daß sie in Kürze zu einer Hemmung des innereuropäischen Handels führen würde. Sie betonten, prinzipiell sei nicht ein „Maximum, sondern ein Optimum an internationalem Handel" erstrebenswert[97]. Ferner wurde – mit besonderem Augenmerk auf die Bundesrepublik – herausgestellt, daß die Kapitalströme durch die EZU in die falsche Richtung gelenkt würden. Mit der Vergabe von EZU-Krediten wäre die Bundesrepublik zum „Zwangsbankier" Europas geworden, obwohl sie selbst unter Kapitalmangel litt[98]. Da die EZU also problematisch war, müsse die Mitgliedschaft in ihr gekündigt werden. Dabei wäre die Initiative eines einzelnen Landes sinnvoll, denn ein gemeinsames Vorgehen aller Länder läge in jedem Fall „außerhalb des Bereiches des praktisch Möglichen", während durch die Initiative eines einzelnen Landes „die maroden Länder" zum „Mitmarschieren" veranlaßt würden[99]. Zu Besorgnissen über einen solchen abrupten Alleingang sei auf jeden Fall kein Anlaß gegeben. Ein solcher „Sprung" in die Konvertibilität sei vielmehr in vieler Hinsicht „mit dem deutschen Sprung in die Marktwirtschaft (1948)" vergleichbar[100].

Die Vertreter der Gegenposition hingegen warnten vor der Auflösung der EZU, da ein solcher Schritt den Wegfall der automatischen Kredite beinhalte. Das würde den europäischen Handel „zweifellos hemmen", denn die durch die EZU ermöglichte Liberalisierung des europäischen Handels wäre so gefährdet[101]. Da aber jeder Schritt zur Konvertibilität nur sinnvoll sei, wenn er der Steigerung des Handelsaustausches diene, stellten die Befürworter dieses Weges her-

---

95 Siehe v.a. Lutz, Problem, S. 105 ff.
96 Röpke, Wege, S. 78 ff.; Lutz, Problem, S. 93 ff.
97 Ebenda, S. 93 ff. und S. 84.
98 Röpke, Wege, S. 87.
99 Lutz, Konvertibilitätsdiskussion, S. 304; Röpke, Aspekte, S. 110 f.
100 Ders., Wege, S. 78 ff.
101 Österreichisches Institut zur Wirtschaftsforschung, Konvertibilität, S. 30.

aus: „Der Schritt von der EZU weg würde statt eines Schrittes nach vorwärts zu einem Schritt nach rückwärts."[102] Da aber auch diejenigen, die einen „Sprung" in die Konvertibilität ablehnten, oftmals die Konvertibilität selbst befürworteten, wurde ein neuer Ansatz formuliert, der sogenannte Institutional Approach. Dieser sah eine Beibehaltung und schrittweise Reform der EZU vor. Die aufgelaufenen Kredite sollten konsolidiert werden, und das Verhältnis von Gold zu Kredit, das bei der EZU-Gründung auf 40 zu 60 festgelegt worden war, sollte schrittweise erhöht werden. Gleichzeitig sollte die im OEEC-Liberalisierungskodex formulierte Ausweichklausel, die den OEEC-Mitgliedern bei Zahlungsbilanzschwierigkeiten erlaubte zu entliberalisieren, verschärft werden[103]. Solche Modifikationen hätten den Vorteil, daß sich das System insgesamt an die Konvertibilität annähere, während der Handelsaustausch nicht gefährdet würde. Des weiteren erlaube ein solches Vorgehen auch die Akkumulation von konvertiblen Währungsreserven, was wiederum den weiteren Abbau von Devisenbeschränkungen erleichtern würde[104].

Für ein schrittweises Vorgehen sprach aber nicht nur der Handelsaustausch. Vielmehr spielten im Hinblick auf die Bundesrepublik auch die Altschulden eine wichtige Rolle. Da die Zahlung der Altschulden noch nicht geregelt war, sei Vorsicht angebracht und eine Zwischenphase deshalb unumgänglich. Vor einer Konvertibilitätserklärung und vor einem Abbau des Kontrollsystems müsse – so wurde betont – auch die Gefahr der Kapitalflucht ausgeschaltet werden[105].

In den vierziger und fünfziger Jahren wurde die wirtschaftliche und währungspolitische Integration ausgiebig diskutiert. Dabei wurde im Verlauf der Jahre das ursprünglich globale Verständnis des Integrationsbegriffes regional eingegrenzt. Ferner wurde erst mit dem Schumanplan, dann mit der Plänen zu einer Europäischen Verteidigungsgemeinschaft (EVG) und schließlich den EWG-Verhandlungen der dauerhafte Souveränitätsverzicht wie die Supranationalität häufig als ein integraler Bestandteil des Integrationsbegriffes angesehen. Hingegen erfolgte in bezug auf die währungspolitische Integration keine regionale Eingrenzung. Vielmehr stand hier ein globales Währungssystem in Verbindung mit dem Begriff der Konvertibilität im Mittelpunkt des Interesses. Zwar wurden erste Schritte zur währungspolitischen Integration im europäischen Rahmen ergriffen. Auch wurde im Verlauf dieser Diskussionen durchaus die problematischen Aspekte ei-

---

[102] Küng, Konvertibilität, S. 40.

[103] Aufgrund der Ausweichklausel bezeichnete Erhard die OEEC-Liberalisierung als „Liberalisierungsschaukel" bzw. „das neckische Spielchen: Hinein in die Liberalisierung, heraus aus der Liberalisierung". Vgl. BBK, NL Emminger, Konvertibilität/Abbau der Devisenzwangswirtschaft I 1949–52, Emminger, Konvertibilität und Liberalisierung, 15. 12. 1952; Erhard, Aspekte, S. 111.

[104] Als Vertreter dieses Reformansatzes sind von Mangoldt und Posthuma zu nennen. Vgl. von Mangoldt, Währungspolitik; ders., Konvertierbarkeit; ders., Stufe; ders., Zwischenbilanz; Posthuma, EZU.

[105] Vgl. Bernard, Wege, S. 277. Noch im Jahre 1955 wurde in der Zeitschrift für das gesamte Kreditwesen von der Gefahr der Kapitalflucht gesprochen. Vgl. Hankel/Käckenhoff, Konvertierbarkeit, S. 97.

nes Konvertibilitätsregimes gesehen und die Probleme bei der Realisierung dargelegt. Ferner wurde der Konvertibilitätsbegriff eingeengt und Voraussetzungen für eine Konvertibilitätserklärung formuliert bzw. Bedingungen an ein zu errichtendes globales Währungssystem gestellt. Schließlich wurden häufig Argumente für eine Beibehaltung der EZU oder für eine anderweitige Fortführung der europäischen Währungskooperation angeführt. Gleichwohl blieb im Rahmen dieser Diskussionen eine globale währungspolitische Integration das letztendliche Ziel.

II. Grundlagen und Weichenstellungen: das westdeutsche Zentralbanksystem 1948 bis 1951

Nachdem schon im Jahre 1946 die amerikanische Besatzungsmacht in ihrer Zone Landeszentralbanken errichtet hatten, nahmen Mitte Februar 1948 auch in der britischen Besatzungszone Landeszentralbanken ihre Tätigkeit auf. Ferner wurde am 1. März in Frankfurt am Main die Bank deutscher Länder (BdL) als Zentralbank der britisch-amerikanischen Bizone gegründet. Damit war nach langen Auseinandersetzungen zwischen Amerikanern und Briten im Frühjahr 1948 ein institutioneller Rahmen für die Währungspolitik der Bizone geschaffen. Da sich zum 25. März 1948 auch die Landeszentralbanken der französisch besetzten Zone der BdL anschlossen, waren damit gleichzeitig die Grundlagen der währungspolitischen Organisation eines bald entstehenden westdeutschen Teilstaates gelegt worden. Nun war dieser Rahmen nur noch auszufüllen: Es galt, Spitzenpositionen zu besetzen und das Zentralbanksystem arbeitsfähig zu machen; dabei war es notwendig, daß sich in ihm, einem Kompromiß aus Föderalismus und Zentralismus, die Willensbildungs- und Entscheidungsprozesse einspielten. Ferner mußte das Zentralbanksystem auf nationaler Ebene seine Stellung im Geflecht von erst bizonalen, später westdeutschen Entscheidungsträgern finden sowie Kooperations- bzw. Konfrontationsmodelle entwickeln. Auf internationaler Ebene war seine Reputation aufzubauen und gegenüber den Alliierten, die es beaufsichtigten und in außenwirtschaftlichen Fragen über erhebliche Prärogative verfügten, sein Standort zu bestimmen. Schließlich galt es, Antworten auf die anstehenden binnen- und außenwirtschaftlichen Probleme zu finden, ein geldpolitisches Konzept zu erarbeiten und eine außenwirtschaftliche Strategie zu entwikkeln. Dieser komplizierte Vorgang kostete Zeit und nahm einige Jahre in Anspruch. Erst 1951 – mit der Überwindung der Koreakrise – war dieser Formierungsprozeß abgeschlossen. Dann hatte sich das westdeutsche Zentralbanksystem auf der internationalen Bühne eine Reputation erobert, und innerhalb der Bundesrepublik hatte sich seine Position gefestigt. Während die BdL seit Anfang 1950 im Klub der Zentralbankpräsidenten bei der Bank für Internationalen Zahlungsausgleich in Basel vertreten war, wurde im Jahre 1951 ihre Unabhängigkeit mit einem Ergänzungsgesetz kodifiziert. Darüber hinaus hatten sich bis 1951 die Entscheidungsprozesse innerhalb des Zentralbanksystems eingespielt. Vor allem aber hatten sich ein geldpolitisches Konzept und eine außenwirtschaftliche Strategie durchgesetzt.

Die Formierungsperiode des deutschen Zentralbanksystems ist zweifellos wichtig für das Verständnis der deutschen Währungspolitik und der westdeutschen Wirtschaftsgeschichte. Trotzdem ist sie bisher nur ungenügend aufgearbeitet worden. Wenn auch oftmals die Bedeutung des Zentralbanksystems schon für diese Zeit herausgestellt wird, so wird es gleichwohl nur en passant erwähnt[1]. Eine detaillierte Untersuchung steht jedoch bislang aus. Die wenigen Arbeiten, die das Zentralbanksystem ausführlicher behandeln, thematisieren in erster Linie die alliierten Auseinandersetzungen über die zukünftige westdeutsche Zentralbank oder die Reaktion des Zentralbanksystems auf die westdeutschen Devisenkrisen der Jahre 1950/51[2]. Die Entwicklung seines geldpolitischen Konzepts sowie seiner außenwirtschaftlichen Strategie, aber auch zentralbankinterne Auseinandersetzungen sind bisher nicht analysiert worden. Diese Vernachlässigung hat Konsequenzen für unser Bild des westdeutschen Zentralbanksystems wie auch der westdeutschen Wirtschaftspolitik gezeitigt, ja zum Teil Fehlinterpretationen Vorschub geleistet. So blieben die Grundlagen der Politik des Zentralbanksystems unerkannt, und entsprechend kann bis heute über sein Konzept und seine Prioritäten nur spekuliert werden. Zwar erweisen sich diese Spekulationen im Endergebnis oftmals als weitgehend zutreffend, denn die Tatsache, daß das Zentralbanksystem außenwirtschaftlichen Zusammenhängen eine große Bedeutung zumaß, kann nicht nur den veröffentlichten Stellungnahmen der Bank, sondern auch der praktizierten Politik recht deutlich entnommen werden[3]. Verborgen bleibt aber die Tatsache, daß diese Prioritätensetzung nur das Ergebnis einer langwierigen und kontrovers geführten Auseinandersetzung war, der andere Faktoren – vor allem die mit der Koreahausse verbundene Zahlungsbilanzkrise und ein Sonderkredit der Europäischen Zahlungsunion (EZU) – zu Hilfe kommen mußten. Darüber hinaus bleiben spezifische Aspekte der Außenwirtschaftsstrategie des Zentralbanksystems – seine Stellungnahme zur Liberalisierung, zur Konvertibilität, zum Wechselkurs der DM, zu den europäischen Zahlungsabkommen – unsichtbar. Eine zweite Konsequenz dieser Forschungslücke ist, daß das Zentralbanksystem als monolithisch angesehen wird. Das war es aber keineswegs. Als Kompromiß zwischen Föderalismus und Zentralismus wies das westdeutsche Zentralbanksystem eine komplizierte Struktur auf, und nur im Verlauf der Zeit erfolgte eine Straffung der Willensbildungs- und Entscheidungsprozesse sowie eine Machtverschiebung vom Zentralbankrat auf das Direktorium. Neben der Eigendynamik des Systems und der Stärkung des zentralen Elements durch das britische Mitglied der Alliierten Bankenkommission

[1] Vgl. Carlin, Reconstruction, S. 58 ff.; Abelshauser, Wirtschaftsgeschichte, S. 63 ff.

[2] Vgl. Wandel, Entstehung; Horstmann, Entstehung; ders., Alliierten; Hentschel, Europäische Zahlungsunion; Geiger/Ross, Banks.

[3] Als Beispiele vgl. Wallich, Triebkräfte, S. 70 ff.; Emmer, Monetary Policy, S. 67 ff.; Carlin, Reconstruction, S. 59 f. Wie schwierig jedoch Aussagen über die Strategie des Zentralbanksystems sind, wird bei Hölscher, Krisenmanagement, S. 38 ff., deutlich. Auf die Geschäfts- und Monatsberichte der BdL sowie den deutschen Exporterfolg gestützt, schließt er, daß die BdL eine „Strategie der Unterbewertung“ verfolgt habe. Wie im folgenden gezeigt wird, ist diese Aussage nicht haltbar. Vgl. auch Welschke, Einflußfaktoren, S. 238, der, gestützt auf die veröffentlichten Aussagen der Bank, das Unbehagen der Bank an der einseitigen Handelsausrichtung auf Europa feststellt.

sowie die Unterstützung durch die Bank von England spielte auch hier die Koreakrise eine entscheidende Rolle[4]. Schließlich ist festzuhalten, daß bisher auch die Position des Zentralbanksystems im Machtgefüge von zonalen und später bundesrepublikanischen Institutionen nur ungenügend erfaßt wurde. Zwar ist gelegentlich behauptet worden, das Zentralbanksystem habe schon frühzeitig die Führung der Wirtschaftspolitik übernommen[5]. Warum das jedoch geschah und wie die Rolle des Zentralbanksystems genau aussah, wurde bisher nicht aufgearbeitet. Vor allem wurde bislang nicht analysiert, worauf sein Macht- und Ansehenszuwachs beruhte und welche Faktoren hierbei bedeutend waren. Bevor jedoch diese Fragen untersucht werden können, ist kurz zu skizzieren, welchen Bedingungen das neu gegründete Zentralbanksystem ausgesetzt war und mit welchen Problemlagen es sich konfrontiert sah.

In den letzten Jahren hat die Geschichtswissenschaft die wirtschaftliche Entwicklung der westdeutschen Zonen bis 1948 und der Bundesrepublik ab 1949 ausführlich analysiert[6]. Dabei haben vor allem Werner Abelshauser und Mathias Manz aufgrund einer Korrektur der offiziellen statistischen Angaben festgestellt, daß die wirtschaftliche Rekonstruktion der westdeutschen Zonen, selbst wenn sie erheblich hinter der anderer europäischer Länder nachhinkte, schon vor dem Jahr 1948, das die Wirtschafts- und Währungsreform sowie die ersten Marshallplan-Lieferungen brachte, eingesetzt hat[7]. Damit ist zwar die Bedeutung der Jahre 1948 folgende relativiert worden, andererseits aber ist nicht zu bezweifeln, daß die Situation noch offen war, daß weitere Entscheidungen anstanden und daß deshalb auch den Jahren nach 1948 Bedeutung zukommt. In dieser Zeit war das Erreichte zu konsolidieren. Weiteres Wachstum war zu ermöglichen oder anzuregen. Neuen Herausforderungen wie zum Beispiel der Wiederaufrüstung mußte begegnet werden. Konkret hieß das, daß die Produktion, die den Vorkriegsstand noch immer nicht erreicht hatte, unter Vermeidung von Engpässen zu steigern war. Investitionen waren sowohl materiell als auch finanziell zu ermöglichen. Die Kapitalbildung war in Gang zu bringen, wofür die Stabilität und Funktionsfähigkeit des Bankwesens wie auch des Währungssystems unabdingbar war. In außenwirtschaftlicher Hinsicht mußte sich Westdeutschland in den neuen politischen Gegebenheiten und in den Vorgaben der Alliierten bzw. den Vorschlägen der Geldgeber zurechtfinden. Es war gezwungen, dem ver-

[4] Zur Haltung des britischen Mitglieds der Alliierten Bankenkommission und der Bank von England vgl. Dickhaus, Foster-mother. In bezug auf die Eigendynamik ist festzuhalten, daß in der Aufbauphase die Diskussionsvorlagen für den Zentralbankrat v.a. aus den Landeszentralbanken kamen. Nachdem das Direktorium seine Arbeit aufgenommen hatte, übernahm es diese Aufgabe.

[5] Vgl. Abelshauser, Wirtschaftsgeschichte, S. 63.

[6] Für den Forschungsstand vgl. Dumke, Reassessing; Giersch/Paqué/Schmieding, Miracle, S. 40ff.

[7] Vgl. Abelshauser, Wirtschaft; Manz, Stagnation. Vor allem die Arbeiten Abelshausers, die in revisionistischem Duktus die Gründungslegende des westdeutschen Wirtschaftssystems in Frage gestellt haben, induzierten eine lebhafte Diskussion. Als Kritiker vgl. Borchardt/Buchheim, Wirkung; Buchheim, Währungsreform; Klemm/Trittel, Wirtschaftswunder; Klump, Wirtschaftsgeschichte; Ritschl, Währungsreform.

kleinerten deutschen Wirtschaftsraum, an dem „schon der leiseste Autarkiegedanke [...] verzweifeln [mußte]"[8], Rechnung zu tragen. Auch war Ersatz zu finden für die bis dato favorisierten, aber im Rahmen des Kalten Kriegs mehr und mehr blockierten Bezugsquellen in Ost- und Südosteuropa. Schließlich war es notwendig, die Versorgung mit Nahrungsmitteln, Rohstoffen und Investitionsgütern zu gewährleisten, wobei zu berücksichtigen war, daß die Amerikaner prinzipiell die Errichtung eines liberalen Außenhandelssystems befürworteten.

Diesen verschiedenartigen Gegebenheiten und Ansprüchen gerecht zu werden, war nicht ohne Schwierigkeiten ausführbar, denn beispielsweise implizierte ein liberales Außenhandelssystem angesichts der nicht vorhandenen Devisenreserven eine enorme Steigerung des deutschen Exportes. Das wiederum machte die Erschließung neuer Märkte notwendig. Um in neue Märkte einzudringen, war die deutsche Wettbewerbsfähigkeit zu steigern, und das erforderte zum einen eine verstärkte Rationalisierung, zum anderen – angesichts der weltweiten Dollarknappheit – die Abschaffung der Dollarklausel für die deutschen Exporte. Darüber hinaus mußte die Struktur des westdeutschen Außenhandels wieder abgeändert werden. In der Besatzungszeit war diese nämlich „auf den Kopf gestellt" worden. Statt Fertigwaren wurden nunmehr vor allem Rohstoffe, insbesondere Kohle und Holz, exportiert[9]. Die weitverbreitete Ansicht aber war, daß eine solche Außenhandelsstruktur für ein dicht besiedeltes Industrieland nicht angemessen war. Auch sei sie der Erwirtschaftung der dringend notwendigen Devisen abträglich. Immer wieder wurde betont, Deutschland wäre noch nie Rohstofflieferant, sondern stets „Werkstatt Europas" gewesen[10].

Die Probleme des westdeutschen Wiederaufbaus waren nicht von denen der westeuropäischen Rekonstruktion zu trennen, vielmehr bedingten sie sich gegenseitig. Wie Alan Milward herausgestellt hat, war im Jahre 1947 auch der westeuropäische Aufbau schon weit fortgeschritten. Viele Länder hatten zu diesem Zeitpunkt den Produktionsstand von 1936 bereits erreicht. Allerdings bedrohte das europäische Zahlungsproblem die Rekonstruktion, denn das Europa der Nachkriegszeit war vor allem durch die Dollarlücke geprägt[11]. Eine wichtige Aufgabe bestand darin, diese zu entschärfen. Wie das geschehen sollte, war aber umstritten. Mit der Ankündigung des Marshallplans war zwar hier schon eine wichtige Vorentscheidung getroffen worden. Während die USA bis dato ein multilaterales, liberales Welthandels- und Weltwährungssystem angestrebt hatten, beabsichtigten sie nun, zuerst den innereuropäischen Handel aufzubauen. Sie verfolgten damit also vorerst ein regionales, westeuropäisches Konzept und stellten dafür

[8] Abelshauser, Wirtschaftsgeschichte, S. 149.

[9] Ebenda, S. 30. Im Jahre 1936 betrug der Anteil der Rohstoffe an der Gesamtausfuhr 10,6%, der Anteil der Fertigwaren 77,6%. Im Jahre 1947 fielen 44% der Exporte unter die Kategorie Brennstoffe (SITC 3) und ungefähr 27% unter die Kategorie gewerbliche Erzeugnisse (SITC 5–8). Vgl. Buchheim, Wiedereingliederung, S. 186 f.

[10] Als ein Beispiel für diese Anschauung siehe Erhard, Rückkehr, S. 7.

[11] Vgl. hierzu v. a. Milward, Reconstruction, S. 1 ff.

zusätzliche Auslandshilfe in Aussicht. Diese Auslandshilfe hatte jedoch einen Preis. Die USA verlangten, daß die europäischen Staaten zur Zusammenarbeit bereit waren und daß die westdeutschen Zonen in das europäische Wirtschaftssystem eingegliedert würden. Das amerikanische Department of State argumentierte, daß nur mit einer europäischen Zusammenarbeit und mit der Einbindung Deutschlands in Europa die Dollarknappheit zu überwinden und die wirtschaftliche Rekonstruktion Europas zu erreichen sei. Es hob hervor, daß Auslandshilfe nur sinnvoll sei, sofern diese Bedingungen erfüllt würden. Derartige amerikanische Vorstellungen trafen allerdings in Europa auf erhebliche Vorbehalte und einige Skepsis. So entwickelten sich Differenzen sowohl zwischen den USA und den europäischen Ländern als auch innerhalb Europas. Zwar verabschiedete der amerikanische Kongreß im Frühjahr 1948 den Foreign Assistance Act. Auch gründeten die Empfänger der Marshallplanhilfe, wie von den USA verlangt, die Organisation for European Economic Co-operation (OEEC). Diese Organisation sollte die Auslandshilfe verteilen und die europäische Zusammenarbeit oder Integration vorantreiben. Doch wenn so auch die Grundlagen für eine regionale Zusammenarbeit gelegt worden waren, blieb es doch noch unklar und heftig umstritten, wie die europäische Zusammenarbeit und Integration in der Praxis erreicht werden könnte. Bis zum Frühjahr 1948 hatten sich nur Frankreich, Italien und die Benelux-Länder auf ein begrenztes europäisches Zahlungsabkommen verständigt. Die Diskussionen über den Abbau der Zollschranken und anderer Handelsbeschränkungen waren bis dahin von keinem Erfolg gekrönt worden.

Im folgenden ist zu untersuchen, wie das westdeutsche Zentralbanksystem dieser deutschen und europäischen Problemlage begegnete. Bevor ich jedoch dieser Frage nachgehen kann, ist darzustellen, wie das Zentralbanksystem gegründet wurde und welche Charakteristika es aufwies.

1. Errichtung des Zentralbanksystems und Arbeitsvorbereitungen 1948

Die Gründung eines Zentralbanksystems

Nach dem Zweiten Weltkrieg waren sich alle Besatzungsmächte einig, daß Deutschland nach der Kapitulation nicht nur militärisch besetzt, sondern auch politisch und ökonomisch reorganisiert werden müßte. Auf der Konferenz von Potsdam hatten die Alliierten im Jahre 1945 in bezug auf das deutsche Wirtschaftssystem vereinbart, die deutsche Wirtschaft „zum frühestmöglichen Zeitpunkt" zu dezentralisieren. Das Ziel war, „die bestehende übermäßige Konzentration wirtschaftlicher Macht zu beseitigen"[12]. Wenn auch auf der Konferenz

[12] Kommuniqué der Konferenz von Potsdam, 2.8.1945, in: Dokumente zur Deutschlandpolitik II/1, S.2101ff., hier S.2110.

von Potsdam nicht näher auf das Bankwesen eingegangen wurde, so stellte sich die Frage, wie der Aufbau des Bank- und Währungswesens eines künftigen Deutschlands aussehen sollte. Daß weder das Geschäftsbanken- noch das Zentralbanksystem ohne weiteres beibehalten werden würde, ergab sich aus der zahlreichen, teils fundamentalen, teils diffusen Kritik der Alliierten: Die Kooperation des Bankensektors mit dem Nationalsozialismus und die Kriegsfinanzierung wurden angeprangert; die zentralisierte Ausrichtung und die Machtposition der Geschäftsbanken wie der Reichsbank wurden beanstandet[13]. Jedoch war die Kritik – und resultierend daraus die Reformvorstellungen – weit entfernt von Einmütigkeit. Innerhalb der Besatzungsmächte und zwischen den Alliierten divergierten Faschismusrezeption und Reformideen erheblich. Diese Dissenz verzögerte alle Maßnahmen, zumal die Diskussionen von Anfang an durch die politische Konstellation und die weitreichenden Auswirkungen jeder Reform erschwert wurden. Erst im Jahre 1948 konnten sich zumindest die Amerikaner und Briten auf die Grundzüge eines zukünftigen bizonalen Bankensystems einigen. Nachdem in der US-Zone schon im Jahre 1946 die ersten Landeszentralbanken gegründet worden waren, zog nun die britische Besatzungszone nach und errichtete ebenfalls Landeszentralbanken. Gleichzeitig nahm die BdL als Zentralbank der Landeszentralbanken der Bizone ihre Tätigkeit auf.

In den letzten Jahren hat die historische Forschung die alliierte Bankenpolitik und die damit verbundene Errichtung eines Zentralbanksystems weitgehend aufgearbeitet[14]. Dabei hat Theo Horstmann die Gegensätzlichkeit der britischen und amerikanischen Ansätze herausgestellt, die sich hauptsächlich an der Frage nach der Dezentralisierung entzündete[15]. Während Joseph M. Dodge, der Vertreter der Vereinigten Staaten im Finanzdirektorat des Alliierten Kontrollrates, eine Dezentralisierung der sechs Großbanken und der Reichsbank vorschlug, befürwortete der britische Vertreter im Alliierten Kontrollrat ein zentralisiertes System. Er lehnte die Errichtung einer dezentralisierten Notenbank ab und bestand auf einer zentralen Kontrolleinrichtung, die die Gleichförmigkeit der Bankenpolitik für alle vier Zonen sichern sollte[16]. Ein daraufhin vorgelegter amerikanischen Kompromißvorschlag – die Errichtung einer Länder Union Bank – wurde jedoch von französischer und sowjetischer Seite zurückgewiesen, da auch sie einem dezentralen Bankensystem zuneigten. Da mit diesem Widerspruch die Errichtung einer gesamtdeutschen Zentralbank vorerst gescheitert war, wurde in jeder Zone eine eigenständige Bankenpolitik verfolgt. In der britischen Zone

[13] Für die von amerikanischer Seite formulierte Kritik am deutschen Bankwesen vgl. OMGUS, Deutsche Bank; dass., Dresdner Bank.

[14] Vgl. Horstmann, Discussion; ders., Entstehung; ders., Alliierten. Auch Wandel, Entstehung, ist zu erwähnen. Vgl. hierzu aber Dreißig, Wandel, und Horstmann, Alliierten, S. 14 und S. 143.

[15] Oftmals wurden diese Meinungsunterschiede während des Kalten Krieges unterbeleuchtet. Vgl. z. B. Klopstock, Reform, S. 280. Als Gegenbeispiel siehe Emmer, Monetary Policy, S. 53; Adler, Reorganization, S. 322 ff.; Gottlieb, Failure, S. 398 ff.

[16] Vgl. WWA, OMGUS ACA 2/122–1/11, ACA, DFIN, Banking Committee, Elimination of Excessive Concentration of Economic Power in Banking, DFIN/BC/Memo (46), 14. 2. 1946.

wurde mit der Reichsbankleitstelle Hamburg ein zentralisiertes System aufrechterhalten. In der amerikanischen Zone wurde für jedes Land eine Landeszentralbank gegründet, die ihre Politik nur lose über einen Bankenrat koordinierten. In der französischen Zone bestand vorerst die Leitstelle der Reichsbank in Speyer weiter. Erst im Jahre 1947 wurde sie aufgelöst, und es wurden auch hier Landeszentralbanken errichtet, die ihre Politik im Koordinationskomitee der Landeszentralbanken abstimmten[17].

Nachdem so der Versuch einer gesamtdeutschen Lösung im Jahre 1946 gescheitert war, wurde aber bereits wieder mit der Errichtung der Bizone die Diskussion über eine einheitliche britisch-amerikanische Bankenpolitik aufgenommen. Da jedoch die Unterschiede prinzipiell weiterbestanden – Jack Bennett, der Finanzberater des amerikanischen Militärgouverneurs Lucius D. Clay, strebte als bizonale Zentralbank lediglich ein regulierendes und beratendes Gremium an, während die Briten auf einem Joint Banking Board bestanden[18] –, konnten Briten und Amerikaner erst Ende 1947 ein Übereinkommen erzielen. Neben der Errichtung einer Reconstruction Loan Corporation – die spätere Kreditanstalt für Wiederaufbau – und der Übernahme von Subventionen auf das bizonale Budget[19] einigten sie sich auf eine Dezentralisierung der Geschäftsbanken, auf die Auflösung der Reichsbank, die Errichtung von Landeszentralbanken in der britischen Zone und auf die Gründung einer bizonalen Länder Union Bank[20]. Diese Beschlüsse wurden Anfang des Jahres 1948 umgesetzt: Im Februar wurden in der britischen Zone Landeszentralbanken errichtet, im März wurde die bizonale BdL gegründet, und im April wurden die Reichsbank und die Reichsbankleitstelle Hamburg aufgelöst[21]. Durch den ab März rückwirkenden Beitritt der französischen Landeszentralbanken wurde diese anfänglich nur bizonale Struktur im Juni die erste trizonale Einrichtung in einem ansonsten nicht existierenden „Trizonesien"[22]. Gut ein Jahr vor der Gründung der Bundesrepublik Deutschland und achtzehn Monate vor der ersten Bundesregierung war somit der Nukleus eines westdeutschen Zentralbanksystems geschaffen.

---

17 Vgl. Vogel, Westdeutschland III, S. 133 ff. Zu den Gründungen der Landeszentralbanken vgl. die Übersicht in Deutsche Bundesbank, 30 Jahre, S. 91.

18 Vgl. WWA, OMGUS FINAD 17/59/4, Bennett an Coates, 9.9.1947.

19 Zum Hintergrund dieser Forderungen und zur Kreditpolitik in der britischen Zone vgl. Horstmann, Angst, S. 215 ff.

20 Vgl. WWA, OMGUS FINAD 17/59/4, Bipartite Board Paper (47)77/2, 30.10.1947.

21 Vgl. British Zone of Control, Military Government Gazette No. 23, Verordnung 132 (Landeszentralbanken, 14.2.1948); Verordnung 129 (Errichtung der BdL, 1.3.1948); Verordnung 140 (Reichsbank und Reichsbankleitstelle, 1.4.1948).

22 Vgl. Gouvernement Militaire de la Zone Française d'Occupation, Journal Officiel du Commandement en Chef Français en Allemagne, Verordnung 155 a vom 16.6.1948. Der Ausdruck „Trizonesien" wurde einem Karnevalsschlager des Jahres 1948/49 entliehen.

Charakteristika des westdeutschen Zentralbanksystems

Die Organisation des Zentralbanksystems

Das neue trizonale Zentralbanksystem war ein britisch-amerikanischer Kompromiß zwischen Föderalismus und Zentralismus. Diese Tatsache schlug sich in der Organisation des Zentralbanksystems nieder, die Entwicklungsmöglichkeiten nach beiden Seiten barg.

Laut den Gesetzen über die Errichtung der BdL und der Landeszentralbanken[23] waren die letzteren als selbständige Rechtssubjekte die eigentlichen Banken der Banken. Sie regelten den Geldumlauf und die Kreditversorgung (§ 2, 1), während der Aufgabenbereich der BdL – juristisch wie kapitalmäßig eine Tochter der anfänglich acht, später elf Landeszentralbanken[24] – darauf beschränkt war, die Zahlungsfähigkeit und Liquidität der angeschlossenen Landeszentralbanken zu pflegen (Artikel III, 9). Zwar wurde der BdL zwecks Wahrung der Einheitlichkeit der Politik das Recht zugestanden, kreditpolitische Anweisungen an die Landeszentralbanken zu erlassen (Artikel III, 11 a) und so die gemeinsame Bankpolitik zu bestimmen (Artikel III, 10). Andererseits aber wurde dieser Zentralismus dadurch durchbrochen, daß die Durchsetzung jeglicher Politik auf die Mitarbeit der Landeszentralbanken auf Länderebene angewiesen war. Darüber hinaus war das dezentrale Element insofern bestimmend, als innerhalb des Zentralbanksystems der Zentralbankrat die Politik festlegte. Da dieser aus den acht beziehungsweise elf Landeszentralbankpräsidenten, dem Präsidenten des Zentralbankrats sowie dem Präsidenten des Exekutivorgans der BdL, des Direktoriums, bestand, überwog nämlich in diesem kollegial organisierten Gremium vorerst eindeutig der föderale Einfluß. Ein auf Drängen der Briten eingerichtetes zentrales Element, das Direktorium der BdL, konnte vorerst nur bedingt als Gegengewicht fungieren, denn es war in formal-juristischer Hinsicht schwach. Bestehend aus einer im Gesetz nicht näher bestimmten Anzahl von Direktoren und präsidial organisiert, hatte es die Aufgabe, die vom Zentralbankrat bestimmte Politik länderübergreifend auszuführen. An der Formulierung dieser Politik war es jedoch nur über seinen im Zentralbankrat stimmberechtigten Präsidenten beteiligt. Die Direktoren selbst hatten weder Sitz noch Stimme im Zentralbankrat. Aber auch in anderer Hinsicht war das Direktorium dem Zentralbankrat untergeordnet: Schließlich wurden die Direktoriumsmitglieder vom Zentralbankrat gewählt, und sie konnten von ihm auch jederzeit abgerufen werden (Artikel IV, 24 a-h).

---

[23] Für die ursprüngliche Fassung siehe British Zone of Control, Military Government Gazette No. 23, Verordnung 132 (LZB, 14.2.1948), Verordnung 129 (Errichtung der BdL, 1.3.1948).

[24] In der Bizone: Bayern, Bremen, Hamburg, Hessen, Niedersachsen, Nordrhein-Westfalen, Schleswig-Holstein und Württemberg-Baden. In der französisch besetzten Zone: Baden, Rheinland-Pfalz und Württemberg. Die Berliner Zentralbank wurde erst am 20.3.1949 gegründet, und erst seit 1950 nahm ihr Präsident, Rudolf Gleimius, als Gast an den Sitzungen des Zentralbankrates teil.

Wenngleich die Beziehungen zwischen Direktorium und Zentralbankrat de jure klar festgelegt waren, so erwies sich dieses Verhältnis in der Praxis keineswegs als eindeutig. Vielmehr barg die Struktur beträchtliche Entwicklungsmöglichkeiten sowie ein erhebliches Konfliktpotential. Zwar wurde von offizieller Seite stets herausgestellt, die Zusammenarbeit zwischen föderalem und zentralem Element hätte ausgezeichnet funktioniert[25]. Das stimmt aber nur eingeschränkt. Vor allem am Anfang gab es einige Auseinandersetzungen zwischen dem Direktorium und dem Zentralbankrat[26]. Im Verlauf der Zeit konnte sich jedoch das zentrale Element stärker durchsetzen, und im Jahre 1950 stellte ein Mitarbeiter der Bank von England fest: „In practice, the President of the Board of Management (Vocke) does all the work and takes all the decisions, while the President of the Board of Directors (Bernard) does not cut so much ice."[27]

Die Unabhängigkeit

In bezug auf die Außenverhältnisse schrieb das Gesetz über die BdL explizit ihre Unabhängigkeit von politischen Institutionen fest (Artikel I, 3). Das war zur damaligen Zeit keineswegs unumstritten. Ganz im Gegenteil: Viele Länder verabschiedeten in der Nachkriegszeit Gesetze, die das Verhältnis zwischen Bank und Staat formalisierten. Dabei wurden zahlreiche Zentralbanken, die sich bis dato zumeist in privatem Besitz befanden, in Staatsbanken umgewandelt. Mehr noch, sie wurden oftmals dem Staat untergeordnet. So wurde zum Beispiel im Jahre 1946 die Bank von England nationalisiert und den Weisungen des britischen Schatzamtes unterstellt[28]. Auch in der Bizone plädierten Politiker trotz aller Inflationserfahrungen bei verschiedenen Gelegenheiten für eine Abänderung des Unabhängigkeitsparapraphen. Sie bemängelten, daß „keine organische Verbindung" zwischen der BdL und den politischen Instanzen bestünde[29]. Derartige Einsprüche mußten jedoch erfolglos bleiben, schließlich konnte eine bizonale Institution keine Mitsprache, Kontrolle oder gar Weisung an eine trizonale Institution beanspruchen.

Wenn auch das westdeutsche Zentralbanksystem nicht der Politik untergeordnet war, so ist doch auf einige Einschränkungen seiner Autonomie hinzuweisen. Abgesehen davon, daß eine im Gesetz formulierte Unabhängigkeit in der Praxis konsolidiert werden muß, ist festzuhalten, daß die BdL den Anordnungen einer Alliierten Bankenkommission unterlag. Diese, bestehend aus je einem Vertreter

---

[25] Vgl. z.B. Könneker, Zentralbanksystem, S.796ff.

[26] Vgl. S.63f., 92f., 115. Vgl. Dickhaus, Foster-mother; Geiger/Ross, Banks, S.147; Horstmann, Entstehung, S.213f.; ders., Alliierten, S.227ff.

[27] BoE, OV 34/92, Rootham, Note, 5.4.1950.

[28] Vgl. Kriz, Central Banks, S.565ff. Im Jahre 1948 waren nur noch 12 von insgesamt 57 Zentralbanken in Privatbesitz.

[29] Oberdirektor Pünder und Direktor der Verwaltung für Finanzen Hartmann sprachen mehrmals das Problem der Unabhängigkeit an. Vgl. Wörtliche Berichte des Wirtschaftsrates des Vereinigten Wirtschaftsgebietes II, S.957 und S.1536. Die „fehlende organische Verbindung" bemängelte Hartmann auf dem CDU-Parteitag 1948. Vgl. Konrad-Adenauer-Stiftung (Hrsg.), Adenauer, S.678ff.

der Alliierten, hatte volles Informations- und Anweisungsrecht[30]. Zusätzlich dazu waren auch von deutscher Seite politische Einflüsse wirksam. Erstens wurden die Präsidenten der Landeszentralbanken von den Ministerpräsidenten auf Vorschlag des Finanzministers ernannt. Zweitens steht stets der Legislative das Recht zu, das entsprechende Gesetz zu ändern. In Deutschland wurde die Möglichkeit einer solcher Änderung mit der Arbeitsaufnahme der bundesrepublikanischen Legislative im Jahre 1949 besonders akut, da das Grundgesetz (Artikel 88) explizit den Auftrag formulierte, eine Bundesbank zu errichten. Wie die verschiedenen Entwürfe des Bundesbankgesetzes seit 1950 zeigen, war dabei die Unabhängigkeit der Zentralbank des öfteren bedroht. Zweifellos war deshalb ein gewisses Wohlverhalten seitens des Zentralbanksystems angebracht[31]. Ähnliche Überlegungen mußten auch auf internationaler Ebene angestellt werden. Schließlich war die BdL die Zentralbank des besiegten, besetzten und wirtschaftlich noch schwachen Westdeutschland. Sie wurde weder als gleichberechtigtes Mitglied in Zentralbankkreisen angesehen noch war ihre Leitung im Baseler Klub der Zentralbankpräsidenten vertreten. Politische Rücksichten waren deshalb unabdingbar für sie, sei es, um der besonderen politischen Situation Westdeutschlands Rechnung zu tragen, sei es, um sich eine Reputation in internationalen Finanzkreisen zu erobern.

Das Instrumentarium und der Geschäftsbereich

In bezug auf das währungspolitische Instrumentarium und den Geschäftsbereich ergaben sich mit der Errichtung des Zentralbanksystems einige Neuerungen. Wie weithin für Zentralbanken üblich war die BdL seit dem 20. Juni 1948 mit dem Monopol der Notenausgabe ausgestattet, und sie konnte die Zins- und Diskontsätze zwischen den Landeszentralbanken und der BdL sowie zwischen den Landeszentralbanken und den Kreditinstituten festsetzen (Artikel III, 11 a, und 19 a)[32]. Zusätzlich dazu wurde ihr als neues Instrument die Mindestreserve an die Hand gegeben. Das war aufgrund der Ausbreitung des bargeldlosen Zah-

---

[30] Zur Alliierten Bankenkommission vgl. Dickhaus, Foster-mother.

[31] Aussagekräftig sind hier die Äußerungen des Wirtschaftsministers Erhard und des Direktoriumsmitgliedes Wrede in den Sitzungen des Zentralbankrates am 22./23. 2. 1950 und 23./24. 8. 1950. Erhard: „Bitte nehmen Sie das, was ich Ihnen jetzt sagen möchte, nicht als einen Versuch meinerseits, Sie irgendwie zu beeinflussen oder gar unter Druck zu setzen: Wir stehen davor ein Bundesnotenbankgesetz zu erlassen. [...] Aber wenn uns jetzt erst einmal – wenn das Regierungsprogramm nicht in der erwarteten Form zum Anlaufen kommt – nicht die Möglichkeit gegeben werden sollte, jetzt dieses Vakuum zu überbrücken, dann befürchte ich, daß wir einen sehr schweren Stand haben werden in der Regierung und vor dem Bundestag, um die These von der Unabhängigkeit der Notenbank aufrechtzuerhalten." Wrede (handschriftliche Notiz in den Unterlagen zur Zentralbanksitzung): Die Politik ist „katastrophal. Wir haben doch Erfahrungen. Und das alles ohne Gegenleistung (Gesetz!)." In: BBK, B 330/23 und BBK, B 330/30. Zu den Diskussionen über das Bundesbankgesetz vgl. Hentschel, Bundesbankgesetz, S. 3 ff.

[32] Das Notenmonopol erhielt die BdL erst mit der Währungsreform. Vgl. Zweites Gesetz zur Neuordnung des Geldwesens (Emissionsgesetz), 20. 6. 1948, abgedruckt in: Gouvernement militaire de la zone française d'Occupation, Journal Officiel du commandement en chef français en Allemagne, Verordnung 195 (Neuordnung des Geldwesens, 24. 6. 1948).

lungsverkehrs und vor allem aufgrund der wissenschaftlichen Einsichten in die Geldschöpfungsmöglichkeiten der Geschäftsbanken notwendig geworden[33]. Eine zweite Änderung bestand darin, daß das Recht der BdL zur Offenmarktpolitik – seit 1901 von der Reichsbank ohne ausdrückliche gesetzliche Genehmigung betrieben[34] – kodifiziert wurde (Artikel III, 11 a). Anfänglich allerdings war dieses Instrument bedeutungslos, da die BdL über die hierfür notwendigen offenmarktfähigen Wertpapiere, wie beispielsweise Schatzwechsel, nicht verfügte.

In bezug auf den Geschäftsbereich sind sowohl Einschränkungen als auch Ausweitungen zu verzeichnen. Während die BdL nicht mehr zu Direktgeschäften mit Kreditinstituten und der Industrie befugt war[35], erhielt sie auf dem Devisengebiet neue und wichtige Aufgaben. Neben dem Recht – aber keiner Pflicht[36] –, Devisen, Gold, Silber und Platin zu erwerben und Konten bei ausländischen Banken zu unterhalten (Artikel III, 15 b), hatte sie die Aufgabe, die zuständigen Behörden hinsichtlich der Devisenpolitik zu beraten (Artikel III, 15 a). Ferner übertrugen die britische und amerikanische Militärregierung ihr im Juli 1948 hoheitliche Befugnisse bei der Zuteilung von Devisen. Während im früheren deutschen Devisenrecht die Zuteilung primär eine Aufgabe der Wirtschaftsverwaltung gewesen war[37], waren nun devisenrechtlich beschränkte Geschäfte erlaubt, „soweit sie von der BdL oder auf ihre Weisung oder auf Grund allgemeiner oder besonderer durch sie ergangener Weisungen durchgeführt werden“[38]. Wenngleich der Spielraum der BdL vorerst noch durch die Direktiven der Alliierten Bankenkommission eingeschränkt wurde und ihre sogenannten Allgemeinen Genehmigungen der alliierten Zustimmung bedurften, begann mit dieser Grundsatzentscheidung eine Entwicklung, die die BdL zur Hüterin der westdeutschen Währungsreserven machte. Da mit den Direktiven der Alliierten Bankenkommission am 1. August 1948 auch der westdeutsche Devisenzahlungsverkehr von der Joint Export Import Agency (JEIA) und der Gemeinsamen Außenhandelskasse auf die BdL übertragen wurde, wurde diese Entwicklung im weiteren Verlauf verfestigt[39]. Selbst Interventionen des Bundeskanzlers Konrad Adenauer fruchteten im Jahre 1950 gegen diese exponierte Stellung der Bank nicht[40].

[33] Für einen historisch-technischen Überblick über die Entwicklung der Mindestreserven vgl. Müller, Mindestreserve.

[34] Vgl. Veit, Grundriß, S. 276.

[35] Die Landeszentralbanken betrieben die Geschäfte mit den Kreditinstituten.

[36] Es gab keine Deckungsvorschriften für die BdL.

[37] Vgl. Kühne, Regelungen, S. 85.

[38] Allgemeine Genehmigung Nr. 8 der amerikanischen und britischen Militärregierung zum Gesetz Nr. 53, 20. 7. 1948, zit. nach Kühne, Regelungen, S. 29.

[39] Vgl. ebenda, S. 43 f.

[40] Vgl. BBK, B 330/2054, Direktorium, Protokoll, 3. 8. 1950.

Die Besetzung der Schlüsselpositionen und die Traditionen

In den ersten Monaten nach der Gründung des Zentralbanksystems wurden richtungsweisende Entscheidungen getroffen, wie zum Beispiel die Besetzung der Schlüsselpositionen. Währungspolitische Erfahrungen, Traditionen und Bezugspunkte des Zentralbanksystems wurden damit bestimmt, und es wurden wichtige Grundsteine zum Ethos der bundesrepublikanischen Zentralbank gelegt. Ohne einer einseitigen personalistischen Betrachtungsweise huldigen zu wollen, sind diese Besetzungen von Bedeutung, weil damit über Erfahrungen und Traditionen, die die Politik des Zentralbanksystems beeinflussen würden, entschieden wurde. Auch können durch den Einfluß von Persönlichkeiten, durch ihre individuellen Strategien, Beziehungen, Handlungsstile und Mentalitäten formelle Machtpositionen faktisch verschoben werden.

Die Präsidenten der Landeszentralbanken

Als die Landeszentralbanken der britisch besetzten Länder gegründet wurden, waren die der französisch und amerikanisch besetzten Länder schon seit einiger Zeit eingerichtet und aktiv. In der amerikanischen Zone waren Max Grasmann (Bayern), Hermann Tepe (Bremen), Otto Veit (Hessen) und Otto Pfleiderer (Württemberg-Baden) zu Präsidenten der Landeszentralbanken ernannt worden – Volkswirte und Juristen, die in der Zwischenkriegs- und Kriegszeit in der Wissenschaft, Verwaltung, Industrie, im Verbands- und Bankwesen tätig gewesen waren, jedoch weder der Reichsbank angehört hatten noch NSDAP-Mitglieder waren[41]. Allerdings zeigt ein kursorischer Überblick über die Publikationen von Veit und Pfleiderer, daß die Nicht-Mitgliedschaft in der NSDAP nicht zwangsläufig mit Distanz und Kritik an der nationalsozialistischen Wirtschafts- und Währungspolitik gleichzusetzen ist. Vielmehr verdeutlichen diese, daß die Erfahrungen der Weltwirtschaftskrise sie – wie insgesamt die deutsche Wirtschaftswissenschaft – in ihren wirtschaftstheoretischen Konzeptionen zum „Primat des Staates" geführt hatten[42].

---

[41] Grasmann (*1889) nahm nach seinem volkswirtschaftlichen und juristischen Studium eine Tätigkeit bei den Siemens- und Schuckertwerken (Berlin) auf. Von 1923 bis 1937 war er Geschäftsführer des Bayrischen Industriellenverbandes. Von 1937 bis 1946 Direktor der Bayrischen Versicherungsbank. Tepe (*1893) studierte Jura in Freiburg, Leipzig, Göttingen und ging danach in das Bankwesen: Von 1921 bis 1932 war er in der Nationalbank für Deutschland bzw. DANAT-Bank tätig. Seit 1932 war er Vorstandsmitglied der Zucker-Kreditbank AG. Veit (*1898) war bis 1934 Beamter der Reichsstelle für den Außenhandel. 1934 noch zum Abteilungsleiter befördert, trat er jedoch kurz darauf in das Bankhaus seiner Vorfahren, Hardy & Co. GmbH, ein. Pfleiderer (*1904) studierte Volkswirtschaft in Tübingen, Hamburg, Kiel. Bis 1937 blieb er in der Wissenschaft, erst als Assistent bei Alfred Weber in Heidelberg, dann bei der Internationalen Konferenz für Agrarwissenschaften. Seit 1937 war er bei der Reichs-Kredit-Gesellschaft tätig. Im Jahre 1945 wechselte er in das württemberg-badische Finanzministerium. Zu diesen und den folgenden biographischen Einzelheiten vgl. die diversen Ausgaben des „Wer ist Wer" sowie das in BBK, P-A und BBK, BSG gesammelte Material. Zur Mitgliedschaft in der NSDAP vgl. Marsh, Bundesbank, S. 355 ff.

[42] Zur ordnungspolitischen Epochenbedeutung der Weltwirtschaftskrise vgl. Abelshauser, Epochenbedeutung, S. 11 ff.

Zwar kritisierte Pfleiderer im Jahre 1937 in einer Analyse der währungspolitischen Reaktionen auf die Weltwirtschaftskrise, daß „in Fällen strukturellen Drucks auf die Zahlungsbilanz" die Einführung der Devisenbewirtschaftung „lediglich ein Kurieren an Symptomen" sei. Insgesamt jedoch hob er die Notwendigkeit einer aktiven Konjunkturpolitik hervor und sah die deutsche Wirtschaftspolitik – vor allem im Vergleich mit den Goldblockländern – als positiv an. Er betonte, daß „die Emanzipation der Kreditpolitik von den Fesseln (des Goldstandard, M.D.)" zu einer Produktionssteigerung geführt habe. Im Jahre 1943 stellte er lobend die „totale organisatorische Durchdringung der Wirtschaft" heraus, mit deren Hilfe auch „bei kräftiger Kreditausweitung eine wirksame Preisstabilisierung erzielbar [war]"[43]. Ähnlich war auch die Haltung Veits. Im Jahre 1937 stellte er – wenngleich insgesamt keineswegs kritiklos – lobend die nationalsozialistische Wirtschaftspolitik und die Staatseingriffe heraus: „Dies System (der Devisenbewirtschaftung, M.D.), dessen Tragfähigkeit anfangs von vielen Seiten angezweifelt worden war, wurde durchgeführt mit erstaunlicher Konsequenz und unerwartetem Erfolg. Eine wesentliche Voraussetzung bot der festgefügte Boden des nationalsozialistischen Staates. In demokratisch regierten Ländern wäre das Funktionieren so weitgehender Zwangseingriffe kaum denkbar."[44] In bezug auf die Geldpolitik stellte Veit fest, daß die rentablen oder vom Staat gestellten Investitionsaufgaben auf alle Fälle gelöst werden können, da die Frage der Finanzierung „stets sekundär" sei[45].

In der französisch besetzten Zone waren im Verlauf des Jahres 1947 Wilhelm Boden (Rheinland-Pfalz), Eugen Chr. Hinckel (Baden) und Karl Mürdel (Württemberg) zu Präsidenten der Landeszentralbanken bestellt worden. Wie ihre Kollegen aus der amerikanisch besetzten Zone verfügten auch sie über Erfahrungen im Bankensektor. Im Gegensatz zu ihnen brachten sie allerdings auch Reichsbanktraditionen in das Zentralbanksystem ein[46]. In der britisch besetzten Zone waren Reichsbanktraditionen sogar noch stärker vertreten, ganz im Einklang mit der britischen Überzeugung, daß ein zentrales Bankwesen sinnvoll und notwendig war. Im Frühjahr 1948 wurden hier Karl Klasen (Hamburg), Max Sentz (Niedersachsen), Otto Burkhardt (Schleswig-Holstein) und Ernst Hülse (Nordrhein-Westfalen) zu Präsidenten der Landeszentralbanken ernannt. Während Burkhardt und Klasen als Juristen und Volkswirtschaftler im Privatbanksektor tätig gewesen waren, war mit Sentz ein Mitglied des Reichsbankbeirates und mit Hülse ein langjähriges und bei seiner Entlassung 1939 führendes Mitglied der Reichsbank berufen worden[47].

---

[43] Pfleiderer, Pfund, S. 191 und S. 168ff.; ders., Währungsfragen, S. 371.

[44] Veit, Zukunft, S. 7.

[45] Ders., Kapitalbereitschaft, S. 524.

[46] Boden (*1890) ging nach seinen juristischen Studien in die Politik. Als Zentrumspolitiker war er Landrat in Altenkirchen. Nach seiner Entlassung im Jahre 1933 ging er in die Wirtschaft. Hinckel (*1882) war in der Zwischenkriegs- und Kriegszeit im Bankwesen tätig gewesen, nämlich als Reichsbankdirektor in Freiburg. Auch Mürdel (*1894) kam von der Reichsbank. Er war 1937 in die NSDAP eingetreten.

[47] Klasen (*1909) war nach seinen juristischen Studien in der Rechtsabteilung der Deutschen Bank Hamburg tätig gewesen. Burkhardt (*1894) studierte nach seiner Bankausbildung Jura und Volks-

Die Präsidenten und Direktoren

Die ersten Entscheidungen, die dieser so zusammengesetzte, vorläufige Zentralbankrat zu fällen hatte, betrafen die Besetzung der Präsidentenstellen und die Ernennung der Direktoren. Das erwies sich als kompliziert und langwierig, denn die erste Wahl – Otto Schniewind als Präsident des Zentralbankrates und Hermann J. Abs als Präsident des Direktoriums – wurde von den Alliierten trotz allen Insistierens des Zentralbankrates abgelehnt[48]. Erst Ende Mai konnte – nach weiteren Komplikationen – Karl Bernard zum Präsidenten des Zentralbankrates, Wilhelm Vocke zum Präsidenten des Direktoriums und Wilhelm Könneker zu seinem Stellvertreter gewählt werden[49]. So konstituiert, ernannte der Zentralbankrat im Verlauf der nächsten Monate Viktor Wrede (Volkswirtschaftliche Abteilung), Erich Zachau (Organisation und Personalwesen), Fritz Paersch, Hans Treue (Auslandsabteilung) und Karl-Friedrich Wilhelm (Devisenbewirtschaftung) zu Direktoren. Im Frühjahr 1950 wurde diese Riege durch Bernard Benning, zuständig für Banken und Kredit, komplettiert.

Während bei der Besetzung der Positionen der Landeszentralbankpräsidenten Reichsbanktraditionen deutlich zurückgedrängt worden waren, rückten diese mit den Präsidentenwahlen und Direktorenernennungen wieder stärker in den Vordergrund: Bernard kam zwar vom Reichswirtschaftsministerium bzw. aus dem Privatbankensektor[50]; Vocke und Könneker jedoch waren langjährige und hohe Reichsbankmitglieder. Könneker (*1898) war nach seiner Bankausbildung 1924 in die Reichsbank eingetreten und blieb dort – anfangs als Rat in der volks-

---

wirtschaft. Von 1923 bis 1938 war er Vorstandsmitglied bei Fa. Christian Dierig AG. Im Jahre 1938 wurde er persönlich haftender Gesellschafter des Bankhauses Burkhardt und Cie., ehemals Simon Hirschland. Sentz (*1886) war als geschäftsführender Direktor der Deutschen Girozentrale während des Krieges Mitglied des Beirates der Reichsbank. Hülse (*1881) trat 1906 in den höheren Dienst der Reichsbank ein und machte dort betriebsintern Karriere: 1922 wurde er zum Direktor ernannt; von 1926 bis 1927 war er Leiter der Reichsbankhauptstelle Hamburg; von 1927 bis 1930 war er Direktor im Reichsbankdirektorium Berlin. Nachdem er von 1930 bis 1935 als beigeordneter Generaldirektor der Bank für Internationalen Zahlungsausgleich Erfahrungen im Ausland gesammelt hatte, wurde er 1935 Mitglied des Reichsbankdirektoriums. Aus dieser Position wurde er im Jahre 1939 entlassen. Nach dem Zweiten Weltkrieg wurde er schon im August 1945 von den Briten für besondere Finanzaufgaben nach Hamburg berufen. Seit April 1946 bekleidete er die Stelle des Leiters der Reichsbankleitstelle Hamburg.

[48] Schniewind (*1887) war vor und während des Krieges im Banksektor, in der Verwaltung und in der Reichsbank tätig gewesen. Die Alliierten warfen ihm vor, bei der Umstrukturierung der „nicht-arischen" Telefonbau und Normalzeit GmbH beteiligt gewesen zu sein. Abs (*1901) war in den dreißiger Jahren ein exponierter Bankenvertreter. Seit 1938 war er Vorstandsmitglied der Deutschen Bank. Die Alliierten hielten ihm seine Beziehung zu Reichswirtschaftsminister Walther Funk und seine Rolle in den annektierten und besetzten Gebieten vor. Vgl. BBK, B 330/1, Report of Investigation by Allied Authorities on Schniewind and Abs, 29.7.1947 und 20.2.1947.

[49] Zu den Wahlen vgl. Wandel, Entstehung; Horstmann, Entstehung, S. 214; Dickhaus, Fostermother. Vgl. auch die Protokolle der Zentralbankratsitzungen vom 8.3.1948 bis 20.5.1948 samt Anlagen in BBK, B 330/1 und BBK, B 330/2.

[50] Bernard (*1890) fand im Anschluß an seine juristischen Studien im Jahre 1920 beim Reichswirtschaftsgericht eine Anstellung. Von dort wechselte er im Jahre 1929 zum Reichswirtschaftsministerium. Nach seiner Entlassung aus politischen Gründen trat er 1936 in die Frankfurter Hypothekenbank ein.

wirtschaftlichen Abteilung, später als Direktor der Reichsbanknebenstelle Limburg – bis 1942; Vocke (*1886) war von 1918 bis 1939 in der Reichsbank tätig, wobei er seit 1919 im Direktorium vertreten war[51]. Während Wrede, Zachau und Benning von Wirtschaftsforschungsinstituten und aus dem Banksektor kamen[52], waren auch Wilhelm und Treue langjährige Reichsbankmitglieder und brachten so zentralistische Erfahrungen mit. Wilhelm war sogar in der Zeit von 1939 bis 1945 im Reichsbankdirektorium tätig gewesen[53].

Erfahrungen und Traditionen

Die hier geschilderte Besetzung der Schlüsselpositionen ist für die weitere Entwicklung des westdeutschen Zentralbanksystems von Bedeutung, denn dadurch wurden Arbeits- und Entscheidungsstile bestimmt sowie spezifischen Erfahrungen und Traditionen Geltung verschafft.

In bezug auf den Führungsstil und die Entscheidungsprozesse ist zu betonen, daß das westdeutsche Zentralbanksystem ein britisch-amerikanischer Kompromiß war und als solcher zentrale und föderale Elemente aufwies. Es ist zu vermuten, daß das fragile Gleichgewicht zwischen diesen Elementen durch die Besetzung der Schlüsselpositionen erheblich beeinflußt werden würde. Wenn man unter diesem Gesichtspunkt die Besetzung der Schlüsselpositionen betrachtet, ist festzuhalten, daß zwei wichtige Positionen – die Ämter des Präsidenten und des Vizepräsidenten des Direktoriums – mit ehemaligen Reichbankangehörigen besetzt worden waren. Das war mit spezifischen Erfahrungen in bezug auf den Arbeits-, Führungs- und Entscheidungsstil verbunden. So zeitigte die Tatsache, daß Vocke von der zentralistischen Reichsbanktradition geprägt, ein überzeugter Vertreter des Zentralismus und ein dezidierter Kritiker der Dezentralisierung war, beträchtliche Auswirkungen. Seine Überzeugungen waren mit einem autoritären Führungsstil verbunden und führten im Verlauf der Jahre zu einigen Auseinandersetzungen mit dem Zentralbankrat. Beispielsweise beschwerte sich Bernard im Frühjahr 1951 bei dem britischen Mitglied der Alliierten Bankenkommission, Donald Macdonald, über Vockes Vorgehen: „Vocke did not always

---

[51] Zu Vocke vgl. die Einleitung dieser Arbeit, Fußnote 48.

[52] Wrede (*1906), Dr. oec., trat nach anfänglicher Tätigkeit im Reichswirtschaftsministerium (1934 bis 1937) in das Institut für Konjunkturforschung ein. Für seine wirtschaftspolitischen Anschauungen vgl. Wrede, Staat. Zachau (*1902) arbeitete nach Banklehre und Wirtschaftsstudium von 1927 bis 1943 beim Deutschen Sparkassen- und Giroverband. Danach war er als Wirtschaftsprüfer tätig. Benning (*1902) arbeitete nach seiner Promotion über den Börseneingriff 1927 erst im Statistischen Reichsamt. Im Jahre 1933 wurde er zum Direktor der volkswirtschaftlichen Abteilung der Reichs-Kredit-Gesellschaft AG ernannt. 1950 kehrte er aus sowjetischer Gefangenschaft zurück.

[53] Wilhelm (*1898) trat 1914 in die Reichsbank ein und war dort in den dreißiger Jahren Leiter der Devisenabteilung. Treue (*1898) trat nach einer Banklehre im Jahre 1921 in die Reichsbank ein. In den dreißiger Jahren war er dort Leiter der Abteilung Devisenhandel, seit 1940 vortragender Direktor im Reichsbankdirektorium. Der vom Zentralbankrat zum Direktor ernannte Fritz Paersch (*1893) wurde von den Alliiierten abgelehnt, da er seit 1940 Leiter der Emissionsbank in den polnisch besetzten Gebieten gewesen war. Vgl. Marsh, Bundesbank, S. 181 f.

express the views of the Board of Directors of which he was the servant and not the master."[54] Letztendlich wurde also durch die Besetzung der Spitzenpositionen die Grundlage zu einer Stärkung des zentralen Elementes und zu einer erheblichen Verschiebung der formellen Machtpositionen gelegt[55].

Bezüglich der geldpolitischen Erfahrungen ist festzuhalten, daß alle Angehörigen des Zentralbanksystems die turbulenten währungspolitischen Ereignisse der Zwischenkriegs-, Kriegs- und Nachkriegszeit kannten. Sie waren durch die Große Inflation geprägt. Sie wußten um die Problematik des Gold-Devisen-Standards. Sie hatten die Weltwirtschaftskrise, Deflation, Arbeitslosigkeit und die Bankenkrise erfahren. Auch hatten sie die Einführung der Devisenbewirtschaftung, den Zusammenbruch der Weltwährungsordnung, kompetitive Abwertungen und die Desintegration der Weltwirtschaft sowie Arbeitsbeschaffungsmaßnahmen und Rüstungswirtschaft abgesichert durch Preiskontrollen erlebt.

Oftmals wird unter Bezug auf die Große Inflation und auf die zurückgestaute Inflation nach dem Zweiten Weltkrieg herausgestellt, daß die Bundesrepublik und das deutsche Zentralbanksystem bis heute unter einem Inflationstrauma leiden[56]. Sowenig anzuzweifeln ist, daß diese inflationären Erfahrungen für die deutsche Zentralbank in der Nachkriegszeit wichtig waren, so sehr muß auch betont werden, daß die Vermeidung der Inflation keineswegs die einzige Lehre war, die aus der Vergangenheit gezogen werden konnte. Vielmehr legten diese turbulenten Erfahrungen mehrere unterschiedliche und sich widersprechende Schlußfolgerungen nahe: daß der Gold-Devisen-Standard so problematisch war wie die Devisenbewirtschaftung; daß die Ausrichtung der Geldpolitik auf die Außenwirtschaft und die Vernachlässigung der Binnenwirtschaft das Banken- und Währungssystem gefährden konnten; daß die Ausrichtung der Geldpolitik auf die Binnenwirtschaft und die Vernachlässigung der Außenwirtschaft nicht nur unmöglich war, sondern auch Außenhandel unterband; daß Auslandskredite hilfreich, wenn nicht notwendig waren, aber auch gleichzeitig die Geldpolitik konterkarieren und die wirtschaftliche Stabilität gefährden konnten; daß eine expansive Politik zu Hyperinflation oder zurückgestauter Inflation führen konnte, während eine restriktive Politik unter Umständen mit Deflation verbunden war. Deshalb war vorerst noch nicht abzusehen, welche dieser Schlußfolgerungen die weitere Währungspolitik bestimmen würde. Zu vielfältig waren die möglichen Lehren, zu heterogen war der Zentralbankrat, zu unsicher war auch, wer sich durchsetzen würde[57].

---

[54] BoE, G1/41, Macdonald an Rootham, 5.4.1951.
[55] Das betont auch Horstmann, Entstehung, S. 213ff.
[56] Siehe z.B. Kennedy, Bundesbank, S. 6f.
[57] Als ein Beispiel für die kontroversen Diskussionen im Zentralbankrat vgl. die Auseinandersetzungen über die Soziale Marktwirtschaft, in: BBK, B 330/4, ZBR, Stenogramm, 17.8.1948.

2. Annäherung an die Außenwirtschaft 1948 bis 1950

1948/49: Binnenwirtschaftliche Prioritäten

Mit der Währungsreform vom 20. Juni 1948 wurde die DM eingeführt und das deutsche Währungswesen auf eine neue Grundlage gestellt[58]. Damit war die hoheitliche Geldschöpfung entschieden, und von nun an war es die Aufgabe des Zentralbanksystems, Bedingungen und Ausmaß der Zentralbankgeldschöpfung und -vernichtung festzulegen.

Im Vorfeld der Währungsreform hatte der Zentralbankrat am 16. Juni mit großer Mehrheit beschlossen, in der Zinspolitik vorerst eine „mittlere Linie" einzunehmen. Er hatte den Diskontsatz auf 5 Prozent, den Lombardsatz auf 6 Prozent festgesetzt. Gleichzeitig hatte er die Mindestreserveverpflichtung auf 10 Prozent für Sichtguthaben und auf 5 Prozent für befristete Einlagen gestellt. Als Grund für die Festsetzung der Diskont-, Lombard- und Mindestreservesätze führte er die Kreditversorgung an: Der Diskontsatz dürfe nicht „die Aufnahme nötiger und volkswirtschaftlich einwandfrei gerechtfertigter Kredite übermäßig erschweren"[59].

Diese erste geldpolitische Entscheidung des Zentralbankrates mußte vorläufig sein. Nur im Verlauf der Zeit – nach Auszahlung der Kopfbeträge, der Erstausstattungen und nach der Umwandlung sämtlicher RM-Beträge in DM – konnte sich erweisen, ob diese Entscheidung angemessen war. Dabei zeigte sich, daß im Verlauf des Sommers bei ansteigender Produktion auch die Preise anstiegen, während die Arbeitslosigkeit wuchs und der DM-Kurs in Zürich verfiel (vgl. Tabelle 1).

Damit war der Zentralbankrat gefordert, er verhielt sich aber vorerst abwartend und passiv. Erst im November – nachdem die Alliierte Bankenkommission gewarnt hatte, der Zentralbankrat würde mit seiner passiven Haltung einen Eindruck von Machtlosigkeit und Apathie vermitteln[60] – griff er ein. Am 2./3. November verabschiedete er restriktivere Kreditrichtlinien, am 16. November erhöhte er die Mindestreserve auf 15 Prozent. Gleichzeitig begrenzte er das Kreditvolumen auf den Stand vom 31. Oktober. Obwohl die Alliierte Bankenkommission mit einer entsprechenden Anweisung an den Zentralbankrat drohte, sah der Zentralbankrat von einer Diskonterhöhung ab. Wie schon anläßlich der Personalentscheidungen ließ er es dabei auf eine Konfrontation mit den Alliierten an-

[58] Zu Vorgeschichte, Vorbereitung und Inhalt der Währungsreform vgl. Möller, Währungsreform, S. 445 ff.; Turner, Great Britain; Buchheim, Währungsreform, S. 211 ff.; Brackmann, Totaler Krieg. Das Zentralbanksystem war an den Vorbereitungen der Währungsreform als Institution nicht beteiligt. Der Großteil der deutschen Sachverständigen, die am Konklave im Rothwesten (20. 4. – 8. 6. 1948) teilnahmen und hier noch einen letzten, vermutlich nur geringen Einfluß ausüben konnten, kam von der Sonderstelle „Geld und Kredit". Nur Bernard, Budczies, Hartlieb, Möller, Pfleiderer, Wrede kamen von dem Zentralbanksystem.

[59] BBK, B 330/2, ZBR, Protokoll, 15./16. 6. 1948.

[60] Vgl. BBK, B 330/3125, ABC/Ingrams an Chairman BdL, 2. 11. 1948.

Tabelle 1: Daten zur Wirtschaftsentwicklung 1948–49

	Arbeitslose in Tsd.	*Preise 1938 = 100*	*DM-Kurs in sfcrs*	*Produktion 1936 = 100*
Jun 48	451	155	*45,00	53,5
Jul 48	665	159	25,00	60,0
Aug 48	784	172	27,00	64,7
Sep 48	784	179	22,50	71,1
Okt 48	739	188	21,50	75,7
Nov 48	715	190	18,50	81,0
Dez 48	760	193	22,50	78,9
Jan 49	963	192	31,50	80,6
Feb 49	1069	190	58,00	83,9
Mär 49	1161	189	51,50	83,0
Apr 49	1232	186	64,00	84,6
Mai 49	1257	189	61,00	87,6

Anmerkungen: Sp. 2: Grundstoffpreise; Sp. 3: DM-Noten, Geld, Monatsende, * = 5. 7. 1948, sfcrs = Schweizer Franken; Sp. 5: arbeitstäglich.
Quellen: Sp. 1: BdL, Monatsbericht Dez. 1949, S. 85; Sp. 2: BdL, Monatsbericht Dez. 1949, S. 87; Sp. 3: Neue Zürcher Zeitung; Sp. 4: Statistisches Jahrbuch der BRD 1952, S. 209.

kommen, in der er sich letztendlich sogar behaupten konnte, da die Alliierte Bankenkommission von Zwangsmitteln absah[61].

Die im Herbst 1948 verfolgte Politik des Zentralbanksystems ist gelegentlich kritisiert worden. Robert E. Emmer hat herausgestellt, daß die restriktiven Maßnahmen unangemessen waren und zu spät erfolgten: „They came too late [. . .] the board certainly did not marshal its full powers against the inflation." Auch hat Emmer hervorgehoben, daß die restriktiven Maßnahmen wenig zur Überwindung der inflationären Tendenzen beigetragen hätten[62]. Abelshauser hingegen hat die Politik des Zentralbanksystems als wirkungsvoll bezeichnet und hervorgehoben, daß sie eine „deflationistische Phase mit zuweilen depressiver Grundstimmung" eingeläutet habe[63]. Im folgenden sollen nicht die Auswirkungen und die Effektivität der Geldpolitik untersucht werden, zumal das schon an anderer Stelle geleistet wurde[64]. Vielmehr soll die Entscheidungsfindung innerhalb des Zentralbankrates analysiert und die politikformierenden Momente herausgearbeitet werden.

Im Sommer 1948 hatte das BdL-Dezernat Volkswirtschaft/Statistik gegen eine Diskonterhöhung Stellung genommen. Es hatte auf den unklaren Status der Banken verwiesen und kategorisch die einzuhaltenden Prinzipien für die Währungspolitik formuliert: „In einer Volkswirtschaft ohne freien Devisenmarkt ist die

[61] Vgl. BBK, B 330/7, ZBR, Protokoll, 16. 11. 1948.
[62] Emmer, Monetary Policy, S. 55 ff.
[63] Abelshauser, Wirtschaftsgeschichte, S. 63.
[64] Vgl. Dürr, Wirkungsanalyse, S. 134 ff.; Müller, Politik, S. 37 ff.; Stucken, Geldpoltik, S. 204 ff.

Frage, ob zu viel oder zu wenig Geld geschaffen worden sei, in erster Linie auf die Entwicklung des allgemeinen Preisstandes zu beziehen. [...] Die Beschäftigungslage ist der andere leitende Gesichtspunkt, unter dem die Kreditpolitik in einer Wirtschaft ohne freien Devisenverkehr betrachtet werden muß."[65] Inwieweit diese und die bisher formulierten Prinzipien – Bankenstatus, Arbeitslosigkeit, Kreditversorgung, Außenwirtschaft, Preisentwicklung – in den ersten Monaten die Politik des Zentralbanksystems beeinflußten, ergibt sich aus den Diskussionen des Zentralbankrates im Herbst 1948.

In diesen Diskussionen zeigt sich, daß der Preisentwicklung und dem Vertrauen in die neue Währung in der Krisensituation des Herbstes eine große Bedeutung zugemessen wurde. Allerdings hieß das nicht, daß andere Aspekte – wie die „Bankenertragslage" und der „legitime Kreditbedarf" – unbeachtet blieben[66]. Ganz im Gegenteil: Der Zentralbankrat war in dieser „sehr interessanten, wenn nicht bedenklichen Lage" uneins[67]. Während eine knappe Minderheit unter der Führung von Vocke alle zur Verfügung stehenden Instrumente einsetzen wollte, um den Preisanstieg zu bekämpfen, war die Mehrheit, geführt von Hülse, um die Produktion besorgt. Sie warnte, eine Diskonterhöhung „zerschlage zu viel Porzellan"[68]. Statt dessen sprach sie sich für eine selektive Kreditpolitik aus. Eine solche Politik wurde dann auch mit den Kreditrichtlinien und der „nicht völlig schematisch" zu handhabenden Kreditbegrenzung im November beschlossen[69]. Obwohl der Erfolg dieser Politik zweifelhaft war[70] und obwohl einige Mitglieder des Zentralbankrates im Winter 1948/49 wieder den „vordringlichen Kreditbedarf" anführten, wurde diese selektive Geldpolitik bis zum Frühjahr 1949 beibehalten. Die Befürworter der Marktwirtschaft, die mit dem Diskontsatz arbeiten wollten und die selektive Kreditpolitik als Planwirtschaft angriffen, konnten sich bis zum Frühjahr nicht durchsetzen[71]. Erst dann sah die Mehrheit des Zentral-

---

[65] BBK, B 330/3, Dezernat Volkswirtschaft/Statistik, Zur geld- und kreditpolitischen Gesamtlage, 19.7.1948.

[66] BBK, B 330/6, ZBR, Stenogramm, 5.10.1948; BBK, B 330/7, Bernard an ABC, 4.11.1948.

[67] So Veit laut Stenogramm der Zentralbankratssitzung vom 19.10.1948, in: BBK, B 330/6.

[68] BBK, B 330/7, ZBR, Stenogramm, 16.11.1948. Gunston von der Bank von England charakterisierte das Verhältnis Vocke – Hülse mit dem Begriff der Eifersucht. Vgl. BoE, OV 34/91, Gunston an Niemeyer, 16.11.1948.

[69] BBK, B 330/7, ZBR, Protokoll, 2./3.11.1948 und 16.11.1948. Die Kreditrichtlinien bestimmten, daß nur „gute" Handelswechsel, die nicht der Lagerhaltung dienten, rediskontiert werden könnten. Bankakzepte, die nicht der Finanzierung der Ein- oder Ausfuhr dienten, sollten lombardiert werden.

[70] Vgl. BBK, B 330/8, Wolf, Die Lage der Banken bei Beginn der Kreditrestriktion, 28.11.1948. Eduard Wolf (*1903) trat nach seiner Dissertation „Neuindustrialisierung der Erde und ihre Auswirkungen auf den europäischen Industriekapitalismus" in das Statistische Reichsamt ein. Von dort wechselte er 1934 in das Institut für Konjunktur- und Wirtschaftsforschung. Seit 1948 war er Abteilungsleiter im BdL-Dezernat Volkswirtschaft/Statistik. Im Jahre 1951 ersetzte er Wrede nach dessen Freitod als Direktoriumsmitglied. Vgl. hierzu BBK, BSG. Hier wies Wolf darauf hin, daß die Landeszentralbanken die beschlossene Politik nicht durchsetzten.

[71] BBK, B 330/10, ZBR, Stenogramm, 25./26.1.1949; BBK, B 330/11, ZBR, Protokoll, 22.2.1949. Zum Zentralbankrat und Marktwirtschaft vgl. BBK, B 330/4, ZBR, Stenogramm, 17.8.1948; BBK, B 330/8, Burkhardt an Bernard, 20.11.1948.

bankrates den Zeitpunkt für gekommen, die Kreditkontingentierung aufzuheben und die Kreditrichtlinien vom 16. November 1948 zu mildern. Gleichzeitig senkte man die Mindestreserven von 15 auf 12 Prozent und den Diskont von 5 auf 4,5 Prozent[72]. Die ansteigende Arbeitslosigkeit, im Sommer 1948 noch als politikformierendes Element aufgeführt, war – selbst wenn der Stand der Beschäftigung seit Frühjahr 1949 stets in den Protokollen erwähnt wurde – bei dieser Entscheidung nicht ausschlaggebend. Während das Bizonal Control Office und die Alliierte Bankenkommission dem Zentralbankrat zwecks Bekämpfung der Arbeitslosigkeit die vorschußweise Bereitstellung langfristiger Mittel nahelegten und einzelne Mitglieder des Zentralbankrates meinten, die Notenbank habe „in der heutigen Zeit eine zusätzliche Aufgabe bekommen" und nicht nur „self-liquidating-Geschäfte" seien angebracht, hatte die Mehrheit Bedenken[73].

Die kontrovers geführte Auseinandersetzung im Zentralbankrat zeigt, daß im ersten Jahr die außenwirtschaftlichen Gesichtspunkte und die Arbeitslosigkeit im Hintergrund standen. Statt dessen wurde die Gewichtung der Aspekte Kreditversorgung und Preisanstieg diskutiert, und diese Diskussion schlug in eine Auseinandersetzung über die Methoden der Geldpolitik um. Allerdings kam dabei auch ein außenwirtschaftlicher Aspekt ins Spiel, nämlich um Maßnahmen zur Bekämpfung der Preisanstiege zu rechtfertigen. Preisanstiege, so wurde argumentiert, seien aus binnenwirtschaftlichen Motiven – dann würde die Produktion zurückgehalten und die Ernte nicht abgeliefert werden[74] – und aus außenwirtschaftlichen Gründen zu vermeiden. Bei geringem Interesse an außenwirtschaftlichen Problemen – der Zentralbankrat diskutierte weder den der OEEC vorzulegenden Long Term Plan noch das in Paris zur gleichen Zeit verhandelte Erste Innereuropäische Zahlungsabkommen; er entwickelte weder ein außenwirtschaftliches Konzept noch eine außenwirtschaftliche Strategie und nahm im November 1948 lediglich den Im- und Export von den restriktiven Kreditrichtlinien aus[75] – kam dem Ausland hier eine politikformierende Qualität zu. Da Investitionen notwendig seien, in Deutschland aber Kapitalmangel herrsche, sei die deutsche Wirtschaft und Währung auf ausländisches Kapital angewiesen. Im Sommer 1948 betonte Vocke gegenüber Clay: „Es liegt auf der Hand, daß die neu geschaffene deutsche Währung zu irgendeinem Zeitpunkt ebenso einer Auslandsanleihe bedarf wie dies nach der Stabilisierung des Jahres 1924 durch die Dawes-Anleihe

[72] Vgl. BBK, B 330/12, ZBR, Protokoll, 22.3.1949; BBK, B 330/13, ZBR, Protokoll, 10.5.1949; BBK, B 330/14, ZBR, Protokoll, 24.5.1949.

[73] BBK, B 330/12, ZBR, Protokoll, 5.4.1949; BBK, B 330/13, ZBR, Stenogramm, 10.5.1949.

[74] Vgl. BBK, B 330/7, ZBR, Stenogramm, 16.11.1948.

[75] Vgl. die entsprechenden Protokolle und Stenogramme der Sitzungen des Zentralbankrates in BBK, B 330/2 ff. Wenn auch die Bank während der Verhandlungen über das erste Innereuropäische Zahlungsabkommen zu einer Stellungnahme aufgefordert wurde, widmete sie diesem nur geringe Aufmerksamkeit. Vgl. BBK, B 330/8698, o. V., Verhandlungen über die Errichtung eines europäischen Clearing-Systems, 19.7.1948. Zum Long Term Plan vgl. die Unterlagen in BAK, Z 8/943 und BAK, Z 14/124 sowie die anteilnahmslose Darstellung in BBK, B 330/3319, Referat Marshallplan, ERP-Planung 1949/50 und „Long-Term"-Planung, 1.3.1949.

der Fall war."[76] Jegliche Inflation aber, das betonten vor allem Bernard, Veit und Vocke immer wieder, sei der ausländischen Bereitschaft, Kredite zu vergeben, abträglich: „Ich bin vorgestern abend noch zu General Clay bestellt worden. [...] Es wurde durch General Clay mitgeteilt, daß eine außerordentlich große und erfreuliche Neigung amerikanischer Banken bestünde, erstaunlich hohe Beträge kreditweise nach Deutschland zu geben. In diesem Zusammenhang ist dann aber gefragt worden: ‚Ihr habt hier so etwas Ähnliches wie eine Inflation'."[77]

Diese Hinweise auf die notwendigen Auslandskredite begegneten Vorbehalten. Hülse warnte vor einem Ausverkauf der deutschen Wirtschaft. Er war der Ansicht, daß die Amerikaner „den ganzen Zimt für ein Butterbrot kaufen [wollten]"[78]. Auch stellte Bernard heraus, daß „es [...] nicht unbeachtet bleiben [könne], daß vorläufig die Aussichten hierfür (für Auslandskredite, M.D.) noch sehr beschränkt seien"[79]. Darüber hinaus wurde angesichts der Dollarknappheit betont, daß „die mit Auslandskapital finanzierten Investitionen [...] laufend mindestens so viel Devisen insbesondere Dollar zusätzlich erbringen oder einsparen [müssen], wie die Zinsen und Amortisationsraten ausmachen"[80]. Trotz aller Zweifel, Skepsis und Bedenken konnten aber die Hinweise auf Auslandskredite überzeugen. Während außenwirtschaftliche Aspekte im allgemeinen nicht beachtet wurden, gab die Option auf Auslandskredite im Jahre 1948 einen wichtigen Impuls, der restriktive Maßnahmen einleitete.

Orientierungswechsel:
erste Stellungnahmen zu außenwirtschaftlichen Problemen 1949/50

Kreditpolitik 1949/50

Mit der Konsolidierung der währungspolitischen Situation Anfang 1949 begann eine neue Phase. Während sich der Zentralbankrat bis Anfang des Jahres an binnenwirtschaftlichen Entwicklungen ausgerichtet hatte, wurden nunmehr außenwirtschaftliche Probleme wichtiger.

Obwohl im Frühjahr 1949 einige Mitglieder des Zentralbankrates noch Finanzierungsprobleme sahen und gar das Schreckgespenst einer „Depression größeren Umfanges" an die Wand malten, wurde der restriktive Kurs beibehalten[81]. Vocke argumentierte, daß die Zentralbank bei dem diagnostizierten Kapitalmangel nicht helfen könne: „Wir können nicht in Deutschland plötzlich einen Kurs steuern, der alles wieder umdreht. Wir müssen vielmehr alles in stetiger und ruhiger Entwicklung einsetzen auf den Punkt, wo geholfen werden kann: langfristi-

[76] BBK, B 330/3, Vocke an Clay, 15.7.1948.
[77] BBK, B 330/7, ZBR, Stenogramm, 16.11.1948.
[78] Ebenda. Bernard entkräftete Hülses Einwand mit dem Hinweis, daß die „Dinge, die hier erwähnt wurden, [...] echte Anleihen, keine Beteiligungen" waren.
[79] BBK, B 330/16, ZBR, Stenogramm, 2./3.8.1949.
[80] BBK, B 330/3346, Wrede, Neuer Entwurf zur Beantwortung des Fragebogens PR(50)7, 30.6.1950.
[81] BBK, B 330/13, ZBR, Stenogramm, 26.4.1949.

ges Kapital. Alles andere: Offene-Markt-Politik, die keine ist, Mindestreservenpolitik, die keine ist, die helfen wenig und schaden viel, indem sie überall an den zentralen Punkt des Notenbanksystems rühren."[82]

Erst als sich zeigte, daß die Kreditpolitik zu einem Rückgang der Importe führte, beschloß der Zentralbankrat am 24. Mai und am 12. Juli Herabsetzungen des Mindestreserve- und Diskontsatzes. Diese Maßnahme begründete er explizit mit der „psychologischen Wirkung, namentlich auch im Bereich der Einfuhrfinanzierung"[83]. Das Direktorium war nämlich zur Ansicht gekommen, daß Einfuhren „z.Zt. von den Importeuren nicht abgenommen werden können, da diese nicht in der Lage sind, diese Güter bis zu ihrer erst in einigen Monaten erfolgenden Einschaltung in die Verarbeitung durchzuhalten"[84].

Nachdem sich im Sommer 1949 das Importproblem entschärft hatte, rückte im Herbst die Exportproblematik in den Vordergrund. Wie Tabelle 2 zeigt, stieg im Gefolge der deutschen Liberalisierungsmaßnahmen und im Anschluß an die Pfundabwertung der deutsche Import sprunghaft an. Der Export hingegen hatte nur mäßige Zuwachsraten zu verzeichnen. Folglich ging der schon geringe Devisenbestand der Bank weiter zurück.

Angesichts dieser Situation beschloß der Zentralbankrat im August einstimmig eine Vorfinanzierung von langfristigen Exportaufträgen durch den Ankauf von Ausgleichsforderungen in Höhe von 100 Mio. DM. Er stellte fest, daß „an der Notwendigkeit einer solchen Aktion zur Förderung des deutschen Exportes kein Zweifel besteht"[85]. Zusätzlich erklärte er sich im Oktober zur Übernahme von Garantien des deutschen Exporteurs bereit[86]. Während weiterhin Skepsis gegenüber langfristigen Krediten vorherrschte, wurde beim Export eine Ausnahme gemacht. Vocke stellte fest: „Selbstverständlich ist keine Rede davon, daß wir die Lücke an langfristigem Kapital durch Geldschöpfung ausfüllen wollen, aber in einem Punkt werden wir wohl über die allgemeinen orthodoxen Regeln einer Notenbank ruhig hinweggehen, nämlich dort, wo es sich um die Förderung des Exports handelt, fangen wir mit lang- und mittelfristigen Krediten an."[87]

Allerdings hatte die Förderung des Exports durch kreditpolitische Maßnahmen auch Grenzen. Zwar war sich der Zentralbankrat über eine spezielle Förderung des Exportes einig. Umstritten blieb aber, ob die Geldpolitik auf eine Förderung des Exportes auszurichten sei. Vocke bot seine ganze Überzeugungskraft auf und stellte heraus, daß „zur Stärkung des Exportes die inneren Dinge knapp zu halten [sind]"[88]. Er betonte auch, daß der Diskont „wirklich sehr niedrig"

---

[82] BBK, B 330/13, ZBR, Stenogramm, 10.5.1949.
[83] BBK, B 330/16, ZBR, Protokoll, 12.7.1949; BBK, B 330/14, ZBR, Protokoll, 24.5.1949.
[84] BBK, B 330/2054, Direktorium, Protokoll, 21.4.1949. Vgl. auch Abelshauser, American Aid, S. 393 f.
[85] BBK, B 330/17, ZBR, Protokoll, 30./31.8.1949.
[86] Vgl. BBK, B 330/19, ZBR, Protokoll, 26./27.10.1949.
[87] BBK, B 330/21, ZBR, Stenogramm, 15./16.12.1949.
[88] BBK, B 330/19, ZBR, Stenogramm, 26./27.10.1949.

Tabelle 2: Import-, Export- und Reservenentwicklung 1949/50

	Import VWG	*Export VWG*	*Import BRD*	*Export BRD*	*Devisenbestand BRD (netto)*
Jan 49	315,3	251,1			
Feb 49	476,4	276,2			
Mär 49	445,0	305,5			
Apr 49	452,4	287,9			
Mai 49	705,0	332,4			
Jun 49	656,6	294,8			
Jul 49	514,4	308,0			
Aug 49	700,4	303,6			
Sep 49	543,6	335,1			
Okt 49	769,1	315,7	796,5	342,2	
Nov 49	643,9	340,8	694,1	370,2	
Dez 49	1081,0	454,5	1136,7	485,4	379,7
Jan 50			966,1	442,8	113,8
Feb 50			708,2	473,8	9,2
Mär 50			822,6	590,5	–23,5
Apr 50			747,5	542,0	128,9
Mai 50			678,2	594,9	275,5
Jun 50			790,5	651,9	504,4

Anmerkungen: Alle Angaben in Mio. DM.
Quellen: Sp. 1–2: Außenhandel der BRD, Dezember 1949, S. 18f.; Sp. 3–4: Außenhandel der BRD, Juni 1951, S. 24; Sp. 5: Statistisches Handbuch der BdL, S. 261.

und der geringe Devisenbestand „beängstigend“ sei. Vor allem das letztere sei nicht hinzunehmen, denn ein Ziel der BdL müsse sein, eine angemessene Reservenposition aufzubauen: „Je mehr wir also [. . .] dauernd unsere Politik abstellen, eine immer leichtere Finanzierung und Ermöglichung des Konsums zu betreiben, um so mehr bringen wir unsere fundamentale Position in ernstliche Gefahr. Und da wir nicht eine Bank von irgendeinem Lande sind, die schon 100 Jahre alt ist, sondern eine ganz zarte und empfindliche neue Pflanze sind, ist es entscheidend, daß wir Reserven auf dem Devisenfonds einsammeln und nach außen einigermaßen anfangen, als eine Notenbank unter den Notenbanken auch von diesem Gesichtspunkt aus gewertet zu werden.“[89] Damit konnte Vocke zwei seiner Zentralbankratskollegen, Bernard und Burkhardt, überzeugen. So betonte Burkhardt, der Anfang des Jahres noch um die Kreditversorgung besorgt und somit Vockes Opponent gewesen war, daß „gerade auch die Liberalisierung des Außenhandels zu einem Druck auf die Inlandspreise nötigt“[90]. Eine Mehrheit

[89] Ebenda.
[90] BBK, B 330/19, ZBR, Stenogramm, 9./10. 11. 1949. Zu Bernard vgl. BBK, B 330/18, ZBR, Stenogramm, 27./28. 9. 1949.

für eine Diskont- und Mindestreservenerhöhung konnte Vocke jedoch trotz dieser Unterstützung nicht finden. Lediglich eine Rückführung der Akzeptverbindlichkeiten wurde im November 1949 im Zentralbankrat beschlossen[91].

Daß der Zentralbankrat um des Exportes willens keine weiteren Restriktionen verfügte, kann auf mehrere Gründe zurückgeführt werden. Zum ersten maßen einige Mitglieder des Zentralbankrates der binnenwirtschaftlichen Entwicklung einen hohen Stellenwert zu. Zum zweiten hatten das Zahlungsbilanzdefizit und der Reservenschwund auch positive Seiten[92]. Zum dritten war die Erwerbslosigkeit im Herbst auf 10,3 Prozent angestiegen. Sie wurde zwischen deutschen Stellen und der amerikanischen Marshallplanverwaltung, der European Co-operation Administration (ECA), ein wichtiger Streitpunkt und führte im Dezember 1949 zum sogenannten „Memorandenkrieg“[93]. Dabei drängte die ECA auf Maßnahmen zur Bekämpfung der Arbeitslosigkeit und verlangte unter anderem eine „vorsichtige, expansionistische Geldpolitik“[94]. Das lehnte der Zentralbankrat jedoch ab. Zwar wurde seit Frühjahr 1949 in den Protokollen der Zentralbankratssitzungen auch stets die Arbeitslosigkeit konstatiert, und für einzelne Landeszentralbankpräsidenten war dies ein wichtiges Problem. Trotzdem hatte der Zentralbankrat stets hervorgehoben, daß strukturelle Gründe für die Arbeitslosigkeit maßgebend wären. Immer wieder wies er darauf hin, daß bei den Beschäftigtenzahlen „kaum eine Minderung“ eingetreten sei[95]. Darüber hinaus vertraten einige Zentralbankangehörige auch extreme Positionen. Beispielsweise stellte Vocke gegenüber seinen britischen Kollegen fest, Vollbeschäftigung sei das gleiche wie „volle“ Inflation[96]. Nur unter starkem Druck der ECA, die dann auch von der Bundesregierung unterstützt wurde[97], erklärte sich der Zentralbankrat zu entsprechenden Maßnahmen bereit. Er schlug die Hereinnahme von Ausgleichsforderungen zur Exportvorfinanzierung vor[98]; außerdem beschloß er im Februar 1950, bei der Verwirklichung eines Arbeitsbeschaffungsprogrammes „in den Grenzen, die währungspolitisch tragbar sind,“ mitzuwirken. Dabei bestand er allerdings darauf, daß die vorfinanzierten Be-

---

91 BBK, B 330/19, ZBR, Protokoll, 9./10.11.1949. Vgl. hierzu auch die Beschwerden Vockes bei seinen englischen Zentralbankkollegen über die Präsidenten der Landeszentralbanken in: BoE, OV 4/107, Macdonald an Niemeyer, 16.12.1949; BoE, OV 34/32, Creegan, Note: Western Germany, 2.11.1949.

92 Vgl. hierzu S. 79ff.

93 Erhard bezeichnete den Austausch von Positionspapieren im Winter 1949/50 als „Memorandenkrieg“. Vgl. Erhard, Wohlstand, S. 43. Vgl. auch Schwartz, Integration, S. 195ff.

94 BAK, B 136/1306, Hanes, Auswertung des Programmes der Bundesrepublik Deutschland für 1950/51 und 1951/52, 21.1.1950.

95 BBK, B 330/13, ZBR, Protokoll, 5.10.1949. Daß die Arbeitslosigkeit auch durch die Geld- und Fiskalpolitik bedingt war, hat z.B. Heller, Role, herausgestellt. Als Grund für die Arbeitslosigkeit und den Produktionsrückgang führte er die mangelnde Kaufkraft an. Vgl. auch Ehret, Weg.

96 „Full employment equals full inflation.“ In: BoE, OV 34/33, Rootham, General Report on visit in Germany, 17.3.1950.

97 Vgl. BAK, B 136/1306, Hanes, Auswertung des Programmes der Bundesrepublik Deutschland für 1950/51 und 1951/52, 21.1.1950. Für die Bundesregierung vgl. Anm. 31. Vgl. auch Akten zur Auswärtigen Politik, Bd. 1, Wortprotokoll der Sitzung vom 16.2.1950.

98 Vgl. BBK, B 330/21, ZBR, Protokoll, 10./11.1.1950.

träge innerhalb einiger Monate „greifbar“ werden müßten. Konkret übernahm die BdL dabei 300 Mio. DM für die Exportfinanzierung, 100 Mio. DM für Industriekredite und 190 Mio. DM für einen Bundesbahnkredit[99].

In einer stärkeren Beachtung der Außenwirtschaft sowie der Förderung von Im- und Export durch spezielle kreditpolitische Maßnahmen erschöpfte sich die Außenwirtschaftspolitik des Zentralbanksystems in dieser Zeit aber nicht. Mit der wachsenden Einbindung und Verantwortung deutscher Stellen mußte und wollte es schon im Jahre 1949 bei bestimmten Ereignissen und Projekten – wie zum Beispiel der Pfundabwertung, der Verhandlung der europäischen Zahlungsabkommen und der Handelsliberalisierung – Stellung beziehen und im komplizierten Geflecht von alliierten und deutschen Entscheidungsträgern mitbestimmen. Diese Stellungnahmen sind erste und wichtige Bausteine zu einer außenwirtschaftlichen Strategie des Zentralbanksystems. Sie enthüllen die Ideen der deutschen Zentralbank zum künftigen Weltwirtschaftssystem und zur deutschen Stellung in diesem Gefüge.

Der Wechselkurs

Am 18. September 1949 kündigte der britische Schatzkanzler Sir Stafford Cripps eine 30,5prozentige Abwertung des Pfundes an und löste damit eine weltweite Abwertungswelle aus[100]. Es war offensichtlich, daß die am 20. September vereidigte erste Bundesregierung, in deren Kompetenz die Festsetzung des Wechselkurses vom Prinzip her lag[101], darauf reagieren mußte. Als ihr Berater in Devisenfragen mußte das Zentralbanksystem dazu gehört werden. Seine Stellungnahme offenbart – vor allem gegen den Hintergrund vorheriger Positionen – seine außenwirtschaftlichen Prioritäten. Auch offenbaren diese Aussagen Aspekte der sich entwickelnden handelspolitischen Strategie des Zentralbanksystems.

Im Vorfeld der Währungsreform hatten die Alliierten den Wechselkurs für die RM auf 30 cts./RM entsprechend 3,33 RM/Dollar festgesetzt[102]. Diese Entscheidung traf nur auf eine „außerordentlich rar[e]“ deutsche Zustimmung[103]. Ledig-

---

[99] BBK, B 330/22, ZBR, Protokoll, 9./10.2.1950.

[100] Am 19.9.1949 wertete Dänemark um 30,5% und Italien um 8% ab. Am 20.9.1949 wertete Schweden und Norwegen um 30,5% und Frankreich um 21,8% ab. Am 21.9.1949 folgten die Niederlande mit 30,2% und am 22.9.1949 Portugal und Belgien mit 13 bzw. 12,3%. Vgl. BdL, Monatsbericht Dezember 1949, S. 88f.

[101] Die Bundesregierung hatte das Recht, den Wechselkurs zu bestimmen. Laut dem am folgenden Tag in Kraft tretenden Besatzungsstatut unterlag sie aber dabei der Kontrolle der Alliierten Hohen Kommission. Demnach hätten die Militärregierungen bis zum 21.9.1949 den Wechselkurs bestimmen können. Das wäre jedoch ein Affront für die zukünftige Bundesregierung gewesen und hätte das deutsch-alliierte Verhältnis belastet.

[102] Vor dieser Festsetzung beruhten die Wechselkurse auf warenspezifischen Umrechnungskoeffizienten und lagen in der britischen Zone zwischen 10 und 57 cts./RM entsprechend 10 bzw. 1,74 RM/$, mit einem Durchschnitt von 30 cts./RM entsprechend 3,33 RM/$. Die Wechselkurse in der amerikanischen Zone lagen zwischen 28 und 80 cts./RM entsprechend 3,57 bzw. 1,25 RM/$, mit einem Durchschnitt von 50 cts./RM entsprechend 2 RM/$. Vgl. Jerchow, Außenkurs, S. 260ff.

[103] Jerchow, Außenkurs, S. 279.

lich Erhard begrüßte die „importverstärkende und exportbremsende Wirkung" des neuen Kurses[104]. Währungspolitiker hingegen hatten von Anbeginn einen niedrigeren Kurs favorisiert. Im Jahre 1946 schwebte Pfleiderer ein Kurs von 1 Dollar zu 5 RM vor. Im März 1948 stellte die Reichsbankleitstelle Hamburg in ihrem Memorandum zur Währungsreform fest, daß ein Kurs rechnerisch schwer zu ermitteln sei. Er müsse abgetastet werden und werde wohl bei 4,50 RM/Dollar liegen[105]. Als Grund für seinen Kursvorschlag hatte Pfleiderer die Preis- und Einkommensrelationen angeführt. Die Reichsbankleitstelle hatte betont, daß „ein künstlich fixierter überhöhter Reichsmarkkurs die Wettbewerbsfähigkeit der deutschen Industrie auf dem Weltmarkt von vornherein unmöglich machen würde"[106].

Nach der Währungsreform mußten alle bisherigen Stellungnahmen zur Wechselkursfestsetzung überdacht werden, zumal ein „importverstärkender" Wechselkurs die Güterknappheit und die Preissteigerungen hätte mildern können. Tatsächlich wurden im Verlauf des Sommers 1948 negative Stellungnahmen zum 30-cts.-Kurs revidiert[107]. Das Zentralbanksystem blieb jedoch bei seiner Meinung. Es hob nicht etwa die „importverstärkenden" Aspekte des Wechselkurses hervor. Vielmehr bezeichnete Vocke die alliierte Politik in bezug auf den Wechselkurs als „ganz verfehlt". Im August 1948 sprach er sogar davon, daß in Kürze eine Neufestsetzung des Kurses auf „20 cts. oder noch weniger" notwendig würde, wollte man die deutsche Wettbewerbsfähigkeit nach den Preissteigerungen erhalten. Vockes Ansicht wurde von den Mitgliedern des Zentralbankrates geteilt: Ihr begegnete kein Widerspruch. Allerdings war sich der Zentralbankrat auch einig, von einer Demarche bei den Alliierten abzusehen. Er war überzeugt, das Zentralbanksystem könne zu diesem Zeitpunkt „an diesen Dingen" wenig ändern[108].

Im Herbst 1949 bot sich allerdings mit der Pfundabwertung eine gute Gelegenheit, zu „diesen Dingen" Stellung zu nehmen. Wahrscheinlich war allerdings, daß die Alliierten mitreden würden und die gerade eingesetzte Bundesregierung politische Erwägungen anstellen mußte. Der französische Hochkommissar André François-Poncet hatte schon in den ersten Tagen der Abwertungswelle den Wunsch ausgesprochen, die Bundesregierung solle um einige Prozent unter dem französischen Abwertungssatz (21,8 Prozent) bleiben. Unter anderem wegen dieser französischen Forderung schlug die Bundesregierung, die zwischen 20 und 25

---

104 Erhard, Rückkehr, S. 83.

105 Vgl. Möller (Hrsg.), Vorgeschichte, Nr. 17 (Pfleiderer-Plan) und Nr. 33 (Reichsbankleitstellen-Memorandum). Natürlich war jede Kursvorstellung so lange hypothetisch, wie die Art und das Ausmaß der Währungsreform noch nicht feststand. Pfleiderer ging 1946 von einem Konvertierungsverhältnis 10:1 aus. Die Reichsbankleitstelle legte ihrem Vorschlag im Jahre 1948 eine 30prozentige Preiserhöhung und eine Konvertierung von 10:1 zu Grunde.

106 Ebenda, Nr. 17 (Pfleiderer-Plan), S. 196 und Nr. 33 (Reichsbankleitstellen-Memorandum), S. 399.

107 Vgl. Jerchow, Außenkurs, S. 281.

108 BBK, B 330/4, ZBR, Stenogramm, 17. 8. 1948. Vgl. auch BBK, B 330/3478, Siefkes, Zur Frage der Beibehaltung des 30-Cents-Satzes, 21. 10. 1948.

Prozent schwankte, in ihrer dritten Kabinettssitzung einen Abwertungssatz von 25 Prozent vor[109]. Demgegenüber empfahl der Zentralbankrat mit großer Mehrheit in seiner außerordentlichen Sitzung am 20. September 1949, eine Abwertung von ungefähr 20 Prozent auf einen Kurs von 23,8 cts./DM entsprechend 4,20 DM/Dollar vorzunehmen[110]. Dies überrascht, denn während der Zentralbankrat bisher in bezug auf den Wechselkurs stets auf den Export geschaut hatte, empfahl er nun, der Pfundabwertung nicht vollständig zu folgen, also eine Aufwertung der DM im Verhältnis zum Pfund hinzunehmen. Verständlicherweise ist deshalb dieser Entschluß als im wesentlichen binnenwirtschaftlich orientiert bezeichnet worden[111]. Das trifft insofern zu, als das deutsche Zentralbanksystem Preissteigerungen durch eine geringere Abwertung in Grenzen halten wollte.[112] Gleichwohl waren keineswegs nur binnenwirtschaftliche, sondern auch psychologische und prinzipielle Gründe wichtig. So war Vocke der Meinung, mit einer 30,5prozentigen Abwertung wäre die „Gefahr" verbunden, daß die Bundesrepublik dann „künftig in den Sterlingblock eingerechnet [würde]"[113]. Darüber hinaus herrschte eine generelle Skepsis gegenüber dem Instrument der Wechselkursanpassung vor, und Vocke betonte, „in jedem Land, das eine Abwertung macht, [ist] es nur eine Frage der Zeit [...] bis sich ein Teil der Vorteile verflüchtigt und in Nichts auflöst"[114]. Neben diesen psychologischen und prinzipiellen Gründen spielten aber auch außenwirtschaftliche Motive eine wichtige Rolle. Zum einen hatte das Zentralbanksystem schon vor der britischen Abwertung herausgestellt, daß Exporte nicht nur auf der Wettbewerbsfähigkeit beruhen, sondern auch von einer billigen Versorgung mit Rohstoffen abhängen. Auch hatte es betont, daß stabile Preise dem Export zugute kommen würden[115]. Vor allem aber wurde im September 1949 der Wechselkurs im Zusammenhang mit der deutschen Wettbewerbsfähigkeit auf den europäischen Märkten gesehen. Hier aber hatte sich das Zentralbanksystem in der letzten Zeit überzeugt, daß diese gegenüber Großbritannien gegeben war, und es war sicher, daß die Konkurrenzfähig-

---

109 Vgl. Kabinettsprotokolle I (1949), 3. Kabinettssitzung am 21.9.1949, S.285ff. Aufgrund dieses Vorschlages entwickelte sich ein längeres Tauziehen zwischen der Bundesrepublik und den Alliierten. Vgl. Kabinettsprotokolle I (1949), 3.–9. Kabinettssitzung vom 21.9.–4.10.1949, Kurzprotokolle, S.74ff. und Wortprotokolle der 3., 4., 6. und 7. Kabinettssitzung, S.285ff. Vgl. auch FRUS 1949 III, S.448ff.

110 Vgl. BBK, B 330/18, ZBR, Protokoll und Stenogramm, 20.9.1949. Pfleiderer und Hartlieb wollten um 30% auf 21 cts./DM bzw. 4,75 DM/$ abwerten. Veit hingegen votierte für 16,66% bzw. 4 DM/$ oder 25 cts./DM.

111 Vgl. Jerchow, Außenkurs, S.290.

112 Mehr als 54% der Einfuhren kamen im Oktober 1949 aus dem Dollarraum und wären durch eine höhere Abwertung verteuert worden. Vgl. Außenhandel der BRD, Juni 1951, S.24. Vgl. auch BBK, B 330/3376: o.V., Berechnung der Preissteigerungen, o.D.: Bei einer Abwertung von 33% war mit einer 6,1%igen Preissteigerung, bei einer Abwertung von 20% mit einer 31%igen Preissteigerung zu rechnen.

113 Kabinettsprotokolle I (1949), 3. Kabinettssitzung am 21.9.1949, S.296.

114 Ebenda.

115 Vgl. BBK, B 330/16, ZBR, Stenogramm, 12.7.1949; BBK, B 330/13, ZBR, Stenogramm, 26.4.1949.

keit der deutschen Industrie auch bei einem kleineren Abwertungssatz nicht gefährdet wäre. Der Zentralbankrat war sich vielmehr einig, daß man die Exportindustrie unter Druck setzen könne. Sie habe noch „ganz erhebliche Preisreserven“[116]. In der entsprechenden Kabinettssitzung führte Bernard aus: „Was die Exportindustrie im Besonderen angeht, so geht die überwiegende Meinung der Mitglieder des Zentralbankrates dahin, daß beim größtem Teil der Exportindustrie in der Preiskalkulation ein gewisser Reservespielraum vorhanden ist. Wir brauchen da nur an die Gewinne eines großen Teils unserer Industrie zu denken, namentlich an die sehr hohen Investierungen und Beträge, die abgeschöpft werden, bevor gegenüber dem Finanzamt ein Ertrag als Gewinn erscheint.“[117]

So enthüllt die Stellungnahme des Zentralbankrates zum DM-Kurs ein erstes wichtiges Element der Außenhandelsstrategie der BdL. Sie barg nämlich eine Entscheidung für Europa bzw. für eine europäische Exportoffensive. Demgegenüber war in bezug auf den Dollarraum vorerst nur der möglichst billige Bezug von Rohstoffen, nicht jedoch die Wettbewerbsfähigkeit von Bedeutung.

Die Innereuropäischen Zahlungsabkommen

In den Jahren 1948/49 mußte das Zentralbanksystem auch zu den europäischen Zahlungsfragen und zur Errichtung eines europäischen Zahlungssystems Position beziehen. Von Anbeginn stand dieses Thema bei der europäischen Marshallplanorganisation, der OEEC, auf der Tagesordnung. Die konkrete Ausgestaltung eines Zahlungssystems war aber heftig umstritten. Zwar waren sich die in der OEEC zusammengeschlossenen Länder einig, daß das Wachstum des innereuropäischen Handels, die Schließung der Dollarlücke und der europäische Wiederaufbau nur mit der Überwindung des Bilateralismus im europäischen Zahlungsverkehr zu erreichen seien. Andererseits aber gab es Vorbehalte, verschiedene Interessenlagen und unterschiedliche Meinungen. Kein europäisches Land wollte harte Devisen in den innereuropäischen Handel investieren, keines wollte Überschüsse kreditieren und so auf Deviseneinkommen verzichten, keines wollte Abstriche an der Marshallplanhilfe in Kauf nehmen. Erst nach langwierigen und schwierigen Verhandlungen konnte im Oktober 1948 ein erstes, im September 1949 ein zweites Innereuropäisches Zahlungsabkommen abgeschlossen werden[118]. Die westdeutschen Zonen waren in die entsprechenden Verhandlungen eingebunden, sie wurden allerdings in der ersten Zeit von den Besatzungsmächten vertreten. Nur allmählich, verstärkt seit Anfang 1949, kehrten Deutsche auf die internationale Bühne zurück[119].

---

116 BBK, B 330/18, ZBR, Protokoll und Stenogramm, 20.9.1949.

117 Kabinettsprotokolle I (1949), 3. Kabinettssitzung am 21.9.1949, S.294.

118 Den Zahlungsabkommen von 1948 und 1949 war schon im Herbst 1947 ein erstes, allerdings räumlich sehr begrenztes europäisches Zahlungsabkommen vorangegangen: An ihm nahmen nämlich nur die Benelux-Länder, Frankreich und Italien teil. Zur europäischen Problemlage und den Verhandlungen der Innereuropäischen Zahlungsabkommen vgl. Diebold, Trade, S.15ff.; Milward, Reconstruction, S.212ff.

119 Zur deutschen Rückkehr auf die internationale Bühne vgl. Bührer, Auftakt.

Korrespondierend zu ihrer stärkeren Einbindung und entsprechend ihrem gestiegenen Interesse an außenwirtschaftlichen Fragen, entwickelte die BdL im Verlauf des Jahres 1949 zu den in Paris diskutierten Vorschlägen eine eigene Position, und ihre Vertreter bezogen hierzu Stellung[120]. Dabei war ihre Grundhaltung positiv, obwohl im Verlauf des ersten europäischen Zahlungsabkommens (1948/49) auf der deutschen Seite deutliche Kritik formuliert wurde. Die Verwaltung für Wirtschaft hatte sogar festgestellt, daß die Konstruktion dieses Zahlungsabkommens, vor allem seine Verbindung zur Marshallplanhilfe, „ungesunde Ungleichgewichtigkeiten [konserviert] und [. . .] die wirtschaftspolitische Untüchtigkeit [prämiert]"[121]. Zwar räumte die BdL durchaus Schwierigkeiten des Zahlungsabkommens, vor allem bei der Ausnutzung der eingeräumten Ziehungsrechte, ein[122]. Insgesamt aber betonte sie die Leistungen dieser Vereinbarung für den innereuropäischen Handel: „Das am 16.10.1948 in Paris abgeschlossene innereuropäische Zahlungs- und Kompensationsabkommen hat die Abwicklung der Zahlungen zwischen den Teilnehmerländern wesentlich erleichtert. Zweifellos ist auch der gegenseitige Warenaustausch durch die Möglichkeit, Bezahlungen durch Kompensation oder Verwendung von Ziehungsrechten auszugleichen, angeregt worden."[123]

Auch das zweite Innereuropäische Zahlungsabkommen von 1949 hieß die BdL willkommen. Zwar war die Trizone als Gesamtgläubiger eingeschätzt worden, hatte deshalb keine Ziehungsrechte erhalten und mußte somit Kürzungen ihrer Auslandshilfe hinnehmen. Doch während die deutsche Marshallplanverwaltung das Abkommen „grotesk" fand, äußerte die BdL keine grundsätzliche Kritik. Vielmehr bewertete sie es positiv[124]. Dafür gab es mehrere Gründe. Zum ersten war die Einführung einer neuen deutschen Politiklinie hinsichtlich der europäischen Liberalisierung abzusehen. In Zusammenhang damit erwartete die Bank eine Anpas-

---

120 Der BdL-Vertreter war Markert, Abteilungsleiter im Dezernat Ausland. Er wurde assistiert von Treue. Vgl. BBK, B 330/3319, Vocke, Notiz, 25.11.1948; Schniewind an Vocke, 3.5.1949; Vocke an Schniewind, 5.5.1949.

121 BAK, B 146/171, Keiser, Konstruktionsmängel des Marshallplans, 5.11.1949. Für die Zuteilung der Ziehungsrechte wurden Salden zwischen zwei europäischen Handelspartnern geschätzt. In einem nächsten Schritt wurde der Gläubiger verpflichtet, dem Schuldner die Defizite zu kreditieren bzw. ein Ziehungsrecht einzuräumen. Nur bei erfolgter Kreditierung erhielt der Gläubiger einen Teil der ihm zugesagten Marshallplanhilfe, die sogenannte bedingte Marshallplanhilfe. Diese Konstruktion bedeutete eine Umverteilung der Nettoauslandshilfe zugunsten der Gesamtschuldner. Für einen Überblick über das Funktionieren vgl. Möller, Verrechnungs- und Zahlungsabkommen und S. 33 dieser Arbeit. Zur deutschen Haltung vgl. Abelshauser, Marshallplan.

122 Der Bizone waren Ziehungsrechte in Höhe von 99 Mio. $ zugeteilt worden. Diese konnten im Verlauf des Abkommen aber nicht ausgenutzt werden. Vgl. Abelshauser, Marshallplan, S.218; Milward, Reconstruction, S.187ff.

123 BBK, B 330/3462, Auslandsabteilung, Erläuterungen zur Kompensation per 30.6.1949, 30.7.1949.

124 BAK, Z 14/46, Martini an von Mangoldt, 12.8.1949, zit. nach Abelshauser, American Aid, S.338. Die Trizone gewährte Ziehungsrechte in Höhe von insgesamt 122,925 Mio. $. Nur Belgien-Luxemburg (150 Mio. $) und das Vereinigte Königreich (128,25 Mio. $) räumten mehr Ziehungsrechte ein. Allerdings erhielt das Vereinigte Königreich auch Ziehungsrechte in Höhe von 30 Mio. $ von Belgien-Luxemburg. Vgl. BIS, 20th Annual Report (1949/50), S.278.

sung der Ziehungsrechte. Sie hoffte, daß der Bundesrepublik doch noch Ziehungsrechte zugesprochen würden[125]. Zum zweiten führte das Abkommen eine teilweise Multilateralisierung der bisher strikt bilateralen Ziehungsrechte ein. Das war laut BdL positiv, wenn auch „bescheiden". Sofern nämlich die deutsche Exportwirtschaft in Europa wettbewerbsfähig war, konnte diese Konstruktion zum verstärkten Einkauf in der Bundesrepublik und somit zu einer Erhöhung der Auslandshilfe führen[126]. Bestärkt durch die Erfahrungen mit dem ersten Abkommen, das die Attraktivität des deutschen Exportangebotes unter Beweis gestellt hatte, war die BdL hier zuversichtlich. Mit Optimismus erwartete sie vom zweiten Abkommen „interessante Schlüsse auf die Konkurrenzfähigkeit einzelner Länder"[127]. Darüber hinaus bedeutete die Multilateralisierung der Ziehungsrechte ihre bessere Verwendbarkeit. Positiv vermerkte die BdL, daß damit die Aussicht bestünde, in Zukunft unter Umständen Goldzahlungen zu vermeiden[128].

Liberalisierung und Konvertibilität

Neben der Errichtung eines europäischen Zahlungssystems stand der Abbau der innereuropäischen Handelsschranken, vor allem der mengenmäßigen Beschränkungen, auf der Pariser Tagesordnung. Wenngleich die OEEC-Länder bei verschiedenen Gelegenheiten ihr Interesse an der Liberalisierung betonten, gab es auch hier erhebliche Vorbehalte und Unstimmigkeiten. Die Fortschritte waren entsprechend gering. Erst am 4. Juli und am 13. August 1949 beschloß der OEEC-Rat, daß jedes Mitglied zwei Liberalisierungslisten – eine unilaterale Freiliste und eine Verhandlungsliste – vorlegen sollte. Nur nachdem der ECA-Chef Paul Hoffman im Herbst 1949 Fortschritte nachdrücklich verlangt hatte, vereinbarte der Rat am 2. November, daß bis zum 15. Dezember 1949 jedes Mitglied 50 Prozent aller privaten Einfuhren vom Kontingentzwang befreien sollte[129]. Westdeutschland, noch nicht souveränes Mitglied der OEEC, nahm an diesem Liberalisierungsprogramm aktiv teil. In gewisser Hinsicht preschte es sogar vor[130]. Schon im Spätsommer hatte es in Handels- und Zahlungsabkommen mit der Schweiz (August 1949), mit den Niederlanden (September 1949) und Norwe-

---

[125] Vgl. BBK, B 330/8698, Auslandsabteilung, Erläuterungen zur Kompensation per 31.10.1949, 1.12.1949.

[126] Ebenda.

[127] BBK, B 330/8698, Auslandsabteilung, Erläuterung zur Kompensation per 30.9.1949, 3.11.1949. Während des ersten Innereuropäischen Zahlungsabkommens waren alle von Westdeutschland gewährten Ziehungsrechte ausgenutzt worden, während die Ziehungsrechte eines wichtigen Konkurrenten, des Vereinigten Königreichs, nicht vollständig in Anspruch genommen worden waren. Vgl. BIS, 20th Annual Report (1949/50), S. 298.

[128] Im Jahre 1948/49 mußte die Bundesrepublik an Italien 11 Mio. $ zahlen. Vgl. BBK, B 330/3462, Auslandsabteilung, Erläuterung zur Kompensation per 30.6.1949, 30.7.1949. Da allerdings der Bundesrepublik 1949/50 keine Ziehungsrechte zugeteilt worden waren, konnte sie von der Multilateralisierung vorerst nicht profitieren.

[129] Vgl. Diebold, Trade, S. 158 ff.; Milward, Reconstruction, S. 299 ff. Dabei wurden die Einfuhren des Jahres 1948 bzw. für die Bundesrepublik 1949 zugrunde gelegt.

[130] Vgl. Abelshauser, Wirtschaftsgeschichte, S. 152.

gen, Österreich, Belgien-Luxemburg, Dänemark und Schweden zahlreiche Kontingentierungen bilateral aufgehoben; Anfang November setzte es dann eine multilaterale Liberalisierungsliste von circa 35 Prozent in Kraft[131]. Damit hatte die Bundesrepublik am 15. Dezember 1949 laut einer Berechnung der Verwaltung für Wirtschaft 52,9 Prozent der Nahrungs- und Futtermittel, 64,3 Prozent der Rohmaterialien und 52,3 Prozent der Fertigwaren – insgesamt 58,3 Prozent ihres innereuropäischen Handels – liberalisiert[132].

Um zu erklären, warum Westdeutschland bei der Liberalisierung vorpreschte, haben Historiker vor allem die positiven wie negativen Wirkungen des Abbaus des Protektionismus und die bedingte Souveränität der Bundesrepublik bzw. politisch-taktische Überlegungen angeführt. Dabei haben sie die Frage nach der Freiwilligkeit und dem Zwang unterschiedlich beantwortet: Während Abelshauser von „zwangsweise eingeführter Liberalisierung" spricht, bezeichnet Buchheim die Bundesrepublik als „offenbar" liberalisierungsfreudig[133]. Diese unterschiedlichen Interpretationen sind auch darauf zurückzuführen, daß Zahlungsfragen unberücksichtigt blieben[134]. Mit einer Untersuchung der BdL kommt dieser Aspekt, der sowohl für als auch gegen die Liberalisierung sprechen konnte, wieder zu seinem Recht. Die Frage „freiwillig oder gezwungen" erscheint damit in neuem Licht.

Als Hüterin der Währungsreserven war die BdL an den Diskussionen über die Liberalisierung beteiligt, denn sie mußte gegebenenfalls auf Gefahren, die sich aus der Liberalisierung für den Devisenbestand ergaben, hinweisen. Obwohl aber im Herbst 1949 der Devisenbestand sehr – laut Vocke sogar „beängstigend" – gering war, bremste sie nicht. Der Zentralbankrat diskutierte die multilaterale Liberalisierung nicht grundsätzlich und die bilateralen Verträge nur en passant[135]. Der Grund hierfür war, daß eine aktive Handelsbilanz keineswegs nur positiv war. Vielmehr hatten im Jahre 1949 die Überschüsse für die Bundesrepublik ausgesprochen negative Folgen gezeitigt. Entsprechend sprach sich Vocke in seinem Antrittsschreiben an Adenauer gegen „das Idol einer aktiven Zahlungsbilanz" aus. Er plädierte dafür, daß „die Überschüsse [...] zu erhöhten Einfuhren verwendet werden oder als Kredit stehen bleiben [sollten]"[136].

---

[131] Zur deutschen Liberalisierung vgl. Bührer, Liberalisierung; Schmidt, Liberalization.

[132] Vgl. BBK, B 330/21, Emminger, Liberalisierung des Außenhandels, 29.11.1949. Von der OEEC wurde dieser Satz nicht anerkannt. Sie kam bei einer Überprüfung nur auf 44%, denn sie berücksichtigte die Abkommen mit Belgien und der Schweiz anders als die Verwaltung für Wirtschaft. Vgl. Schmidt, Liberalization, S. 48.

[133] Abelshauser, Wirtschaftsgeschichte, S. 152; Buchheim, Maßnahmen, S. 218. Bührer, Liberalisierung, S. 161, kommt zu einem sowohl-als-auch-Ergebnis: Die grundsätzliche Entscheidung fiel freiwillig, „aber manche konkrete Einzelentscheidung kam nur dank mehr oder weniger massiven Drucks von seiten der ECA oder der OEEC zustande".

[134] Nur Abelshauser, Marshallplan, S. 222f., und Weiss u. a., Trade Policy, S. 113, deuten diesen Zusammenhang an.

[135] Vgl. die Protokolle der Zentralbankratssitzungen im Sommer 1949, in: BBK, B 330/17ff., v.a. BBK, B 330/17, ZBR, Stenogramm, 13./14.9.1949.

[136] BBK, B 330/2011, Vocke an Adenauer, 31.10.1949.

Angesichts des prekären deutschen Devisenbestandes mutet diese Äußerung und Haltung merkwürdig an, zumal ein Ziel der BdL in dem Aufbau einer angemessenen Devisenreserve bestand. Sie erklärt sich aber daraus, daß zur Stärkung der Devisenreserve nur Dollars – entweder aus Überschüssen mit dem Dollarraum oder aus Swingüberschreitungen – beitragen konnten. Die Überschüsse zu Europa hatten hingegen bisher nur dazu geführt, daß die im Rahmen des ersten Innereuropäischen Zahlungsabkommens zugesprochenen Ziehungsrechte nicht ausgenutzt wurden. Das aber hatte im Sommer 1949 mit sich gebracht, daß der Bundesrepublik weitere Ziehungsrechte nicht zugeteilt worden waren. Verständlicherweise mußten deshalb Bemühungen, die Handelsbilanz zu passivieren, im Vordergrund stehen. Die BdL trug dieser Notwendigkeit Rechnung, indem sie im Herbst die Regierung „oft und eindringlich" auf die Zusammenhänge zwischen Liberalisierung und Zahlungsabkommen hinwies[137]. Sie befürwortete die Liberalisierung vor allem, da die ECA angedeutet hatte, die Ziehungsrechte des zweiten Verrechnungsabkommens könnten im Anschluß an Liberalisierungsmaßnahmen und nach der Auf- bzw. Abwertung angepaßt werden[138]. So ging die BdL mit ihrem Plädoyer für den Abbau von Handelsbeschränkungen das Risiko einer Passivierung der Zahlungsbilanz bewußt ein. Als sich Anfang 1950 die Devisenposition bedrohlich verschlechterte, machte sie einen entsprechenden Vorstoß. Sie forderte den Wirtschaftsminister Ludwig Erhard auf, sich bei der ECA für die Anpassung der Ziehungsrechte sowie für das Gleichziehen anderer europäischer Länder bei der Liberalisierung einzusetzen. Dabei betonte sie, daß trotz des Devisenrückgangs „grundsätzlich [...] an dem Gedanken der Liberalisierung selbstverständlich festgehalten [wird]"[139].

Vom Standpunkt des Zentralbanksystems bzw. der Zahlungsfragen war die Liberalisierung weder freiwillig noch erzwungen, sondern vielmehr notwendig und zwangsläufig. Da die Konvertibilität der europäischen Währungen – wie die Zentralbank bei mehreren Gelegenheiten bedauerte – nicht gegeben war, hatten europäische Überschüsse nur einen begrenzten Wert[140]. Da aber andererseits die europäischen Zahlungsabkommen Defizite belohnten, mußte eine passive deutsche Handelsbilanz zu den europäischen Ländern angestrebt werden. Obwohl die innereuropäischen Abkommen insgesamt problematisch waren und nur geringe

[137] BBK, B 330/8698, Auslandsabteilung, Erläuterungen zur Kompensation per 31.10.1949, 1.12.1949.

[138] Vgl. BBK, B 330/8698, Auslandsabteilung, Erläuterung zur Kompensation per 30.9.1949, 3.11.1949; NARA, RG 469, Assistant Administrator for Program, Subject Files, Box 19, Hopkinson an Cleveland, 23.6.1950.

[139] BBK, B 330/2054, Direktorium, Protokoll, 14.1.1950; BBK, B 330/2012, Vocke an Erhard, 17.1.1950.

[140] Das Thema der Konvertibilität wurde zu dieser Zeit im Zentralbanksystem nicht thematisiert. Jedoch geben verstreute Hinweise klar zu verstehen, daß es laut BdL an Konvertibilität – v.a. an der Konvertibilität der anderen europäischen Währungen – „mangele". Vgl. BdL, Geschäftsbericht 1948/49, S.36; BBK, B 330/8698, Auslandsabteilung, Erläuterungen zur Kompensation per 31.10.1949, 1.1.1949; BBK, B 330/2011, Vocke an Adenauer, 30.10.1949.

Umsätze verzeichneten, müssen sie demnach positiver gesehen werden. Selbst wenn die entsprechenden Verhandlungen die Beziehungen der Marshallplanteilnehmer bis zum „point of impossibility" verschlechterten[141], müssen die Abkommen auch daran gemessen werden, daß sie einen Zündfunken für die deutsche Liberalisierung gegeben haben.

Die Europäische Zahlungsunion

Wenn die innereuropäischen Zahlungsabbkommen auch nicht folgenlos waren, so waren sie doch nur eingeschränkt effektiv. Zusätzlich dazu hingen sie von der Marshallplanhilfe ab. Deshalb richteten Mitglieder des OEEC-Sekretariats, das Ende der Marshallplanhilfe inzwischen deutlich vor Augen, im Herbst 1949 die Gedanken auf eine dauerhaftere Lösung des europäischen Zahlungsproblems[142]. Zur gleichen Zeit sprach die ECA von der Errichtung eines „einheitlichen Marktes", der auf einer „einheitlichen Währung" gegründet war, und von einer Europäischen Währungsbehörde[143]. Diese ECA-Ideen wurden den Leitern der OEEC-Delegationen am 10. Dezember 1949, wenn auch deutlich abgemildert, vorgelegt. Die ECA schlug nun folgendes System vor: „a system of full intra-european currency transferability providing freedom of intra-European payments on current account, the rapid elimination of quantitative restrictions, the maximum possible freedom of invisible transactions". Dabei sollte die Transferierbarkeit durch einen Verrechnungsmechanismus erreicht und durch einen Kreditmechanismus abgesichert werden. Für den Kreditmechanismus war eine Quote für jeden Teilnehmer festzulegen. Diese sollte die Überziehungsmöglichkeiten und Kreditierungsverpflichtungen bestimmen. Um Defizite und Überschüsse im Rahmen zu halten, sollten automatische und administrative Anpassungsmechanismen in das System eingebaut werden. Dabei war unter dem ersten ein System von Anreizen in Form einer gleitenden Skala der Kredit-Gold-Relation, unter dem zweiten eine kontinuierliche Überprüfung und Beratung der Mitglieder durch das Direktorium der Clearingunion zu verstehen. Dieses Direktorium sollte nach dem Mehrheitsprinzip funktionieren und ein „body of highest competences" sein[144].

In den folgenden Monaten wurde auf der Basis dieses Vorschlages die Errichtung einer europäischen Zahlungsunion verhandelt. Dabei waren vier Punkte umstritten. Neben der Frage, ob es notwendig war, die Diskriminierung zum Dollarraum auch in währungspolitischer Hinsicht zu institutionalisieren und damit eine Konvertibilität vorerst zurückzustellen, wurden die Behandlung der bilateralen Abkommen (v.a. der britischen Sterlingabkommen), die Höhe der Kreditierungs-

141 Milward, Reconstruction, S. 277f.

142 Vgl. HAEC, OEEC-TRA 295, SP/DI(49)6, Selleslags, Memorandum outlining scheme for intra-European payments to be applied in 1950–51 and subsequent years, 14. 11. 1949.

143 HAEC, OEEC-TRA 298, PS/AAP(49)10(Draft), ECA, Proposal for the Establishment of a European Monetary Authority, 5. 12. 1949.

144 HAEC, OEEC-TRA 295, ECA, Draft Working Paper, 9. 12. 1949 (= TFD/DL/1950/1, Trade and Finance Directorate, Trade and Finance Arrangements, 16. 12. 1949).

verpflichtungen und Überziehungsmöglichkeiten sowie die Machtposition und der Einfluß eines leitenden Gremiums bzw. der Souveränitätsverzicht heftig diskutiert[145]. Nachdem im Sommer 1950 diese Probleme zum Teil durch amerikanischen Druck, zum Teil durch amerikanische Rückzieher und zahlreiche Sonderbestimmungen gelöst waren, konnte am 19. September das Abkommen über die Errichtung der Europäischen Zahlungsunion (EZU) unterzeichnet werden. Damit war ein europäisches Clearing- und automatisches Kreditsystem, ein diskriminatorischer Weichwährungsblock, errichtet. Alle europäischen Währungen waren hierin transferierbar, und jeder Teilnehmer erhielt eine Kreditquote in Höhe von 15 Prozent seines Außenhandelsumsatzes des Jahres 1949. Innerhalb dieser Quote, die in Rechnungseinheiten (RE; 1 RE = 1 Dollar) ausgedrückt wurde, rechnete man die kumulierten Überschüsse und Defizite im Verhältnis 40 Prozent Gold zu 60 Prozent Kredit ab. Dabei sollte eine gleitende Skala zum Ausgleich der Zahlungsbilanzen anreizen[146]. Als leitendes Gremium wurde ein Direktorium, bestehend aus sieben Mitgliedern, eingesetzt. Dessen Macht und Einfluß waren aber begrenzt. Zwar war hier ein supranationales Prinzip eingeführt worden, denn das Direktorium verabschiedete seine Empfehlungen nach dem Mehrheitsprinzip. Andererseits aber funktionierte das Kreditsystem weitgehend automatisch. Darüber hinaus mußten die Empfehlungen des Direktoriums dem OEEC-Rat vorgelegt werden, und dort war Einstimmigkeit vorgeschrieben[147].

Den Verhandlungen zur EZU schenkte das Zentralbanksystem große Aufmerksamkeit. Es diskutierte sie mehrmals im Direktorium und im Zentralbankrat, ja es wurde sogar ein hochkarätiger Arbeitsstab ins Leben gerufen[148]. Zwar ist festzuhalten, daß das Zentralbanksystem nur in Grenzen auf die Verhandlungen Einfluß ausüben konnte, denn die interne deutsche Meinungsbildung fand unter Federführung des Marshallplan-Ministeriums statt, und die Verhandlungen selbst wurden von der deutschen OEEC-Delegation geführt. Darüber hinaus hatte die deutsche Politik im Rahmen des Besatzungsstatutes bzw. der Marshallplanhilfe nur geringen Handlungsspielraum[149]. Gleichwohl war die Meinung der Zentralbank geschätzt. Das Marshallplan-Ministerium hatte sogar explizit um die Stellungnahme der Bank gebeten[150].

---

[145] Zu den Verhandlungen vgl. Milward, Reconstruction, S. 299 ff.; Kaplan/Schleiminger, EPU, S. 28 ff.; Dickhaus, Provisional.

[146] Das Anreizsystem wird in Kapitel I, Fußnote 36 dargestellt.

[147] Das EZU-Abkommen ist abgedruckt in: BGBL II, 1951, S. 31 ff.

[148] Vgl. BBK, B 330/2054, Direktoriumsprotokolle und BBK, B 330/21 ff., ZBR, Protokolle. Die Einrichtung des Arbeitsstabes erfolgte in der Zentralbankratssitzung am 10./11. 1. 1950. Er bestand aus Burkhardt, Hartlieb, Pfleiderer, Tepe, Veit, Vocke und Wrede.

[149] Vgl. BBK, B 330/3373, Albrecht, Entwurf einer zusammenfassenden Stellungnahme zur Frage einer europäischen Clearing-Union, 31. 12. 1949: „Die innenpolitische Situation in den USA läßt keinen Zweifel darüber zu, daß die Fortführung der Marshallhilfe gefährdet ist. [...] Die europäischen Teilnehmerstaaten stehen somit vor der *wahrscheinlich unvermeidbaren* Alternative, den Vorschlag der Clearing-Union mit mehr oder weniger bedeutsamen Änderungen anzunehmen oder die Einstellung der Marshallhilfe zu riskieren."

[150] Vgl. BBK, B 330/22, ZBR, Stenogramm, 25./26. 1. 1950.

Zu einem der in Paris heftig diskutierten Punkte – dem Souveränitätsverzicht – stellte die BdL von Anfang an heraus, daß die Zahlungsunion trotz des Verzichtes auf gewisse Souveränitätsrechte „mit Nachdruck" zu bejahen sei[151]. Allerdings befürwortete sie damit keine Europäische Währungsbehörde. Ganz im Gegenteil: Die Macht des EZU-Direktoriums sollte möglichst gering gehalten werden. Die EZU und ihr Direktorium sollten nicht in der Lage sein, einen „Zwang zur Deflation und [zur] Drosselung der Expansion" ausüben zu können[152]. Der Souveränitätsverzicht sollte vielmehr auf einem Automatismus beruhen und ähnlich wie der Goldstandard funktionieren[153].

In bezug auf die geforderte vollständige Aufgabe des bilateralen Systems änderte sich die Meinung des Zentralbanksystems mehrmals. Anfangs herrschte angesichts der prekären Devisenlage Skepsis vor, und Wrede vermerkte, daß „damit auch alle Möglichkeiten entfallen, seine (Westdeutschlands, M.D.) starke Kundenstellung in die Waagschale zu werfen"[154]. Als aber im Februar 1950 eine Verbesserung der Devisenposition absehbar war, führte der Arbeitsstab des Zentralbankrates gegen den Bilateralismus ins Feld, daß „bei bilateralen Abkommen [...] die Gefahr des Mißbrauchs für handelspolitische Zwecke der einzelnen Partner [bestände]"[155]. Hinsichtlich des britischen Memorandums vom Februar 1950, das sich gegen die vollständige Abschaffung der bilateralen Zahlungsabkommen aussprach, vermerkte er: „Das Memo des britischen Schatzkanzlers soll kein Anlaß zur Änderung der deutschen Haltung werden. Auch beim Fernbleiben Englands [...]."[156] Diese strikte Haltung gegen das Vereinigte Königreich wurde jedoch nicht lange beibehalten. Im Mai 1950, als Großbritannien noch immer den Abbau des Bilateralismus opponierte, wollte der Arbeitsstab den Briten entgegenkommen. Da er befürchtete, daß eine EZU ohne britische Mitwirkung „keinerlei Aussicht auf Verwirklichung hätte", war er anscheinend auch bereit, eine teilweise Beibehaltung der bilateralen Abkommen zu akzeptieren. Schließlich wäre – so führte er an – die EZU für „die deutsche Einfuhr (Bezahlung in EZU-Guthaben) und die deutsche Ausfuhr (Wegfall der jetzigen Diskriminierungen durch Ausweitung der englischen Liberalisierung)" sehr positiv[157].

In bezug auf die Höhe der Überziehungs- und Kreditierungsverpflichtungen hielt sich das Zentralbanksystem zurück. Zwar meinte es, die Bundesrepublik

---

151 BBK, B 330/21, BdL an BMM, 9.1.1950.

152 BBK, B 330/3373, Siefkes, Notiz für Herrn Dr. Wrede, 4.1.1950.

153 Vgl. BBK, B 330/24, ZBR, Protokoll, 8./9.3.1950.

154 BBK, B 330/3373, Wrede, Stellungnahme zur europäischen Clearing-Union, 5.1.1950.

155 BBK, B 330/3478, Referat Marshallplan, Sitzung des ERP-Arbeitsstabes am 21.2.1950. Vgl. auch BBK, B 330/22, ZBR, Stenogramm, 25./26.1.1950.

156 BBK, B 330/3478, Referat Marshallplan, Sitzung des ERP-Arbeitsstabes am 21.2.1950, 22.2.1950. Zur Haltung des Vereinigten Königreiches vgl. Dore, Britain.

157 BBK, B 330/3319, Referat Marshallplan, Niederschrift über die Sitzung des ERP-Arbeitsstabes des ZBR vom 20.4.1950, 2.5.1950. Vgl. hierzu auch HAEC, OEEC-TRA 299, Figgures, Basle, 14.3.1950.

würde „aller Voraussicht nach" eine Gläubigerstellung in der EZU einnehmen[158]. Auch stellte es heraus, daß Deutschland keine Veranlassung habe, „durch größere langfristige Kredite an Teilnehmerländer Beträge festzulegen, die es für den laufenden Rohstoff- und Nahrungsmittelbezug aus Nichtteilnehmerländern braucht"[159]. Doch während das Marshallplan-Ministerium den Zwang zur automatischen Kreditvergabe als problematisch ansah, willigte das Zentralbanksystem hierin ohne größere Bedenken ein[160]. Es plädierte lediglich für eine kleine Quote und damit für geringe Kreditierungsverpflichtungen bzw. Überziehungsmöglichkeiten[161]. Als aber im Sommer 1950 die Quote mit 15 Prozent des Außenhandelsumsatzes von 1949 relativ hoch angesetzt wurde, stimmte das Zentralbanksystem auch dem zu[162]. Neben der offensichtlichen Unmöglichkeit, zu diesem Zeitpunkt noch in die Verhandlungen einzugreifen, lag ein Grund für die Zustimmung darin, daß dem Zentralbanksystem bei der Struktur des deutschen Außenhandels – vorwiegend Kassazahlungen bei der Einfuhr, vorwiegend Zahlungsziele bei der Ausfuhr – die Exportfinanzierung am Herzen lag. Hier war es bereit, helfend einzuspringen und die entsprechenden Kredite zur Verfügung zu stellen[163]. Gleichzeitig maß es der aufgrund der hohen Quote verringerten Möglichkeit, Dollars über die EZU zu verdienen, keine Bedeutung zu. Der Arbeitsstab hielt hierzu fest: „Die Frage der Dollarzahlung an die Überschußländer [sollte] der Hauptaufgabe, daß ein funktionierendes Abkommen zustande kommt, untergeordnet werden."[164]

Insgesamt war die Haltung des Zentralbanksystems zur EZU ausgesprochen positiv. Eine Alternative zu einem solchen regionalen Zahlungssystem – wie zum Beispiel Konvertibilität oder ein Anschluß an das Sterlingebiet – kam für es nicht in Frage. Vielmehr zeigte sich die Bank immer wieder besorgt, die

---

[158] BBK, B 330/3373, Albrecht, Entwurf einer zusammenfassenden Stellungnahme zur Frage einer europäischen Clearing-Union, 31.12.1949; Siefkes, Notiz für Herrn Dr. Wrede, 4.1.1950; BBK, B 330/21, BdL an BMM, 9.1.1950.

[159] BBK, B 330/3319, BdL, Niederschrift über die Sitzung des ERP-Arbeitsstabes des ZBR vom 13.6.1950, 20.6.1950.

[160] Vgl. BBK, B 330/3373, Albrecht, Entwurf einer zusammenfassenden Stellungnahme zur Frage einer europäischen Clearing-Union, 31.12.1949 und Siefkes, Notiz für Herrn Dr. Wrede, 4.1.1950 sowie BBK, B 330/21, BdL an BMM, 9.1.1950.

[161] Die geringeren Überziehungsmöglichkeiten waren für den Arbeitsstab nicht problematisch. Er meinte, man könne im Falle von Defiziten ruhig auf die ECA vertrauen. Vgl. BBK, B 330/3319, BdL, Niederschrift über die Sitzung des ERP-Arbeitsstabes des ZBR vom 13.6.1950, 20.6.1950.

[162] Vgl. BBK, B 330/3319, BdL, Niederschrift über die Sitzung des ERP-Arbeitsstabes des ZBR am 27.6.1950, 30.6.1950. Die Kreditverpflichtungen wurden in dieser Sitzung nicht intensiv diskutiert. Bei einer Quote von 320 Mio. RE lag die Kreditverpflichtung mit 192 Mio. RE deutlich höher als der anfänglich erwartete Swing von 50 Mio. $. Die mögliche Kreditverpflichtung in Höhe von 192 Mio. RE relativiert sich allerdings, wenn man sie der Addition der bisher den Teilnehmern eingeräumten bilateralen Swings (= 145 Mio. $) gegenüberstellt. Vgl. BBK, B 330/3319, Siefkes, Notiz für Herrn Dr. Wrede, 4.1.1950.

[163] Vgl. BBK, B 330/21, BdL an BMM, 9.1.1950; BBK, B 330/22, ZBR, Protokoll, 25./26.1.1950.

[164] BBK, B. 330/3478, Referat Marshallplan, Niederschrift über die Sitzungen des ERP-Arbeitsstabes des ZBR vom 24./26.1.1950, 27.1.1950; BBK, B 330/3319, BdL, Niederschrift über die Sitzung des ERP-Arbeitsstabes des ZBR am 13.6.1950, 22.6.1950.

EZU könne nicht realisiert werden[165]. Im Konfliktfall schlug sie sich eindeutig auf die Seite der EZU, so zum Beispiel als die Briten der Bundesrepublik ein Zahlungsabkommen, das begrenzte Transferierbarkeit des Pfundes beinhaltete, vorschlugen. Generell stand Vocke einem solchen Abkommen mit Skepsis gegenüber, da das Pfund sich seines Erachtens noch nicht wieder etabliert hatte und die angebotenen Verrechnungsmöglichkeiten deshalb nur bedingt sinnvoll waren[166]. Ferner stellte der Arbeitsstab des Zentralbankrates zu diesem Vorschlag, den die USA als Sabotage der amerikanischen EZU-Vorstellungen ansahen[167], fest, „daß mit einem deutsch-englischen Abkommen bei allen Vorteilen, die dieses unter Umständen zu bieten vermag, weder ein Auflaufen hoher unverwertbarer Pfundguthaben noch eine Durchkreuzung der amerikanischen Wünsche für die Gestaltung der Europäischen Zahlungsunion in Kauf genommen werden darf“[168]. Der wichtigste Grund für die Befürwortung der EZU lag darin, daß parallel zur EZU eine Erhöhung der OEEC-Liberalisierung geplant war[169]. Während diese ohne EZU nicht zu verwirklichen war, war also mit der EZU ein Eindringen in das „kontinentale System“ möglich[170]. Da die Bank zur gleichen Zeit sowohl den Ost-West-Handel als auch die beschränkt aufnahmefähigen südamerikanischen Dollarmärkte mit Skepsis betrachtete[171], erblickte sie in der EZU eine große Chance für die deutsche Exportwirtschaft. Zwar sah sie auch das Ausgleichs- und Anreizsystem der EZU als grundsätzlich problematisch an. Sie stellte fest, daß auf den Ausgleich der europäischen Bilanz abzielende expansive Maßnahmen zwangsläufig die Exportmöglichkeiten in den Dollarraum und damit die Dollarbilanz verschlechtern würden[172]. Das wurde allerdings nur diagnostiziert, tat aber der Unterstützung der EZU durch das Zentralbanksystem keinen Abbruch. Ähnlich wie bei der Abwertungsepisode stand auch hier das Eindringen in den Dollarraum für das Zentralbanksystem nur an untergeordneter Stelle.

Mit der Gründung der EZU wurde im Sommer 1950 ein Einschnitt vollzogen. Für Deutschland waren wichtige Weichen gestellt und eine Grundlage für sein Wirtschaftswunder gelegt worden[173]. Für das Zentralbanksystem war eine erste Formationsphase abgeschlossen, und Ansätze seines außenwirtschaftlichen Konzeptes waren formuliert worden.

---

[165] Vgl. BBK, B 330/21, BdL an BMM, 9.1.1950; BBK, B 330/3478: Referat Marshallplan, Niederschrift über die Sitzungen des ERP-Arbeitsstabes des ZBR vom 24./26.1.1950, 27.1.1950; BBK, B 330/2021, Vocke an Erhard, 15.6.1950.

[166] Vgl. BLPES, Per Jacobsson Diaries, Vol. X, Diary 81, 26.4.–20.11.1950, Eintrag vom 7.4.1950.

[167] Vgl. BoE, OV 34/52, Playfair an Serpell, 26.2.1950.

[168] BBK, B 330/3373, BdL, Niederschrift über die Sitzung des ERP-Arbeitsstabes des ZBR, 15.3.1950.

[169] Vgl. OEEC, 3rd Annual Report, S. 144.

[170] BBK, B 330/3478, Referat Marshallplan, Sitzung des ERP-Arbeitsstabes am 21.2.1950, 22.2.1950.

[171] Vgl. BBK, B 330/18, ZBR, Stenogramm, 11.10.1949.

[172] Vgl. BBK, B 330/3373, Wrede, Stellungnahme zur europäischen Clearing-Union, 5.1.1950; BBK, B 330/21, BdL an BMM, 9.1.1950.

[173] Zur Bedeutung der EZU für die deutsche Wirtschaftsentwicklung vgl. Milward, Marshall Plan.

Nach anfänglich starker Binnenorientierung erfolgte seit Anfang 1949 eine gewisse Schwerpunktverlagerung, und das Zentralbanksystem bezog die Außenwirtschaft mehr und mehr in seine Überlegungen ein. Allerdings war es noch nicht bereit, die binnenwirtschaftlichen Entwicklungen vollständig zurückzustellen. Im Zusammenhang mit dieser Schwerpunktverlagerung wurde vor allem ab Herbst 1949 die Entscheidung für Europa immer klarer. Während diese Orientierung bei anderen deutschen Instanzen – wenn auch bei prinzipiell positiver Grundhaltung – immer wieder auf Skepsis traf, gehörte das Zentralbanksystem durchgängig zu den Befürwortern und Förderern einer handelspolitischen Ausrichtung auf Europa[174]. Der Grund dafür war, daß in Europa mit der Errichtung der EZU und der OEEC-Liberalisierung ein geschützter Markt existierte und daß Europa Exportmöglichkeiten bot, die durch eine hohe Wettbewerbsfähigkeit der deutschen Wirtschaft leicht ausgenutzt werden konnten. Darüber hinaus wurde durch die Errichtung eines europäischen Zahlungssystems ermöglicht, die Dollarimporte auf Europa zu verlagern. Gegenüber diesem dollar-saving rangierte der dollar-drive für das Zentralbanksystem nur an zweiter Stelle. Selbst wenn es eine angemessene Dollarreserve anstrebte, stand eine Exportoffensive in den Dollarraum nicht im Vordergrund. Aber nicht nur der Dollarraum wurde wenig beachtet, sondern auch die Orientierung auf andere Regionen fand keine Unterstützung des Zentralbanksystems. Eine Ausrichtung auf Südamerika war seines Erachtens nicht vielversprechend, denn die südamerikanischen Dollarmärkte waren nur beschränkt aufnahmefähig[175]. Wenn auch das Zentralbanksystem während der Diskussionen über den Long Term Plan einer starken Orientierung nach Osten nicht widersprach, war es nicht bereit, diese so zu unterstützen wie die Ausrichtung auf Europa[176].

In der historischen Literatur wird oftmals hervorgehoben, daß „die westeuropäische Integration [...] in den Anfangsjahren der Bundesrepublik zunächst primär von außen induziert [war]“[177]. Wenngleich außenpolitische Motivationen und Zwänge sicherlich vorlagen, so zeigt sich im Zusammenhang mit einer Untersuchung des Zentralbanksystems, daß auch originäre Interessen für Europa sprachen. Der europäische Zusammenschluß ermöglichte der deutschen Wirtschaft den Bezug von Rohstoffen und bot gleichzeitig einen geschützten Markt. Das wußte das Zentralbanksystem zu schätzen. Zusätzlich dazu war durch das EZU-Abkommen eine regional begrenzte Konvertibilität und damit eine ausge-

---

174 Als Kritiker des europäischen Ansatzes siehe Röpke, Wirtschaftspolitik. Als skeptisch, wenn im Endeffekt auch zustimmend, siehe Wissenschaftlicher Beirat beim Bundeswirtschaftsministerium, Gutachten vom 5.1.1950, S.76ff.

175 Vgl. BBK, B 330/3478, Referat Marshallplan, Sitzung des ERP-Arbeitsstabes am 21.2.1950, 22.2.1950.

176 Der Long Term Plan für die Bizone hatte für 1952/53 für Importe aus Osteuropa einen Prozentsatz von 20, für Exporte nach Osteuropa einen Prozentsatz von 19 eingesetzt. Gegenüber den Vorkriegszahlen (1934: Importe 16; Exporte 11) war das eine erhebliche Steigerung. Vgl. OEEC, Interim Report, Bd. II, S.944ff.

177 Neebe, Optionen, S.201.

dehnte Verwendbarkeit der europäischen Währungen gegeben. Auch daran war dem Zentralbanksystem von Anfang an sehr gelegen.

3. „Eine Gelegenheit“: die Koreakrise 1950/51

Ende Juni 1950 überschritten nordkoreanische Truppen den 38. Breitengrad. Mit dem darauf folgenden US/UN-Eingriff eskalierte ein lokal begrenzter Konflikt, der sich zu einer globalen Krise ausweitete. Im Rahmen des Kalten Krieges zeitigte dieser politische und wirtschaftliche Auswirkungen auf den sich formierenden westlichen Block, auf Westeuropa und auf die Bundesrepublik. Rüstungsanstrengungen wurden forciert, die deutsche Wiederaufrüstung wurde ein aktuelles Problem, und Frankreich lancierte mit dem Pleven-Plan eine Europäische Verteidigungsgemeinschaft. Auch zogen, wie Tabelle 3 (S. 88) zeigt, die Rohstoffpreise an, und in der Bundesrepublik kam es zu einem Produktionsschub, verbunden mit Engpässen und Preissteigerungen. Während die Arbeitslosenzahlen zurückgingen, wuchs der Import – vor allem aus dem EZU-Raum – erheblich an. Als Konsequenz stand seit Herbst 1950 die Soziale Marktwirtschaft mit einer Zahlungsbilanz- und einer Energiekrise vor einer „ordnungspolitischen Herausforderung“[178].

Diesen Krisen wurde und wird erhebliche Bedeutung zugesprochen. In bezug auf die Zahlungsbilanzkrise betonten schon die Zeitgenossen die Tragweite, welche sie für das Zentralbanksystem und die Geldpolitik hatten. Das Zentralbanksystem, das aus zeitgenössischer Perspektive die Hauptlast des Krisenmanagements trug, erkannte nämlich die Herausforderung frühzeitig und begegnete ihr unverzüglich mit einer restriktiven und wirkungsvollen Kreditpolitik, vor allem mit einer Erhöhung des Diskontsatzes. Dadurch seien die Schwierigkeiten überwunden worden[179]. Mehr noch, mit dieser restriktiven Kreditpolitik seien – wie Otmar Emminger in seinen Rückblicken auf die deutsche Wirtschafts- und Währungsentwicklung betont – die Grundlagen für die sich seit März 1951 entwikkelnde deutsche Gläubigerposition gelegt worden[180]. Die Politik der deutschen Zentralbank wurde aber nicht nur als bedeutend für die deutsche Wirtschaftsent-

[178] Ludwig-Erhard-Stiftung (Hrsg.), Korea-Krise.

[179] Vgl. z. B. Baffi, Betrachtungen.

[180] Vgl. Emminger, Geld- und Währungspolitik, S. 488 ff.; ders., D-Mark, S. 51 ff.; ders., Probleme. Otmar Emminger war im Verlauf der Zahlungsbilanzkrise in die BdL eingetreten und war dort mit den Zahlungsbilanzschwierigkeiten befaßt. Er äußert sich somit als reflektierender und interpretierender Zeitzeuge. Dabei unterscheiden sich seine rückblickenden Interpretationen erheblich von seinen Einschätzungen des Jahres 1951. Im Rückblick mißt er Erklärungen wie z. B. dem Abebben der Rohstoffhausse und der Veränderung der terms of trade höchstens eine unwesentliche Rolle zu. Er stellt heraus, dies sei allen europäischen Ländern zugute gekommen. Während der Ereignisse war er sich durchaus bewußt, daß sich die terms of trade in verschiedenen Währungsgebieten auch unterschiedlich entwickeln können. Vgl. ders., Europäische Zahlungsunion, S. 639.

Tabelle 3: Daten zur Wirtschaftsentwicklung 1950/51

	Preise 1938 = 100	*Arbeitslose Tsd.*	*Produktion 1936 = 100*	*Importe Mio. DM*	*Weltmarktpreise 31.12. 1931 = 100*
Jun 50	198	1538	105	787,8	406,1
Jul 50	203	1452	107	946,7	450,7
Aug 50	207	1341	114	905,6	471,7
Sep 50	218	1272	123	1017,0	461,4
Okt 50	220	1230	126	1317,6	468,4
Nov 50	224	1316	130	1240,1	486,8
Dez 50	229	1690	122	1312,9	514,4
Jan 51	240	1821	117	1194,1	530,8
Feb 51	245	1663	124	1252,9	528,2
Mär 51	251	1567	127	1274,2	524,5

Anmerkungen: Sp. 1: Grundstoffpreise industrieller und eingeführter Produktion; Sp. 3: Industrieproduktion, gesamt; Sp. 5: Moody's Daily Index of Commodity Prices.
Quellen: Sp. 1–3: BdL, Geschäftsbericht 1950, S. 3; Sp. 4: Außenhandel der BRD, Dezember 1951, S. 24; Sp. 5: Financial Times.

wicklung eingeschätzt, sie wurde auch als prägend für Geldpolitik im allgemeinen verstanden. Nachdem Zentralbanken für Jahre ihre Zinssätze niedrig und stabil gehalten hatten, zeichnete sich Anfang der fünfziger Jahre ab, daß das Zinsinstrument wieder eingesetzt würde. Im Jahre 1950 wurde der Diskont in den USA von 1,5 auf 1,75 Prozent, in Kanada von 1,5 auf 2 Prozent, in Schweden von 2,5 auf 3 Prozent, in Belgien von 3,25 auf 3,75 Prozent, in den Niederlanden von 2,5 auf 3 Prozent angehoben[181]. In diesem Zusammenhang sah Per Jacobsson, Leiter der volkswirtschaftlichen Abteilung der Bank für Internationalen Zahlungsausgleich und im Verlauf der deutschen Zahlungsbilanzkrise von der EZU mit einem Gutachten zur deutschen Situation beauftragt, die deutsche Krise als „lehrreichen Fall" an. Die Erhöhung des deutschen Diskontsatzes und weitere restriktive Maßnahmen hatten laut Jacobsson deutlich gemacht, daß die „monetären Ausgleichskräfte" wieder zu benutzen seien. Kreditpolitik sei ein wirksames Instrument, das zur Herstellung und Aufrechterhaltung des Gleichgewichts unverzichtbar sei. Mit monetären Maßnahmen könne – das habe der Fall Deutschland deutlich gezeigt – und müsse das innere Gleichgewicht hergestellt werden. Dieses innere Gleichgewicht wäre die Grundlage für ein äußeres Gleichgewicht. Es würde letztendlich auch die notwendige Konvertierbarkeit ermöglichen[182]. Auch der Präsident des Zentralbankrates Bernard feierte post festum die deutsche Zahlungsbilanzkrise ähnlich. Sie hätte zur Rehabilitation der Kreditpolitik nach dem Zweiten Weltkrieg geführt und sei der „erste entscheidende

[181] Vgl. BIS, 21st Annual Report (1950/51), S. 188.
[182] Vgl. Jacobsson, Wiederbenutzung, S. 32ff.

Schritt auf dem Wege zur Wiederherstellung konvertierbarer Währungen und damit zur Integration der Volkswirtschaften“ gewesen[183].

Diese Interpretation wurde letztens in einigen Aspekten von Till Geiger und Duncan M. Ross kritisch beleuchtet. In ihrer Untersuchung zu Banks, Institutional Constraints and the Limits of Central Banking[184] haben sie vor allem zwei Probleme bei der Durchsetzung der deutschen Kreditpolitik – die binnenwirtschaftliche Situation, vor allem die Labilität des deutschen Bankwesens, und die organisatorisch-institutionellen Schwierigkeiten des deutschen Zentralbanksystems – identifiziert. Sie betonen, daß diese Probleme zu einer zögerlichen Implementierung von Maßnahmen geführt haben. Auch zeigen sie, daß die beschlossenen Maßnahmen während der akuten Krise nur bedingt effektiv waren, da sie von den Landeszentralbanken nicht rigoros umgesetzt wurden. Ferner stellen Geiger und Ross fest, daß die im Februar 1951 beschlossene Rückführung des kurzfristigen Kredits nie erreicht wurde und daß die Banken auf langfristigen Kredit auswichen. Deshalb ist ihres Erachtens nicht bewiesen, daß die Verbesserung der deutschen Zahlungsposition im Frühjahr 1951 auf die Kreditpolitik zurückzuführen ist. Vielmehr sehen sie angesichts dieser Analyse auch in der Veränderung der terms of trade und in der Entliberalisierung vom Februar 1951 wichtige Erklärungsmomente für die Überwindung der Krise[185].

Bei ihrer Analyse der westdeutschen Zahlungsbilanzkrise haben Geiger und Ross den Schwerpunkt auf die geldpolitischen Maßnahmen, ihre Begründung, Durchsetzung und Effektivität gelegt. Außenwirtschaftliche Zusammenhänge und Optionen haben sie nicht beachtet. Hierzu stellen sie nur fest, daß die EZU und die Liberalisierung die Optionen der westdeutschen Regierung eingeschränkt haben[186]. Zwar ist das zweifellos richtig, doch ist auch festzuhalten, daß diese Politik hätte rückgängig gemacht werden können – zumal im Herbst 1950 nicht nur das Bundeskanzleramt, sondern auch die ECA einer Entliberalisierung zuneigten[187]. Somit gab es möglicherweise auch die Option, dem bundesrepublikanischen Zahlungsbilanzdefizit mit anderen Maßnahmen – sei es mit einer frühzeitigen Entliberalisierung, sei es mit einer Wechselkursanpassung – zu begegnen[188]. Hier ist also nachzuzeichnen, warum das Zentralbanksystem kreditpolitische Maßnahmen in den Vordergrund stellte. Es ist zu fragen, warum andere Möglichkeiten nicht bzw. – wie die Entliberalisierung – erst relativ spät wahrgenommen wurden.

---

183 So Bernard auf der 3. Kreditpolitischen Tagung, siehe Frankfurter Allgemeine Zeitung, 30.4.1953, S. 13: „Im Schatten der Devisenzwangswirtschaft“.

184 Vgl. Geiger/Ross, Banks, S. 138 ff.

185 Vgl. ebenda, S. 147.

186 Ähnlich auch Berger/Ritschl, Rekonstruktion, S. 513.

187 Vgl. Ludwig-Erhard-Stiftung (Hrsg.), Korea-Krise, Cairncross, Bericht über die im Auftrag der EZU unternommene Deutschlandreise, 9.11.1950, S. 207 ff. Vgl. BAK, B 136/7863, Rust, Schreiben der BdL, 14.10.1950.

188 Während eine frühzeitige Entliberalisierung trotz aller Probleme eine Option hätte sein können, muß bezweifelt werden, ob das auch für eine Wechselkursanpassung der Fall war. Immerhin hatten die Alliierten schon 1949 auf einer eingeschränkten Abwertung bestanden. Vgl. S. 74 f.

Das klassische Mittel: Kreditpolitik

Schon Mitte Juli 1950 – die deutschen Importe waren noch nicht merklich angestiegen – wies der zu diesem Zeitpunkt noch unbeteiligte Beobachter Per Jacobsson den amerikanischen Hochkommissar John McCloy darauf hin, daß eine restriktive Kreditpolitik für die Bundesrepublik angebracht sei. Der Koreakrieg bedeute eine einmalige Gelegenheit, die deutschen Exporte zu steigern, sofern diese wettbewerbsfähig seien. Eine restriktive Kreditpolitik würde zu einer Expansion der Exporte führen und dadurch die Arbeitslosigkeit mindern. „Increased demand", so stellte Jacobsson fest, „can also come from abroad."[189] Doch wenn auch Vocke schon seit Herbst 1949 versuchte, eine restriktive Geldpolitik im Zentralbankrat durchzusetzen, lehnte dieser kreditpolitische Restriktionen vorerst noch ab. Ganz im Gegenteil: Am 6. September plädierte Tepe zwecks Exportverbilligung sogar für eine Diskontsenkung[190]. Erst Ende September entschloß sich der Zentralbankrat zu restriktiven Maßnahmen. Er erhöhte die Mindestreserve für Sichteinlagen an Bankplätzen von 10 auf 15 Prozent, für Sichteinlagen an Nichtbankplätzen von 8 auf 12 Prozent und für befristete Einlagen unter Ausschluß der Spareinlagen von 4 auf 8 Prozent. Zu diesem Zeitpunkt waren die deutschen Importe schon bedrohlich angestiegen, und der deutsche Vertreter im EZU-Direktorium, Hans Karl von Mangoldt, hatte bereits warnend auf das Defizit hingewiesen[191].

Der Grund für das späte Eingreifen des Zentralbankrates war, daß er dem Wunsch des Wirtschaftsministers Ludwig Erhard, die Importe nun über eine Beschneidung der Finanzierungsmöglichkeiten zu begrenzen, erhebliche und prinzipielle Bedenken entgegenbrachte. Erst Ende September 1950 lenkte der Zentralbankrat ein. Nun akzeptierte er, daß „infolge der Liberalisierung eine Begrenzung der Einfuhr nur noch durch Verknappung und Kontrolle der von der Einfuhrwirtschaft benötigten Kredite erreicht werden könne"[192]. Das bedeutete aber nicht, daß der Zentralbankrat die Zahlungsbilanzkrise vor allem und nur durch geldpolitische Maßnahmen bekämpfen wollte. Obwohl er Anfang Oktober die Notwendigkeit „sehr besonderer Maßnahmen" feststellte, betonte er gleichzeitig, daß seine Möglichkeiten begrenzt seien. Man könne dem Defizit nicht mit kreditpolitischen Mitteln entgegenwirken, „es sei denn, wir riskieren ein Herabdrücken der ganzen Wirtschaftstätigkeit"[193].

Erst Mitte Oktober – als die deutsche EZU-Quote schon fast ausgenutzt war und nachdem der Präsident des Zentralbankrats wegen der sich rapide verschlechternden Devisensituation Notmaßnahmen wie die Ungültigkeitserklärung aller

---

[189] BBK, B 330/3366, Jacobsson an McCloy, 15.7.1950. Inwieweit der Koreaboom zur Ausweitung der deutschen Exporte letztendlich beigetragen hat, hat letztens Temin, Koreaboom, untersucht.

[190] Vgl. BBK, B 330/30, ZBR, Protokoll, 6./7.9.1950.

[191] Vgl. BAK, 146/464, von Mangoldt an Blücher, 16.9.1950. Zur Position der Bundesrepublik in der EZU vgl. Tabelle 4, S. 95.

[192] BBK, B 330/31, ZBR, Protokoll, 20./21.9.1950.

[193] BBK, B 330/31, ZBR, Stenogramm, 4./5.10.1950.

zum 14. Oktober nicht ausgenutzten Lizenzen und ein 50prozentiges Bardepot verfügt hatte – wurden weitere Restriktionen verabschiedet. Die Rediskontierbarkeit von Bankakzepten, die im allgemeinen der Einfuhrfinanzierung dienten, wurde auf den Stand vom 13. Oktober 1950 beschränkt. Eine Diskonterhöhung – das klassische Mittel gegen Zahlungsbilanzdefizite – wurde aber noch immer mit großer Mehrheit abgelehnt. Während Vocke und Veit insistierten, daß die „Konsumfreudigkeit“ insgesamt zu treffen, der Diskont also zu erhöhen sei, hielt die Mehrheit eine drastische Diskonterhöhung – nur eine solche würde wirken – für politisch untragbar und ökonomisch nicht sinnvoll[194]. Innerhalb des Zentralbanksystems, aber auch im Ausland, betonte man die Instabilität des deutschen Bankwesens und befürchtete teilweise sogar einen Zusammenbruch wie 1931[195]. Erst nach einer Intervention Jacobssons, inzwischen zusammen mit Alec Cairncross von der OEEC mit der Ausarbeitung eines Gutachten beauftragt und demnach von erheblichem Einfluß auf die Entscheidung über einen Sonderkredit, rang sich die Mehrheit des Zentralbankrates in einer Sitzung, die am Regierungssitz unter Beteiligung der entsprechenden Ressorts stattfand, doch zu einer Diskont- und Lombarderhöhung von 4 auf 6 bzw. von 5 auf 7 Prozent durch, obwohl sich fast alle teilnehmenden Politiker gegen eine solche Maßnahme ausgesprochen hatten[196]. Der Druck der Sachverständigen, vor allem Jacobssons, war also zweifellos entscheidend. Das Protokoll führt sogar explizit an, der Zentralbankrat habe sich zu dieser Maßnahme entschlossen, „um ein weiteres Anwachsen des Schuldsaldos zu verhindern und um eine geeignete Grundlage für Verhandlungen mit der Europäischen Zahlungsunion und den Alliierten über eine Hilfe zur Behebung der gegenwärtigen Schwierigkeiten zu schaffen [...], auch sei das sachliche Argument nicht von der Hand zu weisen, daß aller Voraussicht nach das Direktorium der Europäischen Zahlungsunion eine Diskonterhöhung nachdrücklichst empfehlen, wenn nicht zur Bedingung gewisser Maßnahmen machen würde, falls eine solche Erhöhung nicht vorher aus deutscher Initiative beschlossen worden sein sollte. Es ergäbe sich dann eine Lage, die wohl besser vermieden werden sollte, nämlich unter dem Druck ausländischer Ratschläge oder Forderungen über die Frage einer Diskonterhöhung beschließen zu müssen“[197].

---

[194] BBK, B 330/31, ZBR, Protokoll und Stenogramm, 13.10.1950; Schmidt, Zur Frage der Diskonterhöhung, 11.10.1950.

[195] Vgl. BBK, B 330/3390, Wrede an Vocke, 7.11.1950; BBK, B 330/3148, Schmidt, Kreditvolumen und Refinanzierungsbedarf, 7.11.1950; PRO, FO 944/811, Bolton an Wilson Smith, 30.3.1950; Melville an Crawford, 19.4.1950.

[196] Vgl. Jacobsson, Life, Jacobsson an Auboin, 25.10.1950: „I pressed much all concerned for an impressive increase in the discount rate. Vocke asked me whether it ought to be done tomorrow or whether one could wait. Bernard put the same question to me. I said it would make a lamentable impression if the German Government took no step tomorrow. [...] It would be easier to come to an arrangement if Germany did something itself.“ Nur Erhard opponierte die Diskonterhöhung nicht. Allerdings stellte er sich in der Kabinettssitzung am 3.11.1950 nicht gegen die Pläne anderer Regierungsmitglieder, auf eine Diskontsenkung hinzuwirken. Vgl. Kabinettsprotokolle II (1950), 108. Kabinettssitzung am 3.11.1950, S. 802.

[197] BBK, B 330/32, ZBR, Protokoll, 26.10.1950.

Nachdem der Diskont erhöht worden war, wurden im Verlauf der Zeit noch weitere restriktive Maßnahmen ergriffen. Am 2. November 1950 verfügte der Zentralbankrat eine Rückführung des Akzept- und des Wechselrefinanzierungsvolumens um 10 Prozent bis zum 31. Januar 1951. Am 31. Januar 1951 erließ er Kreditrichtlinien, um das Wachstum des kurzfristigen Kreditvolumens einzudämmen. Diese Maßnahme sah er als notwendig an, da die Banken von Akzepten auf normale Handelswechsel auswichen. Auch zielte er damit auf die Sicherstellung der Stabilität der Banken[198]. Doch wenn auch restriktive Maßnahmen beschlossen wurden, so waren die Entscheidungsfindungen stets sehr mühsam. Alle restriktiven Maßnahmen, die Vocke vorschlug, wurden entweder von den Präsidenten der Landeszentralbanken abgelehnt, verzögert oder sogar in ihrem Landeszentralbankbereich unterlaufen[199]. Auch wurden im weiteren Verlauf wieder prinzipielle Zweifel an der Restriktion offen formuliert. Nachdem das Memorandum der Bundesregierung, das die OEEC für einen Sonderkredit verlangte, ausgearbeitet war und die Bundesregierung dort ein großes Gewicht auf Kreditrestriktionen legte, stellte Pfleiderer heraus, der Preis für einen solchen Sonderkredit sei zu hoch: „Wenn heute der Zentralbankrat dieses Memo billigt, verpflichtet er sich praktisch, das Gleichgewicht mit monetären Mitteln herzustellen, d.h. er kann nicht widersprechen, wenn eine Diskonterhöhung von 8% oder eine Mindestreserveerhöhung auf 20% [...] beantragt wird. Da ich nicht die Absicht habe, solchen Beschlüssen zuzustimmen und [...] durch Drosselung der Wirtschaft das Gleichgewicht herbeizuführen, sondern der Meinung bin, daß es auf eine solche Weise zu teuer erkauft ist, es vielmehr nur durch eine Begrenzung der Einfuhr geschehen kann, kann ich diesem Memo nicht zustimmen. [...] Wollen wir einen Diskontsatz von 12%? Wollen wir Mindestreserven von 50%?“[200] Zwar nahm der Zentralbankrat das Memorandum letztendlich zur Kenntnis und stimmte damit dieser Politik zu. Aber schon wenig später wollten einige Mitglieder den Beschluß zur Rückführung des Refinanzierungsvolumens aufheben, denn es bestehe „wenig Aussicht [...], das gesetzte Ziel zu erreichen“[201]. Als Mitte Februar 1951 eindeutig wurde, daß mit der bisher verfolgten Linie die Krise nicht zu bewältigen war, sprach sich der Zentralbankrat dann mit großer Mehrheit gegen eine weitere Restriktion aus. Er empfahl statt dessen, zunächst zu entliberalisieren. Dies müsse zwar später durch weitere Restriktionen ergänzt werden, da eine Entliberalisierung zur Verteuerung der Einfuhr und somit zu Preissteigerungen führe. Vorerst jedoch sei die Bundesregierung gefor-

---

[198] Vgl. BBK, B 330/33, ZBR, Protokoll, 1./2.11.1950; BBK, B 330/38, ZBR, Protokoll, 31.1.1951.

[199] Siehe hierzu auch die Beschwerden Vockes bei dem Mitglied der Alliierten Bankenkommission über die Präsidenten der Landeszentralbanken, BoE, OV 34/35, Macdonald an Rootham, 31.10.1950.

[200] BBK, B 330/34, ZBR, Stenogramm, 24.11.1950. Das Memorandum ist abgedruckt in: Ludwig-Erhard-Stiftung (Hrsg.), Korea-Krise, Bundesregierung an den Rat der OEEC, Maßnahmen zur Verbesserung der deutschen Zahlungsbilanz, 27.11.1950, S. 212ff.

[201] BBK, B 330/37, ZBR, Protokollentwurf, 10.1.1951.

dert: „Die finanzielle Stabilität kann [...] nicht allein durch kreditpolitische Maßnahmen sichergestellt werden, sondern es müssen mit aller Beschleunigung auch die übrigen von der Bundesregierung in ihrem Memorandum [...] angekündigten Schritte unternommen werden.“[202] Erst nach Aufhebung der Liberalisierung beschloß der Zentralbankrat die Rückführung des kurzfristigen Kreditvolumens und setzte für jede einzelne Landeszentralbank genaue Rückführungsbeträge fest. Zwar lehnte der Zentralbankrat eine weitere Erhöhung des Diskonts auf 10 Prozent ab. Gleichzeitig aber griff er nun zu seinem stärksten Mittel: Den Geschäftsbanken wurden bei Nicht-Befolgen der Kreditrückführung alle Refinanzierungsmöglichkeiten versagt[203].

Während bis zur Koreakrise der Zentralbankrat oftmals skeptisch gegenüber einer restriktiven Politik war, konnten im Verlauf der Krise die Grundlagen für eine von Vocke schon länger anvisierte Politik der Exportförderung durch Kreditrestriktionen gelegt werden. Diese sollte dem Zahlungsbilanzdefizit, der Arbeitslosigkeit und den Preissteigerungen abhelfen. Angesichts des Zahlungsbilanzdefizits konnten die Gegner einer solchen Politik nur wenig entgegensetzen, zumal die Bestrebungen Vockes die Unterstützung der Experten fanden, ja von ihnen sogar als „eine Gelegenheit“ angesehen wurden. Schon zu Beginn der Krise hatte Jacobsson dies Vocke gegenüber deutlich ausgesprochen: „I said to Dr. Vocke that perhaps the present situation provided an opportunity for bringing about a suitable policy.“[204]

Entliberalisierung und Sonderkredit

Theoretisch bestand die Option, der aufkommenden Zahlungsbilanzkrise durch eine frühzeitige administrative Beschränkung der Einfuhr zu begegnen. Diese Option war um so realer, als das Prinzip der Liberalisierung erst kurz zuvor in Europa eingeführt und noch keineswegs fest verwurzelt, ja teilweise noch nicht einmal durchgeführt war. Dem stand allerdings entgegen, daß dadurch dem gerade in Gang gebrachten Liberalisierungsprogramm der OEEC, an dem die BdL so interessiert war, ein empfindlicher, wenn nicht gar vernichtender Schlag versetzt würde. Darüber hinaus gab es aber auch noch andere Gründe, die das Zentralbanksystem dazu brachten, der Regierung erst am 15. Februar 1951 die Entliberalisierung zu empfehlen und erst zu diesem Zeitpunkt die administrative Beschränkung der Einfuhr einzuläuten.

Schon Anfang August 1950 hob Erhard hervor, daß es in dieser Krise das Wichtigste sei, die Industrie mit Rohstoffen zu versorgen und keine „Mangellagen“ aufkommen zu lassen[205]. Das war auch die Meinung der BdL, und deshalb

---

202 BBK, B 330/39, ZBR, Protokoll, 14./15.2.1951.
203 Vgl. BBK, B 330/39, ZBR, Protokoll, 24.2./28.2./1.3.1951.
204 Jacobsson, Life, Jacobsson, Note, 23.10.1950, S.237.
205 Ludwig-Erhard-Stiftung (Hrsg.), Koreakrise, Erhard an Vocke, 2.8.1950, S.183f.

stimmte sie – wenn auch warnend auf das Defizit hinweisend – im Einfuhrausschuß dem Erhardschen Einfuhrsicherungsprogramm zu[206]. Auch im weiteren Verlauf blieb die BdL eine Anhängerin der Liberalisierung und erhob keinen Widerspruch gegen die Erhöhung des Liberalisierungssatzes von 50 auf 60 Prozent ab September/Oktober 1950[207]. Zwar wies sie im September 1950 erneut auf das inzwischen beunruhigende Defizit hin, und Vocke sprach gegenüber Erhard die Möglichkeit von Maßnahmen gegen die nicht-liberalisierte Einfuhr an[208]. Intern aber wurde am Prinzip der Liberalisierung nicht gezweifelt. Vocke hielt in der Zentralbankratsitzung vom 21. September 1950 fest: „Wir sind in der Grundlinie mit Herrn Erhard und der ganzen Bundesregierung vollkommen einig, daß die größten Engpässe und Mangellagen in der Versorgung durch Importe aufgefüllt werden müssen."[209] Erst mit dem weiteren Anwachsen des EZU-Defizits und vor allem mit den ansteigenden Goldzahlungen wurden die Angehörigen des Zentralbanksystems – vor allem Vocke und das Direktorium – unruhiger. Wie Tabelle 4 zeigt, waren die offiziellen Währungsreserven auf dem Konto I sehr gering[210]. Da das Defizit zur EZU im Oktober eine Goldabgabe in Höhe von 72,6 Mio. Dollar erforderte, schmolzen sie rasch dahin.

Vor diesem Hintergrund kritisierte die Bank nun „die geradezu exorbitanten" Devisenanforderungen der Regierung. Im Einfuhrausschuß legte der Vertreter der BdL sogar ein Veto gegen die Ausschreibungen von nicht-liberalisierten Einfuhren im Rahmen des Einfuhrsicherungsprogrammes ein. Als Erhard das nicht akzeptieren wollte, drohte Könneker sogar mit Maßnahmen im liberalisierten Sektor[211]. Das aber war nur eine ultima ratio. Zwar kam im weiteren Verlauf auch Vocke auf die Möglichkeit der Entliberalisierung zu sprechen, gleichzeitig aber malte er Erhard in den schwärzesten Farben die Folgen einer solcher Maßnahme aus und riet dadurch indirekt von einer Entliberalisierung ab: „Eine Panikstimmung in unserer Wirtschaft mit Run auf die Geschäfte, sprunghaften Preisanstiegen und Lohnerhöhungen und viel zu weitgehender Drosselung des Imports mit der Folge, daß der Export dann erst recht zum Erliegen kommt. Dann ergibt sich naturgemäß große Arbeitslosigkeit, dann muß es zur Ersetzung der freien Marktwirtschaft kommen [...] mit dem politischen Hintergrund einer Gefährdung der gegenwärtigen Regierung."[212]

---

206 Vgl. BAK, B 102/13716, I A 5, Vermerk 16.8.1950; BBK, B 330/2021, Vocke an Erhard, 12.8.1950.

207 Die erweiterte deutsche Freiliste trat gegenüber Großbritannien, Frankreich und Italien Mitte September, gegenüber den anderen OEEC-Ländern am 4.10.1950 in Kraft. Vgl. BdL, Monatsbericht Oktober 1950, S. 24.

208 Vgl. BBK, B 330/2021, Vocke an Erhard, 19.9.1950.

209 BBK, B 330/31, ZBR, Stenogramm, 20./21.9.1950.

210 Es gab auch noch ein Konto II, auf dem die Devisen aus den Zahlungen amerikanischer Soldaten verbucht wurden. Deutsche Regierungsstellen wurden von der Existenz dieses Kontos erst Ende Oktober 1950 unterrichtet.

211 BBK, B 330/31, ZBR, Stenogramm, 4./5.10.1950; BBK, B 330/2030, Könneker an Vocke, 8.10.1950.

212 BBK, B 330/3377, Vocke an Erhard, 24.10.1950.

Tabelle 4: Dollarbestand und EZU-Rechnungsposition 1950/51

	Dollarreserven der BdL		*Kumulative EZU-Rechnungsposition*		
	Konto I Mio. $	*Konto II Mio. $*	*total Mio. $*	*erhaltener Kredit Mio. $*	*zu zahlende $ Mio. $*
Jun 50	104,5	65,5			
Jul 50	114,4	71,4	[–28,6]		
Aug 50	122,8	76,9	[–81,9]		
Sep 50	132,2	82,3	–173,4	142,4	31,0
Okt 50	110,8	86,1	–289,5	185,9	103,6
Nov 50	57,2	90,4	–324,2	192,0	132,2
Dez 50	44,9	99,2	–356,7	216,5	140,2
Jan 51	54,2	114,0	–398,8	244,5	154,3
Feb 51	53,9	118,1	–457,1	283,4	173,7
Mär 51	74,8	104,5	–445,8	272,1	173,7
Apr 51	93,5	110,3	–400,7	242,0	158,7
Mai 51	*102,9	*125,7	–319,6	191,9	127,7

Anmerkungen: Sp. 1+2: *= bis 15.5. 1951; Sp. 3: Da die erste EZU-Abrechnung erst im September stattfand, wurden die Juli- und Augustpositionen in Klammern angegeben.
Quellen: Sp. 1+2: HAEC,OEEC-TRA 310, EPU, The Position of Germany in EPU, Statistical Data, 17.5. 1951; Sp. 3–5: Statistisches Handbuch der BdL, S. 262.

So wird deutlich, daß Vocke eine Entliberalisierung, wie sie die ECA, das Bundeskanzleramt zum Teil sogar die EZU zu diesem Zeitpunkt nahelegten, keineswegs befürwortete – selbst wenn er sich vor dem Liberalisierungsbefürworter Jacobsson als „ehrlicher Banker“ präsentierte, der Skrupel hatte, Güter zu importieren, die er nicht bezahlen konnte[213]. An Stelle der Entliberalisierung favorisierte Vocke eindeutig die Anwendung kreditpolitischer Instrumente, ansonsten vertraute er auf die Hilfe der USA oder einen Sonderkredit der EZU. Intern sprach er davon, Devisen zuzuteilen, „bis effektiv nichts mehr da ist“[214].

Nachdem die OEEC der Bundesrepublik einen Sonderkredit in Höhe von 120 Mio. RE, abhängig von einem wirtschaftspolitischen Programm, bewilligt hatte, wurde die Haltung der BdL allerdings strikter. Zwar sah der Zentralbankrat weiterhin Importe als notwendig an[215], gegenüber den Devisenforderungen Erhards legte die BdL aber nun eine eindeutige Reserve an den Tag. Sie forderte einen realistischen Devisenplan und war keineswegs – wie etwa das Marshallplan-Ministerium – besorgt, daß der Sonderkredit nicht vollständig ausgenutzt werden könne[216].

213 So beschrieb Jacobsson Vocke. Vgl. Jacobsson, Life, Jacobsson an Auboin, 25.10.1950.
214 BBK, B 330/32, ZBR, Stenogramm, 26.10.1950.
215 In der Sitzung des Zentralbankrates am 3.1.1951 fragte Klasen: „Müßte man nicht gerade jetzt alles, was man gegen Devisen kriegen kann, finanzieren?“ In: BBK, B 330/37.
216 Vgl. BBK, B 330/2021, Erhard an Vocke, 7.11.1950; BBK, B 330/33, ZBR, Protokoll, 8.11.1950; BBK, B 330/34, ZBR, Protokoll, 15./16.11.1950; BBK, B 330/2015, Blücher an Vocke, 2.2.1951.

Vielmehr ging es der Bank jetzt – je mehr offensichtlich wurde, daß die Bundesregierung die in dem Memorandum angekündigten Maßnahmen nicht mit dem nötigen Eifer verfolgte – darum, sich für die Kreditrückzahlung sicherzustellen. Da die OEEC – so hob Vocke hervor – den Kredit als „test-case“ ansah, müsse unter allen Umständen seine termingerechte Rückzahlung gewährleistet werden. Davon hänge die deutsche Kreditwürdigkeit ab[217]. Mit der sich abzeichnenden Unmöglichkeit, weitere Kredite zu erhalten[218], und mit der Notwendigkeit, auch die Bundesregierung in die Verantwortung zu bringen, war dem Zentralbankrat seit spätestens Januar 1951 trotz aller Befürwortung einer freien Einfuhr deutlich, daß kein Weg an einer Entliberalisierung vorbeiführte[219].

Das relativ späte Plädoyer des Zentralbanksystems für eine Entliberalisierung ist darauf zurückzuführen, daß es die deutsche Wirtschaft als einfuhrabhängig (vor allem auch vom EZU-Raum) ansah. Deshalb war es lange Zeit mit Erhard einig, daß eine administrative Beschränkung der Einfuhr unerwünscht sei. Ein weiterer Grund für die Beibehaltung der Liberalisierung war die Erwartung von Auslandshilfe oder von einem Sonderkredit[220]. Daß ein solcher Kredit mit Bedingungen verknüpft wurde, sprach nicht gegen ihn. Ganz im Gegenteil: Vocke kam der Kredit zu Hilfe, um seine Forderungen nach einer bestimmten Politiklinie, die bisher nur bedingt Anklang im Zentralbankrat gefunden hatte, zu untermauern.

Neben der Einfuhrabhängigkeit und dem Sonderkredit gab es aber im Zentralbankrat noch einen dritten Beweggrund gegen eine Beschränkung der Einfuhr, nämlich die Notwendigkeit, das Preisniveau stabil zu halten. Immer wieder stellten Vocke und Veit heraus, daß eine administrative Einfuhrbeschränkung die Importe verteuere und somit das Preisniveau hochtreibe[221]. Dabei ging es jetzt allerdings nicht mehr – wie noch im Herbst 1948 – um das Preisniveau an sich. Wichtig war vielmehr der Preisanstieg im Vergleich zum Ausland. Bisher konnte man auf diesem Gebiet gute Leistungen vorweisen. Zwar war der Preisindex von Juni bis Dezember 1950 um 30 Punkte gestiegen, dennoch stellte die Entwicklung zufrieden, da der Preisanstieg in Westdeutschland hinter dem Preisanstieg in den meisten Ländern zurückgeblieben war[222]. Da so die Wettbewerbs- und Exportfähigkeit sichergestellt war, konnte der Zentralbankrat im Januar 1951 auch eine Korrektur der Preisrelationen, bei Ablehnung einer generellen Lohnerhöhung, gutheißen[223].

---

[217] BBK, B 330/2015, Vocke an Blücher, 27.1.1951.

[218] Die Bundesregierung und die BdL waren im Herbst 1950 und nochmals im Februar 1951 im Vereinigten Königreich wegen Einfuhrkrediten vorstellig geworden. Das lehnten die Briten ab, selbst wenn es zu einem Nervenzusammenbruch des deutschen Delegationsmitgliedes Stedtfeld und verstärktem Brandy-Konsum des BdL-Vertreters Wienkes führte. Vgl. BoE, OV 34/58, Stone, Credit for Germany, 7.11.1950.

[219] Vgl. BBK, B 330/37, ZBR, Stenogramm, 10.1.1951.

[220] Vgl. BBK, B 330/31, ZBR, Stenogramm, 4./5.10.1950. Wie oben gezeigt, war das ja auch schon von Anfang an vorgesehen, vgl. Fußnote 161.

[221] Vgl. BBK, B 330/31, ZBR, Stenogramm, 4./5.10.1950 und 13.10.1950.

[222] Vgl. BBK, B 330/35, ZBR, Stenogramm, 6.12.1950. Zur Preisentwicklung in anderen europäischen Ländern vgl. BIS, 21st Annual Report (1950/51), S. 82.

[223] Vgl. BBK, B 330/38, ZBR, Protokoll, 31.1.1951.

Wechselkursanpassung?

Als im September 1949 die DM-Abwertung diskutiert wurde, hatte Vocke als einen Grund für eine Abwertung von nur 20,6 Prozent angeführt, daß der Kurs gegebenenfalls später nochmals herabgesetzt werden könne[224]. Obwohl sich zum Jahreswechsel 1949/50 die Zahlungsbilanz erheblich verschlechterte, wurde jedoch zu diesem Mittel nicht gegriffen. Schließlich bestand ein gewisses Interesse an einer passiven Zahlungsbilanz.

Im Herbst 1950 war die Situation ähnlich. Trotz des Zahlungsbilanzdefizits zog die Zentralbank eine Abwertung zur Lösung der Krise nicht in Betracht. Während der Wissenschaftliche Beirat beim Bundeswirtschaftsministerium von einem strukturellen Defizit sprach und eine Abwertung empfahl[225], lehnte sie – sofern das Thema überhaupt erwähnt wurde – eine solche Maßnahme ab. Da eine Wechselkursänderung mit einer weiteren Verschlechterung der terms of trade und einer Steigerung der Einfuhrpreise verbunden war, würde diese Maßnahme nur die deutschen Schwierigkeiten vergrößern[226]. Da die deutsche Wirtschaft im Prinzip wettbewerbsfähig sei, war der unzureichende Export ihres Erachtens „nicht in erster Linie von den Preisen [...], sondern von den Lieferfristen der Rohstofflage und der Dringlichkeit der inneren Nachfrage [abhängig]“[227]. Diese Einschätzung der Bank wurde von den Experten der EZU, Jacobsson und Cairncross, geteilt. Vor allem Cairncross meinte, die DM sei „eindeutig unterbewertet“. Bei der deutschen Krise handelte es sich seines Erachtens um eine vorübergehende Liquiditätskrise in einer ansonsten „gesunden“ Wirtschaft[228].

Tatsächlich ist festzuhalten, daß die Exporte vorerst nicht – auch nicht durch eine Abwertung – gesteigert werden konnten. Die Kapazitäten waren weitgehend ausgenutzt. Es existierten sogar Produktionsengpässe[229]. Deshalb hätte eine Abwertung tatsächlich eine weitere Verschlechterung der im Verlauf der Krise schon gesunkenen terms of trade bedeutet[230]. Gleichzeitig wären durch eine Abwertung die Importe erschwert und verteuert worden. Das hätte nicht nur das Preisniveau angehoben, sondern als Konsequenz auch die Exportfähig-

---

224 Vgl. Kabinettsprotokolle I (1949), 3. Kabinettssitzung am 21.9.1949, S.296.

225 Vgl. Wissenschaftlicher Beirat beim Bundeswirtschaftsministerium, Gutachten vom 5.11.1950, S.38 und Gutachten vom 25.2.1951, S.118.

226 Vgl. BBK, B 330/32, Wrede, Auswirkungen einer Diskonterhöhung, 24.10.1950.

227 BBK, B 330/NL Emminger, Konvertibilität/Abbau der Devisenzwangswirtschaft I 1949–52, Kesselring, Niederschrift über die Arbeitsgemeinschaft Außenwirtschaft, Handels- und Zahlungsbilanz, Währungspolitik, o.D. (Mai/Juni 1951). Siehe auch BBK, B 330/2012, Volkswirtschaft/Statistik, Zum Aufsatz von Bruno Linke „Der DM-Kurs“, 4.10.1951.

228 Cairncross, Zahlungsbilanzkrise, S.113; Cairncross an Erin Jacobsson, Februar 1975, zit. in Jacobsson, Life, S.242f.

229 Das wurde in der Zentralbankratsitzung am 20./21.9.1950 betont, vgl. BBK, B 330/31. Zur wirtschaftlichen Situation, besonders im Energiesektor, vgl. Abelshauser, Korea, S.287ff.

230 Die terms of trade der Bundesrepublik sanken von 100 (2. Halbjahr 1949) auf 79 (1. Halbjahr 1951). Im 2. Halbjahr 1951 stiegen sie auf 84 an, vgl. BIS, 22nd Annual Report (1951/52), S.5.

keit gemindert. Aufgrund dieser Analyse warnte Vocke auch den Finanzminister Fritz Schäffer im März 1951, dem IWF beizutreten. Er fürchtete, daß der IWF eine Abwertung der DM verlangen würde: „Wir [würden] insofern unsere Währungshoheit einbüßen [...], als der Monetary Fund bzw. durch ihn Amerika maßgeblich die deutsche Parität festsetzen könnte, und zwar gingen die Absichten unzweideutig dahin, uns eine Abwertung aufzuzwingen."[231] Dabei führte Vocke auch wieder die gleichen, prinzipiellen Argumente gegen eine Abwertung wie schon im Herbst 1949 an: „Die Probleme und Schwierigkeiten wären bei einer neuen Parität die gleichen."[232]

Während in der Forschung oftmals die Rede davon ist, daß die deutsche Zentralbank eine Strategie der Unterbewertung der DM verfolgte[233], zeigt sowohl die Episode der Pfund-Abwertung als auch die Koreahausse, daß sie es nicht auf eine Unterbewertung der DM abgesehen hatte. Vielmehr lautete das Motto des Zentralbanksystems, welches sich nun immer stärker durchsetzen konnte, daß der Export durch restriktive Geldpolitik und niedrige Importpreise zu fördern sei.

Die EZU, die Pfundlücke und die Transferable Account Area

Die deutsche Politik zur Zeit der Zahlungsbilanzkrise haben viele Zeitgenossen als ein Vabanquespiel angesehen. Sie waren der Meinung, die Deutschen hätten es auf fremde Gelder abgesehen und wären bereit gewesen, dafür eine Zerreißprobe der EZU in Kauf zu nehmen[234]. Wenngleich viele Faktoren zur deutschen Krise beitrugen[235], ist festzuhalten, daß einige Gründe existierten, die eine bewußte Herbeiführung einer solchen Krise verständlich erscheinen lassen: Zum ersten mußte eine nüchterne Analyse der weltpolitischen Situation zur Feststellung führen, daß der westdeutsche Staat nicht ohne weiteres aus dem sich gerade formierenden westlichen Block ausgeschlossen werden konnte[236]; zum zweiten waren einige Entwicklungen anders verlaufen, als sich die deutsche Regierung im Frühjahr und Sommer 1950 ausgemalt hatte.

---

[231] BBK, B 330/2043, Vocke an Schäffer, 20.3.1951.

[232] Ebenda.

[233] Vgl. Hölscher, Krisenmanagement, S. 40f.

[234] Vgl. z.B. „Can Germans plan?" und „Blame for the EPU Crisis", in: The Economist, 28.10.1950, S. 647, und 4.11.1950, S. 684. Vgl. auch BoE, OV 34/64, Rootham, Note, 10.10.1950; BoE, OV 34/55, Macdonald an Rootham, 19.10.1950; NARA, ECA, OSR Confidential Records, 1950–51, Box 2 of 2, Katz an Secretary of State, 3.11.1950; NARA, ECA, Office of the Deputy Director for Operations, German Division, Subject Files 1948–53, Box 10, Katz an ECA (Foster/Bissell), 31.10.1950. Auch heute wird die deutsche Politik noch so interpretiert. Vgl. Schwartz, Integration, S. 206. Als Kritik hieran vgl. Berger/Ritschl, Rekonstruktion, S. 505ff.

[235] Die Rohstoffhausse und die Veränderung der terms of trade, die Verschiebung der deutschen Handelsströme im Gefolge der EZU, die Liberalisierung und die Veränderung der terms of payments waren weitere Faktoren, die zur Krise führten.

[236] Zur Zeit der Krise wurde über die EGKS verhandelt. Auch war ein deutscher Verteidigungsbeitrag im Rahmen einer EVG im Gespräch.

Abbildung 1: Regionale Entwicklung der deutschen Im- und Exporte 1949–51

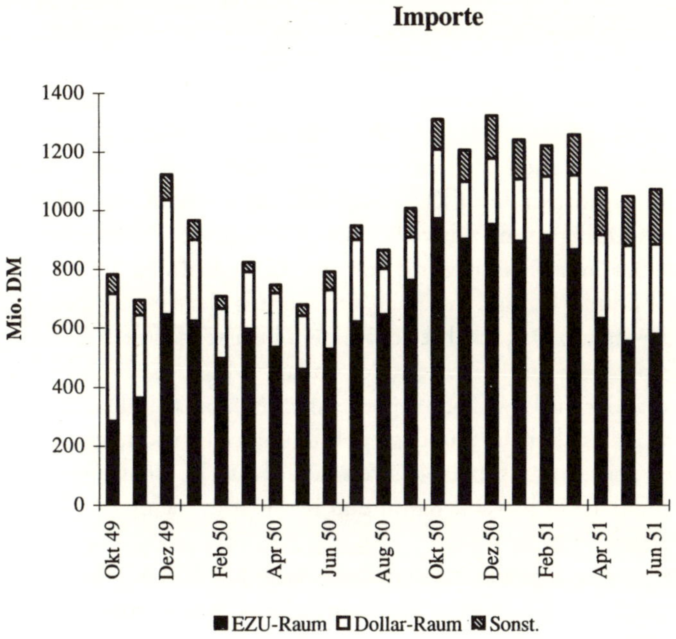

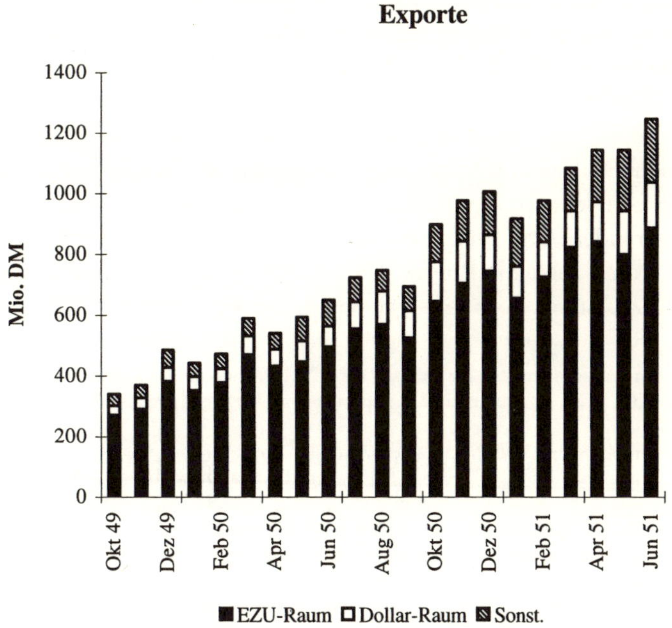

Anmerkung: Importe nach dem Einkaufslandprinzip; Exporte – da andere Zahlen nicht vorliegen – nach dem Verbrauchslandprinzip.
Quelle: Außenhandel der BRD, Dezember 1951, S. 24

Als im Frühjahr und Sommer 1950 die Errichtung einer EZU verhandelt worden war, hatte die deutsche Seite mit einer sogenannten Anfangsposition in der EZU, abnehmender Dollarhilfe und vergrößerten Exportmöglichkeiten, die zu einer Gläubigerstellung der Bundesrepublik führen würden, gerechnet[237]. All dies hatte sich nicht verwirklicht. Die ECA hatte eine Anfangsposition für die Bundesrepublik abgelehnt, und nach Ausbruch des Koreakrieges war weitere Dollarhilfe – wenn auch in Form von Militärhilfe – durchaus wahrscheinlich. Der deutsche Export in den EZU-Raum lief nur zögernd an, während beim Export in den Dollarraum zeitweise ein unerwarteter Erfolg zu verzeichnen war[238]. Darüber hinaus führten die mit der EZU eröffneten Importmöglichkeiten, wie Abbildung 1 zeigt, zu einer Verlagerung der Importe vom Dollarraum auf den EZU-Raum. Das resultierte in einem belastend hohen Defizit und offenbarte so die problematischen Seiten des dollar-saving.

Solche veränderten Umstände legten nahe, die deutsche Haltung zur EZU zu überdenken. Da es aber der Bundesrepublik unmöglich war, aus der EZU auszutreten, ist es denkbar, daß beispielsweise die deutsche Zentralbank bewußt eine Gefährdung der EZU in Kauf nahm und bereit war, die deutsche Mitgliedschaft in der EZU aufs Spiel zu setzen.

Wie gezeigt, vertraute das Zentralbanksystem zur Lösung der Zahlungsbilanzkrise auf zusätzliche Kredithilfe. Es lehnte eine administrative Beschränkung der Importe im Herbst 1950 ab. Mit einigem Recht kann deshalb seine Haltung als Spekulation bezeichnet werden[239]. Allerdings ist festzuhalten, daß dies für das Zentralbanksystem eindeutig Grenzen hatte. Wenn es auch auf einen Sonderkredit spekulierte, lag es nicht in seiner Absicht, die EZU aufs Spiel zu setzen. Ganz im Gegenteil: Während der Krise verstärkte sich innerhalb des Zentralbanksystems die Überzeugung, daß dieses regionale System für die deutsche Wirtschaft nützlich sei. Trotz des offensichtlichen Erfolges der deutschen Wirtschaft auf den Dollarmärkten sind dementsprechend Zweifel an der EZU nicht auszumachen. Zu keinem Zeitpunkt verfiel es auf die Idee, seine regionale Orientierung zu verändern und im Export zum Dollarraum eine Alternative zur EZU zu sehen[240]. Auch zeigt die Politik des Zentralbanksystems, daß es noch immer positiv zur EZU stand. Es war sogar bereit, auf sie – und auf den Sonderkredit

---

[237] Verschiedenen Ländern wurden im Rahmen der EZU sogenannte Anfangspositionen zugeteilt. Finanziert von der ECA, erlaubten die Kreditpositionen Defizite, die nicht auf die Quote angerechnet wurden.

[238] Der Export in die freien Dollarländer (Verbrauchslandprinzip) stieg von 16 Mio. $ (Juni 1950) auf 32 Mio. $ (November 1950). Allerdings fiel er zum Jahresende wieder ab. Vgl. Außenhandel der BRD, Dezember 1951, S. 24. Vgl. hierzu auch Temin, Koreaboom, S. 749, der global nachweist, daß der Koreaboom nicht als „positive demand shock", resultierend aus erhöhter Nachfrage nach deutschen Exportgütern, sondern vielmehr als ein „negative supply shock" zu interpretieren ist.

[239] Friedrich, Zahlungsbilanzpolitik, S. 92, meint sogar, daß die Zentralbank das Ziel verfolgte, jede Kreditvergabe zu vermeiden. Hierzu ist festzuhalten, daß die Höhe der Kreditverpflichtung während der EZU-Verhandlungen nur eine untergeordnete Rolle gespielt hatte. Vgl. S. 83 f.

[240] Vgl. BBK, B 330/32, Wrede, Auswirkungen einer Diskonterhöhung, 24. 10. 1950. Nicht so überzeugt das Wirtschaftsministerium, vgl. BBK, NL Emminger, Konvertibilität/Abbau der Devisen-

– seine Politik auszurichten. Nach anfänglichem Zögern und einigem Hin und Her konnte der Hinweis Veits auf § 58 des EZU-Abkommens überzeugen, und kreditpolitische Restriktionen wurden verabschiedet: „Wenn man eine solche Neueinrichtung der Wirtschaftspolitik einschlägt [...] und wenn man dann schließlich den Punkt auf das ‚i‘ setzt, indem man sich einem europäischen Zahlungssystem eingliedert, dann muß man eben eine Zahlungsbilanz mit dem Ausland – nämlich eine Bilanz der Zahlungen – im Inland herstellen. [...] § 58 besagt, daß geeignete Maßnahmen getroffen und von der Organisation kontrolliert werden müssen, schlechthin die Zahlungsbilanz in Ordnung zu bringen. Kein Land der Welt kann etwas anderes darunter verstehen als eine kreditpolitische Restriktion.“[241]

Der wichtigste Hinweis aber dafür, daß die Zentralbank die EZU nicht aufs Spiel setzen wollte, ist die Tatsache, daß sie nun neue, bisher unterbeleuchtete Aspekte der EZU schätzen lernte. Während zur Zeit der EZU-Verhandlungen vor allem die Exportmöglichkeiten für die Zentralbank wichtig waren, rückten nun die Importmöglichkeiten über die EZU in den Vordergrund. Dabei nahm der Sterling-Raum eine besondere Rolle ein. Innerhalb des Zentralbanksystems war man fest davon überzeugt, daß „jetzt allgemein in der Welt an die Stelle der Dollarlücke eine Pfundlücke zu treten beginnt“[242]. Vor diesem Hintergrund war seines Erachtens jegliche Gefährdung der deutschen EZU-Mitgliedschaft zu vermeiden, denn über die EZU konnten Importe aus dem Sterlinggebiet bezogen werden. Zusätzlich dazu befürwortete das Zentralbanksystem nun eine Verbindung zwischen der EZU und der Transferable Account Area[243]. Nur so könne dem „strukturellen Defizit“ der Bundesrepublik gegenüber dem Sterling-Raum abgeholfen werden[244]. Diese Meinung widersprach den vorher vertretenen Ansichten. Während das Zentralbanksystem bis dahin von der Position des Pfund Sterlings nicht überzeugt war, eine multilaterale Verwendung des nicht-konvertiblen Pfundes über die EZU und das Sterlinggebiet hinaus ablehnte und bei britischen Angeboten immer wieder auf mögliche amerikanische Einwände verwies, wollte es nun von den Verrechnungsmöglichkeiten eines nur transferierbaren Pfundes profitieren[245]. Als die USA im Februar 1951 dagegen Einwände erho-

zwangswirtschaft I 1949–52, Stedtfeld, Nochmals: Aufhebung der Devisenbewirtschaftung, 8.1.1951.

241 BBK, B 330/31, ZBR, Stenogramm, 13.10.1950. Veit sprach hier den § 58 von „A European Payments Union and the Rules of Commercial Policy“ vom 7.7.1950 an, in: HAEC, OEEC 304.

242 BBK, B 330/38, ZBR, Stenogramm, 24./25.1.1951.

243 Durch die britischen Devisenbestimmungen wurden die Handelspartner des Vereinigten Königreiches in verschiedene Kategorien unterteilt. Neben dem Sterlinggebiet gab es Länder mit Amerika- oder Kanada-Konten. Die Guthaben dieser Konten waren konvertibel. Länder mit bilateralen Konten erwirtschafteten nur Guthaben, die zwischen dem Vereinigten Königreich und dem betreffenden Land aufgerechnet werden konnten. Länder mit transferfähigen Konten konnten ihre Exporterlöse auch zum Einkauf bei einem anderen Mitglied der Transferable Account Area verwenden.

244 BBK, B 330/38, ZBR, Stenogramm, 24./25.1.1951.

245 Vgl. hierzu S. 85.

ben, ließ sich das Zentralbanksystem nicht beeindrucken[246]. Der Zentralbankrat hieß Anfang März 1951 die deutsche Teilnahme an dieser Verrechnungsmöglichkeit willkommen. Er stellte fest, daß auf diese Weise Sterling-Beträge aus Chile, Ägypten, Abessinien, Spanien usw. in die EZU einfließen könnten und die deutschen Import- wie Exportmöglichkeiten dadurch verbessert würden. Nun überzeugt von dem Nutzen des nur transferierbaren Pfundes, hob der Zentralbankrat hervor, daß „auch in Zukunft jedes zusätzlich gewonnene £-Sterling einem entsprechenden Wert in Dollar gleichzusetzen ist“[247].

Insgesamt zeigt also die Zahlungsbilanzkrise, daß das deutsche Zentralbanksystem an dem Prozeß der westeuropäischen Wirtschaftsintegration festhielt und die EZU nicht gefährden wollte. Vocke malte in einem dramatischen Brief an Adenauer die fatalen Konsequenzen eines Ausscheidens der Bundesrepublik aus der EZU aus: es wäre „der Todesstoß für die Europa-Idee, auch für den Schuman-Plan, vor allem aber für die deutsche Wirtschaft“, denn es würde zu Schwierigkeiten „auf dem Preisgebiet, auf dem Export und der Produktion“ führen[248]. Daß die BdL zur EZU positiv stand, wird besonders deutlich erkennbar daran, daß sie nun die Verrechnungsmöglichkeiten der Transferable Account Area mit der EZU verbinden wollte. Im Herbst 1950 noch skeptisch in bezug auf einen multilateralen Gebrauch des nicht-konvertiblen Pfundes[249], revidierte sie nun ihre Haltung: Jetzt war allein die Möglichkeit, jedes Pfund in die EZU einzubringen, entscheidend.

Im März 1951 wies die Zahlungsbilanz der Bundesrepublik zum EZU-Raum einen Überschuß in Höhe von 11,3 Mio. Dollar aus. Im April wuchs dieser Überschuß auf 45,1 Mio. Dollar an[250]. Damit war die akute Zahlungsbilanzkrise überwunden. Vorstehend wurde gezeigt, wie das Zentralbanksystem auf die Krise und die drohende Zahlungsunfähigkeit reagierte, wie es sich während der akuten Krisenphase zu den verschiedenen Optionen stellte und wie die einzelnen Entscheidungsprozesse verliefen. Dabei wurde deutlich, daß das Zentralbanksystem das Krisenmanagement weitgehend und in gewissem Sinne gezwungenermaßen übernommen hat. Nach anfänglichem Zögern entschied es sich für den Versuch, mittels Kreditrestriktionen die Importe einzudämmen und die Exporte zu fördern. Damit wurden die schon seit längerem innerhalb des Zentralbanksystems existierenden Divergenzen zu kreditpolitischen Maßnahmen ausgeräumt. Ausschlaggebend dafür war zum einen das Kooperationsangebot der EZU, zum anderen überzeugte der Druck seitens der EZU und ihrer Gutachter. Vor allem das Insistieren Jacobssons traf bei einigen Mitgliedern des Zentralbankrates auf ein offenes Ohr, denn schließlich entsprach eine solche Politik den klassischen

[246] Vgl. BoE, OV 34/59, Macdonald an Rootham, 26.2.1951.
[247] BBK, B 330/39, ZBR, Protokoll, 24./28.2. und 1.3.1951; Wienke, Angebot der Treasury und der Bank of England zum Eintritt in das TAA, 26.2.1951.
[248] Ludwig-Erhard-Stiftung (Hrsg.), Korea-Krise, Vocke an Adenauer, 26.2.1951, S.275ff.
[249] Vgl. BoE, OV 34/57, Serpell an Rootham, 21.9.1950.
[250] Vgl. Statistisches Handbuch der BdL, S.262.

Regeln der Geldpolitik. Hinzu kam, daß die Aufrechterhaltung der Liberalisierung als wichtig angesehen und eine Abwertung abgelehnt wurde, so daß andere Optionen nicht in Betracht kamen, während finanzpolitische Maßnahmen nur längerfristig greifen konnten. Doch wenn sich auch das Zentralbanksystem in dieser akuten Krisenphase für diese klassische Politik entschieden hat, so ist festzuhalten, daß dies besonderen Umständen, nicht zuletzt einem erheblichen Entscheidungszwang, geschuldet war. Insofern waren die ergriffenen Maßnahmen lediglich Ausdruck einer reaktiven, adaptiven Strategie[251]. Nur mit dem Nachlassen des Entscheidungsdruckes im Frühjahr 1951, mit der Verringerung des Einflusses von außen und mit der Überwindung der akuten Zahlungsbilanzprobleme konnte sich herausstellen, ob und inwieweit sich diese Strategie im Zentralbanksystem dauerhaft durchsetzen würde. Auch würde sich erst im weiteren Verlauf zeigen, ob und inwieweit die Krise auf das deutsche Zentralbanksystem formierend gewirkt hat.

4. Das deutsche Zentralbanksystem nach der Koreakrise

Für die Geschichte der Bundesrepublik wird die Koreakrise als ein bedeutendes und formierendes Ereignis angesehen. Von der Ludwig-Erhard-Stiftung wird sie als „ordnungspolitische Herausforderung" verstanden, die bravourös gemeistert wurde[252]. Abelshauser hingegen hat festgestellt, daß sich im Verlauf und im Anschluß an die Krise die Soziale Marktwirtschaft zu einer „korporativen Marktwirtschaft" entwickelte[253]. In bezug auf die Zentralbank und die Geldpolitik wurde betont, daß mit der Krise „der Grundstein sowohl für die innere Stabilisierung als auch für die nachfolgenden Zahlungsbilanzüberschüsse der Bundesrepublik gelegt wurde"[254]. Im folgenden werde ich nachzeichnen, wie sich die Krise langfristig auf die kredit- und handelspolitischen Anschauungen des Zentralbanksystems, auf seine Einschätzung der EZU, auf die Rolle und den Einfluß der Zentralbank sowie auf die bankinternen Entscheidungsstrukturen ausgewirkt hat.

Kreditpolitik

Mit der Suspension der Liberalisierung waren Einfuhren nur noch möglich, sofern eine Einfuhrgenehmigung erteilt wurde. Damit konnte sich das Zentralbanksystem nun auf den Standpunkt stellen, daß es keine zwingende Notwendigkeit

---

251 Vgl. hierzu James/Mintzberg/Quinn, Strategy Process. Die Strategie des Zentralbanksystems könnte auch als „muddling through" bezeichnet werden. Vgl. Lindblom, Muddling Through.

252 Vgl. Ludwig-Erhard-Stiftung (Hrsg.), Korea-Krise.

253 Vgl. Abelshauser, Ansätze. Zur Kritik dieser Position vgl. Klump, Wirtschaftsgeschichte; Ludwig-Erhard-Stiftung (Hrsg.), Korea-Krise.

254 Vgl. Emminger, Geld- und Währungspolitik, S. 489.

mehr gäbe, die Einfuhr auch über kreditpolitische Maßnahmen zu dämpfen. Diese Haltung nahm jedoch der Zentralbankrat nicht ein. Vielmehr setzte er seine restriktiven Bemühungen fort. Zwar fand eine weitere Erhöhung des Diskontsatzes keine Mehrheit. Es wurde aber den Banken auferlegt, das kurzfristige Kreditvolumen innerhalb von drei Monaten um eine Milliarde DM zurückzuführen[255]. Für diesen Beschluß waren vor allem zwei Gründe maßgebend. Zum einen befürchtete der Zentralbankrat, daß die Entliberalisierung die Einfuhr verteuern und somit zu einem Preisauftrieb führen würde[256]. Zum zweiten war durchaus unklar, ob mit der Einstellung der Lizenzausgabe die Zahlungsbilanzkrise zu überwinden war. Es standen nämlich noch beträchtliche Lizenzen aus[257]. Aber auch als im weiteren Verlauf deutlich wurde, daß der Lizenzstop erfolgreich war, behielt der Zentralbankrat seine kreditpolitischen Restriktionen bis auf einige Ausnahmeregelungen bei[258]. Selbst die Schwierigkeiten bei der Durchführung der Kreditrückführung und die prinzipiellen Zweifel an dieser Politik führten nicht zu einer Revision[259]. Auch als im Verlauf des Frühjahrs und Sommers 1951 die ECA und das Bankgewerbe für eine Lockerung der Restriktion plädierten, wurde diese Linie beibehalten[260]. Erst im Oktober 1951 hob der Zentralbankrat den Kreditrückführungsbeschluß vom Februar auf. Gleichzeitig setzte er aber Refinanzierungskontingente für die Kreditinstitute fest, um einer Ausweitung der kurzfristigen Kredite der Geschäftsbanken an Wirtschaftsunternehmen entgegenwirken zu können[261].

Verschiedene Motive wurden für die Fortsetzung der Restriktion angeführt. Wichtig war, daß sich das Lohn- und Preisniveau noch nicht stabilisiert habe[262]. Auch sollte die Kreditbegrenzung die interne Nachfrage niedrig halten. Das würde auf die Exporteure einen Exportdruck ausüben und die Industrie auf ausländi-

---

[255] Vgl. BBK, B 330/39, ZBR, Protokoll, 24./28.2. und 1.3.1951.

[256] Vgl. BBK, B 330/39, ZBR, Protokoll, 14./15.2.1951.

[257] Ende Februar beliefen sich die Lizenzen im liberalisierten Bereich auf 205,5 Mio. $, im nicht-liberalisierten Bereich auf 167,2 Mio. $. Vgl. HAEC, OEEC-TRA 310, MBC(51)44, EPU, The Position of Germany in EPU, Statistical Data, 17.5.1951.

[258] Zu den Ausnahmebestimmungen vgl. BdL, Geschäftsbericht 1951, S. 77. Damit wurde die Kreditrückführung zu einem selektiven Instrument.

[259] Veit formulierte die Zweifel in der Sitzung des Zentralbankrates am 29.3.1951: „Das Zentralbanksystem kann das nicht und ich glaube es kann es wirklich nicht. Ich glaube, wir kommen bald soweit, daß wir uns von den Banken die ganzen Debitorenlisten vorlegen lassen müssen, um ihnen sagen zu können, wo sie zurückzuführen haben. Das, was an Krediten abgebaut werden kann, sind in der Regel die Kredite, die eigentlich nicht abgebaut werden sollten, es sind nämlich die besten: Die nicht so guten lassen sich nicht abbauen.“ In: BBK, B 330/41.

[260] Vgl. Ludwig-Erhard-Stiftung (Hrsg.), Korea-Krise, Cattier an das Direktorium der BdL, 13.4.1951, S. 367f.; Vocke an Bundesverband des privaten Bankgewerbes, 30.6.1951, S. 407ff.; BBK, B 330/3378, Benning, Vermerk, 22.8.1951; BBK, B 330/2021, von Maltzahn an Vocke, 6.8.1951; BBK, B 330/48, ZBR, Stenogramm, 10./11.10.1951.

[261] Vgl. BBK, B 330/49, ZBR, Protokoll, 24./25.10.1951.

[262] Vgl. BBK, B 330/42, ZBR, Stenogramm, 25.4.1951; BBK, B 330/43, ZBR, Stenogramm, 30.5.1951. Zur Preisentwicklung siehe Wirtschaft und Statistik 3 (1951), Heft 12, S. 467 und S. 498ff.

Abbildung 2: Verwendung des Sozialproduktes 1949-1952

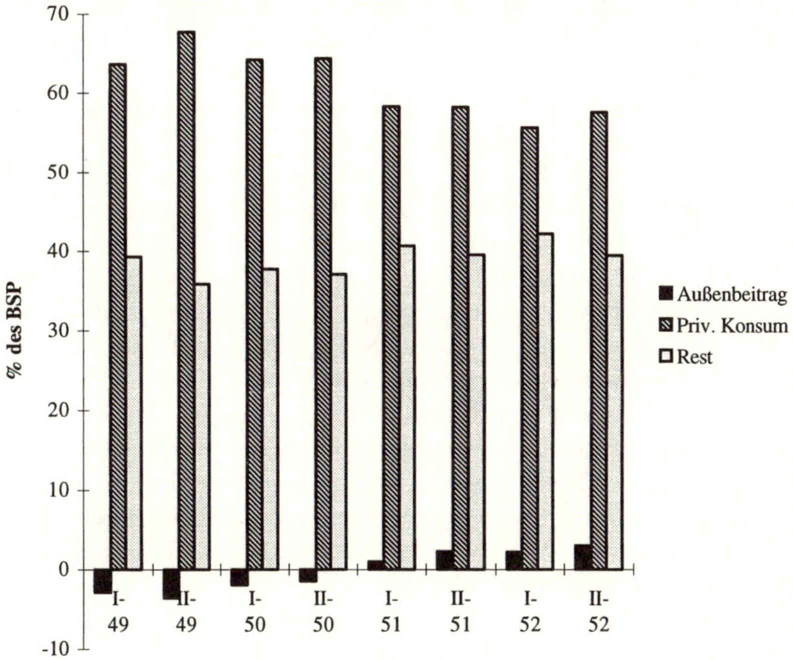

Quelle: Statistisches Jahrbuch der BRD 1953, S. 546 f.

sche Märkte verweisen. Gleichzeitig würde die Restriktion die Exporteure veranlassen, auf Eingang ihrer Forderungen zu drängen[263].

Insgesamt hatte sich also die Strategie der klassischen kreditpolitischen Maßnahmen auch über die Phase der akuten Zahlungsbilanzprobleme hinaus konsolidiert. Entsprechend war sich der Zentralbankrat im Herbst 1951 einig, daß bei einer Wiederaufnahme der Liberalisierung die Zahlungsbilanzentwicklung unter Umständen „drastische kreditpolitische Maßnahmen" notwendig machen könnte. Anstandslos war er bereit, eine solche Politik einzuschlagen[264]. Wenngleich die Reliberalisierung letztendlich ohne Zahlungsbilanzanspannungen erfolgen konnte und kreditpolitische Maßnahmen nicht notwendig wurden, so war damit eine eindeutige Politiklinie formuliert worden. Daß diese Politiklinie auch mit einigem Erfolg durchgeführt worden ist, ergibt sich aus den in Abbildung 2 dargestellten Verschiebungen in der Verwendung des Sozialproduktes. Hier zeigt sich, daß der private Konsum zugunsten des Außenbeitrages zurückgedrängt worden ist.

---

263 Vgl. BBK, B 330/41, ZBR, Stenogramm, 11./12.4.1951; BBK, B 330/42, ZBR, Stenogramm, 9.5.1951; Ludwig-Erhard-Stiftung (Hrsg.), Korea-Krise, Vocke an den Bundesverband des privaten Bankgewerbes, 30.6.1951, S. 407 ff.

264 BBK, B 330/48, ZBR, Stenogramm, 10./11.10.1951.

Handelsfragen: Liberalisierung und Importbewirtschaftung

Im Jahre 1949 hatte das Zentralbanksystem die Liberalisierung befürwortet, da es die deutsche Wirtschaft als importabhängig verstand und da es eine passive Zahlungsbilanz anstrebte, um so Ziehungsrechte und Auslandshilfe zu erhalten. Mit den veränderten Bedingungen und mit dem Rückgang der Auslandshilfe mußte der zweite Grund wegfallen. Als Frage bleibt demnach, ob und inwieweit das Zentralbanksystem die Liberalisierung per se als erstrebenswert ansah.

Als der Zentralbankrat im Februar 1951 die Entliberalisierung empfahl und damit in gewisser Weise einleitete, stellte er heraus, es handele sich nur um eine vorübergehende Notmaßnahme. Dies war für das Zentralbanksystem nicht nur ein Lippenbekenntnis. Vielmehr standen Importe auf der Prioritätenskala des Zentralbanksystems weiterhin an exponierter Stelle. Das Zentralbanksystem strebte eine zügige Reliberalisierung an. Als Begründung führte es vor allem drei Motive an. Zum einen habe eine Drosselung des Imports negative Auswirkungen auf das Preisniveau und führe zu Versorgungsengpässen. So wurde Vocke schon im Mai 1951 bei Erhard vorstellig und plädierte für einen verstärkten Import: „In einer Zeit, in der es auf des Messers Schneide steht, ob die Preise durch den innerdeutschen Liquiditätsdruck und die Unsicherheit auf den Weltmärkten wieder nach unten gedrückt werden oder ob die Lohn- und Gehaltserhöhungen, Sonderumsatzsteuern usw. zu einer neuen Kaufwelle und Preishausse führen, muß es auch im vordringlichsten Interesse der Bank liegen, daß jegliche Versorgungsstörungen vermieden werden. [...] Die Gefahr derartiger Versorgungsstörungen ist aber fast unvermeidlich, wenn nicht in der Einfuhrpolitik ein anderer Kurs gesteuert wird."[265]

Zum zweiten fürchtete das Zentralbanksystem, die Stockung der Rohstoffeinfuhren könne die Produktion beeinträchtigen und so die Exportfähigkeit schädigen. Möglichst billige Einfuhren seien weiterhin notwendig. Getreu der liberalen Theorie hieß das für das Zentralbanksystem eben auch Abbau des Bilateralismus und Reliberalisierung. Schließlich müsse die deutsche Industrie am Weltmarkt konkurrieren. Deshalb müsse sie auch jederzeit unter weltmarktmäßigen Bedingungen einkaufen können[266]. Darüber hinaus betonte der Zentralbankrat, daß der deutsche Exportanstieg nur auf die Öffnung der europäischen Märkte zurückzuführen sei, weshalb das Prinzip der Liberalisierung befürwortet werden müsse[267].

Zum dritten sorgten sich einige BdL-Angehörige schon frühzeitig um die Zahlungsbilanzsituation anderer europäischer Länder. Bereits im Frühjahr 1951 befürchtete Emminger, daß die OEEC-Länder bei einer Aufrechterhaltung der deutschen Entliberalisierung in ernsthafte Zahlungsbilanzschwierigkeiten gera-

---

[265] BBK, B 330/2021, o.V., Vermerk, 10.5.1951; Vocke an Erhard, 15.5.1951.

[266] Vgl. BBK, B 330/49, ZBR, Stenogramm, 7./8.11.1951.

[267] Vgl. BBK, B 330/43, ZBR, Stenogramm, 23./24.5.1951.

ten würden. In einer solchen Situation würden sie früher oder später ihren Import aus der Bundesrepublik einschränken[268]. Mit der Verschlechterung der französischen und britischen Zahlungsbilanzsituation nahmen diese Befürchtungen zu. Im November 1951 wurde Vocke sogar bei Adenauer vorstellig und schlug „gewisse Konzessionen" von deutscher Seite an das Vereinigte Königreich vor[269].

Trotz dieser prinzipiell positiven Haltung zur Liberalisierung und zum Multilateralismus hatte die BdL aber auch einige Vorbehalte, und in bezug auf eine Reliberalisierung formulierte sie vor allem zwei Bedingungen. Ihres Erachtens war vor einer Reliberalisierung eine gewisse Protektion der deutschen Wirtschaft und ein angemessenes Devisenpolster unabdingbar. Als Devisenreserve strebte das Zentralbanksystem neben der EZU-Kreditlinie eine freie Reserve von 200 Mio. Dollar plus die Guthaben des Kontos II an und traf ein entsprechendes Abkommen mit der Bundesregierung[270]. In bezug auf die Protektion der Wirtschaft waren die Währungspolitiker nicht so spezifisch. Sie formulierten jedoch bei mehreren Gelegenheiten, daß die Liberalisierung „nicht in Frage kommen [kann], ehe wir einen einigermaßen adäquaten Zollschutz haben, den wir nicht vor dem Herbst bekommen werden"[271]. Erst als diese beiden Bedingungen im Herbst 1951 erfüllt waren – im November betrugen die konvertiblen Reserven 388,9 Mio. Dollar; im Oktober wurde die Bundesrepublik Mitglied des GATT, und gleichzeitig traten das Zolltarifgesetz und das Protokoll von Torquay in Kraft[272] –, befürwortete die Zentralbank die Reliberalisierung. Zwar sprachen sich einige Mitglieder des Zentralbanksystems für ein langsameres Vorgehen und eine anfänglich niedrigere Liberalisierungsquote aus. Auch versuchte Vokke, eine erneute Liberalisierung mit der Höhe des Verteidigungsbeitrages zu verknüpfen[273]. Insgesamt stand das Zentralbanksystem aber der OEEC-Liberalisierung positiv gegenüber, sofern die Bedingungen einer angemessenen Devisenreserve und eines Zollschutzes erfüllt waren. Ein aus der Reliberalisierung resultierender Zwang zur Restriktion führte nicht zur Ablehnung der Liberalisierung. Auch der Umstand, daß das Zentralbanksystem eine verstärkte Einfuhr von Roh-

---

268 Vgl. Emminger, D-Mark, S. 60; BBK, B 330/2021, o. V., Vermerk, 10. 5. 1951.

269 BBK, B 330/2011, Vocke an Adenauer, 14. 11. 1951. Siehe auch BBK, B 330/50, ZBR, Stenogramm, 5./6. 12. 1951.

270 Vgl. BBK, B 330/2055, Direktorium, Protokoll, 2. 8. 1951; BAK, B 102/13720, I A an Treue, 9. 6. 1951 und BAK, B 126/12108, von Spindler, Dollarkonto II, 20. 6. 1951. Siehe auch BBK, B 330/42, ZBR, Stenogramm, 9. 5. 1951; BBK, B 330/43, ZBR, Protokoll, 30. 5. 1951; BBK, B 330/42, ZBR, Protokoll, 20./21. 6. 1951. Am 15. 5. 1951 betrug der Saldo des Kontos II 125,7 Mio. $ mit wachsender Tendenz. Vgl. BBK, B 330/2012, BdL, Die deutsche Transferfähigkeit, 2. 2. 1952. Als freie Reserve war somit ein Betrag von mindestens 325 Mio. $ vorgesehen. Das entsprach ungefähr der Einfuhr von 6 Wochen.

271 BBK, B 330/43, ZBR, Stenogramm, 23./24. 5. 1951. Ähnlich auch BBK, B 330/42, Vocke, Bardepot, 24. 4. 1951.

272 Vgl. Statistisches Handbuch der BdL, S. 261. Zum GATT, dem deutschen Zolltarif und den Verhandlungen in Torquay vgl. Jerchow, Außenhandel.

273 Die Mehrheit war jedoch der Meinung, daß „es keinen Sinn" hat, besondere Vorschläge zum Prozentsatz zu machen. Vgl. BBK, B 330/48, ZBR, Stenogramm, 10./11. 10. 1951; BBK, B 330/50, ZBR, Stenogramm, 5./6. 12. 1951. Zu Vocke vgl. BBK, B 330/2012, Vocke an Erhard, 5. 10. 1951.

stoffen zu Lasten von Fertigwarenimporten befürwortete, resultierte nicht in einem Plädoyer gegen die Liberalisierung. Das Zentralbanksystem hatte keine Ambitionen, lenkend in den deutschen Import einzugreifen[274].

Zahlungsfragen

Schon frühzeitig hatte die BdL das regionale europäische Zahlungssystem der EZU gutgeheißen und unterstützt. Zwar spielten bei der Befürwortung auch die damit verbundene Auslandshilfe und die Kreditmöglichkeiten sowie die eingeschränkte deutsche Handlungsfähigkeit eine Rolle. Wichtiger aber war, daß die EZU eine weitgehende Verwendbarkeit der europäischen Währungen gewährleistete und Im- und Exportmöglichkeiten aus dem und in den EZU-Raum schuf.

Auch im Gefolge der Zahlungsbilanzkrise änderte sich an dieser positiven Haltung zur EZU und an der Orientierung auf Europa nichts. Zwar mußte die BdL im Jahre 1951 bei einem Defizit zum Dollarraum in Höhe von 335 Mio. Dollar und einem Überschuß zum EZU-Raum in Höhe von 400,2 Mio. Dollar schmerzlich erfahren, daß „die nur beschränkte Konvertibilität der EZU-Überschüsse" einen Ausgleich der globalen Zahlungsbilanz verhinderte[275]. Trotzdem stand sie weiterhin positiv zur EZU[276]. Wie zuvor lag der Grund hierfür nur sehr bedingt in den Kreditlinien und in den Möglichkeiten, Gold oder Dollar über die EZU zu erhalten. Zu den Kreditlinien hielt die Bank fest, daß die von Erhard im Frühjahr angestrebte Quotenerhöhung von 320 Mio. RE auf 800 Mio. RE unnötig sei. Die Kreditlinien der EZU seien zwar „eine dringend erforderliche Stärkung der Devisenreserven", sie könnten und sollten jedoch eine ausgeglichene Zahlungsbilanz nicht ersetzen[277]. Zu den Möglichkeiten, Gold über die EZU zu akkumulieren, meinte die BdL, die EZU-Struktur sei darauf nicht eingerichtet. Wenn die EZU-Mitglieder über die EZU Dollars verdienen wollten, würde die EZU nur in ihrer Existenz gefährdet werden[278]. Der Grund für die Wertschätzung der EZU durch die BdL waren vielmehr in erster Linie die Import- und Exportmöglichkeiten. Durch den Einschluß einer Reihe überseeischer Rohstoffgebiete in den Zahlungsmechanismus erleichterte die EZU die Versorgung der deutschen Wirtschaft. Gleichzeitig ermöglichte das OEEC-Liberalisierungsprogramm den Export nach Europa. Wegen dieser Exportchancen war die BdL auch schon früh-

[274] Das Zentralbanksystem stellte immer wieder die Zuständigkeit der Regierung für das Importprogramm heraus. Vgl. BBK, B 330/2055, Direktorium, Protokoll, 28.6.1951; BBK, B 330/45, ZBR, Stenogramm, 4./5.7.1951; BBK, B 330/49, ZBR, Protokoll, 24./25.10.1951; ZBR, Protokoll, 7./8.11.1951; BBK, B 330/50, ZBR, Protokoll, 5./6.12.1951.

[275] BdL, Geschäftsbericht 1951, S.1 und S.54.

[276] Der beste Beleg dafür ist eine detailliert-kritische und gleichzeitig sehr positive Darstellung der EZU von Emminger. Vgl. Emminger, Europäische Zahlungsunion. Alle Veröffentlichungen von BdL-Mitgliedern mußten von Vocke genehmigt werden und sind demnach offizielle Stellungnahmen.

[277] BBK, B 330/2015, Vocke an Blücher, 5.5.1951; BBK, B 330/2021, Vocke an Erhard, 23.5.1951; BBK, P-A, Vocke, Ansprache auf der Tagung der Deutschen Gruppe der Internationalen Handelskammer, 23.5.1951.

[278] Vgl. BBK, B 330/2012, BdL, Die deutsche Transferfähigkeit, 2.2.1952.

zeitig um die Zahlungsbilanzsituation der anderen Teilnehmerländer besorgt. Das verstärkte sich mit den Zahlungsbilanzschwierigkeiten des Vereinigten Königreiches und Frankreichs gegen Ende des Jahres 1951. Um die Schwierigkeiten zu mildern und vor allem um Entliberalisierungsmaßnahmen abzuwenden, schlug Vocke bei mehreren Gelegenheiten verstärkte deutsche Einfuhren aus dem EZU-Raum vor[279].

Insgesamt richtete sich die BdL nun stärker auf den Ausgleich der regionalen Zahlungsbilanz aus. Das wurde auch daran deutlich, daß Vocke im Mai 1951 öffentlich forderte, „die EZU sollte auch genauso gut, schnell und durchgreifend wie für die Schuldner das extreme Gläubigerproblem anpacken"[280]. Im Jahre 1950 war genau das noch als problematisch angesehen worden[281].

Die Befürwortung der EZU, die handelspolitische Orientierung auf Europa und die Ausrichtung auf eine regional ausgeglichene Zahlungsbilanz bargen jedoch ein Problem, nämlich daß die deutsche Dollarlücke vorerst fortbestehen würde. Diese konnte nicht – wie es in einem globalen Währungssystem möglich ist – durch europäische Überschüsse geschlossen werden. Dessen war sich die Zentralbank bewußt, und dieser Umstand wurde bedauert. Immer wieder wies die Zentralbank auf die traditionellen deutschen Handelsströme hin, stellte die mangelnde Konvertibilität fest und sprach von einem strukturellen Defizit: „Das frühere deutsche Reich wies schon vor dem Krieg fast ständig einen erheblichen Passivsaldo in seiner Waren- und Dienstleistungsbilanz gegenüber Nordamerika auf, die es aber entweder durch Kapitalzuflüsse aus Amerika oder durch (konvertierbare) Überschüsse im Verkehr mit anderen, insbesondere europäischen Ländern ausgleichen konnte. Die Abhängigkeit des heutigen Westdeutschlands von Dollar-Lieferquellen für Nahrungsmittel und Rohstoffe ist durch seine Abtrennung von den ost- und mitteldeutschen Gebieten und durch die fast völlige Einbuße der früheren Lieferungen aus Ost- und Südosteuropa ungleich größer als diejenige des deutschen Reiches vor dem Krieg. Andererseits ist die Möglichkeit, Dollar im Dreiecksverkehr zu verdienen, angesichts der mangelnden Konvertierbarkeit der wichtigsten Nicht-Dollar-Währungen im Vergleich zur Vorkriegszeit praktisch gleich Null."[282] Gleichwohl versuchte die BdL nicht, dieses Problem zu lösen. Vielmehr nahm sie die Dollarlücke hin und wollte sich mit ihr arrangieren. Während sie feststellte, daß Dollars nicht über die EZU verdient werden könnten, sah sie, daß eine Steigerung der Ausfuhr in den Dollarraum „ein sehr mühseliger Prozeß" sei. Die amerikanische Industrie war eine „übermächtige Konkurrenz", und

---

[279] Vgl. z.B. BBK, B 330/2011, Vocke an Adenauer, 14.11.1951. Es kam trotzdem zu Entliberalisierungsmaßnahmen: Im November reduzierte das Vereinigte Königreich seine Liberalisierung von 90 auf 60%, im März 1952 auf 46%; im Februar 1952 nahm Frankreich seine Liberalisierung vollkommen zurück. Vgl. OEEC, 4th Annual Report, S.69.

[280] BBK, P-A, Vocke, Ansprache auf der Tagung der Deutschen Gruppe der Internationalen Handelskammer, 23.5.1951.

[281] Vgl. hierzu S. 85.

[282] BBK, B 330/2012, BdL, Die deutsche Transferfähigkeit, 2.2.1952.

„in absehbarer Zeit“ gab es laut BdL keine Möglichkeit, das Defizit zum Dollarraum durch eine Abwertung oder einen dollar-drive auszugleichen[283].

Die Tatsache, daß die BdL die Dollarlücke als unabänderlich ansah und eine Orientierung auf Europa befürwortete, hieß aber nicht, daß sie die Konvertibilität als ein zukünftiges Außenhandelsregime prinzipiell ablehnte. Ganz im Gegenteil: Sie wollte sogar langfristig auf dieses Währungsregime hinarbeiten. Als Vocke im Sommer 1951 vermutete, daß das Vereinigte Königreich bald die Konvertibilität erklären würde, stellte er – ohne einem Widerspruch seiner Kollegen zu begegnen – fest: „England steht so nahe vor der Konvertibilität und Italien und Belgien werden dann sehr gleichzeitig kommen. Wir müssen auch auf diese Punkte hinarbeiten, um gleichzeitig in der Geschichte drin zu stehen.“[284] So sah das Zentralbanksystem ein Konvertibilitätsregime als normales und anzustrebendes Ziel an. Vorerst aber richtete es seine Geldpolitik und seine internationale Währungspolitik auf Europa aus.

Das Interesse der BdL an Europa zeigt sich aber nicht nur in der Gegenüberstellung von Dollar- und EZU-Raum. Es offenbart sich auch in der Gegenüberstellung mit anderen Ländern und Regionen. An einer Förderung des Handelsaustausches mit diesen Gebieten war die Bank nämlich nicht interessiert. Sie schätzte die Märkte außerhalb Westeuropas als nicht aufnahmefähig ein, und sie lehnte eine Ausweitung dieser Handelsbeziehungen ab. Ein wichtiges Motiv hierfür war, daß der Zahlungsverkehr mit diesen Gebieten bilateral organisiert war und damit die Verwendungsmöglichkeiten der aufgelaufenen und auflaufenden Guthaben gering war. So entschied sich die BdL, Swings im Ost-West-Handel nur zu einzuräumen, falls sie dafür von der Regierung sichergestellt würde. Im Falle Jugoslawien lehnte sie eine Refinanzierung der Exporte ab[285]. Bei einem Geschäft der Siemens-Schuckert AG mit Argentinien gewährte sie zwar Refinanzierungshilfe in Höhe von 31 Mio. DM. Gleichzeitig stellte sie aber heraus, daß dies keinerlei präjudizierende Wirkung habe[286]. Immer wieder wies sie darauf hin, daß eine Zentralbank keine langfristigen Kredite vergeben kann und daß sie hierfür nicht mehr zur Verfügung stehe[287]. Für die EZU aber übernahm sie diese langfristigen Kredite stillschweigend.

Kapitalverflechtung

Für die außenwirtschaftliche Strategie des Zentralbanksystems waren aber nicht nur Handels- und Zahlungsfragen von Bedeutung. Auch die Kapitalverflechtung

[283] Alle Zitate aus ebenda. Zur Frage einer Abwertung als Strategie vgl. BBK, B 330/2012, Volkswirtschaft und Statistik, Vermerk, 4.10.1951.
[284] BBK, B 330/45, ZBR, Stenogramm, 4./5.7.1951.
[285] Vgl. Kabinettsprotokolle IV (1951), 138. Kabinettssitzung am 30.3.1951, S.272.
[286] Vgl. BBK, B 330/48, ZBR, Protokoll, 10./11.10.1951.
[287] Vgl. BBK, B 330/44, Vocke, Finanzierung langfristiger Exportgeschäfte, 2.6.1951. Vgl. auch BBK, B 330/2021, Erhard an Vocke, 14.12.1951; Vocke an Erhard, 19.12.1951; Vocke an Erhard, 15.1.1952.

mit dem Ausland war ein wichtiges Thema. Schon von Anfang an hatten Exponenten des Zentralbanksystems herausgestellt, daß Auslandskredite für die Rekonstruktion der deutschen Wirtschaft eine conditio sine qua non waren. Aber selbst wenn über diese Notwendigkeit Einigkeit herrschte und Vocke bei vielen Gelegenheiten insistierte, daß „wir uns die Chance, das ausländische Kapital nachhaltig in Deutschland zu interessieren, unter keinen Umständen verderben [dürfen]“[288], wurden hier in den ersten Jahren nur geringe Fortschritte und wenige konkrete Ergebnisse erzielt. Der Grund dafür war, daß einer kapitalmäßigen Verflechtung mit dem Ausland einige Hindernisse entgegenstanden und gleichzeitig manche Vorbehalte auf beiden Seiten existierten.

Ein bedeutendes Hindernis für Auslandsinvestitionen war die Unwilligkeit des Auslandes, in die westdeutsche Wirtschaft zu investieren und, über die staatliche Kredithilfe hinaus, Kapital in die Bundesrepublik einzubringen. Als im Juni 1950 das bis dahin zum Schutz der deutschen Wirtschaft bestehende alliierte Investitionsverbot gelockert wurde, zeigte sich dieser Unwillen deutlich: Es folgten nur geringe Neuinvestitionen[289]. Diese Zurückhaltung war sicherlich darin begründet, daß Erträgnisse aus derartigen Anlagen nur auf DM-Sperrkonten fließen konnten[290]. Genauso wichtig war aber auch, daß Deutschland – sei es der deutsche Staat, seien es die deutschen Banken oder die deutsche Industrie – einen schlechten Ruf als internationaler Bankrotteur hatte[291]. Darauf wiesen auch die Alliierten hin, und im Jahr 1949 sprach McCloy das Problem der deutschen Kreditwürdigkeit an. Er informierte Adenauer, daß neue private Kredite für die deutsche Wirtschaft nur zu erwarten seien, wenn zuvor die Frage der Altschulden geregelt würde[292]. Im Oktober 1950 forderte die Alliierte Hohe Kommission dann die Bundesregierung auf, sich für die Vor- und Nachkriegsschulden Deutschlands verantwortlich zu betrachten und bei einer ordnungsgemäßen Regelung dieser Schulden mitzuwirken[293]. Mit der Anerkennung der Schulden im März 1951 war der Weg zu internationalen Schuldenverhandlungen frei. Diese begannen im Sommer 1951 und endeten im Februar 1953 mit der Unterzeichnung des Londoner Schuldenabkommens.

In der BdL trafen die alliierten Ansichten und Forderungen auf gemischte Reaktionen. Zwar erkannte die Bank an, daß die deutsche Kreditwürdigkeit wiederhergestellt werden müßte. Deshalb befürwortete sie eine Regelung der Vor-

---

288 BBK, B 330/2021, Vocke an Erhard, 16.8.1949.

289 Die ausländischen Investitionen stiegen zwar von 30 Mio. DM (1950) auf 70 Mio. DM (1951), waren aber noch immer sehr gering. Vgl. Deutsches Geld- und Bankwesen, S. 343.

290 Für die Bestimmungen vgl. BdL, Geschäftsbericht 1950, S. 59f.

291 Vgl. BoE, OV 34/54, Rootham an O'Brien, 17.5.1950. Vocke wußte zu berichten, daß man in den USA derartige Zweifel nicht hegte: „Es ist mir ganz spontan gesagt worden: Sie werden Kredit finden. [...] Wir wissen, der deutsche Kaufmann steht zu seinem Wort.“ In: BBK, B 330/21, ZBR, Stenogramm, 15./16. 12.1949.

292 Vgl. Kabinettsprotokolle I (1949), 13. Kabinettssitzung am 18.10.1949, S. 139.

293 Vgl. Schwarz (Hrsg.), Wiederherstellung, AHK an Adenauer, AGSEC(50)2339, 23.10.1950, S. 97ff.

kriegsschulden. Schon im Jahre 1948 war Vocke sogar in dieser Hinsicht aktiv geworden. Er hatte einen Deutschen Ausschuß für internationale finanzielle Beziehungen einberufen, der sich diesen Fragen widmen sollte[294]. Allerdings richtete Vocke dabei das Hauptaugenmerk auf bestimmte Schuldkategorien, nämlich die sogenannten Stillhalteverpflichtungen. Die Regelung dieser kurzfristigen Währungskredite war seines Erachtens von herausragender Bedeutung. Sie sollten so schnell wie möglich beglichen – ja sogar vorgezogen – werden[295]. Davon erhoffte er sich, daß neue ausländische Kreditlinien, vor allem in Form von Rembourskrediten, unverzüglich eröffnet würden. Die Tatsache, daß ausländische Banken bei Rembourskrediten sehr zurückhaltend waren, war nämlich laut Vocke einer der Gründe für die Schwierigkeiten der Außenhandelsfinanzierung und für die deutschen Zahlungsbilanzschwierigkeiten der Jahre 1950/51 gewesen[296].

Hinsichtlich der Fragen, ob, wann, in welcher Form und inwieweit die anderen Schulden zu tilgen seien und ob die Bestimmungen über die Sperrmarkkonten gelockert werden sollten, war sich das Zentralbanksystem unsicher. Zwar forderte das Direktorium schon 1949, „zum ersten möglichen Zeitpunkt mit wenigstens teilweiser Bedienung der alten Auslandsschulden zu beginnen". Gleichzeitig war es stets um die Transfermöglichkeiten besorgt. Auch befürchtete es einen erheblichen Kapitalabzug[297]. Der Zentralbankrat war bei diesen Fragen sogar noch skeptischer. Er betonte, daß DM-Sperrguthaben nur für langfristige Finanzierungen zur Verfügung gestellt werden sollten. Für die nächste Zukunft mußte seines Erachtens der Transfer für Zinsen und Rückzahlungen ausgeschlossen bleiben[298]. So erklärte sich der Zentralbankrat mit der Zurückhaltung der Alliierten in bezug auf bilaterale Schuldenregelungen einverstanden und trug damit – wie ausländische, vor allem schweizerische Finanzkreise vorwarfen – zur Schaffung einer „grotesken Situation" bei: Einerseits würde von der deutschen Wirtschaft um ausländisches Kapital geworben; andererseits würden die Altguthaben so schlecht behandelt, „als ob man gegen jeden Anlagewillen eine Warntafel errichten wollte"[299].

Abgesehen von dem Altschuldenproblem waren aber noch andere Erwägungen, die gegen eine Kapitalverflechtung mit dem Ausland sprachen, von Bedeutung. Vor allem hatte die Zentralbank Bedenken, daß für neue Auslandsinvestitionen in gewissem Ausmaß der Transfer von Erträgen zu gewähren sei, und daß diese Anla-

---

294 Vgl. BBK, B 330/2011, Vocke an Abs, 27.9.1948, von Schelling, Vermerk, 24.9.1948. Abs, der spätere Delegationsleiter bei der Londoner Schuldenkonferenz, berichtet, daß er der Initiator dieses Ausschusses war. Vgl. Abs, Wiederherstellung, S. 14f.

295 Vgl. BBK, B 330/2034, Vocke an McCloy, 27.2.1951; McCloy an Vocke, 12.6.1951.

296 Vgl. BBK, B 330/2034, Vocke an McCloy, 27.2.1951; BBK, B 330/3377, Vocke an Adenauer, 28.11.1951. Vgl. auch BBK, B 330/19, ZBR, Stenogramm, 9.11.1949.

297 BBK, B 330/2054, Direktorium, Protokoll, 3.11.1949. Vgl. auch BBK, B 330/2055, Direktorium, Protokoll, 8.6.1951 und 12.7.1951.

298 Vgl. BBK, B 330/26, ZBR, Protokoll, 4.5.1950.

299 Das warf Edgar Salin in den Basler Nachrichten Nr. 177 und Nr. 179, vom 27. und 28.4.1950, „Die wirtschaftlich-politische Situation in Westdeutschland" vor. Zit. nach Abs, Entscheidungen, S. 57.

gen also weitere Devisenauslagen verursachen könnten. Aus diesem Grund hob Wilhelm hervor, daß nur solche Investitionen erwünscht seien, die Devisen erwirtschaften würden. Die deutschen Währungspolitiker hielten es sogar für erforderlich, „die Investierung von Fall zu Fall von individueller Prüfung und Genehmigung abhängig zu machen"[300]. Dieser Wunsch des Zentralbanksystems nach Kontrolle der Kapitalverflechtung war vor allem auf die Devisenknappheit zurückzuführen. Die desaströsen Erfahrungen mit Auslandskrediten in der Zwischenkriegszeit – die Konterkarierung der Zentralbankpolitik, die Fluktuationen des internationalen Kapitalverkehrs, die Einschränkungen der Autonomie – waren dabei weitgehend irrelevant[301]. Auch die Gefahr einer „Überfremdung" der deutschen Wirtschaft war – wenngleich noch immer erwähnenswert – für die Zurückhaltung der Bank nicht wesentlich. Wilhelm stellte hierzu fest, daß dies „zur Zeit" von deutscher Seite nicht „als ernstes Problem" angesehen wird[302].

Während also einige Zweifel und ein gewisses Zögern in bezug auf Kapitalverflechtung, die über Rembourskredite hinausgingen, bestanden, verengte sich im Lauf der Zeit der Wunsch der Bank nach Auslandskrediten immer mehr auf Internationale Organisationen. Dabei wurde der Schwerpunkt auf die Weltbank gelegt, denn sowohl auf die EZU- als auch auf die IWF-Kreditlinien sollte laut BdL nur kurzfristig zurückgegriffen werden. Sie sollten „nicht im Sinne einen höheren Dauerverschuldung" beansprucht werden[303]. Für einen Kredit der Weltbank war die BdL sogar in der Lage, die zeitweise erheblichen Vorbehalte gegenüber den Bretton-Woods-Institutionen, vor allem gegenüber dem IWF, zu überwinden und eine deutsche Mitgliedschaft in dieser Institution gutzuheißen. Sie sah „große Kredite", vor allem von der Weltbank, für die „moralische Stärkung unseres Währungssystems" als unabdingbar an[304].

Das Zentralbanksystem zum Jahresende 1951

Ende 1951 hatte die Bundesrepublik ihren EZU-Sonderkredit zurückgezahlt, ihre kumulative Schuldnerposition in der EZU abgebaut und ihre Währungsreserven aufgestockt. Der deutsche Export nach und der deutsche Import aus Eu-

[300] BBK, B 330/3287, Wilhelm, Ausarbeitung, 5.4.1950. Erst im Jahre 1952 rückte die BdL von diesem Standpunkt ab, vgl. BBK, B 330/2055, Direktorium, Protokollentwurf, 8.5.1952.

[301] Als die BdL feststellte, daß das traditionelle deutsche Defizit in der Waren- und Dienstleistungsbilanz mit Übersee früher durch Überschüsse in Europa und Kapitalimporte ausgeglichen wurde, erwähnte sie die Problematik solcher Kapitalimporte nicht. Vgl. BBK, B 330/2012, BdL, Die deutsche Transferfähigkeit, 2.2.1952. Auch die Möglichkeit „unechter" Rembourse wurde nicht angesprochen.

[302] BBK, B 330/3287, Wilhelm, Ausarbeitung, 5.4.1950.

[303] BBK, P-A, Vocke, Ansprache auf der Tagung der Deutschen Gruppe der Internationalen Handelskammer, 23.5.1951. Ähnlich auch BBK, NL Emminger Konvertibilität/Abbau der Devisenzwangswirtschaft I 1949–52, Kesselring/Benthin, Niederschrift über die Arbeitsgemeinschaft Außenwirtschaft, Handels- und Zahlungsbilanz, Währungspolitik, o.D. (Mai/Juni 1951).

[304] BBK, B 330/21, ZBR, Stenogramm, 15./16.12.1949. Zu den Vorbehalten zum IWF vgl. BBK, B 330/2043, Vocke an Schäffer, 20.3.1951; BBK, B 330/3378, Vocke, Vermerk, 14.11.1951; o.V. (vermutlich Vocke), Vermerk, 14.12.1951.

ropa nahmen zu. Die Arbeitslosigkeit ging zurück. Gleichzeitig stieg die Produktion bei stabilen, sogar leicht rückläufigen Preisen weiter an[305]. Die Zahlungsbilanzkrise war überwunden, und damit fand auch für das Zentralbanksystem ein erster Abschnitt ein Ende.

In den ersten Jahren seines Bestehens war der mit der Gründung des Zentralbanksystems im Frühjahr 1948 vorgegebene Rahmen ausgefüllt worden. Leitende Positionen waren besetzt worden. Erste Krisen waren überstanden, und Kooperations- und Konfliktmodelle waren entwickelt worden. Auch hatten sich die Entscheidungsprozesse innerhalb des Zentralbanksystems eingespielt, und das Zentralbanksystem hatte seine Position in nationaler und internationaler Hinsicht gefunden und gefestigt. Vor allem aber hatte es ein geldpolitisches Konzept und eine außenwirtschaftliche Strategie formuliert. Deren Kernsatz lautete, daß zur Stärkung des Exports „die inneren Dinge" knapp zu halten sind[306].

Bei diesen Weichenstellungen hatte die Koreakrise eine bedeutende Rolle gespielt. So waren das geldpolitische Konzept und die außenwirtschaftliche Strategie anfänglich innerhalb des Zentralbankrates umstritten gewesen. Erst mit der Zahlungsbilanzkrise konnte ihnen dauerhaft Geltung verschafft werden. Doch auch wenn sich diese Politiklinie durchgesetzt hatte, so ist festzuhalten, daß sie laut Zentralbank nur im Hinblick auf Europa gelten sollte. Während für das Zentralbanksystem das „Eindringen in das kontinentale System"[307] wichtig war und durch eine restriktive Kreditpolitik ermöglicht und abgesichert werden sollte, war es bereit, vorübergehend mit der Dollarlücke zu leben. Auch in bezug auf eine Handelsliberalisierung zeigte sich diese Ausrichtung auf Europa: Die OEEC-Liberalisierung wurde befürwortet, während das Erreichen der Wettbewerbsfähigkeit gegenüber dem Dollarraum mittels einer Abwertung der DM abgelehnt wurde.

Die Überwindung der Zahlungsbilanzkrise war aber auch in anderer Hinsicht von Bedeutung. Abgesehen von der Klärung des Konzepts hatte sie auch zu einem Ansehenszuwachs des Zentralbanksystems und zu einer Stärkung seiner Position geführt. In internationaler Hinsicht war mit der Überwindung der Krise seine Reputation gewachsen. Mit der Rückzahlung des EZU-Sonderkredites hatte das Zentralbanksystem seinen „test-case" bestanden. Seine Politik wurde nun in internationalen Kreisen, nicht zuletzt von Per Jacobsson, der sich ja für diese Politik stark gemacht hatte, als beispielhaft gelobt[308]. Darüber hinaus war die BdL nun bei der Bank für Internationalen Zahlungsausgleich Mitglied und somit im renommierten Baseler Central Bankers' Club vertreten[309]. Aber auch in

[305] Vgl. BdL, Geschäftsbericht 1951, S. 3.
[306] BBK, B 330/19, ZBR, Stenogramm, 26./27.10.1949.
[307] BBK, B 330/3478, Referat Marshallplan, Sitzung des ERP-Arbeitsstabes am 21.2.1950, 22.2.1950; BBK, B 330/18, ZBR, Stenogramm, 11.10.1949.
[308] Vgl. Jacobsson, Wiederbenutzung.
[309] Auch in Washington war die Bank seit dem Beitritt der Bundesrepublik zum IWF mit ihrem Vertreter präsent.

nationaler Hinsicht war die Position der Zentralbank gestärkt worden. Zum einen wurde die Beaufsichtigung des Zentralbanksystems durch die Alliierte Bankenkommission gelockert[310]. Wichtiger als diese Lockerung war aber, daß damit eine Gesetzesänderung verbunden war: Da ein Bundesbankgesetz noch nicht vorlagereif war, wurde ein Übergangsgesetz notwendig. Da dieses im Juli 1951 die Unabhängigkeit der Zentralbank von politischen Institutionen festschrieb und diese Bestimmung natürlich ein Präjudiz für das spätere Gesetz sein würde, war ihre Position gegenüber der Regierung gestärkt worden[311]. Abgesehen von dieser juristischen Neuerung war aber vor allem in der Koreakrise deutlich geworden, daß das Zentralbanksystem in der Lage war, die Regierung zu opponieren und zu einen Entschluß zu kommen. Während sich das Wirtschaftsministerium mit Maßnahmen zurückhielt, die Finanzpolitik nur langsam greifen konnte und sich die Bonner Ressorts im Verlauf der Krise in Auseinandersetzungen verwickelten, übernahm das Zentralbanksystem das Krisenmanagement. Wenngleich sich während der Krise noch einige Probleme mit der Effektivität seiner Politik zeigten, war damit die Bank zu einer Institution herangewachsen, die auf die deutsche Wirtschaftspolitik einen nachhaltigen Einfluß ausüben konnte. Sie ergriff Maßnahmen bzw. legte später, im Falle der Entliberalisierung, der Regierung Maßnahmen nahe. Zwar wurden im weiteren Verlauf auch Versuche unternommen, den Einfluß der Bank zum Beispiel durch die Einsetzung eines Devisenkommissars zu begrenzen; dies konnte jedoch nicht realisiert werden[312].

Die Krise hatte aber nicht nur auf die Position der Zentralbank innerhalb der deutschen Wirtschaftspolitik einen bedeutenden Einfluß. Auch innerhalb des Zentralbanksystems selbst hatten sich mit der Koreakrise bzw. im Anschluß daran die Machtverhältnisse weiter geklärt. War Vocke schon vor der Zahlungsbilanzkrise oftmals dominant gewesen, so stärkte sich seine Position jetzt noch mehr, und das Direktorium wurde im Vergleich zum Zentralbankrat bestimmender. Zum Teil führte das dazu, daß die Mitglieder des Zentralbankrates Vocke sogar „dictatorial attitudes“ vorwarfen[313]. Da der Widerstand dagegen und gegen die stärkere Position des zentralen Elementes innerhalb des Zentralbanksystems letztendlich aber gering blieb und sich der Zentralbankrat ferner gegenüber den während der Krise aufgetauchten Problemen der föderalen Struktur des Zentral-

---

310 Die AHK stellte der Bundesregierung am 6.3.1951 eine Lockerung der Aufsichtsbestimmungen über das Währungssystem in Aussicht. Vgl. BBK, B 330/3377: AGSEC(51)416, Allied High Commission an Adenauer, 6.3.1951. Vocke betrachtete diese Änderungen mit großer Skepsis. Er wollte die Kompetenzen der Alliierten, die seine Politik nie bemängelt, sondern oftmals unterstützt und abgesichert hatten, nicht beschneiden. Vgl. Dickhaus, Foster-mother.

311 Vgl. BGBL 1951 I, S. 509.

312 Vgl. Ludwig-Erhard-Stiftung (Hrsg.), Korea-Krise, BMF, Entwurf eines Kabinettsbeschlusses betr. Einsetzung eines Devisenkommissars, 10.3.1951; Kabinettsprotokolle IV (1951), Kabinettssitzung am 8.3.1951, S. 134; BAK, B 136/7863, Vocke an Adenauer, 19.3.1951.

313 Vgl. BoE, OV 34/36, Bolton, Note on conversation in Basle, 8./9.4.1951, 12.4.1951. Vgl. hierzu auch BoE, OV 34/36, Macdonald, Weaknesses of the Central Bank System, o.D. (April 1951); BoE, G 1/42, Macdonald an Rootham, 5.4.1951.

banksystems und der Effektivität seiner Geldpolitik nicht verschloß, wurde diese Entwicklung nicht aufgehalten. Hinzu kam, daß sich nun auch die Amerikaner, vor allem die ECA, wie auch die EZU um die Effektivität des deutschen Zentralbanksystems sorgten und die föderale Struktur des Zentralbanksystems kritisch betrachteten[314]. Als Ergebnis wuchs die Machtposition des Direktoriums an. Bei internationalen Verhandlungen traten nun nicht mehr wie noch in den ersten Jahren Mitglieder des Zentralbankrates, sondern vielmehr die Direktoren der BdL auf. Auch ist festzuhalten, daß sie innerhalb des Zentralbankrates, obwohl sie dort weder Sitz noch Stimme hatten, oftmals die Diskussionen bestimmten. Darüber hinaus offenbart ein Beschluß des Zentralbankrates vom Oktober 1951 die veränderte Machtposition des Direktoriums im zweistufigen Zentralbanksystem. Im Zusammenhang mit der Einführung von Rediskontkontingenten entschied der Zentralbankrat, daß die Landeszentralbanken bei Ausnahmeregelungen mit dem Direktorium der BdL Fühlung halten sollen, um die Einheitlichkeit der Maßnahmen sicherzustellen[315]. Insgesamt ist deshalb festzuhalten, daß die zentralen Elemente innerhalb des westdeutschen Zentralbanksystems, das Direktorium und die BdL, im Verlauf der Jahre und durch die Zahlungsbilanzkrise an Bedeutung gewonnen hatten.

[314] Vgl. Ludwig-Erhard-Stiftung (Hrsg.), Korea-Krise, Cattier an das Direktorium der BdL, 13.4.1951, S.367f.; BBK, B 330/41: Report by Management Board of the EPU on effectiveness of the German Central Bank system, C (51)95, 12.3.1951. Selbstverständlich wiesen die Mitglieder des Zentralbankrates die Kritik von Cattier zurück. Gleichwohl sorgten sie sich intern um die „Schlagkräftigkeit" des Zentralbanksystems. Vgl. Ludwig-Erhard-Stiftung (Hrsg.), Korea-Krise, Bernard an Cattier, 27.4.1951, S.369f. und BBK, B 330/41, ZBR, Stenogramm, 29.3.1951.

[315] Vgl. BBK, B 330/49, ZBR, Protokoll, 24./25.10.1951.

III. Die Bank deutscher Länder, die Konvertibilität und Deutschlands Rückkehr zum europäischen Markt 1952 bis 1955

Im Jahre 1952 rückte das Thema der Konvertibilität auf die Tagesordnung der OEEC und der OEEC-Mitgliedsländer. Die Belgisch-Luxemburgische-Wirtschaftsunion[1] hatte im Verlauf des Jahres 1951 ihre EZU-Quote als Gläubigerin ausgeschöpft und verlangte für ihre EZU-Überschüsse, die über die Quote hinausgingen, im Winter 1951/52 einen höheren Goldanteil, womit sie indirekt Schritte in Richtung Konvertibilität forderte. Auch der Bundeswirtschaftsminister Ludwig Erhard plädierte seit Anfang 1952 für die Aufhebung der Devisenbewirtschaftung. Zur selben Zeit wurden im Vereinigten Königreich, wenn auch vorerst hinter verschlossenen Türen, Pläne für eine Konvertibilitätserklärung und einen EZU-Austritt geschmiedet. Mit diesen Forderungen, Ideen und Plänen mußten sich die OEEC-Länder auseinandersetzen. Als Konsequenz waren die folgenden Jahre von Diskussionen und Verhandlungen über die währungspolitische Kooperation Europas, über die EZU und ihre Zukunft sowie über die Konstruktion eines zukünftigen internationalen Währungssystems geprägt. Erst im Sommer 1955 fanden diese Diskussionen ein vorläufiges Ende. Nachdem die OEEC-Länder schon im Sommer 1954 die EZU modifiziert und leicht gehärtet hatten, hoben sie im folgenden Jahr den Goldanteil für Überschüsse und Defizite von 50 auf 75 Prozent an. Wenn sie sich auch vorerst für die Beibehaltung der EZU entschieden, betonten sie, daß diese Institution bei der nächsten günstigen Gelegenheit aufgelöst werden sollte. Um die dann erreichte Konvertibilität abzufedern, unterzeichneten sie das Europäische Währungsabkommen (EWA)[2]. Mit dem multilateralen System des Zahlungsausgleiches und mit dem nicht-automatischen Kreditsystem des EWA, dem Europäischen Fonds, sollte im Falle der EZU-Auflösung die währungspolitische Kooperation der OEEC-Länder weitergeführt werden. Bis zu diesem Zeitpunkt jedoch sollte das EWA vor allem einen gewissen Schutz vor nationalen Alleingängen bieten. Es enthielt nämlich die Bestimmung, daß die EZU durch das EWA nur auf Antrag von Mitgliedern, die 50 Prozent der EWA-Quoten stellten, ersetzt werden konnte.

Mit den währungspolitischen Beschlüssen der OEEC vom Sommer 1955 war ein Einschnitt in der währungspolitischen Geschichte Europas erreicht. Die

[1] Im folgenden werde ich hierfür den Begriff Belgien verwenden.
[2] Das EWA ist abgedruckt in: BGBL 1959 II, S. 293 ff.

OEEC-Länder hatten sich damit dem globalen Bretton-Woods-System, das auf Konvertibilität und festen Wechselkursen beruhte, erheblich angenähert. Mehr noch: Da im Verlauf der Jahre einige Länder ihre nationalen Devisenbeschränkungen gelockert hatten[3] und da das Vereinigte Königreich seit Februar 1955 den Kurs des transferierbaren Pfundes stützte[4], war in Europa die de-facto-Konvertibilität erreicht[5]. Die Diskussionen und Verhandlungen, die zu diesem Einschnitt führten, sind von Bedeutung für das Verständnis der Nachkriegsgeschichte Europas und der Bundesrepublik. Allerdings steht die historische Erforschung dieser Verhandlungen noch in den Anfängen: Zwar haben Jacob J. Kaplan und Günther Schleiminger eine detaillierte Studie zur EZU und zur financial diplomacy der fünfziger Jahre vorgelegt[6]. Darüber hinaus hat Alan S. Milward in den letzten Jahren die Auseinandersetzungen über die Konvertibilität und über das EWA analysiert[7]. Wenn er dabei auch die konträren Interessenslagen einzelner Staaten herausarbeitet, so ist festzuhalten, daß die nationalen Perspektiven und Entscheidungsprozesse bisher nur unzureichend erforscht wurden[8]. Damit fehlt die Basis für das Verständnis der Konvertibilitätsverhandlungen sowie der Nachkriegsgeschichte Europas und der Bundesrepublik.

In bezug auf die Geschichte Europas erhellen diese Diskussionen und Verhandlungen, wie die EZU von den Mitgliedsländern eingeschätzt wurde, welche Aspekte als unverzichtbar angesehen wurden und wo die Europäer ihre Prioritäten setzten. Darüber hinaus zeigt eine Analyse, wie das mit der EZU geschaffene System funktionierte, welchen Einflüssen es unterlag und wie Einflüsse innerhalb dieses Systems geltend gemacht werden konnten. Ferner wird deutlich, wie die OEEC-Länder mit der anfänglich noch immer problematischen währungspolitischen Situation in Europa umgingen, wie sie auf Entwicklungen reagierten und wie sie Krisen begegneten: Trotz gesamteuropäisch anwachsender konvertibler Währungsreserven blieb diese Zeit keineswegs krisen- und sorgenfrei[9]; vielmehr verlief die Ent-

---

[3] Beispielsweise unterlagen die Deviseninländer in der Bundesrepublik kaum noch Devisenbeschränkungen: Der Handel zum OEEC-Raum war zu 91,3%, der Handel zum Dollarraum war zu 68% (mit Einschluß der Einfuhren auf Grund offener Ausschreibungen sogar zu 85%) liberalisiert. Ähnlich war die Situation für die Schweiz, Belgien und die Niederlande.

[4] Da der Kurs der transferierbaren Pfunde nun in der Bandbreite des offiziellen Wechselkurses gehalten wurde, konnten alle Ausländer ihre Pfund-Guthaben mit einem geringen Diskont in Dollar umtauschen. Dadurch wurde das EZU-System de facto konvertibel, auch wenn die Überschüsse in der EZU nur zum Teil in Gold oder Dollar beglichen wurden.

[5] Aus diesem Grund betont z.B. Bordo, Monetary System, S.36, daß das Bretton-Woods-System schon 1955 funktionierte. Dem ist zuzustimmen, obwohl festzuhalten bleibt, daß es weiterhin die EZU und eine europäische Währungskooperation gab. Wie sich diese entwickeln würde, war nicht abzusehen.

[6] Vgl. Kaplan/Schleiminger, EPU.

[7] Vgl. Milward, Rescue, S.345ff.; ders., Motives; ders., European Monetary Agreement.

[8] Für die Bundesrepublik vgl. Buchheim, Maßnahmen; ders., Wiedereingliederung; ders., Bundesrepublik; Hardach, Rückkehr.

[9] Im Juni 1952 beliefen sich die europäischen Reserven auf 8,1 Mrd. $. Bis Ende 1955 wuchsen sie bis auf 13,8 Mrd $ an. Vgl. OEEC, 7th Annual Report (1956), S.104. Hinter diesen aggregierten Zahlen verbergen sich ausgesprochen unterschiedliche Entwicklungen. Vgl. hierzu Seite 144f.

Abbildung 3: Kumulative Positionen einiger EZU-Mitglieder 1950 bis 1956

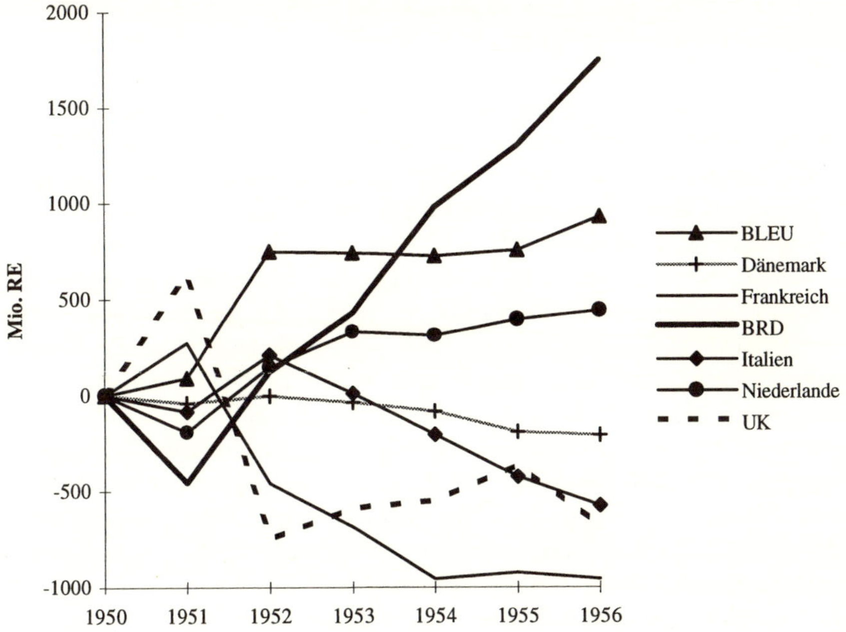

Quelle: BIZ, Annual Reports, div. Ausgaben.

wicklung höchst ungleichgewichtig, und deshalb waren andauernd Krisen zu bewältigen. Wie Abbildung 3 zeigt, hatte die EZU mit extremen Salden zu kämpfen. Während einige Länder – wie die Niederlande und die Bundesrepublik – ihre Zahlungspositionen mit dem Abebben der Koreahausse entscheidend verbesserten, sich zu hartnäckigen Gläubigern der EZU entwickelten und konvertible Reserven akkumulierten, gerieten andere Länder – wie das Vereinigte Königreich und Frankreich – in Zahlungsbilanzschwierigkeiten. Sie akkumulierten EZU-Defizite, hatten ihre EZU-Quoten als Schuldner ausgenutzt und litten durchgängig an ungenügenden Reserven. Vor diesem Hintergrund war das OEEC-Liberalisierungsprogramm permanent bedroht oder gar Rückschritten unterworfen.

Für die Geschichte der Bundesrepublik lassen die Auseinandersetzungen über die Konvertibilität und die währungspolitischen Verhandlungen ihre Handelsorientierungen und die Entwicklung ihrer Handelsmuster in einem anderen Licht erscheinen. Damit wird auch die bisher vorherrschende Interpretation des deutschen Wirtschaftswunders in Teilen modifiziert. Das Wirtschaftswunder wurde und wird oftmals mit dem Modell des export-led-growth in Verbindung gebracht[10]. Dabei wurde und wird die Bundesrepublik in der Tradition von Er-

[10] Zum Modell des export-led-growth vgl. Beckerman, Projecting und kritisch Caves, Growth. Für die deutsche Entwicklung speziell vgl. Michalsky, Export; Hennings, Germany, S. 479 ff.; Milward, Marshall Plan. Kritisch für die Zeit des Koreabooms: Temin, Koreaboom.

hards Buch „Deutschlands Rückkehr zum Weltmarkt", das in liberalem Geist schon 1953 diese Rückkehr teils feierte, teils forderte, häufig als außenwirtschaftlich liberales Land gesehen[11]. Da gemäß dieser Interpretation die Bundesrepublik die Rückkehr zum Weltmarkt anstrebte und erreichte, erklärt sich das Wirtschaftswunder nicht zuletzt aus der liberalen deutschen Außenwirtschaftspolitik. Diese Sichtweise ist sicherlich zu einem großen Teil berechtigt. Verfolgt man die bundesrepublikanische Außenwirtschaftspolitik, so ist festzustellen, daß auf diesem Gebiet tatsächlich Erstaunliches geleistet wurde. Seit 1949 wurden Beschränkungen des Handels- und Zahlungsverkehrs kontinuierlich abgebaut. Als Ergebnis war die deutsche Rückkehr zum Weltmarkt im Jahre 1955 abgeschlossen. Zu diesem Zeitpunkt hatte, wie Tabelle 5 zeigt, der deutsche Anteil an den Weltexporten sowie die deutsche Exportquote das Niveau der Weimarer Republik erreicht oder sogar überschritten. Allerdings bleibt dieses Bild unvollständig, was Schatten auf den außenwirtschaftlichen Liberalismus der Bundesrepublik wirft. Während Erhard in seinem Werk die Rückkehr zum Weltmarkt insgesamt propagierte, die Chancen und Erfolge in Lateinamerika, im Mittleren und Fernen Osten ausführlich thematisierte und sich gegen jeden „noch so weitgesteckten Regionalismus" aussprach[12], verlief die tatsächliche Entwicklung anders. Die regionale Aufgliederung der deutschen Ein- und Ausfuhr in Tabelle 5 zeigt, wie sich bis 1956 die deutschen Handelsmuster entwickelten und verfestigten: Die Dollareinfuhren waren in dieser Zeit von ihrem hohen Nachkriegsniveau auf ein handhabbares Maß zurückgegangen; der amerikanische Markt war insoweit erobert worden, als er nunmehr für die deutsche Wirtschaft die gleiche Bedeutung hatte wie zu Zeiten der Weimarer Republik; der Anteil des Außenhandels, der vor dem Krieg mit Osteuropa abgewickelt wurde, war zum größten Teil auf den EZU-Raum umgelenkt worden; der Export in die übrigen Länder fiel nach einen Anstieg in den Jahren 1949 bis 1954 seit 1955 wieder zurück, denn ihm waren deutliche Grenzen gezogen worden; der EZU-Raum entwickelte sich dagegen zum weitaus wichtigsten Lieferanten und Abnehmer. Wenn auch der Export in den EZU-Raum seit Ende der vierziger bzw. seit Anfang der fünfziger Jahre prozentual zurückgegangen war und der Import aus dem EZU-Raum, vor allem gegen Ende der Periode, zugunsten der Dollarimporte verlor, so lag er doch erheblich über den Vorkriegszahlen. Bis auf die Verschiebung der Handelsströme von Ost- nach Westeuropa stellt sich somit die Entwicklung des deutschen Außenhandels weitgehend als eine Rekonstruktion der traditionellen deutschen Handelsmuster dar, so wie sie in den zwanziger Jahren bestanden haben. Demnach ist eher von einer Rückkehr zum europäischen Markt zu spre-

---

[11] Vgl. Erhard, Rückkehr. Vgl. als Beispiele dieses Traditionsstranges: Wallich, Triebkräfte; Sohmen, Competition; Klump, Wirtschaftsgeschichte. Auch neuere Forschungen stellen die Rückkehr zum Weltmarkt fest. Sie legen allerdings einen längeren Zeitraum zugrunde. Vgl. Buchheim, Wiedereingliederung; ders., Bundesrepublik; Neebe, Optionen; ders., Überseemärkte; Giersch/Paqué/Schmieding, Miracle.

[12] Erhard, Rückkehr, S. 9.

Tabelle 5: Struktur des deutschen Außenhandels 1927, 1936, 1948–1956

	Anteil an Weltexporten %	Exportquote %	Ausfuhr EZU-Raum %	Ausfuhr Dollar-Raum %	Ausfuhr Ost-Europa %	Ausfuhr Übrige %	Einfuhr EZU-Raum %	Einfuhr Dollar-Raum %	Einfuhr Ost-Europa %	Einfuhr Übrige %
1927	7,8	13,1	60,3	7,8	18,6	13,4	50,7	17,3	14,6	17,5
1936	9,0	5,9	60,2	4,3	17,4	18,1	55,0	6,0	16,6	22,5
1948	1,1	n. v.	84,8	5,9	2,7	6,5	35,3	51,6	2,1	10,9
1949	1,9	5,1	84,1	4,7	5,5	5,7	45,9	37,4	4,9	11,8
1950	3,6	8,5	72,3	6,6	7,4	13,8	69,7	15,7	3,6	11,1
1951	4,6	12,1	73,0	7,6	5,0	14,4	62,9	23,1	4,2	9,7
1952	5,5	12,3	72,1	6,8	5,5	15,6	62,7	19,5	5,0	12,8
1953	6,0	12,5	71,5	7,5	3,6	17,4	66,3	13,5	3,9	16,3
1954	6,9	13,9	71,6	6,6	3,7	18,2	63,6	14,0	4,1	18,3
1955	7,4	14,2	72,1	7,4	4,1	16,4	63,3	15,6	4,3	16,8
1956	8,0	15,4	71,2	8,2	5,0	15,6	60,1	17,4	5,1	17,4

Quellen: Sp. 1: 1927/36: League of Nations, Review of World Trade; 1949 ff.: UN Yearbook of International Trade Statistics.
Sp. 2: 1949: Statistisches Jahrbuch der BRD 1952; 1927, 1936, 1950 ff.: Deutsches Geld- und Bankwesen.
Sp. 3–10: 1927/36: Statistisches Jahrbuch für das Deutsche Reich; 1948 ff.: Außenhandel des VWG/der BRD, div. Ausgaben.
Anmerk.: jeweils Reichs- bzw. Bundesgebiet; 1948: VWG.
Importe: cost, insurance, freight; Exporte: free on board; Spezialhandel (reiner Warenverkehr), Herstellung- und Verbrauchsländer. Die Zusammensetzung der Währungsräume unterlag v. a. beim Dollarraum erheblichen Veränderungen. Im Zeitablauf kann er nicht eindeutig geographisch definiert werden. Eingedenk der Tatsache, daß Ab- und Zugänge zum Dollarraum keineswegs zwingend von Dauer waren, sondern vielmehr als adhoc-Lösungen für Zahlungsschwierigkeiten verstanden werden müssen, und um die Vergleichbarkeit sicherzustellen, sind die Zahlungsräume durchgängig wie folgt zusammengesetzt:
Dollar-Raum = U. S. A., Kanada, Philippinen.
EZU-Raum = Mitgliedsländer, abhängige Gebiete und Länder des Sterling-Raumes.
Osteuropa = Albanien, Bulgarien, Finnland, Jugoslawien, Polen, Rumänien, Tschechoslowakei, Ungarn, UdSSR.

chen als von einer Rückkehr zum Weltmarkt[13]. Da die Existenz eines diskriminatorischen Zahlungssystems vor allem den Handelsaustausch innerhalb des Systems fördert, ist diese Entwicklung nicht zuletzt auf die EZU und auf die deutsche Stellungnahme zur EZU bzw. zur Konvertibilitätsfrage zurückzuführen.

Eine Analyse der deutschen Position zur Konvertibilitätsfrage kann aber nicht nur den Blick für die Entwicklung der deutschen Handelsmuster schärfen, sondern sie ist auch notwendig, um die EZU und die Konvertibilitätsverhandlungen

[13] Vgl. Geiger, Phoenix.

zu interpretieren. Schließlich erwirtschaftete die Bundesrepublik seit 1951 permanent Überschüsse zum EZU-Raum. Sie wurde daher eine hartnäckige Gläubigerin der EZU, was mit einer entsprechenden Machtposition verbunden war. Darüber hinaus entwickelte sich die Bundesrepublik zu einem wichtigen und unverzichtbaren Markt wie auch zu einem bedeutenden Lieferanten für die anderen OEEC-Länder, so daß sie in den Verhandlungen eine wichtige Rolle spielen konnte – selbst wenn sie formal noch nicht souverän und währungspolitisch nur unter Vorbehalt der Alliierten handlungsfähig war[14]. Innerhalb der Bundesrepublik kam der BdL eine besondere Bedeutung zu[15]. Die Ausarbeitung einer deutschen Verhandlungsposition und ihre Umsetzung oblag zwar weitgehend der Regierung, in erster Linie dem Wirtschaftsministerium, dem Finanzministerium und dem Marshallplanministerium, wobei sowohl das Bundeskanzleramt als auch das Auswärtige Amt mitsprachen. Die BdL war aber als währungspolitische Beraterin der Regierung und als Devisenbewirtschaftungsinstanz in den Entscheidungsprozeß, die internationalen Verhandlungen sowie die Ausführung der Politik eingebunden. Dabei verfügte sie aus mehreren Gründen über einen großen Einfluß. Zum einen hatte die BdL in den ersten Jahren ihres Bestehens in nationaler wie internationaler Hinsicht an Reputation gewonnen. Zum zweiten vergab sie die Kredite an die EZU, so daß sie erheblichen Einfluß auf deren Fortbestehen und Funktionieren ausüben konnte. Zum dritten war innerhalb der Bundesrepublik die europäische Kooperation und Integration vor allem zwischen Adenauer und Erhard heftig umstritten. Vor dem Hintergrund dieser Auseinandersetzungen kam der Haltung der BdL gestiegene Bedeutung zu[16].

Wie bereits beschrieben, nahm Ende 1951 die Außenwirtschaftsstrategie der Zentralbank klare Züge an. Dabei sah sie in der Konvertibilität eine notwendige Grundlage für ein internationales Währungssystem. Allerdings war diese Meinung nur eine prinzipielle Befürwortung der Konvertibilität. Sie blieb unkonkret, war nicht in allen Teilen durchdacht, und über Prioritäten war noch nicht entschieden worden. Andere Elemente innerhalb der Außenwirtschaftsstrategie der Zentralbank – wie z.B. die Befürwortung der OEEC-Liberalisierung – konnten dem Ziel Konvertibilität widersprechen. Als im Winter 1951/52 das Thema der Konvertibilität auf die Tagesordnung rückte, mußte die BdL reagieren und eine konkrete Position ausarbeiten. In den folgenden Kapiteln wird dieser Entscheidungsprozeß analysiert, die Haltung der BdL in nationalen wie internatio-

[14] Bis zum Mai 1955 galt das Besatzungsstatut vom 6.3.1951. Das formulierte in Hinsicht auf die Außenwirtschaftspolitik einige Vorbehalte, die allerdings im Verlauf gelockert wurden. 13.8.1951: Übertragung der Führung der Devisenbewirtschaftung auf deutsche Stellen; 13.10.1951: Verzicht auf handelspolitische Vorbehalte; 25.11.1952: Verzicht auf wechselkurspolitische Vorbehalte; 1.6.1953: Ankündigung, daß die ordnungsgemäße Befriedigung der Ansprüche gegen Deutschland nach Inkrafttreten des Londoner Schuldenabkommens nicht mehr kontrolliert wird. Vgl. Kühne, Regelungen, S.138ff., S.198ff. und S.257f.

[15] Das betonen auch Hardach, Rückkehr; Milward, Motives.

[16] Diese Auseinandersetzungen sollten vor allem mit den EWG-Verhandlungen brisant werden. Keime dieser Auseinandersetzungen waren aber schon vorher zu erkennen. Vgl. Küsters, Streit.

nalen Diskussionen beschrieben sowie ihre Politik in bezug auf unilaterale Devisenbewirtschaftungsmaßnahmen dargestellt. Dabei werde ich weitgehend chronologisch vorgehen.

Zu Anfang zeigt sich, daß die theoretische und prinzipielle Befürwortung der Konvertibilität weitgehend ein Lippenbekenntnis war. Anläßlich der belgischen Gläubigerkrise und der Erhardschen Kampagne für die Konvertibilität plädierte die BdL für die Beibehaltung des Status quo. In ihren Augen wies der althergebrachte Gold-Devisen-Standard Schwächen auf. Demgegenüber bewertete sie die EZU, die OEEC-Liberalisierung, feste Wechselkurse und eine gewisse Kontrolle der Gläubiger positiv. Wenn die BdL auch zu diesem Zeitpunkt gegen die Konvertibilität optierte, kann man sie jedoch nicht als eine prinzipielle Konvertibilitätsgegnerin bezeichnen. Vielmehr konnte sie wichtige Gründe anführen, die zu diesem Zeitpunkt gegen die Konvertibilität sprachen. Ihres Erachtens waren vor allem die vorerst noch unsicher erscheinende deutsche Zahlungsbilanzsituation und die auf die Bundesrepublik zukommenden Lasten aus der Regelung der Schuldenfrage zu beachten. Wegen dieser Probleme sah sich die Bank vorerst nicht in der Lage, der Konvertibilität zuzustimmen: Eine Konvertibilitätsbefürwortung war ihres Erachtens nicht eine Frage des Wollens, sondern eine Frage des Könnens.

Diese erste Stellungnahme der BdL zur Konvertibilitätsproblematik war also zwiespältig. Darüber hinaus war sie zeitgebunden: Da sich im weiteren Verlauf die deutsche Zahlungsbilanz positiv entwickelte, vergrößerte sich auch der deutsche Handlungsspielraum. Gleichzeitig rückte mit dem Scheitern des Weltbankkredits die Funktion der Konvertibilität, den Kapitalimport zu beleben, in den Vordergrund. Ferner wurden angesichts der deutschen Exportüberschüsse in einer nicht-konvertiblen Welt die bilateralen Kreditierungsverpflichtungen belastender. Auch akzentuierten die deutschen Überschüsse zum EZU-Raum die Kosten des Regionalismus, während die Vorteile zu schwinden schienen. Damit hatte die BdL einen Anlaß, ihre bisherige konvertibilitätskritische und EZU-bejahende Stellungnahme zu modifizieren. In der Analyse, ob und inwieweit das geschah, zeigt sich jedoch, daß die BdL zwiespältig blieb. Weiterhin visierte sie die Konvertibilität als internationales Währungssystem an. Gleichzeitig aber galt ihre Priorität dem Erhalt der EZU und der OEEC-Liberalisierung. Alle Konvertibilitätsbestrebungen wurden diesem Ziel untergeordnet und als zweitrangig eingeschätzt. Trotz positiver deutscher Zahlungsbilanzentwicklung sei die Konvertibilität nicht zu forcieren, denn aus deutschem Interesse müsse, so hieß es innerhalb der BdL, gesamteuropäisch gedacht und gemeinsam vorgegangen werden. Obwohl Kapitalmangel herrschte, war die Konvertibilität nicht wegen ihrer Fähigkeit, Kapitalimporte zu induzieren, zu befürworten. Wenn auch die Kreditierungsverpflichtungen stetig wuchsen, waren die Kredite an die EZU – ganz im Gegensatz zu den Krediten an Verrechnungsländer – vertretbar. Insgesamt sah die BdL die Kosten der EZU als tragbar an, während ihr die Minimierung dieser Kosten unwichtig erschien. Vielmehr war es ihr Anliegen, die EZU trotz deutscher Überschüsse funktions- und arbeitsfähig zu erhalten und dadurch der deutschen Wirtschaft Exportmöglichkeiten zu sichern. Erreichen wollte sie das durch eine Good Creditor Policy, durch einen Ausbau der Liberalisierung und durch einen Abbau der Devisenbeschränkungen.

Wie die BdL versuchte, ihre Position in den Jahren 1953 bis 1955 in Politik umzusetzen, welche Rolle sie bei der Formulierung und Durchsetzung der deutschen Außenwirtschaftspolitik spielte, wird im Anschluß untersucht. Dabei ist zum einen die Einflußnahme der BdL auf die sich nunmehr forcierenden internationalen Verhandlungen sowie die vorbereitenden nationalen Diskussionen zu verfolgen. Zum anderen sind die unilateral verfügten Lockerungen auf dem Gebiet der Devisenbewirtschaftung darzustellen, die sie in Zusammenarbeit mit dem Wirtschafts- und dem Finanzministerium erließ.

In bezug auf die internationalen Verhandlungen wird deutlich, daß die BdL – wenn auch der Konvertibilität nicht abgeneigt – durchgängig für die Beibehaltung der OEEC-Liberalisierung und der EZU, möglichst mit britischer Mitgliedschaft, plädierte. Sie befürwortete höchstens eine schrittweise Annäherung an die Konvertibilität. Damit setzte sie sich in Opposition zum Wirtschaftsminister Erhard und zum Vereinigten Königreich, die eine Auflösung der EZU befürworteten. Trotzdem gelang es ihr weitgehend, ihre Meinung gegen diese Opponenten durchzusetzen. Zwar mußte sie dem Vereinigten Königreich im Sommer 1954 aus politischen Gründen entgegenkommen. Doch wenn auch anfänglich befürchtet wurde, daß sich die Bank damit von der EZU abgewandt habe, zeigte sich schon bald, daß sie keineswegs ihr Votum für den Erhalt der europäischen Währungskooperation aufgegeben hatte. In den weiteren Verhandlungen konnte sie es auch durchaus zur Geltung bringen. Einig mit anderen Ressorts, unterstützt durch die einhellige Opposition der kontinentalen EZU-Mitglieder gegenüber den britischen Plänen sowie die abwartende Haltung der USA, profitierend von Erhards Unklarheit und Wankelmut wie auch von der Uneinigkeit der EZU-Gegner und der wirtschaftlichen Schwäche des Vereinigten Königreiches, konnten Konvertibilitätsinitiativen abgeschlagen, die EZU beibehalten und die mit einer Konvertibilitätserklärung in Europa drohende Handelsdiskriminierung abgewehrt werden. Ferner konnten sich die OEEC-Länder mit dem EWA auf ein währungspolitisches Kooperationsforum einigen, das nach der Konvertibilitätserklärung greifen und bis dahin unilaterale Schritte erschweren sollte.

In bezug auf die unilateral verfügten Lockerungen zeigt sich ein anderes Bild der BdL. Hier wird deutlich, daß sie sich bemühte, die Konvertibilität schrittweise vorzubereiten bzw. sich ihr langsam anzunähern. Mehrere Gründe waren dafür verantwortlich. Zum einen strebte die Bank eine Good Creditor Policy an, da dadurch die EZU erhalten werden konnte. Zum zweiten sah sie es als unabdingbar an, sich auf die Konvertibilität vorzubereiten, da in den Verhandlungen deutlich geworden war, daß der EZU nur noch eine begrenzte Lebensdauer gegönnt war. Darüber hinaus war mit erstarkender Zahlungsbilanzposition die grundsätzliche Kritik an der Konvertibilität in den Hintergrund gerückt, und die angestiegenen Reserven legten Lockerungen nahe. Insgesamt zeigt sich also, daß die BdL eine doppelte Strategie verfolgte: Einerseits tat sie alles, um das Fortbestehen der EZU zu ermöglichen; andererseits bereitete sie sich stringent auf die Konvertibilität vor. Dies führte zu dem Nebenprodukt, daß sich die deutschen Handelsmuster in der oben beschriebenen Weise verfestigten.

1. Die Bank deutscher Länder und die Konvertibilität im Jahre 1951/52

Die belgische Gläubigerkrise 1951/52

Die Problemlage

Belgien war das erste europäische Land, das die aus dem Krieg resultierenden wirtschaftlichen Schwierigkeiten überwand. Da es nur geringe Zerstörungen erlitten hatte, konnte es schon Ende 1947 – als einziges europäisches Land – den Produktionsstand der Vorkriegszeit erreichen[17]. Dieses belgische Wirtschaftswunder spiegelte sich auch in der außenwirtschaftlichen Entwicklung Belgiens wider. Da der belgische Export schon früh anlaufen konnte und zudem in Europa eine hohe Nachfrage nach belgischen Produkten bestand, erwirtschaftete Belgien erhebliche Überschüsse mit seinen europäischen Handelspartnern. Das jedoch warf Probleme auf: Sofern es seinen Export nicht einschränken wollte, war es im herrschenden System des Bilateralismus gezwungen, seine Überschüsse zu kreditieren[18]. Das aber stieß auf Unwillen, denn auch Belgien litt an einem Defizit zum Dollarraum, weshalb an Stelle der bilateralen Kreditvergabe eine Konvertierbarkeit der aufgelaufenen Guthaben in Dollar angestrebt wurde. Gleichzeitig wurde an Stelle einer Reglementierung des Außenhandels das Steuerungsinstrument der Währungspolitik befürwortet. Dies würde nicht den Handelsaustausch behindern und sei demnach für ein Land mit traditionell hoher Außenhandelsverflechtung angemessen. Tatsächlich war die Banque Nationale de Belgique eine der wenigen europäischen Zentralbanken, die seit dem Jahre 1944 eine restriktive – oder auch „gesunde“ – Währungspolitik verfolgte[19], was tendenziell die belgische Überschußposition verstärkte.

Mit seinen Exportüberschüssen und währungspolitischen Ansichten stand Belgien im Gegensatz zu anderen europäischen Ländern. Im Rahmen der Conference for European Economic Co-operation (CEEC) bzw. der OEEC kam es

---

[17] Vgl. Baudhuin, Histoire; de Vries, Benelux; Vandeputte, Geschiedenis; Cassiers, Miracle belge.

[18] Im Jahre 1947 waren die bilateralen Kredite Belgiens an europäische Staaten von 60 Mio. $ auf 268 Mio. $ angewachsen. Vgl. BIS, 18th Annual Report (1947/48), S. 145.

[19] Vgl. als Zeitgenossen Dupriez, Politique monetaire, und Baudhuin, Histoire, S. 144ff. In den vierziger und fünfziger Jahren sahen belgische Wirtschaftswissenschaftler diese Politik als eine „gesunde“ Währungspolitik an, vgl. Baudhuin, Histoire, S. 150. Heutzutage ist Konsens, daß sie deflationäre Züge aufwies, vgl. z.B. van Rijckeghem, Benelux, S. 590 und de Vries, Benelux, S. 31.

deshalb zu heftigen Auseinandersetzungen. Während die belgischen Vertreter eine Multilateralisierung der Zahlungsabkommen forderten und gegen Kreditierungsverpflichtungen votierten, wurde eine solche Politik in Europa wie in den USA vorerst mit Skepsis gesehen. Die belgischen Handelspartner wollten Ende der vierziger Jahre die aus einer Multilateralisierung möglicherweise resultierenden Goldzahlungen vermeiden[20]. Auch bei den Verhandlungen zur EZU widersetzte sich Belgien im Frühjahr 1950 hohen und automatischen Krediten. Zeitweise blockierte es sogar die Verhandlungen mit seiner Drohung, nicht an der EZU teilzunehmen. Erst als eine niedrigere Quote und dadurch geringere Kreditierungsverpflichtungen sowie weitere Sonderregelungen in Aussicht gestellt wurden, zog Belgien seinen Vorbehalt zurück, so daß das EZU-Abkommen unterzeichnet werden konnte[21]. Allerdings war damit – wie sich bald zeigen sollte – das grundsätzliche Problem nur aufgeschoben, nicht aber gelöst. Tatsächlich entwickelte sich Belgien im Rahmen der EZU zum Gläubiger – zumal im Gefolge des Koreakrieges die Nachfrage nach Rüstungsgütern und damit nach belgischem Stahlerzeugnissen anstieg. Im August 1951 hatte Belgien seine EZU-Quote in Höhe von 331 Mio. RE als Gläubiger ausgeschöpft. Damit wurden neue Lösungen notwendig, denn wohlweislich hatte man während der EZU-Verhandlungen die Möglichkeit einer Quotenüberschreitung nicht thematisiert.

Als Belgien im Jahre 1951 seine Quote als Gläubiger ausgeschöpft hatte, verlangte es eine hundertprozentige Abdeckung der Überschüsse, die über die Quote hinausgingen, in Gold. Vor allem die Banque Nationale de Belgique hielt eine weitere Kreditvergabe für unmöglich. Schon der Anstieg auf 17 Mrd. belgische Franken (Ende Dezember 1951) hatte ihrer Meinung nach jedes vernünftige Maß überschritten und zu inflationären Tendenzen geführt[22]. Als im Frühjahr 1952 die Verlängerung der EZU diskutiert wurde, untermauerte Belgien seine Forderung mit der Drohung, seine EZU-Mitgliedschaft zu kündigen[23]. Trotz dieser Ultima ratio stießen aber die belgischen Forderungen in der EZU und bei den anderen EZU-Mitgliedern auf hinhaltenden Widerstand.

Zum ersten wurden prinzipielle Gründe angeführt. Die anderen EZU-Mitglieder machten deutlich, daß es unmöglich sei, einem extremen Gläubiger zu erlauben, sein Dollardefizit mit den über die EZU verdienten Dollars abzudecken. Das würde gegen Charakter und Ziel der EZU verstoßen. Auch würde es die OEEC-Liberalisierung gefährden. Das europäische Dollarproblem würde so nur von einem Land auf ein anderes verschoben, nicht aber gelöst werden. Au-

[20] Vgl. Milward, Reconstruction, S. 76f. und S. 258ff. Vgl. auch Peters-Godts, Politique, S. 234ff. Laurent, America's Ally, analysiert das belgisch-amerikanische Verhältnis in den Jahren 1947 bis 1950. Im Rahmen der CEEC und OEEC war Belgien seines Erachtens „America's Ally". Allerdings vernachlässigt Laurent dabei die Meinungsvielfalt innerhalb der amerikanischen Regierung. Während er den belgisch-amerikanischen Gleichklang betont, spielt er die belgisch-amerikanischen Meinungsunterschiede herunter.

[21] Vgl. hierzu Milward, Reconstruction, S. 320ff.; Dickhaus, Provisional; Bloemen, Franken, S. 60ff.

[22] Vgl. Banque Nationale de Belgique, Rapport 1951, S. 8ff.

[23] Vgl. HAEC, OEEC-TRA 323, Belgian Government, Statement, 26. 3. 1952.

ßerdem könne bei dem wachsenden Dollardefizit keinem europäischen Land zugemutet werden, die für eine Befriedigung der belgischen Ansprüche notwendigen Dollars zur Verfügung zu stellen. Vielmehr – so wurde betont – seien auch die Gläubiger verpflichtet, Maßnahmen zur Korrektur ihres Zahlungsbilanzungleichgewichtes zu ergreifen. Um ein Gleichgewicht innerhalb der EZU zu erreichen, müsse Belgien – so schlußfolgerten beispielsweise der italienische, skandinavische und britische Vertreter im EZU-Direktorium – unter Aufsicht der OEEC eine andere, eine expansivere Politik verfolgen[24].

Zum zweiten begegneten die belgischen Forderungen objektiven Schwierigkeiten, da sich die EZU zu diesem Zeitpunkt in einer Liquiditätsenge befand. Seit Frühjahr 1951 hatten sich die kumulativen Positionen größerer Mitgliedsländer umgekehrt[25]. Während zuerst die Bundesrepublik, dann die Niederlande Überschüsse erwirtschafteten und so hohe Goldbeträge von der EZU erhielten[26], wiesen Frankreich und das Vereinigte Königreich Defizite auf. Diese mußten anfänglich – solange die kumulativen Gläubigerpositionen abzubauen waren – zu 50 Prozent in Gold abgegolten werden. Als aber das Vereinigte Königreich und Frankreich im Herbst 1951 kumulative Schuldnerpositionen erreichten, wurden die britischen und französischen Defizite in der ersten Tranche zu 100 Prozent, in der zweiten Tranche zu 80 Prozent usw. kreditiert. Da die britischen und französischen Quoten hoch waren, bedeutete das, daß wenig Gold in die Kassen der EZU floß, während gleichzeitig hohe Beträge ausbezahlt werden mußten. Als Konsequenz sanken die Reserven der EZU von 352 Mio. Dollar im Juni 1951 auf 180 Mio. Dollar im Oktober 1951[27]. Demnach war der Spielraum der EZU, die belgischen Ansprüche zu befriedigen, ausgesprochen gering.

Die Reaktion der BdL: eine supranationale EZU

Die Diskussionen des EZU-Direktoriums über das belgische Problem fanden zu Anfang in Bonn und in Frankfurt nur geringe Aufmerksamkeit. Der deutsche Vertreter im EZU-Direktorium bezog keine pointierte Position und stimmte den vorgeschlagenen ad-hoc-Lösungen wie Aufstockungen der Quote und Abschlagszahlungen zu[28]. Erst als im Herbst 1951 die Liquiditätsenge der EZU wuchs und als im Frühjahr 1952 die erste EZU-Verlängerung anstand und die

[24] Vgl. HAEC, OEEC-TRA 319, Getz Wold an Cahan, 10.1.1952; Carli an Cahan, Januar 1952; Ellis-Rees an Cahan, 14.1.1952.

[25] Vgl. hierzu Abbildung 3.

[26] Z. B. hatte die Bundesrepublik im Frühjahr 1951 ihre Quote als Schuldner voll ausgeschöpft. Mit den ersten deutschen Überschüssen wurde dieses Defizit abgebaut. Dabei wurden die Überschüsse anfangs zu 80% in Gold ausbezahlt.

[27] Vgl. EPU, 2nd Annual Report (1951/52), S. 39. Die Trade and Finance Division der OEEC berechnete, daß die EZU-Reserven im Dezember bis auf 61 Mio. $ schrumpfen könnten. Vgl. HAEC, OEEC-TRA 319, TFD/DI-308, 4.10.1951.

[28] Vgl. HAEC, OEEC-TRA 323, Figgures, An extreme Creditor, TFD/DI-263, 10.9.1951. Vgl. auch BBK, B 330/42, ZBR, Stenogramm, 9.5.1951. Nur im Marshallplan-Ministerium wurde die Frage nach einer Reform der EZU angeschnitten. Vgl. Karl Albrecht, „Kann die Zahlungsunion verbessert werden?", in: Frankfurter Allgemeine Zeitung, Wirtschaftspolitische Beilage, 1.5.1951, S. 3;

belgische Austrittsdrohung vorlag, setzten sich deutsche Stellen intensiver mit der Problematik auseinander. Nun diskutierte auch der Zentralbankrat die belgischen Forderungen[29]. Veit erarbeitete sogar einen Vorschlag, wie die Probleme zu lösen seien[30]. Doch letztendlich lehnte das Zentralbanksystem sowohl den Vorschlag Veits als auch andere imaginative Lösungen, die im Verlauf der Krise ventiliert worden waren, ab. Ein Ausgleich extremer Salden durch entgegengerichtete langfristige Kapitaltransaktionen, eine europäische Investitionsbank, eine regionale Ausweitung der EZU, ein Beitritt der USA, ein neues europäisches Verrechnungsinstitut basierend auf Konvertibilität und auf neuen Dollareinlagen waren seines Erachtens keine sinnvollen Alternativen[31]. Dafür gab es mehrere Motive.

Ein Grund war, daß das Zentralbanksystem auf eine weitere Dollarhilfe der USA spekulierte. Zwar hatten die USA schon im Frühjahr 1951 deutlich gemacht, daß nunmehr die Europäer für das Funktionieren der EZU die Verantwortung übernehmen müßten[32]. Gleichwohl rechnete Emminger noch im März 1952 mit einem „etwaigem Zuschuß der Amerikaner“[33]. Ein zweiter Grund für die Ablehnung der Reformvorschläge war die Überzeugung Emmingers, einige Pläne – wie zum Beispiel die Errichtung einer Europäischen Investitionsbank – seien währungspolitisch gefährlich[34], während andere – wie zum Beispiel ein Beitritt der USA oder irgendeine Form der Dollarkonvertibilität – nicht realisierbar seien[35]. Hinzu kam als drittes und wohl wichtigstes Motiv, daß die BdL überzeugt war, solche Vorschläge seien nicht angemessen oder träfen nicht „den Kern der Sache“. Sie seien nicht angemessen, da schon bald „natürliche Aus-

---

Albrecht, Menschliche, S. 195ff. Für die Lösungen vgl. BIS, 21st Annual Report (1951/52), S. 231; BIS, 22nd Annual Report (1952/53), S. 191.

[29] Vgl. BBK, B 330/48, ZBR, Protokoll, 26./27.9.1951 und 10./11.10.1951; BBK, B 330/51, ZBR, Protokoll, 19.12.1951.

[30] Vgl. BBK, B 330/1313, Veit, Wege zur Konvertierbarkeit der europäischen Währungen, 27.12.1951.

[31] Vgl. BAK, B 146/235a-i, II/1, III/2b, Notwendigkeiten und Möglichkeiten für eine Reform der EZU, 16.11.1951; HAEC, OEEC-TRA 310, Cahan, Note, TFD/DI-292, 25.9.1951; Managing Board, The Future of EPU, MBC(51)100, 29.10.1951. Vgl. Emminger, Europäische Zahlungsunion, S. 655f.; BBK, B 330/3378, Emminger, Stellungnahme zu dem Vorschlag des Herrn Präsidenten Professor Veit, 5.1.1952.

[32] Vgl. FRUS 1951 IV, The US Special Representative in Europe (Katz) to the Administrator for Economic Cooperation (Foster), 3.5.1951; FRUS 1952–54 VI, Report prepared by the Staff Committee of the NAC, 11.3.1952; Report prepared by the Secretary of the NAC, 1.5.1952. Vgl. auch BAK, B 102/6428.1, Diplomatische Vertretung der Bundesrepublik Deutschland, Washington, Bericht über Gespräch mit State Department, 24.4.1952, 30.4.1952.

[33] BBK, B 330/1313, Emminger, Vermerk, Vorschläge des EZU-Direktoriums zur Reform der EZU, 21.3.1952. Vgl. auch BBK, B 330/3478, Emminger, Ergebnisbericht der Sitzung des ERP-Arbeitskreises Intereuropäischer Zahlungsverkehr am 3.1.1952, 16.1.1952. Auch im EZU-Direktorium herrschte dieses Denken vor. Vgl. HAEC, OEEC-TRA 319, Cahan an Selleslags: Preparatory Work for the next meeting of the Managing Board, TFD-387/JFC/vr, 7.11.1951.

[34] Vgl. Emminger, Europäische Zahlungsunion, S. 646.

[35] Vgl. ebenda, S. 655f., BBK, B 330/3378, Emminger, Stellungnahme zu dem Vorschlag des Herrn Präsidenten Professor Veit, 5.1.1952.

gleichstendenzen" die momentanen europäischen Ungleichgewichte entschärfen würden. Sie gingen am Kern vorbei, da das Problem bei den extremen Gläubigern, nicht aber bei der EZU läge. Laut BdL wies die EZU bis auf die Diskrepanz der Ein- und Auszahlungen keinen „Konstruktionsfehler" auf. Da sie die Liberalisierung, „die beste Frucht der Pariser Integrationsbemühungen", ermöglicht habe und da es ohne sie bzw. bei Härtung der EZU zu Rückschritten auf diesem Gebiete kommen müsse, sei sie „unerläßlich", und demnach unbedingt weitgehend unverändert für mindestens zwei Jahre zu verlängern[36]. Das könne unter den gegebenen Umständen nur auf Kosten der extremen Gläubiger geschehen, denn die anderen EZU-Mitglieder, vor allem die Bundesrepublik, könnten sich höhere Dollarzahlungen nicht erlauben[37].

Als Konsequenz drängte die BdL darauf, Liberalisierungsverpflichtungen für Gläubiger aufzustellen bzw. den Druck auf die Gläubiger zu verstärken. In diesem Zusammenhang kritisierte sie auch den traditionellen Goldstandard heftig. Emminger stellte heraus, heutzutage müsse die Pflicht zum Ausgleich der Ungleichgewichte „in vielen Fällen primär bei den Überschußländern" liegen: „Man darf nur nicht vergessen, daß der Goldautomatismus nach dem Ersten Weltkrieg mit dadurch so sehr in Mißkredit geraten ist, daß er zwar mit voller Schärfe auf den Schuldner wirkte, aber – wenigstens nach dem Ersten Weltkrieg – beim Gläubiger völlig versagte. Vielleicht hängt der Kredit der EZU in ähnlicher Weise von einer ‚zweiseitigen' Wirksamkeit ab."[38]

Um diese „zweiseitige Wirksamkeit" zu erreichen, wollte die BdL sogar die supranationalen Aspekte der EZU verstärkt wissen, denn nur so könnten die Gläubiger kontrolliert werden. Die Bank war also von einer Befürwortung der Konvertibilität, einer Stärkung der Gläubiger und einer Härtung der EZU weit entfernt. Sie stimmte sogar einer Aufweichung der EZU zu[39].

---

[36] Emminger, Europäische Zahlungsunion, S. 605 ff., v. a. S. 638 und S. 645; BBK, B 330/1313, Emminger, Vorschläge des EZU-Direktoriums zur Reform der EZU, 21.3.1952.

[37] Vgl. BBK, B 330/1313, Emminger, Vorschläge des EZU-Direktoriums zur Reform der EZU, 21.3.1952. Ab Herbst 1951 sanken die deutschen konvertiblen Währungsreserven. Vocke wandte sich deshalb sogar an Schäffer. Vgl. BAK, B 136/7865, Vocke an Schäffer, 23.12.1951; Blücher an Adenauer, 10.1.1952. Vgl. auch BBK, B 330/2043, Vocke an Schäffer, 7.1.1952. Im weiteren Verlauf lockerte sich die Haltung der BdL, ohne jedoch von der grundsätzlichen Linie abzuweichen. Sofern die EZU damit erhalten werden könne und das belgische Problem „in fairer Weise" geregelt würde, stimmte man geringfügigen Dollareinlagen zu. Vgl. BBK, B 330/54, ZBR, Stenogramm, 2.4.1952; BBK, B 330/2015, o. V., Bericht Stand der Verhandlungen zur Fortführung der EZU, 9.5.1952.

[38] Emminger, Europäische Zahlungsunion, S. 646; Otmar Emminger, „Die Etappe der Währungsneuordnung", in: Frankfurter Allgemeine Zeitung, Wirtschaftspolitische Beilage, 1.5.1951, S. 5 f. Vgl. auch BBK, B 330/3326, Veit, Comité Monetaire Européen, 19.3.1952; BBK, P-A, Vocke, Ansprache auf der Tagung der Deutschen Gruppe der Internationalen Handelskammer, 23.5.1951; BBK, B 330/1313, Emminger, Neuer Kompromißvorschlag für die Stärkung der Dollarreserven der EZU, 16.5.1952.

[39] Vgl. BBK, B 330/1313, Emminger, Vorschläge des EZU-Direktoriums zur Reform der EZU, 21.3.1952; Emminger, Neuer Kompromißvorschlag für die Stärkung der Dollarreserven der EZU, 16.5.1952. Die Gläubiger sollten bei Liquiditätsschwierigkeiten der EZU auf einen Teil ihrer Goldzahlungen verzichten.

Da die Meinung der BdL weitgehend mit den Ansichten in Bonn[40] und Paris übereinstimmte und da Belgien seinen Vorbehalt zurückzog, wurde die EZU im Sommer 1952 für ein weiteres Jahr mit nur geringfügigen Modifikationen verlängert[41]. Dabei wurde die belgische Quotenüberschreitung durch zahlreiche Sonderregelungen entschärft. Die EZU zahlte Gold aus, und es wurden bilaterale Abkommen zwischen dem Vereinigten Königreich und Belgien bzw. zwischen Frankreich und Belgien geschlossen. Auch gewährte der IWF seinen ersten stand-by-Kredit an Belgien[42]. Gleichzeitig versuchte die EZU weiterhin, die belgischen Überschüsse mit einer kontinuierlichen Überwachung und mit Empfehlungen von zum Teil diskriminierenden Maßnahmen zu entschärfen. Während die USA und Kanada diese verstärkte Diskriminierung als einen Schritt von der Konvertibilität weg kritisierten, wurde die Richtigkeit einer solchen Politik von der BdL nicht bezweifelt[43].

Erhards Kampagne für die Konvertibilität

Erhards Ideen

Am 12. Januar 1952 erläuterte der Wirtschaftsminister Ludwig Erhard auf einer Tagung der evangelischen Akademien Hessen-Nassau seine Wirtschaftspolitik und sprach sich dabei für die Abschaffung der „Devisenzwangswirtschaft" aus[44]. Das war der Beginn einer Erhardschen Kampagne gegen die Devisenbewirtschaftung. In den folgenden Wochen und Monaten griff er dieses Thema in der Öffentlichkeit immer wieder und in immer drastischeren Tönen auf[45]. Auch diskutierte er das Problem der „Devisenzwangswirtschaft" mit der belgischen Regierung. Ebenfalls beauftragte er sein Ministerium mit der Ausarbeitung von

---

[40] Sie stimmte vor allem mit der Meinung des Marshallplan-Ministeriums überein. Demgegenüber stand Erhard auf belgischer Seite. Vgl. BAK, B 102/6428.1, o.V., Vermerk Besprechung Minister Erhard – Belgien, 29.4.1952. Doch trotz seiner Zuständigkeit für „Geld und Kredit" seit Frühjahr 1952 – vgl. Kabinettsprotokolle V (1952), 206. Kabinettssitzung am 11.3.1952, S. 157f. – griff Erhard in die entsprechenden Verhandlungen kaum ein. Seine gleichzeitig bzw. nur geringfügig später einsetzende Kampagne gegen die Devisenbewirtschaftung war noch nicht zu Konkreta vorgedrungen.

[41] Die Schuldner wurden durch eine Teilung der ersten Tranche früher zu Goldzahlungen herangezogen. Ferner sollten im Notfalle alle Mitglieder – zuerst die Gläubiger – vorübergehend zur Stärkung der EZU-Reserven beitragen. Vgl. BIS, 23rd Annual Report (1952/53), S. 190ff.

[42] Vgl. Kaplan/Schleiminger, EPU, S. 144; EPU, 2nd Annual Report (1951/52), S. 43ff.

[43] Vgl. zu den belgischen Maßnahmen EPU, 2nd Annual Report (1951/52), S. 31ff.; EPU, 3rd Annual Report (1952/53), S. 23ff. Zur Kritik dieser Maßnahmen vgl. Patterson, Discrimination, S. 93ff.

[44] Die Redeunterlagen finden sich in LESt, NE 559.

[45] Als Beispiele siehe Hohmann (Hrsg.), Erhard, S. 318ff. (6.2.1952: Schweizerisches Institut für Auslandsforschung); Erhard, Aspekte (26.2.1953: Handelshochschule St. Gallen); LESt, NE 1518 (17.4.1952: Deutsch-Belgisch-Luxemburgische Handelskammer); Frankfurter Allgemeine Zeitung, 28.4.1952, S. 5, „Erhard auf der Photokina"; Frankfurter Allgemeine Zeitung, 12.5.1952, S. 5, „Die Wechselkurse freigeben" (11.5.1952: Außenhandelskammer des DIHT); LESt, NE 858n (11.10.1952: Italienische Handelskammer).

Positionspapieren, setzte das Thema der Konvertibilität auf die Tagesordnung seines Wissenschaftlichen Beirates und wurde beim Zentralbankrat vorstellig[46].

Die Gründe, die Erhard für die Abschaffung der „Devisenzwangswirtschaft" anführte, entsprangen seinen ordnungspolitischen Vorstellungen. Er stellte heraus, daß die „Devisenzwangswirtschaft" keine „Ordnungskategorie" sei. Vielmehr verkörpere sie – als das außenwirtschaftliche Pendant zum „Schlendrian einer Planwirtschaft" und als die logische Konsequenz einer „inflationären", auf Vollbeschäftigung ausgerichteten Politik des „billigen Geldes" – die „internationale Unordnung". Seines Erachtens müßten nunmehr die marktwirtschaftlichen Prinzipien auch im Bereich der Außenwirtschaft zum Tragen kommen. An die Stelle der „Devisenzwangswirtschaft" – dieses „Symbols alles Bösen", dieses „Folterinstruments freier Menschen", dieser „Spottgeburt aus Dreck und Feuer" – müßten nun „gesunde Grundlagen" treten, nämlich die freie Konvertierbarkeit der Währungen. Nur so würde eine „gesunde Politik" induziert, Vertrauen geschaffen, Kapital angezogen, Handel ermöglicht und die Wirtschaft in Schwung gebracht werden[47].

Zwar blieb vorerst noch unklar, welche konkreten Konsequenzen Erhard aus seiner prinzipiellen Kritik zog. Weder formulierte er, welche Konvertibilitätsart er anstrebte, noch führte er Modalitäten und Bedingungen einer Konvertibilitätserklärung aus. Auch änderte er des öfteren seine Meinung. Wie er selbst einräumte, lehnte er das existierende System vorerst nur ab, hatte aber „mit der Negation [...] noch keine befriedigende Lösung gefunden"[48]. Trotz dieser Vorläufigkeit können aber drei Punkte, auf die Erhard immer wieder zurückkam und die die Diskussion bestimmten, festgehalten werden.

Zum ersten kritisierte Erhard das OEEC-Liberalisierungsprogramm als unzulänglich. Mit Blick auf die französischen und britischen Entliberalisierungsmaßnahmen nannte er das Liberalisierungsprogramm der OEEC zu weich und bezeichnete es als „neckisches Spielchen: ‚Hinein in die Liberalisierung, heraus aus der Liberalisierung'"[49]. Deshalb sah Erhard auch das schrittweise Anheben der Liberalisierungsquoten nicht als gangbaren Weg zur Konvertibilität an[50]. Da das OEEC-Liberalisierungsprogramm unbefriedigend war, hätte er – so führte Erhard aus – in der letzten Zeit „bewußt Zurückhaltung" bei der Erhöhung der deutschen Liberalisierung geübt[51]. Daß das nur eingeschränkt der Wahrheit ent-

---

46 Vgl. BAK, B 102/6428.1, o.V., Vermerk Besprechung Minister Erhard – Belgien, 29.4.1952; BAK, B 102/56894, Erhard an Abt. V, 20.5.1952; Wissenschaftlicher Beirat beim Bundeswirtschaftsministerium, Gutachten vom 27.4.1952, S. 80ff.; BBK, B 330/57, ZBR, Protokoll, 11.6.1952.

47 Für die Zitate siehe Erhard, Aspekte, S. 109ff.; ders., Wohlstand, S. 343.

48 Erhard am 6.2.1952 vor dem Schweizerischen Institut für Auslandsforschung, abgedruckt in: Hohmann (Hrsg.), Erhard, S. 331.

49 Erhard, Aspekte, S. 111. Im November 1951 hatte das Vereinigte Königreich seinen Liberalisierungssatz von 90% auf 61% gesenkt. Im Februar 1952 reduzierte es den Satz sogar auf 46%. Zur gleichen Zeit suspendierte Frankreich seine Liberalisierung. Aufgrund dieser Ereignisse überschrieb die Frankfurter Allgemeine Zeitung, 27.2.1952, S. 5, einen Kurzbericht mit dem Titel „Krise in der OEEC".

50 Vgl. Erhard, Aspekte, S. 113.

51 Ebenda, S. 112.

sprach, war jedoch ein offenes Geheimnis: Im Frühjahr 1952, als die OEEC auf Erhöhung der deutschen Liberalisierung drängte, übte die deutsche Industrie erheblichen Druck auf den Wirtschaftsminister aus und plädierte für Zurückhaltung bei der Erhöhung der deutschen Liberalisierung[52].

Zum zweiten lehnte Erhard den OEEC-Regionalismus und die EZU prinzipiell ab. Seines Erachtens habe sich dieser grundsätzlich als problematisch erwiesen. Er habe die Bundesrepublik in eine Gläubigerposition geführt, die ihrer strukturellen Situation nicht gerecht würde. Während die Bundesrepublik unter Kapitalarmut leide, würde sie gleichzeitig anderen Ländern über die EZU Kapital zur Verfügung stellen. Darüber hinaus sei die EZU nur beschränkt funktionsfähig. Sie verdecke die wirtschaftspolitischen Fehler anderer Länder „mit einem Schleier der Nächstenliebe", den EZU-Krediten[53]. Gleichzeitig würden in diesem System die deutschen Überschüsse zu Europa nur zu einer Ansammlung „versteinerter Guthaben" führen, die nicht für den Rohstoffbezug aus anderen Währungsräumen verwertbar seien[54]. Seines Erachtens müsse die EZU aufgesprengt werden, weshalb er an Adenauer schrieb: „Das Ziel der westdeutschen Wirtschaftspolitik muß infolgedessen darauf gerichtet sein, die angeführten institutionellen Hemmungen des zwischenstaatlichen Zahlungs- und Handelsverkehrs auszuräumen."[55] Wenngleich sich Erhard – nach heftiger Kritik aus dem In- und Ausland – beeilte, seine Forderungen nach „Aufsprengung" der EZU als Mißverständnis erscheinen zu lassen[56], und er im folgenden oftmals lediglich eine Reform der EZU forderte, blieb sein Unwillen über die EZU ein vorherrschendes Element. Zweifel über seinen Reformwillen blieben deshalb bestehen[57].

Ein dritter Punkt, auf den Erhard immer wieder zu sprechen kam und der seines Erachtens eng mit der Konvertibilität zusammenhing, waren die Wechselkurse. Er stellte heraus, daß Konvertibilität mit der „Starrheit der Wechselkurse" unvereinbar sei[58]. Was er damit meinte und was er als Konsequenz anstrebte, blieb aber undeutlich und changierte[59]. Manchmal kritisierte er die „falschen" oder

[52] Vgl. die Berichterstattung in der Frankfurter Allgemeine Zeitung v.a. Februar 1952ff. Vgl. auch BBK, B 330/2055, Direktorium, Protokoll, 13.3.1952; BAK, B 146/525, von Mangoldt an BMM, 9.11.1951.

[53] Erhard, Aspekte, S.112.

[54] Ebenda, S.122. Die „versteinerten Guthaben" beliefen sich im Frühjahr 1952 auf 100 Mio. RE.

[55] Erhard an Adenauer, 6.11.1952, zit. in BAK, B 102/56905, I A 1, Arbeitsunterlage, 2183/53, 3.8.1953.

[56] Vgl. Erhard, Aspekte, S.111.

[57] Vgl. BBK, NL Emminger, Ausländische Stellungnahmen zur Konvertibilität, von Mangoldt an Erhard, 25.10.1952; Kabinettsprotokolle VI (1953), 7. Kabinettssitzung am 10.11.1953, S.510.

[58] Vgl. die Rede Erhards vor dem Schweizerischen Institut für Auslandsforschung am 6.2.1952, abgedruckt in: Hohmann (Hrsg.), Erhard, S.321.

[59] Vgl. BAK, B 146/482, Gerbaulet, Vermerk, 25.11.1952. Gerbaulet vom BMM bezeichnete das als die „vorübergehenden Meinungen des Herrn Minister Erhard". Festzuhalten ist, daß Erhard keine Zuständigkeit auf dem Gebiet der Wechselkurse hatte. Unter dem Besatzungsstatut vom 6.3.1951 hatten sich die Alliierten die Kontrolle des deutschen Wechselkurses vorbehalten. Erst am 25.11.1952 verzichtete die Alliierte Hohe Kommission auf diesen Vorbehalt. Vgl. Kühne, Regelungen, S.198. Deshalb konnte Erhard lediglich mit einem ballon d'essai eine Diskussion eröff-

„unrealistischen“ Wechselkurse und legte damit nahe, daß europäische Wechselkursanpassungen notwendig seien[60]. Dann wieder griff er die „starren“, „staatlich fixierten“, „willkürlichen“, „zementierten“ Wechselkurse an, plädierte für „freie“ Wechselkurse und schien so ein System schwankender Wechselkurse oder ein „Herantasten“ an die richtige Wechselkursrelation anzustreben[61]. Manchmal befürwortete er auch einen Mittelweg wie zum Beispiel relativ stabile Wechselkurse in einer Bandbreite von +/- 5 Prozent[62]. Aber auch in anderer Hinsicht blieben Fragen offen. So führte Erhard nicht aus, welche Währungen abgewertet werden sollten[63]. Genausowenig thematisierte er die mit einer Wechselkursfreigabe unter Umständen verbundenen Probleme für die DM[64]. Schließlich löste er den von ihm selbst geschaffenen Widerspruch nicht auf, wie eine Konvertibilität bei flexiblen Kursen die von ihm angestrebte „gesunde“ Politik erzwingen sollte.

Die Reaktion der BdL: kein Chaos

Da die Konvertibilität mit Erhards Kampagne im Frühjahr 1952 in Deutschland ein öffentlich diskutiertes Thema wurde[65], mußte auch die BdL Stellung beziehen. Verschiedene Abteilungen arbeiteten Grundsatzpapiere zu den Fragen Devisenbewirtschaftung und Konvertibilität aus. Dabei zeigten sich deutliche Kontraste zwischen Erhard und der BdL hinsichtlich der Art und Weise der Diskussion, der zugrundeliegenden Ordnungsvorstellungen und der konkreten Politikschritte.

Zum ersten war das Zentralbanksystem keineswegs einverstanden mit der Erhardschen Kampagne. Ganz im Gegenteil: Es war ausgesprochen verärgert. Emminger sah diesen Feldzug als „bedenklich“ und „geradezu gefährlich“ an. Die Anprangerung des Devisenbewirtschaftungssystems als „unmoralisch“ führe dazu, daß Verstöße als „Kavaliersdelikte“ verstanden würden. Auch brächten die öffentlichen Äußerungen Erhards die Bundesrepublik in internationalen Verhandlungen „in größte Schwierigkeiten“, denn sie würden im Ausland den Eindruck erwekken, alle Zahlungsbilanzschwierigkeiten könnten „spielend gelöst werden“[66]. Das

---

nen. Daß die Alliierten, zumindest die Briten, noch Ende 1951 diesen Vorbehalt, „however embarrassing“, wahrnehmen wollten, ergibt sich aus PRO, T 236/4579, Rootham an Stevenson, 3.12.1951.

[60] Erhard, Aspekte, S. 112.

[61] Erhard vor dem Schweizerischen Institut für Auslandsforschung am 6.2.1952, abgedruckt in: Hohmann (Hrsg.), Erhard, S. 331; Erhard, Aspekte, S. 122; BBK, B 330/57, ZBR, Stenogramm, 11.6.1952.

[62] Vgl. BAK, B 102/25 879, Drechsler, Vermerk zu Wechselkursen und zum Exposé vom 6.12.1952, 12.12.1952; BBK, B 330/3171, BMWi, Abt. I, Konvertibilität der Währungen, 6.12.1952; BMWi, Abt. I, Konvertibilität der Währungen, 10.3.1953.

[63] Eine Abwertung der DM zum Dollar befürwortete Erhard nicht. Vgl. BBK, B 330/57, ZBR, Stenogramm, 11.6.1952.

[64] Von Mangoldt wies Erhard darauf hin, daß fluktuierende Kurse möglicherweise zu einer Kursverbesserung der DM und somit zu einer Erschwerung der deutschen Exporte führen könnten. Vgl. LESt, I 4) 52, von Mangoldt an Erhard, 24.7.1952.

[65] Vgl. die Berichterstattung in der Frankfurter Allgemeinen Zeitung, Mai 1952 ff.

[66] BBK, NL Emminger, Konvertibilität/Abbau der Devisenzwangswirtschaft I 1949–52, Emminger, Abbau der Devisen-Zwangswirtschaft, 15.5.1952; BBK, B 330/56, ZBR, Stenogramm, 30.4.1952.

war aber nicht die Einschätzung der Bank, weshalb sie das Thema der Konvertibilität und der Devisenbewirtschaftung vorerst von der Tagesordnung verbannen wollte. Ferner war sie der Ansicht, die deutsche Seite dürfe die Diskussion keinesfalls vorantreiben[67].

Abgesehen von diesen Vorgehensfragen brachte die BdL den Erhardschen Anpreisungen, daß die Konvertibilität der Wirtschaft Impulse gebe, Kapital anzöge und Vertrauen schüfe, beträchtliche Skepsis entgegen[68]. Zwar räumte sie ein, daß ein freier Welthandel „uns voraussichtlich wirtschaftliche Ausweitungsmöglichkeiten geben [würde]". Sie hob aber in diesem Zusammenhang sogleich die Bedeutung des europäischen Marktes hervor, der zuerst „vereinheitlicht" werden müsse[69]. Ebenfalls äußerte die BdL erhebliche Zweifel bezüglich der Erhardschen Ordnungsvorstellungen. Die Abschaffung der Devisenbewirtschaftung würde keine Ordnung bringen, sondern vielmehr „den Sprung in das Chaos" bedeuten. Das nationale Devisenaufkommen würde „einfach verplempert"[70]. Zwar lehnte die Bank weder marktwirtschaftliche Prinzipien grundsätzlich ab, noch mißbilligte sie die Währungspolitik als Steuerungselement. Sie führte aber aus, daß die Devisenbewirtschaftung notwendig sei, um die Außenwirtschaft in „geordneten Bahnen" aufrechtzuerhalten. Außerdem diene die Devisenbewirtschaftung dazu, „wirtschaftliche Angriffe abzuwehren" und den Außenhandel zu lenken[71].

In bezug auf die konkreten Politikschritte war vor allem die Frage der OEEC-Liberalisierung ein Zankapfel zwischen Erhard und der BdL[72]. Während Erhard bei der Erhöhung der Liberalisierung zögerte, stellte die BdL den Abbau der mengenmäßigen Beschränkungen in den Vordergrund. Da ein Abbau der Devisenkontrolle hinsichtlich des Kapitalverkehrs nicht ins Auge gefaßt werden könne, würde Konvertibilität nichts anderes als die möglichst weitgehende Liberalisierung aller sicht- und unsichtbaren Einfuhren bedeuten. Da weiterhin die Voraussetzungen für eine Liberalisierung zum Dollarraum wie ausreichende Währungsreserven und Gleichgewicht der Dollarbilanz „für die nächste Zukunft kaum herstellbar" seien, sei – „praktisch und konkret gesprochen" – der geforderte Abbau der Devisenbewirtschaftung mit „möglichst raschen Fortschritten

[67] Vgl. BBK, B 330/2043, Vocke an Schäffer/Erhard, 4.8.1952. Vgl. auch BBK, B 330/56, ZBR, Stenogramm, 30.4.1952.

[68] Vgl. BBK, NL Emminger, Konvertibilität/Abbau der Devisenzwangswirtschaft I 1949–52, Emminger, Maßnahmen zur Wiederherstellung der Konvertibilität der Währung, o.D.; BAK, B 102/6428, Elson, Niederschrift über die Ressortbesprechung am 1.7.1952, 3.7.1952; BBK, B 330/57, ZBR, Stenogramm, 11.6.1952.

[69] BBK, B 330/57, 6c (Devisenbewirtschaftung), Vermerk, 30.5.1952.

[70] BBK, B 330/57, Wilhelm, Vermerk, 27.5.1952. Vgl. auch BBK, B 330/2012: Vocke an Erhard, 11.12.1952.

[71] BBK, B 330/57, 6c (Devisenbewirtschaftung), Vermerk, 30.5.1952.

[72] Das war auch ein Streitpunkt zwischen Wirtschaftsministerium einerseits und Marshallplan-Ministerium, der deutschen OEEC-Delegation, der OEEC andererseits. Vgl. BAK, B 146/526, Germania Paris an BMM/Erhard/Niklaß/Vocke, 6.3.1952; BAK, B 102/6428, Elson, Niederschrift über die Ressortbesprechung am 1.7.1952, 3.7.1952; BAK, B 146/527, Elson, Vermerk, 22.6.1952; BMWi an BMM, 24.7.1952.

in der Liberalisierung gegenüber dem EZU-Raum" identisch[73]. Zwar sah die BdL durchaus die Probleme dieser Politik. Sie pflichtete Erhard bei, daß das OEEC-Liberalisierungsprogramm ungenügend sei und als „Liberalisierungsschaukel" funktionieren würde. Um dem abzuhelfen, schlug sie – wie schon bei der Belgien-Krise – einen stärkeren Einfluß der europäischen Organisationen vor[74]. Gleichzeitig aber forderte sie eine Erhöhung der deutschen Liberalisierung, zum Teil verlangte sie sogar eine Erhöhung des Liberalisierungssatzes auf 100 Prozent[75]. Der vornehmliche Grund hierfür lag darin, daß die BdL das System der Devisenkontrollen erhalten wollte. Direktoriumsmitglied Wolf verwahrte sich in einer Ressortbesprechung vehement dagegen, „daß die Devisenpolitik vor den Wagen der Handelspolitik gespannt werde"[76].

Auch in bezug auf den Regionalismus teilte das Zentralbanksystem Erhards Anschauungen nicht. Zwar pflichteten einige Mitglieder des Zentralbankrates Erhards negativer Einschätzung der OEEC/EZU bei. Pfleiderer bezeichnete in einer Sitzung des Zentralbankrates die Pariser Gremien als „Kaffeekränzchen", während Bernard fragte, ob nicht „einige Dinge ohne Fühlungnahme mit anderen Ländern erledigt werden können". Insgesamt aber befürwortete der Zentralbankrat den Weg über die EZU: Gemeinsam mit allen anderen EZU-Mitgliedsländern müsse langsam und schrittweise vorgegangen werden[77]. Dafür sprachen „politische und taktische" Gründe wie z. B. die europäische Integration, vor allem der Schumanplan und die Verteidigungsgemeinschaft[78]. Aber auch die wirtschaftliche Situation war maßgebend, denn schließlich – so betonte Emminger – umfasse der EZU-Raum „rund $^3/_4$ des auswärtigen Zahlungsverkehrs der Bundesrepublik". Dieser dürfe nicht behindert werden – zumal für die Bundesrepublik nicht die Konvertibilität der DM, sondern vielmehr die Konvertibilität der anderen Währungen das Kardinalproblem war[79]. Insgesamt sah die BdL regionale Organisationsformen als unverzichtbar und notwendig an. Der Regionalismus sei keinesfalls abzubauen oder gar aufzusprengen. Wegen der amerikanischen Zollpolitik und der Schwierigkeiten des amerikanischen Marktes könne die deutsche Ausfuhr in den Dollarraum nicht

[73] BBK, B 330/57, Emminger, Thesen zur Frage des Abbaus der Devisenzwangswirtschaft, Juni 1952.

[74] BBK, NL Emminger Konvertibilität/Abbau der Devisenzwangswirtschaft I 1949–52, Emminger, Konvertibilität und Liberalisierung, 15. 12. 1952.

[75] Vgl. BBK, B 330/2043, Vocke an Schäffer/Erhard, 4. 8. 1952; BAK, B 102/6428, Elson, Niederschrift über die Ressortbesprechung am 1. 7. 1952, 3. 7. 1952. Wie interne Dokumente zeigen, ist dieses Plädoyer auch als Gegenposition zu Erhard zu verstehen. Vgl. BBK, NL Emminger, Konvertibilität/Abbau der Devisenzwangswirtschaft I 1949–52, Emminger, Bemerkungen hinsichtlich der deutschen Stellungnahme zur Liberalisierung und Konvertibilität, 10. 9. 1952; Emminger, Konvertibilität und Liberalisierung, 15. 12. 1952.

[76] BAK, B 102/6428, Elson, Niederschrift über die Ressortbesprechung am 1. 7. 1952, 3. 7. 1952.

[77] BBK, B 330/57, ZBR, Stenogramm, 11. 6. 1952.

[78] Ebenda; BBK, NL Emminger Konvertibilität/Abbau der Devisenzwangswirtschaft I 1949–52, Emminger, Abbau der Devisen-Zwangswirtschaft, 15. 5. 1952.

[79] BBK, NL Emminger, Konvertibilität/Abbau der Devisenzwangswirtschaft I 1949–52, Emminger, Bemerkungen hinsichtlich der deutschen Stellungnahme zur Liberalisierung und Konvertibilität, 10. 9. 1952; BBK, B 330/57, Emminger, Thesen zur Frage des Abbaus der Devisenzwangswirtschaft, Juni 1952.

gesteigert werden. Hier müsse weiterhin mit Einfuhrrestriktionen operiert werden. Es müsse strikt zwischen Dollarraum und EZU-Raum getrennt werden[80].

Die Frage der Wechselkurspolitik führte ebenfalls zu einer „ernsthafteren Meinungsverschiedenheit" zwischen BdL und Wirtschaftsminister[81]. Die BdL lehnte Korrekturen des Wechselkurses und jede Art der Flexibilität strikt und rundheraus ab. Zwar hatte der Zentralbankrat Anfang 1952 der Schaffung von sogenannten Einfuhranrechten zugestimmt und dadurch sein Placet zu einem gespaltenen Wechselkurs bzw. zu einer umgrenzten und selektiven Abwertung zum Dollarraum gegeben[82]. Gleichwohl sah er dieses nur als eine vorübergehende Notmaßnahme an und wollte sie in einem engen und kontrollierbaren Rahmen halten[83]. Die Gründe für die Ablehnung der Wechselkursflexibilität waren zum einen politischer Natur. Bernard wies darauf hin, daß der Beitritt zum IWF gewisse Verpflichtungen mit sich bringe[84]. Emminger warnte, die USA würden flexible Kurse nicht billigen, und das könnte zu Retorsionsmaßnahmen Anlaß geben[85]. Auch würden flexible Wechselkurse die europäische Integration – sei es in der EGKS/EVG-Form, sei es in der EZU-Form – gefährden[86]. Zum zweiten spiel-

---

[80] Vgl. BBK, NL Emminger, Konvertibilität/Abbau der Devisenzwangswirtschaft I 1949–52, Emminger, Abbau der Devisen-Zwangswirtschaft, 15.5.1952.

[81] BBK, B 330/2012, Vocke an Erhard, 19.3.1953. Flexible Wechselkurse trafen auch auf Skepsis bei der deutschen EZU-Delegation. Vgl. LESt, I 4) 52, von Mangoldt an Erhard, 24.7.1952. Vom BMM hingegen wurden sie zeitweise befürwortet. Vgl. BAK, B 102/11579.1, Albrecht, Vermerk zum Exposé des BMWi über Konvertibilität, 9.12.1952; BBK, B 330/2055, Direktorium, Protokoll, 4.12.1952.

[82] Vgl. BBK, B 330/53, ZBR, Protokoll, 21./22.2.1952; BBK, B 330/54, ZBR, Protokoll, 19./20.3.1952; BBK, B 330/2055, Direktorium, Protokoll, 14.2.1952. Die Einfuhranrechte sollten die Ausfuhr in den Dollarraum fördern. Sie funktionierten folgendermaßen: Die Exporteure hatten ein Anrecht auf 40% ihrer Dollarerlöse. Diese Anrechte konnten sie innerhalb von drei Monaten entweder für den Import bestimmter Waren verwenden oder veräußern. Die Anrechte wurden Mitte April mit einem Aufschlag von 20 bis 20,75% gehandelt. Mitte Mai belief sich der Aufschlag auf 13 bis 14,5%. Vgl. Frankfurter Allgemeine Zeitung, 22.4.1952 und 20.5.1952. Der Exporteur erhielt somit Mitte April für 1 $ anstatt 4,20 DM nun 4,54 DM, im Mai nur noch 4,41 DM. Der Importeur mußte – sofern er vollkommen auf Einfuhranrechte zurückgriff – im April einen Kurs von 5,04 DM, im Mai von 4,75 DM in Anschlag bringen. Die Liste der Waren, die mit Einfuhranrechten eingeführt werden konnten, ist in BAnz 69/52 vom 8.4.1952 enthalten. Anfangs umfaßte sie nur wenige Güter, sie wurde aber im August 1952 erheblich erweitert. Vgl. BAnz 147/52 vom 1.8.1952.

[83] Die Einfuhranrechte waren im Zentralbankrat umstritten. Vgl. BBK, B 330/57, ZBR, Stenogramm, 11.6.1952; BoE, OV 34/38, Macdonald, Report on a visit to Germany, 23.7.1952. Die Kritiker wurden durch die negative Stellungnahme der Alliierten Hohen Kommission – vgl. BBK, B 330/2055, Direktorium, Protokoll, 18.6.1952 – und die Anfrage der Federal Reserve Bank, ob mit den Einfuhranrechten ein gespaltener Kurs eingeführt worden wäre – vgl. BBK, B 330/58, ZBR, Protokoll, 9.7.1952 –, gestärkt. Auch der IWF monierte die Anrechte als Restriktion. Vgl. IMF, 4th Annual Report on Exchange Restrictions, S.162f.; BBK, B 330/1087, Donner an BMWi, 25.2.1953.

[84] Vgl. BBK, B 330/57, ZBR, Stenogramm, 11.6.1952.

[85] Vgl. BAK, B 146/565, Schleiminger, Behandlung der Frage der DM-Konvertibilität im Interministeriellen Wirtschaftsausschuß, 19.5.1952.

[86] Vgl. BBK, NL Emminger, Konvertibilität/Abbau der Devisenzwangswirtschaft I 1949–52, Emminger, Bemerkungen hinsichtlich der deutschen Stellungnahme zur Liberalisierung und Konvertibilität, 10.9.1952.

ten wirtschaftliche Motive eine Rolle. Flexible Wechselkurse – so führten Vocke und Emminger aus – würden den Außenhandel stören und Unruhe verbreiten. Die daraus resultierende Spekulation könnte einen stärkeren Einsatz von Währungsreserven notwendig machen[87]. Das würde auch bei relativ stabilen Wechselkursen, wie sie das Wirtschaftsministerium zeitweise befürwortete, der Fall sein[88]. Wichtiger aber war, daß die BdL starke und prinzipielle Vorbehalte gegen jede Form von Abwertung zum Dollar hegte. Wie schon 1949 und 1950/51 so meinte sie auch 1952, daß eine Abwertung nur zu einer „schweren Krise" führen würde[89]. Ihres Erachtens war die Dollarlücke güterbedingt und strukturell. Deshalb könne durch eine Abwertung und niedrigere Exportpreise ein Ausgleich nicht erreicht werden. Vor allem könne „die Hürde der Hochzollpolitik" dadurch nicht übersprungen werden[90]. Darüber hinaus würde die Konkurrenzfähigkeit der Exportindustrie, die Dollarrohstoffe benötige, beeinträchtigt, denn eine Abwertung würde die terms of trade deutlich verschlechtern[91]. Zum Dollarraum seien weiterhin „nicht-marktwirtschaftliche" Methoden anzuwenden. Emminger führte aus: „Wenn schon die Dollarlücke in der Hauptsache nicht durch Steigerung der Ausfuhrerlöse, sondern nur durch Einfuhrbeschränkung geschlossen werden kann, dann ist mindestens in der gegenwärtigen Lage die Beschränkung der hereinzunehmenden ‚Dollarwaren' durch Einfuhrkontingente der Beschränkung über eine allgemeine Verteuerung lebenswichtiger Nahrungsmittel und Rohstoffe eindeutig vorzuziehen."[92]

Als Erhard Anfang 1952 seine Konvertibilitätskampagne startete, kam der BdL die Rolle eines Gegenspielers zu. Statt Konvertibilität bei flexiblen Wechselkursen befürwortete sie die weitere OEEC-Liberalisierung, den Regionalismus und feste Wechselkurse. An einer Verwirklichung der marktwirtschaftlichen Prinzipien in der Außenwirtschaft war ihr nicht gelegen.

---

[87] Vgl. BBK, NL Emminger, Konvertibilität/Abbau der Devisenzwangswirtschaft I 1949–52, Emminger, Abbau der Devisen-Zwangswirtschaft, 15.5.1952; BBK, B 330/2012, Vocke an Erhard, 19.3.1953.

[88] Vgl. BBK, B 330/2012, Vocke an Erhard, 11.12.1952.

[89] BBK, B 330/2043, Vocke an Schäffer, 4.8.1952. Vgl. auch BBK, B 330/2012, Vocke an Erhard, 11.12.1952.

[90] BAK, B 146/565, Schleiminger, Behandlung der Frage der DM-Konvertibilität im Interministeriellen Wirtschaftsausschuß, 19.5.1952; BBK, B 330/2012, Vocke an Erhard, 11.12.1952; BBK, B 330/57, ZBR, Stenogramm, 11.6.1952.

[91] Vgl. BBK, B 330/57, ZBR, Stenogramm, 11.6.1952; BBK, NL Emminger, Konvertibilität/Abbau der Devisenzwangswirtschaft I 1949–52, Emminger, Abbau der Devisen-Zwangswirtschaft, 15.5.1952.

[92] BBK, NL Emminger, Konvertibilität/Abbau der Devisenzwangswirtschaft I 1949–52, Emminger, Abbau der Devisen-Zwangswirtschaft, 15.5.1952. Vgl. auch BAK, B 146/565, Schleiminger, Behandlung der Frage der DM-Konvertibilität im Interministeriellen Wirtschaftsausschuß, 19.5.1952.

Konvertibilität: „eine Frage des Könnens"

Wenn sich auch die BdL in Reaktion auf die belgischen Forderungen und die Erhardsche Kampagne als eine Befürworterin des Status quo entpuppte, so ist damit ihre Haltung zur Konvertibilität noch nicht vollständig erfaßt. Vielmehr führte die BdL für die Ablehnung der Konvertibilität auch Motive an, die in diesem Moment eine Befürwortung der Konvertibilität erschweren oder gar unmöglich machen würden. Wie die Abteilung Devisenbewirtschaftung ausführte, waren die Zahlungsbilanzsituation, der Verteidigungsbeitrag und die Belastung aus der Schuldenregelung zu bedenken. Deshalb sei die Konvertibilität eine „Frage des Könnens, nicht des Wollens"[93].

Die Zahlungsbilanzentwicklung

Wie Tabelle 6 zeigt, war die deutsche Zahlungsbilanz- und Reservenentwicklung im Jahre 1952 ausgesprochen positiv. Allerdings sah das in der Perspektive der Zeitgenossen anders aus. Wenngleich positive Kommentare nicht fehlten, so herrschte Unsicherheit vor, ob diese Tendenz dauerhaft sein würde[94].

Nachdem die Bundesrepublik im November 1951 ihre kumulative Schuldnerposition in der EZU abgebaut hatte, nahm sie zum 1. Januar 1952 die Liberalisierung mit 57 Prozent wieder auf[95]. Dieser Prozentsatz war im Zentralbankrat umstritten gewesen. Da einige Mitglieder des Zentralbanksystems „einen ziemlich erheblichen Schock" erwarteten, hatten sie für einen niedrigeren Satz plädiert[96]. Wie Tabelle 6 zeigt, blieb dieser Schock jedoch aus: Zwar wuchsen die Importe aus dem EZU-Raum im ersten Quartal 1952 um 14 Prozent, doch blieb noch immer ein Überschuß bestehen. Das änderte sich auch in den folgenden Monaten nicht – selbst wenn der Zentralbankrat immer wieder Exporteinbrüche aufgrund der europäischen Entliberalisierungsmaßnahmen sowie einen Anstieg der deutschen Importe aufgrund der Erhöhung der deutschen Liberalisierungsquote befürchtete[97].

Da die Überschüsse zum EZU-Raum anhielten, erreichte die Bundesrepublik im März 1952 die erste Tranche als Gläubiger, und im Sommer 1952 hatte sie ihre EZU-Quote fast erschöpft. Das führte dazu, daß sich zeitweise in Bonn und in Frankfurt sogar eine gewisse „Nervosität" ausbreitete. Im Mai 1952 stellte Treue fest, die deutsche Zahlungsbilanz zur EZU verbessere sich „in beängstigendem Rhythmus". Im Juni bezeichnete Dr. Gustav Gerbaulet, Leiter der Ab-

---

93 BBK, B 330/51, 6c (Devisenbewirtschaftung), Vermerk, 31.5.1952.

94 Die deutsche Zahlungsposition zur EZU wurde im Geschäftsbericht der BdL als „insgesamt gefestigter als jemals zuvor" bezeichnet. Vgl. BdL, Geschäftsbericht 1951, S. 60.

95 Vgl. BAnz Nr. 4, 8.1.1952.

96 BBK, B 330/51, ZBR, Stenogramm, 19.12.1951.

97 Vgl. BBK, B 330/52, ZBR, Protokoll, 7.2.1952. Zum 1.4.1952 wurde die deutsche Liberalisierung auf 77%, zum 1.8.1952 auf 80,9% erhöht. Vgl. BAnz Nr. 69, 1.4.1952 und BAnz Nr. 154, 12.8.1952.

Tabelle 6: Entwicklung des Im- und Exportes und der Reserven 1951/52

	OEEC-Raum		Off-Set-Raum		Dollar-Raum		Reserven
	Export Mio. $	Import Mio. $	Export Mio. $	Import Mio. $	Export Mio. $	Import Mio. $	Gold/$ Mio. $
I-51	542,8	599,6	98,2	81,4	70,6	128,3	182,3
II-51	624,9	393,6	131,0	110,9	87,9	169,0	295,4
III-51	715,7	544,5	148,7	124,6	96,0	172,7	431,5
IV-51	732,1	501,3	145,3	116,6	79,7	169,8	365,3
I-52	729,2	569,3	141,3	139,1	75,7	196,8	224,4
II-52	721,6	512,4	169,7	121,8	85,2	135,7	447,1
III-52	751,0	554,7	168,3	111,3	97,7	143,0	541,3
IV-52	803,5	782,9	164,8	108,1	125,9	128,4	636,7

Quelle: Statistisches Handbuch der BdL, S. 256 ff.

teilung III des Marshallplan-Ministeriums (Zwischenstaatliche Wirtschaftsbeziehungen), die Überschüsse als „galoppierende Fettsucht"[98]. Wenn auch die Zahlungsbilanzsituation zum EZU-Raum befriedigend war, so herrschte weiterhin eine gewisse Unsicherheit vor. Beispielsweise zweifelte Emminger, ob die Überschüsse anhalten würden[99]. Im August 1952 rechnete der Zentralbankrat für den Herbst mit einem Anstieg der Einfuhren. Im November sorgte sich Pfleiderer erneut um die Zahlungsbilanz[100].

Im Vergleich zum EZU-Raum war die Situation zum Dollarraum um einiges prekärer. Bei zurückgehendem Export und ansteigendem Import klaffte die Dollarlücke im Winter 1951/52 wieder auf. Vocke wandte sich sogar wegen des Reservenschwundes an Adenauer und Schäffer[101], während Anfang 1952 die BdL erneut eine restriktivere Haltung bei der Devisenzuteilung einnahm[102]. Erst ab Sommer 1952 verbesserte sich die Lage bei steigenden Exporten und sinkenden Importen, so daß im vierten Quartal 1952 die Zahlungsbilanz zum Dollarraum – Bewirtschaftungsmaßnahmen vorausgesetzt – fast ausgeglichen war. Diese Entwicklung erlaubte, die aus den EZU-Überschüssen resultierenden Goldzahlungen nicht mehr nur für Dollarimporte, sondern zum Teil auch für eine Reserven-

[98] BAK, B 146/565, Sachs, Vermerk, 21.5.1952, Gerbaulet an Born, 21.6.1952; BAK, B 146/527, Treue an Gerbaulet, 5.8.1952. Bei einer Gelegenheit spricht Gerbaulet sogar von „Verzweiflung". Vgl. BAK, B 146/527, Gerbaulet an Treue, 17.9.1952.

[99] Vgl. BBK, B 330/1310, Emminger an Möller, 19.7.1952; BAK, B 102/56893, Gurski an BMM, 18.8.1952.

[100] Vgl. BBK, B 330/59, ZBR, Protokoll, 13./14.8.1952; BBK, B 330/62, ZBR, Stenogramm, 12./13.11.1952; BBK, B 330/63, ZBR, Stenogramm, 26.11.1952.

[101] Vgl. BBK, B 330/2011, Vocke an Adenauer, 14.11.1951; BBK, B 330/2043, Vocke an Schäffer, 7.1.1952.

[102] Vgl. BAK, B 102/12582.2, BMM, BMWi, BML, Entwurf einer Kabinettsvorlage über das Programm der Einfuhren aus dem Dollarraum, 29.1.1952; BAK, B 102/13720.2, I A 5 Schmitt, Vermerk betreffs EZU-Zahlungsposition der Bundesrepublik Deutschland, 12.3.1952.

aufstockung zu verwenden. Trotz dieser Aufstockung waren die Reserven laut Vocke noch immer „unzureichend“[103]. Ferner war Emminger überzeugt, daß die positive Entwicklung zum Dollarraum nur auf besondere Faktoren zurückzuführen sei. In „absehbarer Zeit“ würde die Zahlungsbilanz zum Dollarraum wieder ein Defizit aufweisen. Das Grundproblem, die Dollarlücke, sei weit von einer Lösung entfernt[104].

Insgesamt führte die Zahlungsbilanzsituation zu folgender Konstellation: Zum einen sah das Zentralbanksystem eine Konvertibilität gegenüber dem Dollarraum einhellig als nicht realisierbar an. Zum anderen gab es ein Interesse an der Konvertibilität, vor allem an der Konvertibilität der anderen Währungen. Dadurch würden – so stellte die BdL auch in ihren Veröffentlichungen heraus – die Auswirkungen der „gegenwärtigen unterschiedlichen Zahlungsbilanzlage“ erheblich gemildert werden[105].

Verteidigungslasten

Außer der unsicheren Zahlungsbilanzentwicklung waren auch die Verteidigungskosten ein Gesichtspunkt, der immer in Zusammenhang mit dem Abbau der Devisenbewirtschaftung gesehen wurde. Angesichts des Kalten Krieges war schon Ende der vierziger Jahre absehbar, daß die Bundesrepublik zur Verteidigung des westlichen Blockes beitragen sollte. Mit dem Vorschlag des französischen Ministerpräsidenten René Pleven, eine Europäische Verteidigungsgemeinschaft (EVG) zu errichten, und mit den im Februar 1951 beginnenden Verhandlungen konkretisierten sich die Pläne. Wenngleich die deutsche Zentralbank keine Kredite zur laufenden Haushaltsfinanzierung geben durfte und die Verteidigungskosten somit aus den laufenden Einnahmen des Bundes finanziert werden mußten, war nur allzu offensichtlich, daß die deutsche Wiederaufrüstung bzw. die Zusammenlegung der europäischen Verteidigungskräfte auch monetäre Auswirkungen haben würde.

Die Diskussionen über die deutsche Wiederaufrüstung führten zu zahlreichen Schätzungen und Meinungen zur vertretbaren Höhe eines bundesdeutschen Verteidigungsbeitrages. Wie Lutz Köllner und Hans-Erich Volkmann hervorheben, zeichneten sich alle Stellungnahmen durch einen mahnenden und zurückhaltenden Grundtenor aus[106]. Auch die BdL reihte sich hier ein. Vocke lief gegen die von den USA vorgebrachten Verteidigungskosten in Höhe von 13 Mrd. DM Sturm und sah sie als „Proklamation der Inflation“ an. Selbst im Herbst 1954

[103] BBK, B 330/2043, Vocke an Schäffer, 4.8.1952.

[104] BAK, B 102/13720.1, Emminger an Schmitt, 23.9.1952 und BBK, NL Emminger, Dollarlücke, Emminger, Dollarproblem, 1.12.1952. Im Marshallplan-Ministerium wurde die Meinung der BdL geteilt. Vgl. BAK, B 146/527, BMM an BMWi, 24.7.1952. Die konvertiblen Reserven deckten im vierten Quartal 1952 zwei Monatseinfuhren nicht ab.

[105] BBK, NL Emminger, Konvertibilität/Abbau der Devisenzwangswirtschaft I 1949–52, Emminger, Abbau der Devisen-Zwangswirtschaft, 15.5.1952. Vgl. BdL, Geschäftsbericht 1951, S. 1.

[106] Köllner/Volkmann, Aspekte, S. 759ff., hier S. 804.

warnte Emminger noch vor direkten wie indirekten Auswirkungen der Aufrüstung[107]. Trotz dieser Warnungen blieb die BdL in bezug auf die EVG-Verhandlungen gleichmütig und griff kaum ein. Das lag vor allem daran, daß sich die sechs zukünftigen EVG-Mitglieder früh darauf einigten, die Beiträge weitgehend in nationaler Währung zu entrichten. Darüber hinaus konnten sich die Verhandlungspartner auf eine Transferschutzklausel von 15 Prozent verständigen: Schließlich sorgten sich alle zukünftigen EVG-Mitglieder um die Auswirkungen der Verteidigungsgemeinschaft auf die Währungsreserven, so daß alle Beteiligten übermäßige Transfermöglichkeiten vermeiden wollten[108]. Mit dieser 15-Prozent-Klausel war für die BdL „eine akzeptable Lösung" gefunden. Im folgenden ängstigte sie sich nicht mehr um den Transfer. Ganz im Gegenteil: Eine Erhöhung dieses Satzes lehnte sie ab, da das einer Vergrößerung der „Devisen-Chancen" gleichkäme. Diese wollte die BdL vermeiden, denn höhere „Devisen-Chancen" würden die Bundesrepublik nur in die „unangenehme Lage einer permanenten Gläubigerposition in der EZU" bringen[109].

Obwohl also die Verteidigungskosten bei verschiedenen Gelegenheiten als Hindernis auf dem Weg zur Konvertibilität angeführt wurden, spielten sie dann im Zusammenhang mit der EVG keine wesentliche Rolle. Wie Bernard auch gegenüber dem Vorsitzenden des Bundestagsausschusses für Wirtschaftspolitik, Wilhelm Naegel, ausführte, seien im Vertrag für die währungspolitische Seite ausreichende Schutzklauseln an mehreren Stellen enthalten[110].

Schulden- und Transferprobleme

Ein drittes Problem, das die BdL in den Jahren 1951/52 mit der Konvertibilität in Zusammenhang brachte, waren die deutschen Altschulden. Nach der Schuldenerklärung der Bundesregierung vom 6. März 1951 wurden im Sommer Verhandlungen über die Regelung der öffentlichen wie privaten deutschen Vor- und Nachkriegsschulden aufgenommen. Sie fanden mit der Unterzeichnung des Londoner Schuldenabkommens im Februar 1953 ihren Abschluß[111].

Auch wenn die BdL an der Regelung der Altschulden interessiert war[112], verfolgte sie die entsprechenden Verhandlungen argwöhnisch und begutachtete die daraus resultierenden Devisenbelastungen aufmerksam. Sie schätzte die deutsche

---

[107] BBK, B 330/2043, Vocke an Schäffer, 7.1.1952; BBK, B 330/3380, Emminger, Mögliche Auswirkungen der Aufrüstung auf die deutsche Zahlungsbilanz, 29.10.1954. Wolf bezeichnete die Ausführungen Emmingers als übertrieben. Vgl. BBK, B 330/3380, Wolf, Stellungnahme zu dem Vermerk von Herrn Dr. Emminger, 5.11.1954.

[108] Vgl. Köllner/Volkmann, Aspekte, S. 858 ff.; Finanzprotokoll des EVG-Vertrages in: BGBL 1954 II, S. 403 f.

[109] BBK, B 330/3478, Emminger, Transferprobleme im Rahmen der Verteidigungsgemeinschaft, 19.1.1952.

[110] Vgl. BBK, B 330/3317, Bernard an Naegel, 4.11.1952.

[111] Abgedruckt in: BGBL 1953 II, S. 331 ff.

[112] Vgl. BBK, B 330/51, ZBR, Stenogramm, 19.12.1951: Vgl. hierzu auch S. 111 f.

Transferfähigkeit gering ein[113]. Vocke hielt sogar die letztendlich vereinbarten jährlichen Zahlungen in Höhe von 567 Mio. DM für untragbar[114]. Durch solche Belastungen würde – so stellte er gegenüber Hermann J. Abs, Leiter der deutschen Delegation bei den Schuldenverhandlungen, fest – die Konvertibilität auf Jahre hinaus unmöglich gemacht[115]. Der Replik von Abs, daß das Londoner Schuldenabkommen eine Voraussetzung für die Konvertibilität sei, da es Kapitalimporte ermöglichen würde, pflichtete die BdL nicht bei. Für sie standen die Belastungen im Vordergrund, denn sie betrachtete die damit eröffnete Möglichkeit, die Konvertibilität durch Kapitalimporte abzusichern, mit Skepsis[116].

Wenn auch die Belastungen des Londoner Schuldenabkommens laut BdL die Erreichung der Konvertibilität vorerst ausschlossen, so machten sie die Konvertibilität andererseits notwendig. In seiner Sitzung am 31. Juli 1952 stellte der Zentralbankrat heraus, daß zur Erfüllung der deutschen Verpflichtungen „auch eine konforme Handelspolitik der Gläubigerländer vonnöten ist“[117]. Die Bundesrepublik müsse Überschüsse erwirtschaften und diese konvertieren können. Vocke wollte deshalb sogar eine entsprechende, verbindliche Verpflichtung der deutschen Gläubiger in das Schuldenabkommen verankert wissen. Die deutschen Gläubiger sollten seines Erachtens verpflichtet werden, durch eine liberale Handelspolitik und durch Gewährung der Konvertibilität deutsche Zahlungsbilanzüberschüsse und damit die entsprechenden Transfers zu ermöglichen[118].

Als die BdL im Verlaufe des Jahres 1951/52 in der Diskussion über die Konvertibilität Position beziehen mußte, vertrat sie eine vorwiegend ablehnende Haltung. Ihre oftmals verlautbarte Befürwortung der Konvertibilität kann deshalb als ein Lippenbekenntnis bezeichnet werden. Sobald es konkret wurde, votierte die Bank für den Status quo. Zum Teil verlangte sie sogar eine sicherere Verankerung des regionalen Prinzips und befürwortete in diesem Zusammenhang eine supranationale EZU. Die Fortführung der OEEC-Liberalisierung, feste Wechselkurse und Regionalismus waren ihr wichtiger als Konvertibilität und Abbau der Devisenbewirtschaftung. Gleichwohl kann die BdL nicht als eine prinzipielle Konvertibilitätsgegnerin bezeichnet werden. Wenngleich sie auch anläßlich der belgischen Gläubigerkrise den Goldstandard kritisierte, war ihre Haltung zu einem großen Teil durch die zu dieser Zeit vorherrschenden Umstände bedingt. Tatsächlich glaubte die BdL, daß eine Erklärung der Konvertibilität wegen der unsicheren Zahlungsbilanzaussichten und den anstehenden Belastungen aus der

[113] Vgl. BBK, B 330/2012, BdL, Die deutsche Transferfähigkeit, 2.2.1952. Deshalb wollte sie das Schuldenproblem auch vertagen. Vgl. BAK, NL Hallstein/122, Hallstein, Notizen zur Sitzung über Finanzprobleme, 14.5.1952.

[114] Vgl. Abs, Wiederherstellung, S. 34.

[115] Vgl. ebenda, S. 36.

[116] Siehe hierzu S. 110ff.

[117] BBK, B 330/58, ZBR, Protokoll, 31.7.1952.

[118] Vgl. BBK, B 330/3379, Vocke, Vermerk, 5.8.1952. Vgl. auch BBK, B 330/61, ZBR, Protokoll, 15.10.1952. Das Abkommen enthielt nur die von Vocke angefeindete, unverbindlichere Formulierung „erleichtert werden würden“. Vgl. BGBL 1953 II, S. 481.

deutschen Verschuldung vorerst unmöglich sei. Immer wieder betonte sie, die Konvertibilitätsfrage sei „eine Frage des Könnens, nicht des Wollens". Die Erreichung der Konvertibilität sei aber „selbstverständlich" anzustreben[119]. Ob und inwieweit sie dieses Ziel in den nächsten Jahren, die weitere deutsche Überschüsse und somit eine Vergrößerung des Handlungsspielraums sahen, tatsächlich intensiv verfolgte, wird im folgenden untersucht.

2. Gründe für und gegen die Konvertibilität

In der Ablehnung der belgischen Forderungen und der Erhardschen Ideen zeigt sich eine provisorische, erste Reaktion der BdL. Dabei hatte sie vor allem die ungenügenden deutschen Währungsreserven und die noch unsicher erscheinende deutsche Zahlungsbilanzsituation vor Augen gehabt. In den folgenden Jahren mußte die Bank jedoch ihre Position überdenken. Vor allem mußte sie ihrem vergrößerten Handlungsspielraum und den mit den deutschen Überschüssen wachsenden Kosten des Regionalismus wie der Inkonvertibilität ihrer Kredite Rechnung tragen.

Exportmöglichkeiten und europäische Zahlungsbilanzentwicklungen

Nach den Devisenkrisen des Winters 1950/51 hatte die Bundesrepublik im Jahre 1952 beträchtliche Überschüsse zum EZU-Raum erwirtschaftet. Gleichzeitig hatte sich das Defizit zum Dollarraum – Bewirtschaftung vorausgesetzt – beträchtlich verringert. Wie Tabelle 7 (S. 144) zeigt, setzte sich diese Entwicklung auch im Jahre 1953 fort. Selbst wenn man den währungspolitischen Akteuren eine gewisse Zeit für die „geistige Bewältigung des plötzlichen Umschwunges"[120] zugesteht, war seit 1953 nicht mehr zu leugnen, daß die deutsche Zahlungsbilanzentwicklung stabil war. Außerdem waren die deutschen Währungsreserven stetig alimentiert worden, und sie bildeten inzwischen ein ansehnliches Polster.

Tatsächlich sah die BdL seit 1953 die Reserven nicht mehr als ein Problem an. Darüber hinaus war sie nicht mehr permanent von der Möglichkeit eines Zahlungsbilanzumschwunges geplagt, so daß sie die DM sogar als eine starke Währung einschätzte[121]. Damit war der deutsche Handlungsspielraum vergrößert.

[119] BBK, B 330/57, 6c (Devisenbewirtschaftung), Vermerk, 31.5.1952; BBK, NL Emminger, Konvertibilität/Abbau der Devisenzwangswirtschaft I 1949–52, Emminger, Abbau der Devisen-Zwangswirtschaft, 15.5.1952. Deutlich wird diese zwiespältige Haltung der BdL anläßlich der Vorlage eines OEEC-Memorandums zur Konvertibilität. Vgl. HAEC, OEEC-TRA 333, MBC (52)65, 1. Rev. vom 1.12.1952. Am 11.11.1952 bedauerte Vocke die „ausgesprochen negative Haltung (dieses Dokuments, M.D.) zur Frage der Konvertibilität". Am 12.11.1952 offenbarte er in gleicher Angelegenheit seine eigene negative Haltung zur Konvertibilität. Vgl. BAK, B 146/480, Vocke an Blücher, 11.11.1952; Albrecht, Vermerk, 12.11.1952.

[120] Emminger stellt in seinen Memoiren die Schwierigkeiten dieser „geistigen Bewältigung" heraus. Vgl. Emminger, D-Mark, S. 68ff.

[121] Vgl. BBK, B 330/2012, Vocke an Erhard, 11.12.1952.

Tabelle 7: Handels- und Dienstleistungsbilanz, Reserven 1952–1954

	EZU-Raum Mio. $	Dollar-Raum Mio. $	Off-Set-Raum Mio. $	Insgesamt Mio. $	Reserven Gold/$ Mio. $
I-52	110,7	–107,5	–3,3	–0,1	334,4
II-52	181,5	–2,2	42,3	221,6	447,1
III-52	163,4	12,7	53,6	229,7	541,3
IV-52	5,5	68,9	52,2	115,6	636,7
I-53	51,2	63,7	18,7	113,6	718,9
II-53	148,4	51,2	46,6	246,2	829,2
III-53	123,3	77,4	44,3	245,0	992,5
IV-53	211,2	91,7	43,2	346,1	1169,2
I-54	182,3	77,2	3,2	262,7	1340,3
II-54	156,0	43,5	3,1	202,6	1449,1
III-54	165,2	111,7	2,2	279,1	1779,3
IV-54	160,9	71,0	–19,3	212,6	1923,5

Quelle: Statistisches Handbuch der BdL, S. 256 ff.

Da die BdL bisher stets die unsichere deutsche Zahlungsbilanzsituation angeführt hatte, gab es nun einen Grund zur Revision ihrer konvertibilitätsskeptischen Haltung. Weil die BdL jetzt aber keineswegs nur die deutsche Situation, sondern vielmehr auch die europäische Zahlungsbilanz- und Reservenentwicklung als ausschlaggebend ansah, korrigierte sie ihre Haltung nicht, denn die europäische Situation war weitaus weniger positiv. Zwar wuchsen die konvertiblen europäischen Reserven in den Jahren 1952 bis 1954 insgesamt an[122], doch sind in diesen aggregierten Zahlen nicht nur die positive deutsche Entwicklung, sondern auch die ebenfalls positiven Entwicklungen Belgiens, der Niederlande und der Schweiz enthalten, so daß auf den ersten Blick die ungenügenden Reserven einer Vielzahl von Ländern verdeckt bleiben. Der Anstieg der konvertiblen europäischen Währungsreserven spiegelt die gesamteuropäische Situation nur ungenügend wider[123]: Die britische Situation war weiterhin prekär, denn die Reserven des Vereinigten Königreiches waren im Verlauf des Jahres 1951 er-

[122] Die europäischen konvertiblen Reserven beliefen sich Ende 1952 auf 8,9 Mrd. $, wuchsen bis Ende 1953 auf 11,2 Mrd. $ an und erreichten Ende 1954 den Stand von 13,0 Mrd. $. Vgl. OEEC, 7th Annual Report (1956), S. 104.

[123] Das ist ein Grund, warum die von Eichengreen vorgelegte Analyse der Währungsreserven – vgl. Eichengreen, Reconstructing, S. 53 ff. – zu kritisieren ist. Ferner ist festzuhalten, daß Eichengreen nicht zwischen konvertiblen und nicht-konvertiblen Währungsreserven unterscheidet. Seine Quelle – die International Financial Statistics des IWF – subsumieren EZU-Guthaben oftmals unter die Währungsreserven. Des weiteren sollten die Reserven nicht dem Export, sondern dem Import gegenübergestellt werden, wobei zu bedenken ist, daß der Import administrativ beschränkt wurde und nicht mit den Importbedürfnissen gleichzusetzen ist. Insgesamt kann deshalb der Meinung Eichengreens, die europäischen Währungsreserven wären ausreichend gewesen, so nicht zugestimmt werden.

heblich gesunken, und die Liberalisierung mußte eingeschränkt werden[124]. Auch Frankreich litt unter Zahlungsbilanzproblemen, so daß es seine Liberalisierung Anfang 1952 suspendieren mußte[125]. Gleichfalls wenig zufriedenstellend waren die norwegischen, dänischen und irischen Reservenpositionen. Schließlich akkumulierte Italien seit 1953/54 erhebliche Defizite zum EZU-Raum, was sogar seine OEEC-Liberalisierung in Frage stellte[126]. Wegen dieser europäischen Reservensituation stand die BdL trotz der gefestigten deutschen Situation und trotz ausreichender deutscher Reserven weiterhin der Konvertibilität skeptisch gegenüber.

Die Motivation, die hinter dieser Zurückhaltung stand, war, daß laut BdL das deutsche Interesse nicht in erster Linie in der Konvertibilität der DM, sondern vielmehr in der Konvertibilität der anderen europäischen Währungen lag. Im Gegensatz zum Vereinigten Königreich, das die Konvertibilität der eigenen Währung für Ausländer anstrebte, sah die BdL die Konvertibilität der DM für Ausländer nicht als ein wichtiges Ziel an. Im Vordergrund stand für sie die Konvertibilität der anderen Währungen in Form der weiteren Liberalisierung der OEEC-Mitgliedsländer. Der Grund für dieses spezifische deutsche Interesse lag darin, daß die Konvertibilität der anderen nach innen den deutschen Export sichern würde, denn im Jahre 1953 wurden über 70 Prozent der deutschen Exporte im EZU-Raum abgesetzt[127]. Ferner war der BdL die Konvertibilität der anderen Währungen nach außen wichtig, wenn auch im Vergleich zur Liberalisierung zweitrangig. Diese Konvertibilität würde nämlich erlauben, das traditionelle deutsche Defizit mit dem Dollarraum über die Exportüberschüsse mit anderen Ländern auszugleichen[128]. Die Konvertibilität der DM hingegen befürwortete die Bank in erster Linie nur als Inländer-Konvertibilität, also als eine schrittweise Lockerung der Devisenrestriktionen. Eine solche Konvertibilität würde den Rohstoffbezug verbilligen und dadurch die Wettbewerbsfähigkeit der deutschen Wirtschaft stärken. Darüber hinaus wäre eine solche Politik eine Good Creditor Policy, denn sie würde die Stellung der europäischen Defizitländer erleichtern und ihnen erlauben, die OEEC-Liberalisierung aufrechtzuerhalten, was wiederum den deutschen Export sichere[129]. Eine Konvertibilität der DM für Ausländer wurde nicht als erstrebenswert angesehen. Hier hielt Emminger fest: „An der

124 Die konvertiblen Reserven des Vereinigten Königreiches sanken von 3300 Mio. $ (1950) auf 1846 Mio. $ (1952) und erholten sich danach nur zögernd. Vgl. International Financial Statistics, Vol. XIII, No. 6, June 1960, S. 258.

125 Die konvertiblen Reserven Frankreichs sanken von 791 Mio. $ (1950) auf 616 Mio. $ (1951). Sie erholten sich nur aufgrund erheblicher amerikanischer Militärhilfe. Vgl. International Financial Statistics, Vol. XIII, No. 6, June 1960, S. 124; Bossuat, L'aide, S. 795 ff.

126 Vgl. Fauri, Negotiating, S. 68 ff.

127 Vgl. Statistisches Jahrbuch der BRD 1954, S. 323 f.

128 Vgl. BBK, NL Emminger, Konvertibilität/Abbau der Devisenzwangswirtschaft II 1953, o. V. (vermutlich Emminger), Konvertierbarkeit der Währungen von Deutschland her gesehen, o. D. (Mitte 1953)

129 Ebenda.

Konvertierbarkeit der D-Mark für Ausländer ist Deutschland im Gegensatz zu England weniger interessiert, da es nicht den Ehrgeiz haben kann, die D-Mark zur Welthandelswährung oder Frankfurt oder Hamburg zu einem internationalen Finanzzentrum zu machen. Außerdem besteht im deutschen Falle wenig Hoffnung [...], daß die Ausländer die DM-Beträge zum Teil als Reserve behalten würden, statt sie in Dollar umzutauschen."[130]

Als Konsequenz forderte die BdL immer wieder, die Situation der europäischen Schuldnerländer zu beachten. Sie betonte, alle europäischen Länder – auch die schwächeren – müßten in einen Konvertibilitätsschritt einbezogen werden. Gemeinsame Fortschritte seien notwendig. Die Bundesrepublik könne keinesfalls alleine vorgehen[131]. Die deutsche Zahlungsbilanzsituation und Reservenentwicklung war für die BdL nicht der entscheidende Parameter für eine Annäherung an die Konvertibilität. Interessiert an der Sicherung des deutschen Exports, war die Position der anderen Länder maßgebend.

Kapitalmangel, Kapitalimport und Liberalisierung der Erträgnisse

In der einschlägigen Literatur herrscht Einigkeit, daß die Bundesrepublik bis zur Mitte der fünfziger Jahre unter Kapitalmangel litt[132]. Das hob auch die Bank in ihren Geschäftsberichten immer wieder hervor. Trotz verschiedener Förderungsmaßnahmen – wie zum Beispiel dem Ersten Gesetz zur Förderung des Kapitalmarktes vom 15. Dezember 1952 – lag der Kapitalmarkt „danieder", war „zu eng" und konnte die notwendigen Mittel für die anhaltend hohe Investitionstätigkeit nicht zur Verfügung stellen. Vor allem kam – so klagte die BdL – die Wirtschaft auf dem Kapitalmarkt nicht zum Zuge[133]. Wenn sich auch, wie Abbildung 4 zeigt, der Wertpapierabsatz seit 1949 mehr als verdreifacht hatte, so wird gleichzeitig deutlich, daß der Großteil dieses Absatzes den öffentlichen Händen und Pfandbriefanstalten zugute kam. Der Anteil der Aktien und Industrieobligationen war noch immer verhältnismäßig gering. Er belief sich zusammen auf 17 bzw. 21 Prozent (1949 bzw. 1953).

Diese Situation brachte auch immer wieder die Frage nach Kapitalimporten auf. Wie oben gezeigt, sah die BdL von Anfang an Auslandskredite als unabdingbar für den westdeutschen Wiederaufbau an. Da sie aber gleichzeitig Zweifel hinsichtlich der internationalen Kapitalverflechtung und der möglichen Devisenbe-

---

[130] Ebenda.

[131] Vgl. BBK, B 330/1313, Emminger, Gutachten über die Weiterentwicklung der EZU von Mr. Harrod, 12.8.1952; BBK, B 330/2012, Vocke an Erhard, 19.3.1953; BBK, B 330/2056, Direktorium, Protokoll, 15.5.1953; BBK, B 330/3379, Vocke, Zur Frage der Konvertibilität, 9.12.1953.

[132] Vgl. Giersch/Paqué/Schmieding, Miracle, S. 45 f.; Röhl, Entwicklung; Roskamp, Capital Formation, S. 53 ff.

[133] BdL, Geschäftsbericht 1952, S. 15 ff.; dies., Geschäftsbericht 1953, S. 19 ff. Das Erste Gesetz zur Förderung des Kapitalverkehrs ist abgedruckt in BGBL 1952 I, S. 793 ff. Es fand keine ungeteilte Zustimmung. Die BdL monierte, daß durch die Steuerbefreiung für Zinsen von festverzinslichen Wertpapieren die „Zinswahrheit" nicht zum Zuge käme.

Abbildung 4: Wertpapierabsatz 1949–1953

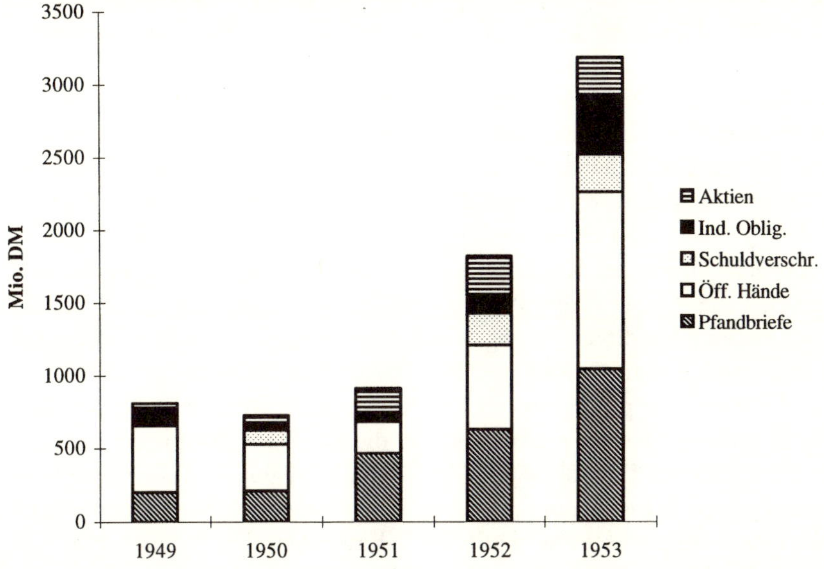

Quelle: BdL, Geschäftsbericht 1953, S. 53.

lastung hegte, richtete sie ihr Augenmerk in erster Linie auf einen Weltbankkredit[134]. Dieses Projekt zeigte jedoch schon bald seine problematischen Seiten. Bereits im Herbst 1952 befürchtete Vocke, daß an einen Weltbankkredit untragbare Bedingungen – wie zum Beispiel die Freigabe der deutschen Subskriptionsquote für einen Kredit an Jugoslawien – geknüpft würden[135]. Als es im weiteren Verlauf auch zu Unstimmigkeiten über den Anleihebetrag, die Fristigkeit und die Bedingungen kam, wurde das Projekt einer Weltbankanleihe im Herbst 1953 endgültig ad acta gelegt[136]. Mit diesem Schritt lag es nahe, sich erneut anderen ausländischen Kapitalquellen zuzuwenden. Die Funktion der Konvertibilität, Kapitalimporte zu ermöglichen, wurde deshalb wieder bedeutend[137].

---

134 Vgl. S. 113.

135 Vgl. BBK, B 330/2021, Vocke an Erhard, 2.10.1952; Kabinettsprotokolle V (1952), 256. Kabinettssitzung am 7.11.1952, S. 665.

136 Vgl. BBK, B 330/3379, Vocke, Aufzeichnung über mein Gespräch mit Mr. Black, 7.6.1953; BBK, B 330/2021, Vocke an Erhard, 9.7.1953 und 21.8.1953; BBK, B 330/2056, Direktorium, Protokoll, 30.7.1953; BBK, B 330/70, ZBR, Protokoll, 8.7.1953; BBK, B 330/73, ZBR, Protokoll, 28.10.1953 und 25.11.1953; Kabinettsprotokolle VI (1953), 8. Kabinettssitzung am 17.11.1953, S. 513 f.

137 Giersch/Paqué/Schmieding, Miracle, S. 115, heben diese Funktion der Konvertibilität hervor. Sie vermuten, daß die Konvertibilität zu Kapitalzuflüssen geführt und dadurch die Rekonstruktion beschleunigt hätte. Eichengreen, Reconstructing, S. 110 ff., hat diese Vermutung mit cliometrischen Methoden untersucht und zurückgewiesen.

Die Haltung der BdL zu Kapitalimporten von privaten, ausländischen Gläubigern war aber weiterhin zwiespältig. Einerseits sprach sich das Direktorium für eine größere Elastizität bei der Frage amerikanischer Anleihen aus, wobei sich Vocke gegen den von Überfremdungsängsten geplagten Vorsitzenden des Bundesverbandes der Deutschen Industrie, Fritz Berg, wandte[138]. Andererseits aber blieben Vorbehalte bestehen. Die Bank verstand Kapitalimporte nicht als einen Ausgleichsposten in der Zahlungsbilanz. Ferner zweifelte sie, ob Auslandskredite überhaupt gegeben werden würden. Auch befürchtete sie, durch Auslandsverschuldung verwundbarer zu werden. Darüber hinaus sah sie Schwierigkeiten bei der Zurückzahlung der Kredite. In einer Zentralbankratsitzung bemerkte Pfleiderer zu Erhard: „Sie sagen, Amerika müßte uns dann eben Kredit geben. Was nützt aber eine Kreditgewährung, wenn Amerika gleichzeitig verbietet, daß Waren ins Land kommen? Die Kredite könnten ja niemals zurückgezahlt werden."[139] Da also die programmatischen Aussagen der Mitglieder des Zentralbanksystems widersprüchlich sind, kann nur die konkrete Politik der Zentralbank, z.B. bezüglich der Liberalisierung der Kapitalerträgnisse, Aufschlüsse über ihre Haltung geben. Selbst wenn die Diskussionen über die Liberalisierung der Kapitalerträgnisse in erster Linie den OEEC-Raum betrafen, können Hinweise gewonnen werden, ob und inwieweit die BdL an der Liberalisierung der Kapitalbewegungen und an der Konvertibilität interessiert war, um den Kapitalimport zu fördern.

Bei anhaltend hohen Überschüssen der Bundesrepublik zum EZU-Raum sprach die OEEC seit Sommer 1952 die Liberalisierung unsichtbarer Transaktionen und der vom Londoner Schuldenabkommen nicht geregelten Gebiete des Kapitalverkehrs an[140]. Im Dezember 1952 empfahl der OEEC-Rat, die deutsche Regierung möge Maßnahmen ergreifen, um die Liberalisierung der noch unter Vorbehalt stehenden unsichtbaren Transaktionen zu beschleunigen[141]. Diese Forderungen begegneten dem einmütigen deutschen Hinweis, daß vor Abschluß eines Schuldenabkommens keine Schritte unternommen werden könnten. Auch wurde hervorgehoben, daß die Zuständigkeiten der Bundesrepublik auf diesem Gebiet eingeschränkt seien[142]. Innerhalb der Bundesrepublik gab es aber einige Auseinandersetzungen über dieses Thema.

---

[138] Vgl. BBK, B 330/2055, Direktorium, Protokoll, 8.5.1952; BBK, B 330/2014, Vocke an Berg, 12.12.1952.

[139] BBK, B 330/57, ZBR, Stenogramm, 11.6.1952. Macdonald stellte fest, „Vocke does not believe in dollar loans". Vgl. BoE, OV 34/38, Macdonald an Rootham, 4.2.1952.

[140] Vgl. BAK, B 146/527, Germania Paris an BMM/BMWi, 24.7.1952. Vgl. auch BAK, B 102/6428.1, Werkmeister, Bericht an BMM, 2.8.1952. Das wichtigste vom Londoner Schuldenabkommen nicht erfaßte Gebiet war der Sperrmark-Komplex. Am 31.12.1953 beliefen sich die DM-Sperrguthaben auf 774,3 Mio. DM, von denen 234,6 Mio. DM auf den Dollarraum und 454,4 Mio. DM auf den EZU-Raum entfielen. Vgl. BdL, Geschäftsbericht 1953, S.96.

[141] Vgl. C (52) 339 Final vom 11.12.1952, zit. in: BBK, B 330/3172, Behandlung laufender Zahlungen des Kapitalverkehrs in OEEC-Dokumenten, 2.1.1953.

[142] Vgl. BBK, B 330/61, BMM, Memorandum der Bundesregierung über die Position Deutschlands in der EZU, 2.10.1952 (= MBC (52)63 vom 4.10.1952). Vgl. auch Deutsches Memorandum für

Sowohl das Marshallplan-Ministerium als auch das Wirtschaftsministerium befürworteten die Liberalisierung der laufenden Kapitalerträgnisse. Für Erhard war der Kapitalimport ein Grund für seine Konvertibilitätskampagne, und schon im Sommer 1952 hatte Kurt Schöne, Leiter der Abteilung V C des Wirtschaftsministeriums (Zahlungsverkehr mit dem Ausland), bedauert, daß eine Nicht-Liberalisierung der Kapitalerträgnisse eine Neuaufnahme von Auslandskrediten „praktisch unterbinden" würde[143]. Im Wirtschaftsministerium wurde nämlich der Kapitalverkehr als Ausgleichsposten in der Zahlungsbilanz verstanden[144]. Im Gegensatz dazu verhielt sich die BdL zurückhaltend[145]. Bei den entsprechenden Ressortbesprechungen vertrat sie bis zum Sommer 1953 zusammen mit Abs und dem Finanzministerium eine strikt ablehnende Meinung. Abgesehen davon, daß laut Emminger Kapitalbewegungen nicht zum Ausgleich der Zahlungsbilanz herangezogen werden sollten[146], war die BdL besorgt, daß „ein Rückfall [...] auf dem Kapitalsektor viel weittragender [wäre] als auf dem des Warenhandels". Auch seien die Belastungen nicht abzusehen[147]. Zwar war die BdL bereit, Genehmigungen für laufende Zahlungen des Kapitalverkehrs weitherzig zu erteilen, doch wollte sie in der Lage sein, die Genehmigungspraxis jederzeit restriktiver zu handhaben[148]. Erst seit Sommer 1953 zeichnete sich langsam eine Veränderung ihrer Haltung ab. Doch wenn die Bank nun auch einer Liberalisierung der Kapitalerträgnisse zustimmte, so wollte sie dadurch nicht die Kapitaleinfuhr fördern. Der Grund für ihren Meinungswandel war vielmehr, daß die EZU-Position einen solchen Schritt nahelegte und zum Teil sogar verlangte. Zusätzlich dazu war das Hindernis der Zahlungsbilanzposition weggefallen[149]. Der Vertreter der BdL, Eduard Wolf, begründete in einer Ressortbesprechung diesen Meinungsumschwung und legte dabei nach Einschätzung des Marshallplan-Ministeriums sogar ein „Schuldbekenntnis" der Bank ab: „Die Bundesrepublik habe sich als extremer Gläubiger in der bisherigen Weigerung die laufenden Zahlungen des Kapitalverkehrs zu liberalisieren nicht richtig verhalten. Herr Dr. Wolf hatte sogar

---

OEEC betreffend die Liberalisierung des unsichtbaren Handels, TP (52) 31/17, 8.12.1952, zit. in BBK, B 330/3172, Behandlung laufender Zahlungen des Kapitalverkehrs in OEEC-Dokumenten, 2.1.1953.

[143] BBK, B 330/2012, Erhard an Berg, 10.11.1952; BAK, B 102/56905, V (Schöne), Lockerung bzw. Beseitigung der Devisenzwangswirtschaft, 24.6.1952.

[144] Vgl. BAK, B 102/11579.1, I A 1c (Weigel), Vermerk zum wissenschaftlichen Beirat, 25.11.1952.

[145] Vgl. BBK, B 330/2055, Direktorium, Protokoll, 9.10.1952.

[146] Vgl. BBK, NL Emminger, Vermerke zur Konvertibilität, Emminger an von Mangoldt, 14.2.1954 und 23.3.1954.

[147] BBK, B 330/2011, Vocke an Abs, 2.5.1953; BBK, B 330/2015, Vocke an Blücher, 18.12.1952. Vgl. hierzu auch BAK, B 136/7864, Blücher an Erhard, 19.12.1952; BAK, B 102/55340, V C 1, Liberalisierung der laufenden Zahlungen des Kapitalverkehrs, 2.1.1953; BBK, B 330/3172, BMWi an BMM, 6.1.1953; BMWi an BMF, 8.1.1953; BAK, B 102/55340, V C 1, Material zur Besprechung am 14.1.1953, 10.1.1953; BAK, B 136/7864, III/3, Vermerk für die Chef-Besprechung, 8.5.1953; Haenlein an Adenauer, 9.5.1953; BBK, B 330/2011, Abs an Erhard, 2.5.1953.

[148] Vgl. BAK, B 102/55333, BdL an BMM, 22.5.1953.

[149] Vgl. BBK, B 330/2056, Direktorium, 22.6.1953. Vgl. auch BBK, B 330/2475, Emminger, Vermerk zum Unterausschuß Handelspolitischer Ausschuß, 18.6.1953.

wörtlich ausgeführt, ein solches Verhalten von extremen Gläubigern trage dazu bei, den Bestand der EZU zu gefährden."[150] Im weiteren Verlauf stimmte dementsprechend auch die BdL der Liberalisierung der Kapitalerträgnisse zu[151]. Ein wichtiger Grund für die Zustimmung der Bank war die EZU. Im Zentralbankrat wurde festgestellt, daß die Gegenseite ein „wichtiges Druckmittel" in der Hand hatte: Zur gleichen Zeit wurde nämlich in der EZU die Gewährung einer Rallonge verhandelt[152].

Wenngleich eingeräumt werden muß, daß der europäische Kapitalmarkt weder so attraktiv noch so ergiebig wie der amerikanische Kapitalmarkt war, zeigt die Haltung der BdL zur Frage der Liberalisierung der Kapitalerträgnisse im OEEC-Rahmen, daß die Funktion der Konvertibilität, den Kapitalimport zu ermöglichen, für sie keine Rolle spielte. Anfänglich schätzte sie die negativen Aspekte des Kapitalimportes, wie vor allem die Verwundbarkeit und die unter Umständen auftauchenden Rückzahlungsschwierigkeiten zusammen mit den beträchtlichen Belastungen, als zu hoch ein. Später, schon im Oktober 1953, führte Vocke aus, daß die deutsche Wirtschaft Auslandskredite nicht mehr benötige: „Diese Frage (nach der Notwendigkeit des Kapitalimports, M.D.) wurde angesichts der Entwicklung unserer Devisenreserven und auch angesichts der Sparkapitalbildung in Deutschland von mir grundsätzlich verneint, ohne daß sich Widerspruch dagegen erhoben hätte. Ich sage grundsätzlich, denn natürlich können Einzelfälle denkbar sein, wo die Hereinnahme fremden Geldes erwünscht sein kann. Generell und grundsätzlich aber ist es nicht sinnvoll, heute sich um ausländisches Geld zu bemühen oder ausländisches Geld, falls es uns angeboten werden sollte, hereinzunehmen, uns also devisenmäßig zu verschulden, wo wir aus eigenen Kräften die erforderlichen Mittel ohne weiteres aufbringen können."[153] Nur um der OEEC entgegenzukommen, um ihren Forderungen Genüge zu tun, und um den hohen deutschen EZU-Saldo abzubauen, stimmte sie der Liberalisierung der Kapitalerträgnisse im OEEC-Raum zu.

---

[150] BAK, B 146/483, III/3, Vermerk zu V C 1, 29.7.1953. Vgl. auch BAK, B 102/56905, V C 1, Vermerk, 23.7.1953.

[151] Allerdings ist festzuhalten, daß die BdL und das Finanzministerium auf dem Stichtag 15. Juli 1931 bestanden. Das grenzte den Berechtigtenkreis stark ein. Vgl. Runderlaß Außenwirtschaft Nr. 89/53 vom 30.9.1953, zit. in Kühne, Regelungen, S. 311. Vgl. BAK, B 102/56905, V D, Lockerung der Devisenbewirtschaftung, 17.11.1953. Erst Ende des Jahres 1953 wurde diese Beschränkung aufgehoben.

[152] BBK, B 330/72, ZBR, Stenogramm, 30.9.1952; BAK, B 102/55333, Seeliger, Vermerk zur 2. Rallonge, 12.10.1953.

[153] BBK, B 330/2021, Vocke an Erhard, 24.10.1953 (Nicht abgegangen, da laut Präsident Vocke zunächst überholt). Vgl. hierzu auch Emminger, D-Mark, S. 69f., der seine Auseinandersetzung mit Vocke über die Frage, ob die Bundesrepublik ein „Kapitalüberschußland" sei, schildert. Laut Emminger habe Vocke noch im November 1953 die Bundesrepublik als kapitalarmes Land bezeichnet, das auf Kapitalimporte angewiesen sei.

Kreditierungen: Kosten der Nicht-Konvertibilität

Die Tatsache, daß die DM und andere Währungen nicht konvertibel waren, brachte mit sich, daß der deutsche Außenhandel teils bilateral, teils regional organisiert war. Das führte dazu, daß die Bundesrepublik, die seit 1951/52 gegenüber dem EZU-Raum sowie gegenüber vielen bilateralen Verrechnungsländern Überschüsse erwirtschaftete, erhebliche Kredite gewähren mußte. Gegenüber der EZU hatte sie im Sommer 1952 eine kumulative Position von fast 500 Mio. RE aufzuweisen, was bedeutete, daß sie Kredite in Höhe von 320 Mio. Dollar vergeben hatte. Gegenüber der heterogenen Gruppe der bilateralen Verrechnungsländer waren Ende 1952 in vielen Fällen die vereinbarten Swings ausgeschöpft oder gar überschritten worden. Hier waren Kredite in Höhe von 185,2 Mio. Dollar aufgelaufen[154]. Da die Überschüsse sowohl zum EZU-Raum als auch zu den Verrechnungsländern anhalten konnten, mußte sich die BdL dem Problem weiterer Kreditvergaben stellen. Dabei mußte sie sich darüber klarwerden, welche Bedeutung sie den Exporten in diese Gebiete einräumen wollte bzw. welchen Stellenwert sie der Rückkehr zum Weltmarkt zusprach. Sie mußte diskutieren, ob beziehungsweise inwieweit diese Kredite als Kosten zu bewerten waren, und ob beziehungsweise inwieweit sie diese Kosten tragen wollte.

Bilaterale Verrechnungsländer: principiis obsta

Da sich die deutschen Exportbemühungen – vehement unterstützt vom Wirtschaftsministerium – auch auf die Verrechnungsländer erstreckten und da viele dieser Länder wegen ihrer Dollarknappheit versuchten, Importe vor allem aus Ländern außerhalb des Dollarraums zu beziehen, wuchs auch der deutsche Export in diese Gebiete überproportional an[155]. Da aber die deutschen Importe aus diesen Regionen hinter den deutschen Exporten zurückblieben, waren im Rahmen des Bilateralismus Schwierigkeiten vorprogrammiert. Im Sommer 1952 traten diese massiv mit Brasilien auf. Damit wurde Brasilien im Jahre 1952 zu einem ersten Testfall[156].

---

[154] Vgl. BdL, Geschäftsbericht 1952, S. 73. Die Bundesrepublik hatte Ende 1952 bilaterale Abkommen mit Ägypten, Argentinien, Brasilien, Bulgarien, Chile, Kolumbien, Ecuador, Finnland, Iran, Japan, Jugoslawien, Paraguay, Polen, Spanien, Tschechoslowakei, Ungarn, Uruguay.

[155] Der deutsche Export wuchs von 1136 Mio. $ (1949) auf 4043 Mio. $ (1952). Der deutsche Export in die bilateralen Verrechnungsländer wuchs von 73 Mio. $ (1949) auf 647 Mio. $ (1952). Vgl. BdL, Geschäftsbericht 1952, S. 67. Für die im Wirtschaftsministerium vertretenen Anschauungen vgl. Erhard, Rückkehr, S. 160ff.

[156] Jugoslawien, das Anfang 1952 seinen Swing ausgenutzt hatte und um eine Swingerhöhung nachsuchte, war der erste Problemfall. Da aber das jugoslawische Ersuchen um weiteren Kredit aus politischen Gründen von den USA und der Alliierten Hohen Kommission unterstützt wurde, war es ein Sonderfall. Vgl. BBK, B 330/52, AHK, Memorandum, 28. 11. 1951; ZBR, Protokoll und Stenogramm, 7./8. 2. 1952 samt Anlagen. Vgl. auch BBK, B 330/55, ZBR, Protokoll, 17. 4. 1952; BBK, B 330/56, ZBR, Protokoll, 30. 4. 1952; BBK, B 330/2015, Brown (US Treasury) an Vocke, 31. 3. 1952; Vocke an Brown, 3. 4. 1952.

Tabelle 8: Außenhandel Brasilien – BRD 1929, 1938, 1950–1955

	bras. Einfuhr total Mio. $	bras. Einfuhr aus BRD Mio. $	bras. Ausfuhr total Mio. $	bras. Ausfuhr nach BRD Mio. $	Anteil Brasilien an deutschem Export %
1929	416,0	52,8	455,2	39,9	1,6
1938	295,4	73,8	295,6	56,4	2,9
1950	1085,1	18,8	1355,5	18,3	1,8
1951	1987,1	110,7	1769,0	84,7	3,2
1952	1986,0	183,8	1418,1	80,0	3,8
1953	1318,7	108,3	1539,3	147,1	2,5
1954	1633,5	157,1	1561,8	187,5	2,7
1955	1306,8	88,0	1423,3	104,4	1,2

Quelle: Sp. 1–4: Statistisches Bundesamt, Fachserie G, Außenhandel Reihe 8, Außenhandel des Auslandes, Brasilien Nr. 201, 1960, S. 10; Sp. 5: berechnet nach Statistisches Jahrbuch für das Deutsche Reich bzw. für die Bundesrepublik Deutschland, div. Jahrgänge.

Wie Tabelle 8 zeigt, verdoppelte Brasilien innerhalb des Jahres 1951 seinen Import bei nur geringfügig ansteigendem Export. Als Ergebnis war auch der deutsche Export nach Brasilien sprunghaft angestiegen. Dabei hatte die deutsche Wirtschaft den scharf umkämpften brasilianischen Markt insoweit erobert, als sie den deutschen Lieferanteil von 1,7 Prozent (1950) auf 5,6 Prozent (1951) und schließlich auf 9,3 Prozent (1952) gesteigert hatte. Damit rangierte im Jahre 1952 der brasilianische Markt in der Wichtigkeit für den deutschen Export an neunter Stelle. Die Konsequenz der brasilianischen Importsteigerung war, daß der bisherige deutsche Schuldsaldo abgebaut wurde. Bei weiteren brasilianischen Importen war der im Rahmen des deutsch-brasilianischen Handels- und Zahlungsabkommen vereinbarte Kredit in Höhe von 13,5 Mio. Dollar im April 1952 ausgeschöpft.

Als sich im Verlauf des Frühjahrs 1952 zeigte, daß Brasilien nicht in der Lage war, den über den Swing hinausgehenden Betrag in Gold oder Dollar abzudekken, wurde die Kreditlinie für Brasilien im Juni auf 23 Mio. Dollar erhöht, denn auf deutscher Seite bestand ein starkes Interesse am Export nach Brasilien. Doch auch diese Erhöhung um circa 70 Prozent erwies sich schon bald als unzureichend. Am 18. Juli wies das Brasilien-Konto einen Schuldsaldo von 35,7 Mio. Dollar auf[157]. Da die Verhandlungen einer nach Brasilien entsandten deutschen Delegation ergebnislos verliefen, Brasilien jedoch nicht willens war, seine Importe zu drosseln, verfestigte sich innerhalb der Bundesrepublik die Ansicht, daß nun deutsche Maßnahmen unabweisbar seien. Allerdings erwies es sich als schwierig, konkrete, durchgreifende und schnell wirkende Schritte zu beschließen[158].

[157] Vgl. BBK, B 330/57, ZBR, Stenogramm, 25. 6. 1952; BBK, B 330/60, Ländersachbearbeitung, Vermerk Brasilien, 24. 7. 1952.

[158] Vgl. BBK, B 330/60, Ländersachbearbeitung, Vermerk Brasilien, 24. 7. 1952. Verschiedene kleinere Maßnahmen wurden durchgeführt. So wurde am 15. 5. 1952 die Einfuhr für brasilianische Landes-

Diese Situation ließ der Zentralbank kaum Optionen. Sofern sie dem kontinuierlichen Ansteigen des Schuldsaldos nicht tatenlos zusehen wollte, konnte sie der Entwicklung nur durch devisenpolitische Vorkehrungen Einhalt gebieten. Nachdem Ende August 1952 der brasilianische Schuldsaldo eine Höhe von 72 Mio. Dollar erreicht hatte, beschloß der Zentralbankrat Anfang September, die Zahlungsaufträge des Banco do Brasil an die deutschen Exporteure nicht mehr durch Umtausch in DM, sondern nur noch durch Gutschrift der Währungsbeträge zu erfüllen[159]. Den Brasilien-Exporteuren wurde erlaubt, diese Gutschriften in Verrechnungsdollar (Brasilien) entweder zu einem späteren Zeitpunkt einzulösen oder sie auf dem freien Markt an Brasilien-Importeure zu verkaufen. Den Brasilien-Importeuren war gleichzeitig gestattet worden, ihre Zahlungsverpflichtungen zu 80 Prozent durch frei erworbene und billigere Verrechnungsdollar (Brasilien) zu begleichen[160].

Obwohl dieser Beschluß Ausdruck einer Zwangslage war, erregte er beträchtliches Aufsehen und einigen Unwillen. Das Wirtschaftsministerium wies die Bank auf die Bedeutung der Ausfuhr für die deutsche Wirtschaft hin. Trotz aller Befürwortung der Konvertibilität hob es die Notwendigkeit des Handelsaustausches mit den Verrechnungsländern im allgemeinen und Brasilien im besonderen hervor. Es machte sich zum Anwalt der Exportindustrie, die in seinen Augen hohen Risiken ausgesetzt und enormen Belastungen unterworfen war[161]. Dagegen blieb die BdL bei ihrem schon früher gelegentlich formulierten Standpunkt, daß die Zentralbank der Exportwirtschaft nicht alle Risiken abnehmen könne. Sie rückte die Kosten des Bilateralismus in den Mittelpunkt[162]. Dabei wies sie darauf hin, daß hohe Kreditvergaben zu einer Geldvermehrung führen und demnach „nicht ohne Einfluß auf die eigene Währungspolitik" sind[163]. Des weiteren führte sie aus, daß die aufgelaufenen Forderungen „wirklich nicht vollwertig" seien und daß ein weiteres Entgegenkommen eine Umlenkung des Exportes von Hartwährungs- nach Weichwährungsländern mit sich bringe[164]. Als Bank – darauf bestand sie – müsse sie bankpolitische Grundsätze befolgen, vor allem dürfe sie nicht „gutes Geld dem schlechten nachwerfen"[165]. Auch könne sie keine langfristigen

produkte freigegeben. Das führte aber zu keiner nennenswerten Steigerung der deutschen Importe aus Brasilien.

159 Ab sofort wurden alle neuen Zahlungsaufträge nur noch in Verrechnungsdollar (Brasilien) gutgeschrieben. Zahlungsaufträge, die vor dem 4.9.1952 abgeschlossen worden waren, wurden zur Hälfte in DM, zur Hälfte in Verrechnungsdollar (Brasilien) abgegolten.

160 Vgl. BBK, B 330/60, ZBR, Protokoll, 2./3.9.1952. Die prozentuale Begrenzung sollte zum Abbau des brasilianischen Schuldsaldos bei der BdL führen.

161 Vgl. BBK, B 330/2021, von Maltzan an BdL, 15.9.1952.

162 Vgl. BBK, B 330/2021, Erhard an Vocke, 14.12.1951; Vocke an Erhard, 19.12.1951; Vocke an Erhard, 15.1.1952. Vgl. auch BBK, B 330/60, ZBR, Protokoll, 2./3.9.1952; Tüngeler, „Die Neuregelung des Zahlungsverkehrs mit Brasilien", in: Handelsblatt, 17.9.1952, S.6.

163 BBK, B 330/2021, BdL an Erhard, 22.9.1952. Im Frühjahr 1953 sprach die BdL anläßlich des Spanien-Falles sogar von „einer wirklichen währungspolitischen Gefahr". Vgl. BBK, B 330/69, BdL an BMWi, 3.6.1953.

164 BBK, B 330/60, ZBR, Stenogramm, 2./3.9.1952; BBK, B 330/64, ZBR, Stenogramm, 7.1.1953.

165 So Vocke anläßlich der argentinischen Zahlungsschwierigkeiten, BBK, B 330/54, Vocke an BMWi, 15.2.1952.

Kredite vergeben – schon gar nicht an ausländische Staaten. Bernard formulierte deshalb knapp und bündig: „principiis obsta.“[166] Darüber hinaus lehnte die Bank auch eine Übernahme des Risikos auf den Bund aus volkswirtschaftlichen sowie aus währungspolitischen Gründen ab, denn dadurch würde nur schrittweise ihre Position in Außenhandelsfragen unterminiert werden[167]. Deshalb befürwortete sie, den Export nach Brasilien zurückzuschrauben. Sie hob hervor, in einer solchen Situation sei es einfach unausweichlich, den Export zu treffen. Angesichts der Kosten der Kreditierungen – und die bilateralen Kredite waren für die BdL eindeutig Kosten – war das für sie die einzige Möglichkeit[168]. Die deutsche Exportwirtschaft mußte laut BdL die entsprechenden Konsequenzen tragen. Während die Bank noch im Geschäftsbericht 1950 die Vorteile des Exportes nach Übersee herausgestellt hatte, nahm sie nun davon eindeutig Abstand[169].

EZU-Rallongen: principiis noli obstare

Während im Sommer 1952 „erschreckende Zugänge“ auf dem Brasilien-Konto zu verzeichnen waren, verbesserte sich die deutsche Zahlungsbilanz zum EZU-Raum „weiterhin in beängstigendem Rhythmus“[170]. Die Bundesrepublik hatte im Sommer 1952 ihre Quote bei der EZU fast ausgeschöpft, so daß neue Vereinbarungen notwendig wurden. Bisher hatten sich die EZU-Mitglieder bei ähnlich gelagerten Problemen – wie zum Beispiel im belgischen Fall – auf Rallongen, also ein Aufstocken der Quote, geeinigt. Diese Quotenaufstockungen wurden entweder anteilmäßig in Gold ausbezahlt oder mit einer Abschlagszahlung entgolten. In beiden Fällen mußte das Gläubigerland einen gewissen Teil seiner Überschüsse kreditieren.

In der BdL traf eine weitere Kreditvergabe an die EZU im Sommer 1952 vorerst auf wenig Gegenliebe. Sie hoffte, ein Überschreiten der eingeräumten Quote vermeiden zu können, und hielt jegliche Diskussion über eine Rallonge „für verfrüht“. Dabei warnte sie vor „einer der wirtschaftlichen Vernunft widersprechen-

---

[166] BBK, B 330/60, ZBR, Stenogramm, 2./3.9.1952. Diese Meinung wurde nicht von allen Zentralbankratmitgliedern geteilt. Könneker wollte z.B. die handelspolitischen Aspekte berücksichtigt wissen.

[167] Vgl. BBK, B 330/63, ZBR, Stenogramm, 17./18.12.1952; BBK, B 330/2055, Direktorium, Protokoll, 9.10.1952. Auch als der Zentralbankrat im Sommer 1954 die Konsolidierung der EZU-Kredite diskutierte, wurde die Übernahme der konsolidierten Beträge in eine Verrechnungskasse vorgeschlagen. York Hoose, Präsident der Landeszentralbank Niedersachsen, warnte davor mit folgenden Worten: „Dann nimmt man uns auch die Verfügung über die Gold- und Devisenbestände und wir haben den Zustand, daß die Notenbank völlig ausgeschaltet ist von allem, was mit dem Außenhandel zu tun hat. Ich warne sogar davor, diesen Gedanken weiter zu verfolgen, die ganze EZU-Schuld in eine Verrechnungskasse hineinzunehmen. Das ist der Anfang vom Ende und das Ende sehe ich darin, daß wir überhaupt ausgeschaltet werden von den Außenhandelsfragen.“ In: BBK, B 330/78, ZBR, Stenogramm, 16.6.1954.

[168] Vgl. BBK, B 330/64, ZBR, Stenogramm, 21./22.1.1953, wo Vocke feststellt: „Der Export wird immer gedrosselt, wenn von einem Land nicht mehr gezahlt wird.“

[169] Vgl. BdL, Geschäftsbericht 1950, S. 49.

[170] BBK, B 330/60, Ländersachbearbeitung, Vermerk Brasilien, 24.7.1952; BAK, B 146/565, Sachs, Vermerk, 21.5.1952.

den übermäßigen Kreditgewährung an andere EZU-Länder"[171]. Wie schon bei den bilateralen Verrechnungsländern führte die BdL bankgesetzliche Gründe an. Sie drohte sogar damit, „daß sie [...] keine weiteren Kreditierungen vornehmen könne und den deutschen Exporteur an den Finanzminister verweisen müsse"[172].

Auf den ersten Blick scheint sich demnach die Haltung der BdL zu weiteren Kreditierungen an die EZU nicht von ihrer Position zu bilateralen Swingkrediten zu unterscheiden. Das ist aber nur eingeschränkt korrekt. Zum ersten ist festzuhalten, daß diese Aussagen in die Auseinandersetzung zwischen Erhard und der BdL über die Konvertibilitätsfrage und die Erhöhung der Liberalisierung einzuordnen sind. Sie sind Drohgebärden, die Erhard dazu veranlassen sollten, einer Erhöhung der deutschen Liberalisierung zuzustimmen. Das macht vor allem die Tatsache deutlich, daß die BdL in anderen Zusammenhängen und vor dem EZU-Forum weitere Kreditierungen, unter Umständen und vorübergehend sogar bis zu 100 Prozent, in Aussicht stellte. Sie stimmte im weiteren Verlauf – wenn sie auch manchmal Unwillen zeigte – Erhöhungen der Kreditierungsverpflichtungen stets ohne größere Einwände zu erheben zu[173]. Zum zweiten ist zu konstatieren, daß die anfänglich formulierte BdL-Opposition gegen weitere Kreditierungen im Verlauf der Zeit aus verschiedenen Gründen schwächer wurde.

Ein erster Grund für die Abschwächung der Opposition war, daß Rallongen – wie sich bald herausstellte – mit Goldzahlungen verbunden waren. Dieses Gold konnte den Währungsreserven zugeführt werden. Wenn die Bank auch schon im Sommer 1953 meinte, Goldzahlungen seien eigentlich nicht mehr notwendig, so waren sie in der Anfangszeit ein wichtiger Aspekt[174]. Ein weiteres Motiv war, daß die an die EZU gewährten Kredite nicht wertlos waren. Vielmehr konnten sie im gesamten EZU-Raum einschließlich der abhängigen Gebiete verwendet werden. Diese Kredite mußten somit nicht als Kosten verbucht werden. Vielmehr konnten die aufgelaufenen EZU-Guthaben in gewisser Hinsicht als Währungsreserven gelten, da sie vor allem für Rohstoffbezüge aus dem Sterling-Raum benutzt werden konnten. In einer Ressortbesprechung stellte der Vertreter der BdL klar, „im übrigen [seien] auch die weiterhin an die EZU kreditierten Überschüsse keineswegs ein Vermögensentzug *ohne Gegenwert*, da die hierfür

[171] BAK, B 102/6428, Elson, Niederschrift über die Ressortbesprechung am 1.7.1952, 3.7.1952; BBK, NL Emminger, Konvertibilität/Abbau der Devisenzwangswirtschaft I 1949–52, Emminger, Bemerkungen hinsichtlich der deutschen Stellungnahme zur Liberalisierung und Konvertibilität im Rahmen der OEEC/EZU, 10.9.1952.

[172] BAK, B 102/6428.1, V C 1 an von Maltzan, 5.9.1952. Daß eine solche Politik für die Bank keine ernsthafte Option war, ergibt sich aus Fußnote 167.

[173] Vgl. BBK, B 330/1313, Treue, Behandlung der Stellung Deutschlands in der EZU, 17.7.1952. Vgl. auch BAK, B 146/527, von Mangoldt an BMM, 24.7.1952; BBK, B 330/2056, Direktorium, Protokoll, 3.10.1953.

[174] Im EZU-Abkommen war nicht festgelegt, daß Rallongen mit Goldzahlungen verbunden waren. Im Sommer 1952 war das auch noch kein fest verankertes Prinzip. Als die BdL im Sommer 1952 einer Rallonge zustimmen mußte, war ihre erste Stellungnahme, daß sie nicht „ohne weiteres" auf Goldzahlungen verzichten könne. Vgl. BAK, B 102/5428, Elson, Niederschrift über die Ressortbesprechung am 1.7.1952, 3.7.1952. Vgl. hierzu auch S. 160ff.

eingetauschten Forderungen an die EZU, wenn auch nicht vollwertige Devisen wie Gold oder Dollar, so doch aller Voraussicht nach recht nützliche Währungsreserven darstellten, da sie in einem sehr großen Bereich des Außenhandels (rund 70 v. H.) jederzeit multilateral für fast alle von uns benötigten Waren einsetzbar seien (im Gegensatz zu den nur sehr beschränkt und nur für überteuerte Waren einsetzbaren Brasilien-Forderungen u. ä.)"[175]. Ein dritter Grund für die Haltung der BdL war, daß der Handelsaustausch mit Europa zu wichtig war. Während der Export in die bilateralen Länder bei Zahlungsunfähigkeit eben zwangsläufig eingeschränkt werden müsse, könne – so stellte die BdL heraus – der Export in die EZU-Länder keinesfalls gedrosselt werden. Die Bank befürchtete, daß eine Begrenzung der EZU-Kreditlinien „im Augenblick doch bedenkliche kontraktive Wirkungen für den Handel zwischen den EZU-Ländern zur Folge habe"[176]. Deshalb befürwortete und gewährte sie weitere Kredite an die EZU. Da ihres Erachtens die OEEC und ihr Liberalisierungsprogramm beibehalten und gestärkt werden mußten, wollte sie mit diesen Kreditvergaben „das Unsrige tun"[177]. Die Kredite an die EZU waren laut BdL der „Preis für die Aufrechterhaltung der Liberalisierung"[178].

Insgesamt ist festzuhalten, daß die BdL deutlich zwischen bilateralen und EZU-Krediten unterschied. Im Gegensatz zum Wirtschaftsministerium, das alle Kreditierungen als „unfreiwilligen oder unbewußten Kapitalexport", als „staatliche Zwangskredite" und „Vermögensentzug" für ein „kapitalarmes Land" ansah[179], war die BdL weit davon entfernt, diese beiden Kreditvergaben als gleichartig zu verstehen. Ganz im Gegenteil: Je offensichtlicher die Schwierigkeiten des Bilateralismus wurden, desto mehr wuchs ihre Angst vor einem Rückfall in den Bilateralismus auch in Europa und desto mehr sah sie die positiven Aspekte der EZU und der EZU-Kredite. Diese waren notwendig, sinnvoll und übernahmen wichtige Funktionen. Darüber hinaus waren sie verwertbar. Angesichts dieses Nutzens mußten ihre Begleiterscheinungen wie eine Verflüssigung des Geldmarktes ver-

---

175 BBK, NL Emminger, Konvertibilität/Abbau der Devisenzwangswirtschaft II 1953, BdL, Vermerk über die zweite Ressortbesprechung mit Herrn Professor Lutz über die Probleme der Konvertierbarkeit der Währungen, 14.8.1953. Vgl. auch BBK, B 330/63, Bernard an Blücher, o. D. (11.12.1952); BBK, B 330/1313, Vocke an Merton, 15.8.1952.

176 BBK, B 330/2012, Vocke an Erhard, 19.3.1953. Auch aus binnenwirtschaftlichen Gründen war eine Begrenzung der Kreditlinien laut BdL bedenklich, denn es sei mit Produktionsschrumpfung und mit sekundären deflationistischen Tendenzen zu rechnen. Vgl. BBK, NL Emminger, Konvertibilität/Abbau der Devisenzwangswirtschaft II 1953, BdL, Vermerk über die zweite Ressortbesprechung mit Herrn Professor Lutz über die Probleme der Konvertierbarkeit der Währungen, 14.8.1953.

177 BBK, B 330/2012, Vocke an Erhard, 11.12.1952.

178 BBK, NL Emminger, Konvertibilität/Abbau der Devisenzwangswirtschaft II 1953, Emminger, Zum Thema Konvertibilität, 8.4.1954.

179 Vgl. BAK, B 102/55333, Müller-Armack, Diskussionsbeitrag zum Thema Exportförderung, 20.6.1953; BAK, B 102/12651, I A 1, Ausarbeitung, 27.8.1953; BBK, NL Emminger, Konvertibilität/Abbau der Devisenzwangswirtschaft II 1953, BdL, Vermerk über die zweite Ressortbesprechung mit Herrn Professor Lutz über die Probleme der Konvertierbarkeit der Währungen, 14.8.1953.

nachlässigt werden[180]. So führte der in einer nicht-konvertiblen Welt existierende Zwang zu Kreditierungen nur zu einer größeren Wertschätzung der regionalen Zwischenformen wie der EZU, und die BdL sah noch deutlicher die positiven Seiten des Regionalismus. Die Konsequenzen dieser Haltung, wie die Stagnation oder gar der Rückgang der deutschen Exporte in die bilateralen Länder, sah die Bank nicht als Problem an. Aus bank- und handelspolitischen Gründen nahm sie diese Konsequenzen in Kauf und schätzte den Erhalt und den Ausbau des europäischen Marktes als weitaus wichtiger ein als die Rückkehr zum Weltmarkt.

Die Europäische Zahlungsunion: wachsende Kosten?

Sowohl während der Gründungsverhandlungen als auch anläßlich der belgischen Gläubigerkrise hatte die BdL das Prinzip einer regionalen Zahlungsunion befürwortet. In ihren Augen überwog der Nutzen deutlich die Kosten. Die EZU hatte die Aufnahme der europäischen Liberalisierung abgesichert und dadurch zum Aufbau des innereuropäischen Handels beigetragen. Darüber hinaus hatte sie der Bundesrepublik während der Koreahausse einen zusätzlichen Kredit gewährt. Trotz dieser positiven Seiten wurden aber im Laufe der Zeit auch die Kosten des Regionalismus deutlicher. Abgesehen von dem Verzicht auf Kapitalimporte und abgesehen von dem letztendlich bereitwillig geleisteten Tribut in Form der Kreditvergabe an die EZU, war die Mitgliedschaft in der EZU mit Einschnitten in die Währungsautonomie und mit einem kontinuierlichem Goldverzicht verbunden. Darüber hinaus offenbarten die bis dato geschätzten handelspolitischen Auswirkungen – wie z. B. die Umlenkung des deutschen Imports vom Dollarraum auf den EZU-Raum – mit erstarkender deutscher Zahlungsbilanzposition und schwindender Notwendigkeit ihre negativen Seiten wie die Schaffung von Abhängigkeiten, höhere Kosten und dadurch möglicherweise eine Schmälerung der Wettbewerbsfähigkeit. Inwieweit sah die BdL diese Konsequenzen der EZU als Kosten an? Inwieweit war sie bereit, diese Kosten zu tragen?

Kosten I: Einschränkung der Souveränität

Während der belgischen Gläubigerkrise hatte sich die BdL für eine Stärkung der EZU und ihrer supranationalen Aspekte ausgesprochen. Vor allem die Gläubiger sollten zur Korrektur ihres Zahlungsbilanzungleichgewichtes angehalten werden. Das aber war ein zweischneidiges Schwert. Im März 1952 hatte die Bundesrepublik die erste Tranche als Gläubiger überschritten. Im Sommer 1952 stand sie kurz vor der Erschöpfung ihrer Quote in Höhe von 500 Mio. RE. Ende 1953

[180] Während die BdL in den bilateralen Krediten eine währungspolitische Gefahr sah, versicherten BdL-Vertreter das Wirtschaftsministerium in bezug auf die EZU-Kredite, daß diese währungspolitisch nicht gefährlich seien. Vgl. BBK, NL Emminger, Konvertibilität/Abbau der Devisenzwangswirtschaft II 1953, BdL, Vermerk über die zweite Ressortbesprechung mit Herrn Professor Lutz über die Probleme der Konvertierbarkeit der Währungen, 14. 8. 1953; BBK, B 330/69, BdL an BMWi, 3. 6. 1953.

belief sich ihre kumulative Rechnungsposition auf 822,2 Mio. RE, mit steigender Tendenz[181]. Damit hatte sich die Bundesrepublik vom normalen zum extremen Gläubiger entwickelt, was zur Folge hatte, daß die EZU immer wieder die deutsche Situation und Politik diskutierte und wirtschaftspolitische Empfehlungen aussprach.

Erste Untersuchungen der deutschen Gläubigerposition fanden im Juli und im September 1952 statt. Als Resultat forderte das EZU-Direktorium eine Erhöhung der deutschen Liberalisierung. Zur Kreditpolitik bezog es nur am Rande und sehr moderat Stellung[182]. Bei der BdL trafen die Stellungnahmen des EZU-Direktoriums auf Zustimmung, denn auch sie befürwortete eine weitere Liberalisierung. Darüber hinaus war der Zentralbankrat seit Ende April 1952 überzeugt, die interne konjunkturpolitische Situation und die außenwirtschaftliche Entwicklung würden kreditpolitische Erleichterungen erlauben. Deshalb hatte er eine weniger restriktive Politik eingeläutet[183]. Auf eine Anfrage der OEEC konnte die Bank demnach im Oktober 1952 postwendend antworten, daß sie die Diskont- und Mindestreservesätze schon gesenkt habe und keine restriktive Politik beabsichtige[184]. Insgesamt befand sich also die Bank im Jahre 1952 im Einvernehmen mit der OEEC. Hinsichtlich des Souveränitätsverzichtes konnte Emminger noch im Dezember 1952 fordern, daß „einerseits die internationalen Gremien, welche die Wirtschaftspolitik der Mitgliedsländer zu verfolgen und überwachen in der Lage sind, stärkeren Einfluß auf diese enthalten, und andererseits und vor allem, daß die Mitgliedsländer selbst freiwillig auf einen Teil ihrer währungspolitischen Autonomie zugunsten der Aufrechterhaltung ihres äußeren Gleichgewichts verzichten, weil sie von dem Wert und Nutzen einer solchen wirtschaftspolitischen Einstellung für ihre eigenen Interessen und die gemeinsamen Interessen aller Partnerländer überzeugt sind“[185].

Auch in den Jahren 1953 und 1954 hielten die deutschen Überschüsse an, weshalb die Pariser Gremien auch in dieser Periode die deutsche Wirtschafts- und Währungspolitik aufmerksam verfolgten. Dabei kamen sie mehr und mehr auf die Liberalisierung der Kapitalerträgnisse, die Kreditpolitik und sogar auf den Wechselkurs der DM zu sprechen. Damit thematisierten sie Bereiche, die im Ressort der BdL lagen. Daher verwundert es nicht, daß dies auch manchmal auf Ab-

[181] Vgl. BdL, Geschäftsbericht 1954, S. 98.

[182] Vgl. BAK, B 146/527, Germania Paris an BMM, 24.7.1952; BBK, NL Emminger, Deutschland als EZU-Gläubiger, OEEC/EPU, Examination of Germany, MBC (52)62, 30.9.1952.

[183] Am 17.4.1952 wurden Rediskontkontingente festgesetzt. Am 30.4.1952 wurden die Mindestreservesätze nach der Höhe des Einlagenbestandes gestaffelt. Das bedeutete eine Entlastung für kleinere Institute und senkte das Reserve-Soll um ca. 250 Mio. DM. Am 28.5.1952 wurde der Diskont von 6 auf 5% gesenkt. Am 20.8.1952 erfolgte eine weitere Senkung auf 4,5%. Zum Verlauf der Beschlußfassungen vgl. die entsprechenden Protokolle in BBK, B 330/55ff.

[184] Vgl. BBK, B 330/1310, BdL an Vertretung der Bundesrepublik Deutschland bei der OEEC, 2.10.1952.

[185] BBK, NL Emminger, Konvertibilität/Abbau der Devisenzwangswirtschaft I 1949–52, Emminger, Konvertibilität und Liberalisierung, 15.12.1952.

wehr bei der BdL traf. Bei einer Gelegenheit führte schon allein die Tatsache, daß im OEEC-Forum Maßnahmen angesprochen wurden, die die BdL ablehnte, zu erheblichem Unmut[186]. Das war aber eine Ausnahme, und diese Unstimmigkeit konnte leicht beigelegt werden, denn selbst im Frühjahr 1954, als die Bundesrepublik eine kumulative Position von über 1000 Mio. RE erreicht hatte, waren die Empfehlungen der Pariser Gremien noch immer „verhältnismäßig zahm"[187]. Die zur Untersuchung der europäischen Ungleichgewichte eingesetzte Arbeitsgruppe Nr. 8, die unter anderem auch die deutsche Position prüfte, sprach die Möglichkeiten einer DM-Aufwertung und einer Kreditexpansion lediglich an. Letztendlich nahm sie aber von einer entsprechenden Empfehlung Abstand. Sie betonte vielmehr, daß „alle Maßnahmen [...] so beschaffen sein sollten, daß nicht für Deutschland das Dollarproblem auftaucht und die Konvertibilität verzögert wird"[188]. Auch sah die OEEC von der Empfehlung ab, den deutschen Export zu drosseln. Vor allem aber formulierte sie kein Junktim zwischen der EZU-Verlängerung und deutschen Maßnahmen gegen die Überschüsse[189]. Darüber hinaus herrschte auch bei dieser Gelegenheit hinsichtlich der Kreditpolitik prinzipielle Übereinstimmung zwischen der OEEC und der Zentralbank. Der Zentralbankrat sah sich in den Jahren 1953 und 1954 in der Lage, weitere kreditpolitische Lockerungen zu verfügen[190]. Ferner war die BdL selbst daran interessiert, die störenden Überschüsse abzubauen, da sie ein besseres Funktionieren der EZU und damit die Aufrechterhaltung der europäischen Liberalisierung anstrebte[191]. Schließlich ist festzuhalten, daß die Empfehlungen der OEEC der BdL manchmal gelegen kamen, vor allem wenn sie im Rahmen von Auseinandersetzungen mit deutschen Stellen ihre Position stärkten[192]. So konnten die Stellungnahmen und Empfehlungen der EZU zur deutschen Wirtschaftspolitik die Wert-

---

186 Im Frühjahr 1954 verwahrte sich Vocke vehement gegen von ihm befürchtete Empfehlungen der OEEC-Arbeitsgruppe 8, namentlich die einer Aufwertung. Vgl. BBK, B 330/1313, Vocke, Fernschreiben an Blücher, 12.3.1954.

187 BBK, B 330/76, ZBR, Stenogramm, 31.3.1954.

188 BBK, NL Emminger, Deutschland als EZU-Gläubiger, OEEC, Bericht der Arbeitsgruppe 8, EC(54)4, 5.3.1954.

189 Vgl. BBK, B 330/74, ZBR, Stenogramm, 16.12.1954; BBK, NL Emminger, Deutschland als EZU-Gläubiger, Gerbaulet an AA/BMWi/BdL, 15.4.1954; Emminger, Vermerk, 23.4.1954.

190 Am 7.1.1953 wurde eine 0,5%ige Diskontsenkung beschlossen; am 10.6.1953 wurde der Diskont auf 3,5% und am 19.5.1954 auf 3% gesenkt. Vgl. die Protokolle der entsprechenden Sitzungen des Zentralbankrates in BBK, B 330/64, B 330/69, B 330/77. Der Zentralbankrat kam sogar nach einer Grundsatzdiskussion überein, die aus den Überschüssen resultierende Liquidisierung gemäß den Regeln des Goldstandards zuzulassen. Vgl. hierzu die Diskussionen des Zentralbankrates am 1.4.1953, 15.4.1953, 30.4.1953 und 19.8.1953, in BBK, B 330/67f. und in BBK, B 330/71. Vgl. auch BBK, B 330/3379, Könneker, Mobilisierung von Ausgleichsforderungen, 10.8.1953; Wolf, Vermerk, 11.8.1953; BBK, B 330/3380, Wolf, Vermerk zu Wolff, 22.2.1954.

191 Vgl. BBK, B 330/74, ZBR, Protokoll und Stenogramm, 20.1.1954; BBK, B 330/76, ZBR, Protokoll und Stenogramm, 31.3.1954.

192 Am 23.3.1954 stellte Vocke in einem Brief an Erhard fest, daß es „nicht übel" wäre, wenn die OEEC die völlige Freigabe der Sperrmarkguthaben innerhalb des EZU-Raums empfehlen würde. Damit hoffte er die Opposition von Finanzminister Schäffer zu überwinden. In: BBK, B 330/2012. Vgl. hierzu auch S. 191.

schätzung der BdL für die EZU letztendlich nicht trüben. Wenn die BdL auch nicht mehr wie zuvor auf eine effektivere Kontrolle der extremen Gläubiger durch die EZU drängte, sondern von der Schaffung eines „übergeordneten Gremiums der Notenbanken" abriet und sich auch manchmal hinter der britischen Abneigung gegen die Supranationalität versteckte[193], akzeptierte sie die bescheidenen Einschränkungen der Währungsautonomie im Rahmen der EZU. Derartige Einschränkungen standen selbst im Jahre 1954 nicht den Interessen der BdL entgegen, zumal auch im Rahmen eines anderen internationalen Währungssystems derartige Einschränkungen gegeben waren.

Kosten II: Goldverzicht und Reservenaufbau

Die Mitgliedschaft in der EZU implizierte, daß die Bundesrepublik bei anhaltenden Überschüssen Kredit gewähren mußte. Wie oben gezeigt wurde, stimmte die BdL diesen Krediten bereitwillig zu, denn im Vergleich zu den bilateralen Krediten waren sie mit Vorteilen verbunden. Gleichzeitig waren diese Kreditierungen aber auch mit Nachteilen verknüpft, namentlich dem Verzicht auf Gold- oder Dollarzahlungen. Das ging zu Lasten des Reservenaufbaus und setzte Grenzen bei der Liberalisierung zum Dollarraum. Die Wiederherstellung der traditionellen Handels- und Zahlungsbeziehungen – Ausgleich des Defizits zu Übersee durch Überschüsse in Europa – wurde dadurch erschwert.

Tatsächlich sah die Zentralbank in der Anfangszeit, im Sommer 1952, die Tatsache, daß möglicherweise keine Goldzahlungen für die deutschen Überschüssen über die EZU-Quote hinaus anfallen würden, als eine ungebührende Belastung an. Sie sah sich auf Goldzahlungen angewiesen und dazu berechtigt. Bei einem Reservenstand von 447,1 Mio. Dollar stellte Wolf im Juli 1952 in einer Ressortbesprechung über eine Rallonge heraus, daß die BdL nicht „ohne weiteres auf jede Goldzahlung verzichten könne"[194]. Auch der Zentralbankrat hob hervor, daß die Bundesrepublik „an sich" einen Anspruch auf die volle Abgeltung der Überschüsse in Gold oder Dollar hätte[195]. Bei den Verhandlungen über eine Rallonge verzichtete die Bank jedoch ohne größere Einwendungen darauf, diesen Anspruch durchzusetzen. Trotz der laut BdL noch vorhandenen Dollarlücke und trotz der ihrer Meinung nach ungenügenden Reserven thematisierte sie letztendlich den Goldanteil der Rallonge nicht[196].

Diese erste Stellungnahme blieb nicht von den sich Ende 1952 forcierenden Diskussionen über eine EZU-Reform unberührt, die das Problem der EZU-Härtung grundsätzlich ansprachen. Tatsächlich befürwortete im folgenden auch die BdL – anfangs gezwungenermaßen, später mehr und mehr überzeugt – eine Wei-

[193] Vgl. BBK, B 330/2012, Vocke an Erhard, 17.3.1952 und 19.3.1953.
[194] BAK, B 102/6428, Elson, Niederschrift über die Ressortbesprechung am 1.7.1952, 3.7.1952.
[195] BBK, B 330/60, ZBR, Stenogramm, 17./18.9.1952.
[196] Vgl. BBK, B 330/1313, Treue, Vermerk, 17.7.1952.

terentwicklung der EZU durch eine Härtung[197]. In den Ressortbesprechungen stellte sie sich den vor allem vom Marshallplan-Ministerium und der deutschen Delegation in Paris befürworteten Plänen zur schrittweisen Erhöhung der Goldanteils nicht entgegen. Maßgebend für diese Haltung war aber nicht so sehr der dadurch verringerte Goldverzicht; vielmehr waren es vor allem taktische Gründe, namentlich die Notwendigkeit, konsequent und stetig auf eine Weiterentwicklung der EZU in Richtung Härtung zu drängen, die die BdL, die OEEC-Vertretung und das Marshallplan-Ministerium vereinten[198]. Demnach war dieses Übereinkommen auch fragil, so daß schon im März 1953 die Bundesregierung – vor allem auf Insistieren der BdL – beschloß, die deutsche Forderung nach Härtung zwar „nachdrücklich" zum Ausdruck zu bringen, aber gleichzeitig eine „elastische und keine ultimative" Position einzunehmen[199]. Auch im weiteren Verlauf standen für die BdL vor allem taktische Gründe im Vordergrund. Das führte dazu, daß sie die Forderungen nach Verringerung des Goldverzichts zwar immer vorbrachte, jedoch nicht darauf beharrte. Ein erster Grund dafür war, daß im Mai 1953 eine Alimentierung der Währungsreserven bei einem Stand von über 800 Mio. Dollar nicht mehr zwingend notwendig war. Ein zweiter Grund bestand darin, daß die BdL befürchtete, sie würde dadurch nur die eigene, noch zögerliche Position hinsichtlich der Liberalisierung der Kapitalerträgnisse erschweren[200]. Auch im Herbst 1953 befürwortete die Bank die Forderung nach Erhöhung des Goldanteils auf 65 Prozent bei Überschreitung der Quote, jedoch waren auch jetzt dabei vor allem taktische Erwägungen maßgebend. Der dadurch verringerte Goldverzicht spielte für die BdL dabei keine Rolle[201]. Wie Vocke schon im Sommer im Kabinettsausschuß festgestellt hatte, waren höhere Goldzahlungen nicht mehr notwendig. Ein Verzicht auf Gold stellte für die BdL keinen Kostenfaktor mehr dar. Vocke versicherte den Mitgliedern des Kabinettsausschusses: „Die Lage ist nicht alarmierend, denn schlimmstenfalls würden wir kein Gold erhalten, wenn wir unsere Gläubigerposition bei der EZU weiter erhöhen."[202]

Warum die BdL trotz ihrer prinzipiellen Befürwortung einer EZU-Härtung letztendlich den Goldverzicht nicht als einen Kostenfaktor ansah, erklärt sich daraus, daß sie den Goldverzicht gar nicht als einen solchen verstand. Vocke stellte das etwas vereinfachend, überspitzt und die Wahrheit leicht verdrehend in einem seiner Plädoyers für die EZU folgendermaßen dar: „Unser Export

---

[197] Vor die Alternative EZU-Reform oder neues Zahlungssystem gestellt, befürwortete der BdL-Vertreter im November 1952 in einer Ressortbesprechung unter erheblichen Vorbehalten eine Reform. Vgl. BAK, B 146/480, BMM, Protokoll über die Sitzung vom 14.11.1952, 17.11.1952.

[198] Vgl. BAK, B 146/482, Schleiminger, Aufzeichnung über die Ergebnisse der 2. inoffiziellen Besprechung, 16.1.1953.

[199] BAK, B 146/481, Schleiminger, Ergebnisbericht einer interministeriellen Besprechung, 17.3.1953.

[200] Vgl. BBK, NL Emminger, Deutschland als EZU-Gläubiger, Emminger, Vermerk, 28.5.1953.

[201] Vgl. BBK, B 330/1313, Emminger, Vermerk, 16.10.1953; BBK, B 330/2852, Emminger, Vermerk, 24.10.1953.

[202] BAK, B 136/7864, Kabinettsausschuß, 2.7.1953.

nach den währungsschwächsten Ländern wie Griechenland usw. bringt uns auf der ganzen Linie Dollars, wenn auch nur zu 50 Prozent liquide Dollars."[203]

Kosten III: Auswirkungen auf den Außenhandel

Abgesehen von den Beschränkungen der Währungsautonomie und dem Goldverzicht bringen Zahlungsunionen eine Umlenkung des Imports von billigeren zu teureren Produzenten mit sich. Gleichzeitig bietet eine Zahlungsunion der Exportindustrie Vorzugsmärkte und damit die Möglichkeit, sich nur auf diese Weichwährungsmärkte zu konzentrieren. Das kann den Zwang zu einem Ausbau der Wettbewerbsfähigkeit verringern, so daß eine Zahlungsunion langfristig – abgesehen von den effektiven Mehrkosten für Importe – Abhängigkeiten schaffen kann.

Diese problematischen Auswirkungen waren der BdL durchaus bekannt. Gleichwohl wurde in den ersten Jahren eine Handelsumlenkung für gut und notwendig geheißen. Die Verlagerung der Einfuhr verringerte die Dollarbelastung, während die Vorzugsmärkte Exportsteigerungen ermöglichten. Im weiteren Verlauf wurden aber zwangsläufig die negativen Seiten deutlicher. Bei wachsenden Währungsreserven war ein Abbau der Dollarbelastung nicht mehr zwingend notwendig, sondern unter Umständen nur teurer für die deutschen Importeure. Bei fortschreitender Rekonstruktion und offensichtlich schon hoher Wettbewerbsfähigkeit bedeutete die Existenz von Vorzugsmärkten, daß die Exportindustrie ihre Chancen in den Hartwährungsgebieten nicht wahrnahm.

Während der Wirtschaftsminister in den Diskussionen um die EZU stets diese negativen Aspekte einer Zahlungsunion hervorhob, standen diese problematischen Konsequenzen der EZU für die BdL nicht an erster Stelle. Zwar war sie der Meinung, daß das Vereinigte Königreich und Frankreich unter einer „bisher nicht beendeten Inflation leiden" und daß dort zu hohe Preise gälten[204]. Allzu viel Gewicht maß sie dieser Tatsache jedoch nicht bei. Überteuerte Importpreise, die zu Mehrkosten führten und dadurch die deutsche Wettbewerbsfähigkeit oder das deutsche Preisniveau beeinträchtigten, stellte die BdL in erster Linie im Zusammenhang mit Importen aus den bilateralen Verrechnungsländern fest[205].

Auch in bezug auf die Existenz von Vorzugsmärkten schätzte sie die Auswirkungen der EZU nicht negativ ein. Während sie warnte, daß eine Förderung des Bilateralismus der deutschen Exportindustrie „leichte, wenn auch kurzfristige Erfolge auf den Märkten der Weichwährungsländer" beschere und so von den schwierigeren Hartwährungsmärkten ablenke, beurteilte sie die durch die EZU geförderten Handelsumlenkungen positiv. In Europa war ihres Erachtens durch

[203] BBK, B 330/2012, Vocke an Erhard, 23.2.1954.
[204] BBK, NL Emminger, Dollarlücke, Emminger, Dollarproblem, 1.12.1952; BBK, B 330/2012, Vokke an Erhard, 11.12.1952.
[205] Vgl. BBK, NL Emminger, Konvertibilität/Abbau der Devisenzwangswirtschaft II 1953, o.V. (vermutlich Emminger), Konvertierbarkeit der Währungen von Deutschland her gesehen, o.D. (Mitte 1953).

die Liberalisierung schon ein „echter marktmäßiger Wettbewerb“ gewährleistet. In der EZU waren nämlich „große Industrieländer“ zusammengefaßt, und in diesem Rahmen mußte sich die deutsche Exportindustrie zuerst bewähren[206]. Die EZU würde also die deutsche Wettbewerbsfähigkeit nicht schmälern, sondern langsam und allmählich steigern.

Der Tatsache, daß die EZU eine Abhängigkeit vom europäischen Markt schuf oder stärkte, stand die BdL keineswegs gleichgültig gegenüber. Es war ihr nur allzu deutlich, daß die deutsche Wirtschaft auf die Öffnung der europäischen Märkte nur bedingt zählen konnte. Das hatten die unvollkommen durchgeführte OEEC-Liberalisierung und vor allem die Entliberalisierungsmaßnahmen verschiedener Länder klar gezeigt. Trotzdem sah sie diese Abhängigkeit vom europäischen Markt und die schwankende, nicht fest verankerte europäische Liberalisierung nicht als die wichtigste Problematik an. Der Grund hierfür war in erster Linie, daß die Bundesrepublik ihres Erachtens die Öffnung der europäischen Märkte beeinflussen konnte. Durch eine Good Creditor Policy der Bundesrepublik konnte die europäische Liberalisierung gefördert und weitgehend stabilisiert werden. Im Gegensatz dazu stellte die Bank immer wieder die durch deutsche wirtschaftspolitische Maßnahmen nicht zu beeinflussende Labilität der Dollarbilanz heraus. Permanent war sie beispielsweise um die möglichen Auswirkungen einer amerikanischen Rezession besorgt, denn eine amerikanische Krise würde die deutschen Exporte in die USA zwangsläufig erschweren[207]. Die möglichen negativen Auswirkungen der EZU auf den Außenhandel wurden also durchaus gesehen. Sie wurden jedoch als lösbares und zu beeinflussendes Problem eingeschätzt.

Vor dem Hintergrund einer positiven Zahlungsbilanzentwicklung, ansteigender Währungsreserven, wachsender Überschüsse gegenüber dem EZU-Raum und den bilateralen Handelspartnern mußte die BdL ihre bisherige Haltung zur Konvertibilität überdenken und modifizieren. Sie konnte nicht mehr darauf verweisen, daß die deutsche Zahlungsbilanz und die deutsche Reservenposition der Konvertibilität im Wege stünden. Darüber hinaus mußte sie zu den sich mehr und mehr akzentuierenden Kosten der EZU Stellung nehmen. Im Rahmen dieser Modifizierung schälte sich als ihre Position heraus, daß der Regionalismus und die EZU keinesfalls gefährdet werden sollten. Eine Annäherung an die Konvertibilität lehnte die BdL zwar nicht rundheraus ab, sie ordnete das aber eindeutig der Fortführung der europäischen Kooperation unter. Laut BdL lag diese, vor allem der Erhalt und der Ausbau der europäischen Liberalisierung, im deutschen Interesse, denn sie garantierte der deutschen Wirtschaft einen wenn nicht sicheren, so doch von der deutschen Wirtschaftspolitik zu beeinflussenden Zugang zu Exportmärkten. Sie machte die Bundesrepublik von der amerikanischen Konjunkturentwicklung und Handelspolitik unabhängiger. Demgegenüber sah die

[206] Ebenda.
[207] Vgl. BBK, NL Emminger, Dollarlücke, Emminger, Dollarproblem, 1.12.1952.

BdL die Vorteile, die mit der Konvertibilität verbunden waren –, wie Entgeltung der Überschüsse in Gold und dadurch Ausgleich des traditionellen, „natürlichen“ Defizits im Handel mit Übersee durch Überschüsse in Europa; Abbau der Kreditierungsverpflichtungen; Förderung des Kapitalimports –, als unwichtig oder gar als problematisch und unerwünscht an. Auch schätzte sie die mit einer Überschußposition steigenden Kosten des Regionalismus entweder als tragbar ein oder verstand sie nicht als Kosten. Insgesamt wurde so die Konvertibilitätsfrage, bis dato „eine Frage des Könnens, nicht des Wollens“, mehr und mehr zu einer „Frage des Wollens“. Sofern die Liberalisierung eines europäischen Handelspartners durch die Konvertibilität irgendwie gefährdet werden würde, wollte die BdL die Konvertibilität nicht. Sie war in erster Linie an Exportchancen für die deutsche Wirtschaft und an der Liberalisierung der Partner, also an der Konvertibilität der anderen Währungen nach innen, interessiert. Die Konvertibilität der anderen nach außen, z.B. in Form einer Härtung der EZU, rangierte demgegenüber an nachgeordneter Stelle, selbst wenn dadurch ein besserer Ausgleich des Defizits im Handel mit Übersee ermöglicht worden wäre. An der Konvertibilität der DM hingegen war die BdL nur insofern interessiert, als ein Abbau von internen deutschen Restriktionen identisch mit einer Good Creditor Policy war, die ein besseres Funktionieren der EZU erlauben würde. Weitere Ziele, wie billigere Importe, spielten im Zusammenhang mit der EZU keine dominierende Rolle.

3. Die Bank deutscher Länder und die Umgestaltung des europäischen und deutschen Währungssystems 1953 bis 1955

Im Sommer 1952 hatten sich die OEEC-Länder im EZU-Direktorium gegen die belgischen Forderungen ausgesprochen und jegliche Härtung der EZU sowie jegliche Annäherung an die Konvertibilität abgelehnt. Trotzdem war damit dieses Thema nicht erledigt. Ganz im Gegenteil: Schon im Herbst 1952 rückte es wieder auf die Tagesordnung. Während in London die Wirtschaftskonferenz der Commonwealth-Länder vorbereitet wurde, breitete sich bei den kontinentalen EZU-Mitgliedern Besorgnis hinsichtlich des britischen Engagements bei der europäischen Währungskooperation aus. Sie befürchteten unilaterale britische Konvertibilitätsmaßnahmen und einen Austritt des Vereinigten Königreiches aus der EZU. Dadurch erhielt das Thema der Konvertibilität eine neue Qualität, und eine erneute Diskussion wurde unabweisbar – zumal das Vereinigte Königreich im Anschluß an die Commonwealth-Konferenz einen Konvertibilitätsplan, den sogenannten Collective Approach towards Convertibility, vorlegte. Deshalb wurden in den folgenden Jahren bi- und multilaterale Gespräche über die britische Vorlage geführt, alternative Konvertibilitätspläne ausgearbeitet, die Reform der EZU wie die Konstruktion eines internationalen Währungssystems debattiert. Hierzu mußten die einzelnen EZU-Mitglieder Stellung beziehen und Verhandlungspositionen ausarbeiten. In der Bundesrepublik war das in erster Linie die Aufgabe des Wirtschaftsministeriums, dem eine Konvertibilitätserklärung obliegen würde, und des Marshallplan-Ministeriums, das für die deutsche Mitarbeit in der OEEC/EZU verantwortlich war. Ferner waren die Handelspolitische Abteilung des Auswärtigen Amtes, federführend für bi- und multilaterale Handels- und Wirtschaftsverträge, das Finanzministerium, zuständig für die Devisenüberwachung und die Auslandsverschuldung, das Landwirtschaftsministerium, beauftragt mit der Agrarpolitik und mit dem Schutz der deutschen Landwirtschaft, und die BdL, Kreditgeberin der EZU, involviert. Schließlich war auch das Bundeskanzleramt beteiligt. Zum einen war die Konvertibilität keineswegs nur ein wirtschaftliches Problem. Vielmehr war sie auch eine politische Frage internationaler Tragweite. Dabei mußte die Bundesrepublik als „besetzter Verbündeter" die Positionen der Alliierten, vor allem der USA, in Rechnung stellen[208]. Zum zweiten hing mit der Unterzeichnung des EVG- und Deutschlandvertrages die deutsche Souveränität von der Ratifizierung des EVG-Vertrages ab, weshalb den Bemühungen um eine weitergehende europäische Integration ein herausragender Stellenwert zukam. Politik ohne Beachtung dieses vielschichtigen Prozesses war für die Bundesrepublik schlechterdings unmöglich. Die Nachverhandlungen des EVG-Vertrages, weitere daran geknüpfte Projekte wie eine Europäische Politische Gemeinschaft und der Beyen-Plan sowie die Schwierigkeiten dieses Vertragswerkes in der Pariser Nationalversammlung, aber auch die seit Sommer 1954 wieder aktuellen Pläne, die europäische Verteidigung unter Einbezug des Vereinigten Königreiches im Rahmen der NATO bzw. der Westeuropäischen Union (WEU) zu lösen, mußten die deutsche Haltung in allen internationalen Fragen konditionieren[209].

Internationale Verhandlungen zur Konvertibilität

1952/53: deutsche Reaktionen auf die britischen Konvertibilitätspläne

Wenn auch das Vereinigte Königreich im Jahre 1952 unter Zahlungsbilanzschwierigkeiten litt, widmete es sich doch der Frage der Konvertibilität. Von einer Ausländer-Konvertibilität erhoffte es sich eine Statusverbesserung des Pfundes, eine Stärkung des Finanzplatzes London und dadurch die Überwindung seiner Zahlungsbilanzprobleme.

---

[208] Zur amerikanischen Haltung zur Konvertibilität siehe Romero, Interdependence; Boccia, L'amministrazione, S. 89ff. Rupieper, Verbündete, bezeichnet die Bundesrepublik als „besetzten Verbündeten". Zu den deutschen Handlungspielräumen vgl. Herbst, Stil.

[209] Für einen Überblick über die Geschichte der europäischen Integration vgl. als eines der letzten Werke internationalen Zuschnittes Trausch (Hrsg.), Integration. Spezifischer auf die Bundesrepublik ausgerichtet sind Bührer/Herbst/Sowade (Hrsg.), Marshallplan; Militärgeschichtliches Forschungsamt (Hrsg.), EVG-Phase; Militärgeschichtliches Forschungsamt (Hrsg.), Nato-Option.

Im Januar 1952 legten das britische Schatzamt und die Bank von England einen ersten Konvertibilitätsplan mit dem Code-Namen ROBOT vor. Zwar lehnte das britische Kabinett diesen Plan sowohl im Februar als auch bei erneuter Vorlage im Juni ab[210], doch war damit das Projekt einer Konvertibilitätserklärung nicht erledigt. Schon im Sommer 1952 arbeitete London im Zusammenhang mit der Vorbereitung der Commonwealth-Konferenz einen neuen Konvertibilitätsplan, den Collective Approach towards Convertibility, aus. Wie ROBOT sah auch dieser Plan die Ausländer-Konvertibilität für das Pfund vor. Er nahm eine Änderung der bisherigen Wechselkurspolitik und die Einführung von Handelsbeschränkungen gegenüber nicht-konvertiblen Ländern in Aussicht. Im Unterschied zu ROBOT ging er von gleichzeitigen und abgestimmten Konvertibilitätserklärungen anderer europäischer Länder und einer Unterstützung dieses Schrittes durch die USA aus. Dieses Vorhaben war in mehrfacher Hinsicht mit der EZU unvereinbar. Abgesehen davon, daß eine Wechselkursflexibilität in der EZU vermutlich technisch problematisch war, ließen sich Ausländer-Konvertibilität und eine weitere Mitgliedschaft in der EZU nicht vereinbaren. Darüber hinaus durchbrach die beabsichtigte Einführung von Handelsrestriktionen gegenüber den nicht-konvertiblen Ländern den OEEC-Grundsatz der Nicht-Diskriminierung.

Der Plan ROBOT, der in London hinter verschlossenen Türen diskutiert wurde, blieb in anderen Ländern und in der Bundesrepublik vermutlich unbekannt[211]. Auch über den Collective Approach wußten die OEEC-Mitglieder anfangs nichts Genaues, obwohl sich seit Herbst 1952 Vermutungen und Befürchtungen bezüglich einer britischen Initiative verdichteten[212]. Aber selbst wenn die kontinentalen Länder vorerst hinsichtlich der britischen Pläne im dunkeln tappten, so legte diese Situation nahe, Alternativvorschläge zu entwickeln. Auch mußte das Verhalten im Falle von britischen Maßnahmen diskutiert werden. Unter Umständen war die bisherige Haltung zur EZU zu überdenken, zumal mit diesen britischen Überlegungen offensichtlich wurde, daß die EZU nur eingeschränkt Verbindlichkeit garantieren und als „institutionelle Barriere“ fungieren konnte[213]. Schließlich war der Tatsache Rechnung zu tragen, daß die

[210] Zu ROBOT vgl. Cairncross, Years, S. 234 ff.; Newton, Operation ROBOT; Milward, Motives, S. 261 ff.

[211] Er hat im Bundesarchiv und im Bundesbankarchiv keine Spuren hinterlassen.

[212] Die Vermerke von BdL-Angehörigen zur Commonwealth-Konferenz zeigen, daß man über die britischen Pläne nicht informiert war. Vgl. BBK, B 330/3172, Emminger, Währungspolitische Absichten Großbritanniens, 3. 12. 1952. Auch die Pariser Gremien tappten im dunkeln; vgl. BBK, B 330/3172, von Mangoldt, Bericht über die 30. Sitzungsperiode des EZU-Direktoriums vom 17.–22. 11. 1952, 25. 11. 1952; von Mangoldt an Blücher/Bernard, 27. 11. 1952.

[213] Mit der EZU hatten sich die OEEC-Mitglieder auf den Abbau von mengenmäßigen Beschränkungen im europäischen Handelsverkehr verpflichtet. Eichengreen, Reconstructing, S. 92 ff. bezeichnet die EZU deshalb als eine „institutional barrier to exit“. Diese Charakterisierung ist zum Teil berechtigt. Allerdings ist Eichengreen zu ergänzen. Es ist festzuhalten, daß die Barrierenfunktion der EZU von Anfang an durchbrochen war. Entliberalisierungen waren aus Zahlungsbilanzgründen gestattet; sie wurden angewandt, und die EZU hatte nur geringe Möglichkeiten, hier einzu-

EZU durch einen britischen Konvertibilitätsschritt einschneidend verändert würde.

Erstaunlicherweise setzte sich jedoch die BdL im Herbst 1952 mit den britischen Plänen und ihren Konsequenzen aus mehreren Gründen höchstens rudimentär auseinander. Zum ersten rechnete sie nicht ernsthaft mit britischen Maßnahmen[214]. Zum zweiten war für die BdL ohne weitere Diskussion klar, daß im Falle eines britischen Austritts aus der EZU ihre Weiterführung auch ohne das Vereinigte Königreich die einzige Möglichkeit war. Selbst wenn Vocke feststellte, daß ein britischer Austritt die Attraktivität der EZU erheblich schmälern würde, und selbst wenn mit den britischen Projekten deutlich wurde, daß die EZU nicht mehr als eine verläßliche Barriere funktionierte, blieb er bei der Befürwortung der EZU, notfalls in Form einer „Rumpf-EZU“: „Eine solche Beteiligung des Sterlinggebietes liegt auch sehr in unserem Interesse, da ein multilateraler Zahlungsverkehr innerhalb Europas ohne das Sterlinggebiet stark an praktischem Wert verlieren würde und zum Beispiel für Westdeutschland die Möglichkeit entfiele, sein Defizit gegenüber dem Sterling-Raum durch Überschüsse gegenüber kontinentaleuropäischen Ländern abzudecken. [...] Nach meiner Meinung müßte bei Verhandlungen über eine Reform der EZU zunächst auf alle Fälle versucht werden, die Engländer zunächst zum Mitgehen bei einer stärkeren Integration auf monetärem Gebiet zu bewegen. Nur wenn dies scheitern sollte, müßte man sich überlegen, auf welchem Wege man in einem engeren regionalen Kreis Fortschritte erzielen könnte.“[215] Zum dritten stand für die BdL wegen der vermutlich flexiblen Wechselkurse und wegen der möglichen Handelsbeschränkungen ein Anschluß an britische Maßnahmen außer Frage. Kurz vor der Commonwealth-Konferenz stellte das BdL-Direktorium entsprechend lapidar fest: „Es herrscht Übereinstimmung darüber, daß deutscherseits feste Kurse beibehalten werden sollten. [...] Das Erreichte (Liberalisierung, Multilateralismus, gemeinsames Handeln) [sollte] nicht aufgegeben, vielmehr tunlich wiederhergestellt werden.“[216]

Mit dieser abwartenden Haltung befand sich die BdL in guter Gesellschaft. Zwar strebte das Wirtschaftsministerium weiterhin nach der Konvertibilität, wobei vor allem Erhard nach wie vor gegen die EZU Stellung bezog, doch standen sowohl für das Marshallplan-Ministerium als auch für das Auswärtige Amt die Aufrechterhaltung der EZU und ihr reibungsloses Funktionieren im Vorder-

greifen. Seit 1952 wurde die EZU jeden Sommer um ein weiteres Jahr verlängert, wobei Austrittsmöglichkeiten gegeben waren. Insgesamt konnte also die EZU nur für den Zeitraum 1950 bis 1952 – und selbst da nur eingeschränkt – als eine Barriere fungieren.

214 Vgl. BBK, B 330/2055, Direktorium, Protokoll, 4.12.1952. Auch das Wirtschaftsministerium war dieser Meinung. Gleichwohl nahm es die britischen Pläne zum Anlaß, sich intensiv mit der Konvertibilitätsfrage auseinanderzusetzen. Vgl. BAK, B 102/56905, V C 1, Niederschrift über eine Besprechung über Konvertierbarkeit am 22.11.1952, 25.11.1952.

215 BBK, B 330/1313, Vocke an Merton, 15.8.1952.

216 BBK, B 330/2055, Direktorium, Protokoll, 4.12.1952.

grund[217]. Auch in den Pariser Gremien herrschte die Meinung vor, die EZU müsse beibehalten werden[218].

Im weiteren Verlauf mußten sich die Regierung und die BdL allerdings genauer mit den britischen Plänen auseinandersetzen, denn im Januar 1953 kündigte das Vereinigte Königreich informatorische Gespräche mit den USA und mit einzelnen europäischen Regierungen an[219]. Zusätzlich mußte sich die Bank zu der anstehenden EZU-Verlängerung und zu den inzwischen vorgebrachten Ideen einer Reform der EZU eine Meinung bilden. Dabei war zu bedenken, daß sich das Vereinigte Königreich zusammen mit anderen EZU-Schuldnern gegen eine Härtung der EZU ausgesprochen hatte[220].

Da die BdL die britischen Pläne einer Ausländer-Konvertibilität ablehnte, sah sie sich vor zwei Optionen gestellt: Entweder konnte sie für eine EZU-Reform plädieren und damit unter Umständen eine Kündigung der britischen Mitgliedschaft befördern; oder sie konnte für eine unveränderte EZU eintreten, hoffend, daß das Vereinigte Königreich in diesem Fall weiterhin teilnehmen würde. Während zu Anfang Vocke der Meinung war, „man [könne] es der OEEC nicht zumuten [...], mit Rücksicht auf die britischen Währungspläne an ihren Reformplänen nicht mehr weiter zu arbeiten"[221], setzte sich nach und nach eine kompromißbereite Haltung durch. Da ein britisches Ausscheiden den Wert der EZU mindern würde und da mit dem Auseinanderfallen Europas Handelsbeschränkungen, Diskriminierung gegen konvertible und nicht-konvertible Länder und ein Rückfall in den Bilateralismus verbunden wären, lehnte die Bank eine Reform der EZU ab. Sie wollte das Vereinigte Königreich mit Reformplänen nicht „scheu und mißtrauisch" machen[222]. Auch wollte sie mit einem Verzicht auf Reformen einer Verhärtung der innereuropäischen Fronten entgehen. Vocke befürchtete nämlich, daß der Zusammenhalt der EZU-Mitglieder gefährdet würde, wenn man auf einer Reform bestünde. Dann würden möglicherweise Alternativen zur EZU, wie z.B. eine engere Währungskooperation der sechs EVG-Staaten, in den Blick gerückt. Das aber mußte seines Erachtens vermieden werden, da eine solche Kooperation „sachlich ziemlich unrealistisch" war[223]. Diese Meinung wurde von den Ressorts geteilt. Das Auswärtige Amt betonte zwar, daß die europäischen Integrationsprojekte wie EGKS und EVG einen gemeinsamen Zahlungsmechanismus

[217] Vgl. BAK, B 146/480, Protokoll über die Sitzung vom 14.11.1952, 17.11.1952.

[218] Vgl. BBK, B 330/3172, von Mangoldt, Bericht über die 30. Sitzungsperiode des EZU-Direktoriums vom 17.–22.11. 1952, 25.11.1952; von Mangoldt an Blücher/Bernard, 27.11.1952. Die Befürwortung der EZU durch die anderen EZU-Mitglieder hielt das BdL-Direktorium in seiner Sitzung am 4.12.1952 fest: „Im übrigen sei nicht die Mehrheit im Verrechnungsmechanismus in erster Linie zu fürchten, sondern die Risiken, die die ‚Pfundfreigabe' mit sich bringen." Dieses Risiko hielt sich aber – wie das Direktorium sogleich betonte – in Grenzen, da die deutschen Pfundguthaben gering waren. In: BBK, B 330/2055.

[219] Vgl. BAK, B 102/55333, V B 4, Vermerk zum Gespräch Erhard – Trevelyan, 19.1.1953.

[220] Vgl. ebenda.

[221] BBK, B 330/2012, Vocke an Erhard, 3.2.1953.

[222] BBK, B 330/2012, Vocke an Erhard, 17.3.1953.

[223] Ebenda.

notwendig machten. Es wollte aber einen solchen Mechanismus im Kreise der Sechzehn, und nicht im Kreise der Sechs, verwirklicht sehen[224]. Ferner machten Erhard und das Wirtschaftsministerium – trotz aller Befürwortung der Konvertibilität und Kritik an der EZU – angesichts der britischen Konvertibilitätspläne einen Rückzieher. Im Januar 1953 betonte Erhard gegenüber Humphrey Trevelyan, Wirtschaftsberater der britischen Hohen Kommission, daß „er persönlich eine organische Fortentwicklung der EZU und OEEC dringend wünsche und keineswegs auf ihre Auflösung hinziele"[225]. Im weiteren Verlauf hob auch das Wirtschaftsministerium stets die möglichen negativen Auswirkungen einer Ausländer-Konvertibilität auf den europäischen Handel hervor[226].

So trug die deutsche Position bezüglich einer EZU-Verlängerung – man solle die Forderung nach Verbesserung und Härtung der EZU zwar „nachdrücklich" zum Ausdruck bringen, sie aber nicht als Bedingung formulieren; die EZU sei mindestens für ein Jahr zu verlängern – vor allem die Handschrift der BdL und des Auswärtigen Amtes[227]. In den deutsch-britischen Gesprächen über den Collective Approach betonte die deutsche Seite, daß eine Ausländer-Konvertibilität vorerst nicht verfolgt werden sollte, da dabei Handelsbeschränkungen in Kauf genommen würden und der EZU-Raum auseinanderfallen würde. Vielmehr sei die Erhaltung und Ausweitung eines multilateralen Zahlungssystems unabdingbar[228]. In der Konvertibilitätsfrage sei zwar „raschestes Vorgehen" anzustreben. Angesichts des hohen Anteils des EZU-Raums am deutschen Außenhandel sei aber das „bessere Ordnungssystem insbesondere in einer Reform der EZU zu suchen". Richard A. Butler, der britische Schatzkanzler, war ob dieser Äußerungen erschrocken, denn bisher hatte London die Position und den Einfluß Erhards anders eingeschätzt[229]. Ein Angehöriger der Bank von England faßte die Gespräche

---

224 Vgl. BAK, B 146/1843, AA, Abt. II, Londoner Besprechungen über Währungsfragen, 30.4.1953. Vgl. auch BAK, B 146/480, Protokoll über die Sitzung vom 14.11.1952, 17.11.1952. Zur Option einer Währungskooperation der Sechs vgl. BAK, B 102/56905, Hoffmann-Bagienski, Vermerk, 26.11.1952; BAK, B 102/6428, Albrecht, Zahlungsposition der Montan-Union innerhalb der EZU, 3.12.1952.

225 BAK, B 102/55333, V B 4, Vermerk zum Gespräch Erhard – Trevelyan, 19.1.1953.

226 Besonders ausgeprägt vertrat die Abteilung V des Wirtschaftsministeriums diese Meinung. Vgl. BAK, B 102/55345, Abt. V, Allgemeine Auffassung zur Frage der Konvertibilität, 27.4.1953. Weniger deutlich, aber doch insgesamt skeptisch zu den britischen Plänen war aber auch die Grundsatzabteilung I. Vgl. BAK, B 102/12651, I A 1, Vermerk, 5.5.1953. Obwohl sich das Wirtschaftsministerium gegen die britische Initiative aussprach, war Vocke von der Standfestigkeit des Wirtschaftsministeriums nicht überzeugt. Er verlangte eine Diskussion im Kabinett. Bei Anwesenheit von Bundeskanzler und Außenminister Adenauer, Landwirtschafts-, Marshallplan- und Finanzminister hätte diese mit großer Wahrscheinlichkeit zu einer Warnung vor übereilten Schritten geführt. Vgl. BAK, B 146/1843, Vogel, Vermerk, 27.4.1953; BAK, NL Hallstein, Hallstein, Notizen über eine Sitzung beim Vizekanzler Blücher, 27.4.1953.

227 Vgl. BAK, B 146/481, BMM, Ergebnisbericht einer interministeriellen Besprechung über Verlängerung und Verbesserung der EZU, 17.3.1953.

228 Vgl. BAK, B 146/1843, BMWi, Fragebogen zur internen Verwendung, 7.5.1953.

229 Vgl. BBK, B 330/3172, Emminger, Zusammenfassender Bericht, 22.5.1953; BBK, B 330/2056, Direktorium, Protokoll, 15.5.1953. Vgl. auch die Protokolle der deutsch-britischen Besprechungen in PRO, T 236/3519.

folgendermaßen zusammen: „What did show up very clearly in the German talks was that Erhard's (Minister of Economy) frequent pronouncements on the aims of Germany being convertible were by no means reflected in officials' minds. Although the latter liked the idea of convertibility they were very anxious about its effects on their European trade."[230]

Wenngleich das Pressekommuniqué der deutsch-britischen Gespräche auf das erzielte Einvernehmen abstellte, war deutlich geworden, daß die Bundesrepublik nicht bereit war, die Kosten der Konvertibilität zu tragen und das Vereinigte Königreich in einem Konvertibilitätsschritt zu unterstützen. Auch wenn es die Konvertibilität nicht prinzipiell ablehnte, schob sie sie vorerst auf die längere Bank. Donald Macdonald, nun Angehöriger der Bank von England, stellte heraus: „Whilst it does not seem that we can count at this stage on active German support for our plans, it would not be right to assume their hostility. They showed genuine interest and their approach was not destructive. Nevertheless it cannot be said that they were enthusiastic."[231]

1953/54: der Weg zur Konsolidierung

Die Tatsache, daß die deutsche Regierung in den Gesprächen mit dem Vereinigten Königreich eine EZU-freundliche Haltung eingenommen hatte, bedeutete keineswegs, daß sich eine definitive deutsche Position herausgeschält hatte. Schon bald darauf fanden Erhard und die Abteilung I des Wirtschaftsministeriums (Grundsatzabteilung) zu ihrer negativen Haltung zur EZU zurück. Gestützt auf ein Gutachten von Professor Friedrich Lutz[232], argumentierten sie, die Möglichkeiten der EZU seien erschöpft. Eine schrittweise Weiterentwicklung der EZU sei irrealistisch und zu langwierig[233]. Die EZU würde die deutsche Expansion behindern. Sie wäre mit „unfreiwilligem oder unbewußtem Kapitalexport" verbunden und würde über kurz oder lang künstliche Beschränkungen des lebensnotwendigen deutschen Exportes erfordern. Die deutschen Überschüsse zum EZU-Raum seien strukturell, so daß man ihnen nicht mit ad-hoc-Maßnahmen begegnen könne. Eine hundertprozentige Liberalisierung müßte „zu einer gewissen Verzerrung der Verhältnisse in Europa" führen. Deshalb seien jetzt „neue Formen", namentlich die Konvertibilität, herzustellen, wobei die

---

[230] BoE, OV 34/39, Watson, Bilaterals with Germany and Belgium, 21.5.1953.

[231] BoE, OV 34/39, Macdonald, Economic discussions with Germany, 14.5.1953.

[232] Das Wirtschaftsministerium hatte Lutz mit einem Gutachten zur Konvertibilität beauftragt. Es wurde leicht überarbeitet als Lutz, Problem, veröffentlicht.

[233] Für eine anschauliche Darstellung der in der Grundsatzabteilung des Wirtschaftsministeriums vertretenen Meinungen vgl. BAK, B 102/12655, Möller, Vermerk, 29.7.1953. Die wichtigsten grundsätzlichen Ausarbeitungen sind: BAK, B 102/12651, I A 1, Fragen des Zusammenlebens konvertierbarer und nicht-konvertierbarer Währungen, 26.6.1953; I A 1, Arbeitsunterlage zur Vorbereitung einer Stellungnahme des BMWi, 27.8.1953; I A 1, Probleme der Konvertibilität, 21.12.1953; BAK, B 102/55345, I A 1, Vermerk für Herrn Minister, 14.10.1953; BAK, B 102/11137, I A 1, Vorbereitung der Ministerratstagung am 29./30.10.1953. Vgl. auch BAK, B 102/55333, Müller-Armack, Diskussionsbeitrag zum Thema Exportförderung, 20.6.1953; BAK, B 146/483, I A 5, Gespräch Erhard – Marjolin, 16.10.1953. Die folgenden Zitate sind diesen Dokumenten entnommen.

Einführung flexibler Wechselkurse notwendig sei. Die an der Konvertibilität wirklich interessierten Länder – das Vereinigte Königreich, Belgien, Holland, Schweiz und vielleicht Italien – müßten sich zusammenschließen und außerhalb der EZU vorgehen. Die Probleme, die sich dabei ergeben würden, ließ die Grundsatzabteilung weitgehend unbeachtet oder negierte sie gar. Zu den Schwierigkeiten eines Zusammenlebens konvertibler und nicht-konvertibler Länder bemerkte sie nur etwas blauäugig, die nicht-konvertiblen Länder sollten die konvertiblen „wohlwollend unterstützen". Sie sollten vor allem ihre Liberalisierung aufrechterhalten. Darüber hinaus hielt sie fest, daß das Problem eines Auseinanderfallens nicht existiere, denn ein isoliertes Vorgehen würde „vermutlich" andere Länder dazu veranlassen, sich anzuschließen. Mit Blick auf das Auswärtige Amt stellte die Grundsatzabteilung ohne auf konkrete Schwierigkeiten einzugehen fest, daß die Konvertibilität die europäischen Integrationsbemühungen nicht erschwere, sondern eine Voraussetzung für sie sei.

Innerhalb Deutschlands kam die Opposition zu Erhards erneuten Vorstößen von verschiedenen Seiten. Zum einen war das Wirtschaftsministerium keineswegs einer Meinung. Laut Abteilung V (Außenwirtschaft) war die Abteilung I (Grundsatzabteilung) in ihrer Beurteilung der EZU „zu einseitig". Sie stellte heraus, das Risiko einer Diskriminierung sei in der Konvertibilitätsfrage entscheidend und bisher nicht gelöst. Die Voraussetzungen, ausreichende europäische Reserven sowie eine Good Creditor Policy der USA, müßten erst noch geschaffen werden[234]. Zum zweiten opponierte die BdL die Erhardsche Befürwortung der Konvertibilität. In gewohnter Schärfe stellte sie fest, die EZU sei in keiner Weise festgelaufen. Deshalb müsse „unsere positive Stellung zur EZU" betont werden[235]. Unterstützt wurde die BdL hierin von der Bundesvertretung in Paris und von Adenauer, der Erhard aus politischen Gründen zur Ordnung rief und sogar mittels Weisungen eingriff[236]. Zusätzlich zu dieser prinzipiellen Befürwortung der EZU hielt Vocke weiterhin die von Erhard bei Konvertibilität vorgesehene Wechselkursflexibilität für „schädlich, ja unerträglich". Diese würde nur „Chaos" stiften und sei „voller Ungewißheit und Risiken"[237]. Unterstützt wur-

[234] BAK, B 102/56905, V D 1, Besprechung vom 2.9.1953, 3.9.1953. Vgl. BAK, B 102/55345, Stedtfeldt, Wege zur Konvertibilität, 13.10.1953; BAK, B 146/482, II/5 (Fünfgelt), Vermerk 12.12.1953.

[235] BBK, B 330/2033, Vocke an von Mangoldt, 5.10.1953. Vgl. auch BAK, B 146/483, Schleiminger, Ergebnisbericht einer Besprechung über Fragen der Konvertierbarkeit, 11.8.1953; BBK, NL Emminger, Konvertibilität/Abbau der Devisenzwangswirtschaft II 1953, BdL, Vermerk über eine zweite Ressortbesprechung mit Herrn Professor Lutz, 14.8.1953.

[236] Vgl. Kabinettsprotokolle VI (1953), 7. Kabinettssitzung am 10.11.1953, S.510; LESt, I 1)2, Erhard an Adenauer, 7.12.1953. Für die Position der Bundesvertretung vgl. BAK, B 102/12655, Möller, Vermerk, 29.7.1953.

[237] BBK, NL Emminger, Flexible Wechselkurse, Vocke, Vermerk zu Frère-Vorschlag, 6.10.1953; BBK, B 330/3379, Vocke, Vermerk, 21.10.1953. Emminger und Wolf fertigten fundiertere und nicht so emotionale Vermerke zu dieser Problematik an. Dabei kamen auch sie zu einem negativen Urteil. Vgl. BBK, NL Emminger, Flexible Wechselkurse, Emminger, Frère-Vorschlag einer

de Vocke hierin von dem renommierten Wirtschaftswissenschaftler Wilhelm Röpke und angeblich allen Notenbanken[238].

Aber auch außerhalb der Bundesrepublik lief Erhard mit seinen Konvertibilitätsplänen in schweres Wasser, und das stärkte die innerdeutsche Opposition. Abgesehen von dem Widerstand innerhalb der EZU nahmen die USA eine abwartende Haltung ein. Sie hoben hervor, daß eine amerikanische Hilfestellung zugunsten einer Konvertibilitätsaktion und entscheidende Maßnahmen auf dem Gebiete der amerikanischen Handelspolitik „auf keinen Fall" vor Ende 1954 zu erwarten seien. Die USA wollten zuerst den Bericht des Randall-Ausschusses, der die internationale Wirtschaftspolitik der USA überprüfen sollte, und die Kongreßwahlen im November 1954 abwarten[239]. An dieser abwartenden Haltung Amerikas konnte auch Erhards Reise in die USA, auf der er für die Erklärung der Konvertibilität warb, nichts ändern. Selbst das amerikanische Schatzamt, das der Konvertibilität positiv gegenüberstand, plädierte im Anschluß an die Gespräche mit Erhard für ein langsameres Vorgehen: „Dr. Erhard was vigorous and outspoken. [...] His intentions are in the right direction, but whether Germany and other ‚hard' countries in Europe are ready for a vigorous move towards convertibility requires careful study."[240]

Vor diesem Hintergrund konnte Emminger anläßlich einer neuerlichen, vom Wirtschaftsministerium initiierten Konvertibilitätsbesprechung, für die das Ministerium verbindliche Stellungnahmen forderte, Anfang 1954 feststellen, daß Eile unangebracht sei: „Ich bin der Ansicht, daß es ziemlich sinnlos wäre, zu allen in dem Entwurf des Bundeswirtschaftsministeriums angeschnittenen theoretischen Fragen im gegenwärtigen Stadium verbindliche Äußerungen abzugeben. Es scheint mir absolut kein Bedürfnis dafür vorzuliegen, hic et nunc und ohne jeden konkreten Anlaß und Zwang bindende Beschlüsse [...] zu fassen."[241]

Da weder der britische Collective Approach noch Erhards Ansichten die notwendige Zustimmung fanden und auch eine schrittweise Härtung der EZU abgelehnt wurde, zeichnete sich im Herbst 1953 ein Stillstand bei den europäischen

größeren Schwankungsbreite, 5.10.1953; Wolf, Vermerk, Zur Frage der fluktuierenden Wechselkurse, o.D. (Oktober 1953); Emminger an Donner, 5.10.1953.

[238] Vgl. Röpke, Wege; LESt, I 4)59, Röpke an Erhard, 27.10.1953. Vocke behauptete in einem Vermerk – vgl. BBK, B 330/3379, Vocke, Vermerk über BIZ-Sitzung, 21.10.1953 –, daß „keine einzige Notenbank" flexible Kurse befürworte. Wenn man bedenkt, daß ROBOT von der Bank von England und der Frère-Vorschlag von der Banque Nationale de Belgique vorgelegt wurden, erscheint das übertrieben.

[239] Vgl. BAK, B 146/482, von Mangoldt an Blücher, 23.9.1953.

[240] NARA, RG 56/28, EUR/3/11, Hebbard, Meeting with Dr. Erhard, 2.12.1953. Vgl. auch die Protokolle der Gespräche in NARA, RG 59 862A.00/11–2353 bis 862A.00/11–2553. Vgl. auch die sicherlich nicht unparteiische Beschreibung von Hall-Patch, britischer Exekutiv-Direktor beim IWF, der den Erhard-Besuch als „particular comedy" bezeichnete und die amerikanische Irritation ob Erhards Wortschwälle wie auch die amerikanische Begeisterung angesichts der nicht erfolgten Bitte um Kredithilfe notiert. In: PRO, T 236/3519, Hall-Patch an Rowan, 12.12.1953.

[241] BBK, NL Emminger, Vermerke zur Konvertibilität, Emminger, Vermerk, 15.1.1954.

Konvertibilitätsdiskussionen ab. Erst Anfang des Jahres 1954 wurde dieser aus zwei Gründen überwunden. Erstens schloß Ende Januar 1954 die vom amerikanischen Präsidenten Dwight D. Eisenhower eingesetzte Commission on Foreign Economic Policy ihre Überprüfung der amerikanischen Außenwirtschaftspolitik ab. Dabei sprach sie sich für Konvertibilität und ein weltweites multilaterales Handels- und Zahlungssystem aus. Gleichzeitig aber plädierte sie für ein vorsichtiges Vorgehen. Sie stellte heraus, „daß sie (die USA, M. D.) keinerlei Maßnahmen unterstützen sollten, welche zur Beseitigung der EZU führen könnten, solange nicht etwas Besseres an ihre Stelle gesetzt wird“[242]. Zweitens wurde deutlich, daß die EZU-Schuldner den Forderungen der EZU-Gläubiger nach einer Reform entgegenkommen mußten, sofern sie am Funktionieren der EZU interessiert waren. Da die im EZU-System vorhandenen Kredite fast vollständig ausgeschöpft waren[243], gleichzeitig eine Entschärfung der extremen Gläubigerpositionen unmöglich gewesen war und mit Aufnahme der Liberalisierung zum Dollarraum in immer weitere Ferne zu rücken drohte, lag es im Interesse einiger Schuldner, sich dem stetigen und letzthin sehr erhöhten Druck der Gläubiger zu beugen[244]. Der hierfür notwendige Handlungsspielraum war dabei in vielen Fällen insofern gegeben, als zumindestens einzelne Länder im Verlauf des Jahres 1953 konvertible Währungsreserven akkumuliert hatten[245].

Da auch Italien einerseits im Jahre 1953 seine konvertiblen Reserven um 140 Mio. Dollar erhöht hatte, andererseits aber ein hohes kumulatives EZU-Defizit aufwies, schlug es Anfang 1954 einigen seiner Gläubiger vor, einen Teil seiner EZU-Schulden zurückzuzahlen, einen Teil zu konsolidieren[246]. Im April 1954 formulierte das Vereinigte Königreich einen ähnlichen Vorschlag: Es bot seinen Gläubigern eine teilweise Konsolidierung und teilweise Rückzahlung – bzw. im

---

242 Vgl. Commission on Foreign Economic Policy, Report. Auszugsweise übersetzt in BBK, B 330/75.

243 Im EZU-System standen noch Kredite in Höhe von 196 Mio. RE zur Verfügung. Allerdings täuscht diese Zahl insofern, als sich beispielsweise Dänemark angesichts seiner Reservensituation die bei Inanspruchsnahme seiner Kreditlinie zu leistenden Goldzahlungen nicht erlauben konnte. Cahan vom Trade and Finance Directorate der OEEC meinte deshalb, das Ende der EZU sei abzusehen. Vgl. HAEC, OEEC-TRA 337, Cahan an Marjolin, 9. 3. 1954. Auch Ellis-Rees, britischer Vertreter im EZU-Direktorium, sprach vom nahenden Kollaps der EZU. Vgl. HAEC, OEEC-TRA 337, UK Delegate, Statement to the Council, 2. 4. 1954.

244 Vgl. HAEC, OEEC-TRA 337, Cahan an Colonna, 19. 1. 1954. Vgl. auch BoE, OV 46/16, Bolton, Conversations at Basle, 12. 1. 1954; BoE, G 1/188, Bolton, Conversations at Basle, 10. 2. 1954.

245 Im Verlauf des Jahres 1953 wuchsen die konvertiblen Reserven wie folgt an (Mio. $): Österreich +95, Belgisch-Luxemburgische Wirtschaftsunion +63, Dänemark +26, Frankreich +85, Bundesrepublik Deutschland +534, Griechenland +55, Italien +140, Niederlande +240, Norwegen +11, Portugal +95, Schweden +60, Schweiz +80, Türkei +6, Vereinigtes Königreich +691. Vgl. BIS, 24th Annual Report (1953/54), S. 157.

246 Der italienische Vorschlag führte zu heftigen Auseinandersetzungen innerhalb des Zentralbanksystems. Während Emminger und der Zentralbankrat den italienischen Vorschlag sorgfältig prüfen wollten, lehnte Vocke das italienische Ansinnen ab und schrieb dementsprechend an von Mangoldt. Vgl. BBK, B 330/74, ZBR, Protokoll, 20. 1. 1954; BBK, B 330/1313, Vocke an von Mangoldt, 27. 1. 1954; Emminger, Vermerk 28. 1. 1954. Am 3. 2. 1954 wurde das Thema deshalb nochmals im Zentralbankrat aufgenommen. Vgl. BBK, B 330/75, ZBR, Stenogramm, 3. 2. 1954.

deutschen Fall eine Aufrechnung mit den deutschen Regierungsschulden – an. Als Gegenleistung verlangte es von der Bundesrepublik eine Good Creditor Policy und die Bereitstellung neuer EZU-Kredite[247].

Wenn auch der informelle Gläubigerklub der EZU, an dem der deutsche EZU-Vertreter inzwischen teilnahm, seit November 1953 Rückzahlungen der ausstehenden Kredite befürwortete, traf der britische Vorschlag in der Bundesrepublik auf einige Skepsis. Das Ministerium für wirtschaftliche Zusammenarbeit sah diesen Vorschlag nicht als eine Härtung der EZU an[248]. Bei den ersten Sondierungen mit den Briten führte sein Vertreter aus, die EZU würde dadurch aufgeweicht, so daß eine solche Konsolidierung eher ein Rückschritt sei. Auch die BdL lehnte den britischen Vorschlag ab. Sie wies darauf hin, daß die deutschen EZU-Guthaben relativ liquide Währungsreserven seien und als solche nicht gegen Regierungsschulden eingetauscht werden könnten[249]. Das Problem der Währungsreserven war aber nicht der entscheidende Grund für die ablehnende Haltung der BdL. Nach Gesprächen mit Vocke vermutete Cameron Cobbold, Gouverneur der Bank von England, vielmehr, daß die BdL dem Vereinigten Königreich durch ihre Zustimmung zur Konsolidierung keine freiere Hand für eine Konvertibilitätserklärung geben wollte: „I have had a bit of talk with Dr. Vocke about EPU. [...] His line is that consolidation now is a mistake because nobody knows what will happen in next year. I guess, like the Dutch, he is afraid a settlement with us this year would leave us freer to bully them about commercial policy next year. He has been making a good deal of the Central Bank difficulty about funding – but I suspect that this is mainly producing an argument in favour of leaving settlement until end of EPU. I think he would find no difficulty in coping with that point if the governments were to agree some set-off arrangement."[250] Damit traf Cobbold den Kern der Sache. Im Zentralbankrat stellte Vocke als wichtigsten Punkt heraus, daß wir „kein Interesse an einer vorzeitigen Abwicklung der EZU haben. Umgekehrt ist es mit England. Es will frei konvertierbar sein. Die Engländer müssen bei einer Liquidation zahlen. Ist das auch noch beseitigt, können sie sagen: Wir sind völlig frei."[251]

Die negative deutsche Haltung verflüchtigte sich aber schon bald. Ende April befürwortete sowohl Erhard als auch Hermann J. Abs, enger Wirtschaftsberater Adenauers, den britischen Konsolidierungsvorschlag. Sie stellten fest, daß Konsolidierungen ein Weg zur Konvertibilität seien[252]. Erhard, der die EZU ablehn-

[247] Vgl. PRO, T 232/362, Rowan, Note EPU, Germany etc., 27.3.1954.

[248] Vgl. BAK, B 102/56905, II/5, Vermerk zur Reform der EZU, 12.2.1954.

[249] Vgl. PRO, FO 371/111199, UK Delegation on Foreign Office, 21.4.1954; UK Delegation, Record of a discussion with the German delegation, 21.4.1954. Diese Schwierigkeiten der BdL waren von der Bank von England vorausgesehen worden. Vgl. PRO, T 232/362, Bank of England, Note, 26.3.1954.

[250] BoE, OV 34/39, Cobbold, Note, 5.4.1954.

[251] BBK, B 330/77, ZBR, Stenogramm, 28.4.1954. Vgl. auch PRO, FO 371/111199, UK Delegation, Record of a discussion with the German delegation, 21.4.1954

[252] Vgl. PRO, FO 371/111199, Mason an Foreign Office, 27.4.1954.

te und dementsprechend die Befürchtungen Vockes nicht teilte, verkündigte sogar, die Bundesrepublik würde die Konvertibilität der DM „Fünf Minuten nach England" erklären[253]. Wenig später rückten auch Vocke und das BdL-Direktorium von ihrer bisherigen Position ab und stellten sich einer Konsolidierung nicht mehr in den Weg – auch wenn der Zentralbankrat dies nicht eindeutig abgesegnet hatte[254]. Nachdem auf dieser Grundlage ein deutsch-britisches Übereinkommen erzielt war, war der Weg für weitere bilaterale Konsolidierungen frei. Im Sommer 1954 wurden als Ergebnis weiterer Verhandlungen EZU-Kredite in Höhe von insgesamt 858 Mio. RE bilateral konsolidiert. Dabei fielen Goldzahlungen in Höhe von 224 Mio. Dollar an. Zusätzlich dazu zahlte die EZU 130 Mio. Dollar aus ihren Reserven an die Gläubiger. Auch wurden neue Kreditierungsverpflichtungen in Höhe von 1 Mrd. RE vereinbart, wobei die EZU bei leichter Erhöhung des Gold-Kredit-Verhältnisses gleichzeitig für ein weiteres, möglicherweise letztes Jahr verlängert wurde[255].

Mit der deutschen Zustimmung zur Konsolidierung war eine neue Politiklinie eingeschlagen worden. Anstatt auf einer schrittweisen Härtung der EZU zu bestehen, stimmten die Bundesregierung und die BdL einer gewissen Aufweichung der EZU zu[256]. Gleichzeitig akzeptierte die BdL, daß die EZU höchstwahrscheinlich bald – nämlich im Sommer 1955 – zugunsten einer Ausländer-Konvertibilität beendet werden würde. Während die Zustimmung Erhards hierzu nicht

---

[253] BBK, B 330/3171, V A 8, Aufzeichnung über die Besprechungen mit Schatzkanzler Butler am 7./8.5.1954, 11.5.1954.

[254] Der Zentralbankrat diskutierte die britischen Vorschläge mehrmals, nämlich am 28.4., am 19.5. und am 2.6.1954. Zum Diskussionsverlauf vgl. die Protokolle und Stenogramme der Zentralbankratsitzungen in BBK, B 330/77. Am 2.6.1954 diskutierte er den zu erreichenden Zinssatz, die Laufzeit und weitere technische Einzelheiten. Danach ermächtigte er das Direktorium zu Verhandlungen. Als die Verhandlungen kurz vor Abschluß standen und als Erhard herausstellte, die Bundesrepublik würde die Konvertibilität fünf Minuten nach dem Vereinigten Königreich erklären, zeigte sich, daß der Zentralbankrat diese Wendung der Verhandlungen nicht intendiert hatte. In der Sitzung am 16.6.1954 griff er die schon fortgeschrittenen und „wohl kaum noch revidierbaren Verhandlungen" nochmals grundsätzlich auf. Pfleiderer stellte hierzu fest: „Von Herrn Wolf haben wir gehört, daß die BdL eine Linie hat, nämlich die Linie: keinesfalls irgendwelche bilateralen und multilateralen Zahlungsabkommen mehr, sondern Konvertibilität, d.h. freier Dollarzahlungsverkehr auf der ganzen Linie. Mir ist das bis jetzt nicht bewußt geworden, daß die BdL diese Linie hatte, obwohl ich eigentlich der Meinung bin, daß diese Linie der BdL eine Sache des Zentralbankrates ist. Herr Vocke und der Zentralbankrat haben diese Linie sicherlich nicht gemacht." BBK, B 330/78, ZBR, Stenogramm, 16.6.1954.

[255] Für die Einzelheiten vgl. EPU, 4th Annual Report (1953/54), S.95ff.

[256] Vgl. Kaplan/Schleiminger, EPU, S.202ff., die die EZU-Reform von 1954 als eine erste Härtung der EZU, als einen ersten Sieg des sogenannten Institutional Approach, feiern. Mit dem Wissen, daß im Jahre 1955 eine zweite Härtung erfolgte, stellen sie fest: „The 1954 package set the stage for agreement on further hardening." Das stimmt aber nur bedingt. Zum einen ist umstritten, ob die EZU wirklich härter wurde. Die neuen Kreditierungsverpflichtungen bedeuteten eine Aufweichung. Zum zweiten war die Erhöhung des Gold-Kredit-Verhältnisses für die Gläubiger insofern irrelevant, als sie zumeist ihre Quoten schon überschritten hatten, in den Rallongen aber gewöhnlich ein Gold-Kredit-Verhältnis von 50 zu 50 gewährt wurde. Ferner ist festzuhalten, daß das Abkommen auf der Idee beruhte, dies sei wahrscheinlich die letzte Verlängerung der EZU. Demnach wäre die EZU-Reform des Sommers 1954 als erster und einziger Schritt des sogenannten Institutional Approach konzipiert gewesen.

verwundert, bedeutete sie für die BdL – trotz des letztlich rauheren Tons gegenüber der EZU[257] – einen erheblichen Meinungswandel binnen kürzester Zeit. Dieser muß erklärt und analysiert werden.

Eine mögliche Erklärung könnte darin liegen, daß das Gold-Kredit-Verhältnis erhöht wurde. Das war jedoch für die BdL nicht entscheidend. Ganz im Gegenteil: Die Erhöhung des Goldanteils von 40 auf 50 Prozent stieß innerhalb der BdL auf große Skepsis. Emminger bezeichnete sie als „eine rein optische Härtung", an der die BdL kein Interesse habe, gegen die sogar Bedenken bestünden[258]. Eher kann die Zustimmung der BdL deshalb mit der Goldzahlung erklärt werden, die mit der Konsolidierung verbunden war. Wenn auch Max Grasmann, Präsident der Landeszentralbank Bayern, festhielt, daß das eine „primitive Überlegung" sei, wies Bernard auf diese „glückliche Lösung" hin und faßte als vorherrschende Meinung zusammen: „Wir kommen auch gar nicht so schlecht weg dabei, denn wir kriegen 170 Mio. Dollar sofort gezahlt."[259] Ein weiterer Teil der Erklärung ist darin zu finden, daß man während der Verhandlungen eine Lösung für die Frage der Währungsreserven gefunden hatte. Die Abkommen sahen vor, die konsolidierten Beträge bis zur effektiven Rückzahlung in der EZU zu behalten. So konnte im Falle von Defiziten auf diese Beträge, die damit weiterhin liquide Währungsreserven waren, zurückgegriffen werden. Der wichtigere Teil der Erklärung ist aber darin zu suchen, daß wirtschaftliche wie politische Gründe für ein Entgegenkommen sprachen.

Als wirtschaftlichen Grund führte die BdL an, daß sich die Währungsreserven der EZU-Länder erhöht hätten, so daß die Dollarknappheit nicht mehr existiere, also die mit der Konsolidierung in unmittelbare Nähe gerückte Konvertibilität die europäische Liberalisierung nicht gefährden würde[260]. Vor diesem Hintergrund bewertete Wolf die Teilnahme des Sterlinggebietes an der EZU als den „eigentlichen Reiz der Verrechnung über die EZU" und bezeichnete die Option einer Rumpf-EZU als nicht erstrebenswert[261]. Auch Emminger hob hervor, die einzige Option für die Bundesrepublik sei, einer britischen Initiative zu folgen, denn „England [habe] aufgrund seiner allgemeinen Position auf jeden Fall das

[257] Vgl. BBK, B 330/2033, Vocke an von Mangoldt, 31.3.1954; BBK, B 330/1313, Vocke an Blücher, 12.3.1954. Gleichzeitig gab es aber auch weiterhin ausgesprochen positive Stellungnahmen zur EZU. Vgl. BBK, B 330/2012, Vocke an Erhard, 23.2.1954; BBK, B 330/77, ZBR, Stenogramm, 28.4.1954.

[258] BBK, B 330/3171, Emminger, Grundzüge der Vereinbarungen für die Verlängerung der EZU, 28.6.1954; BBK, B 330/77, ZBR, Stenogramm, 2.6.1954; BBK, B 330/1310, Emminger, Sitzung des kleinen Wirtschaftskabinetts, 4.6.1954. Für die Bundesrepublik war die Erhöhung des Goldanteils nicht mit erhöhten Goldzahlungen verbunden, denn sie glich ihre Überschüsse bereits in Rallongen aus.

[259] BBK, B 330/78, ZBR, Stenogramm, 16.6.1954. Diese Angabe ist nicht ganz korrekt. Die Zahlung belief sich auf 146,96 Mio. $.

[260] Vgl. BBK, NL Emminger, Vermerke zur Konvertibilität, Emminger, Bemerkungen zu den Vorschlägen für einen Europäischen Fonds, 26.8.1954.

[261] BBK, B 330/78, ZBR, Stenogramm, 16.6.1954.

Schicksal der EZU in der Hand [...] und [...] einmal vor die Tatsache einer englischen Konvertibilität und der EZU-Beendigung gestellt, [werden wir] sowieso nur zwei Wege haben [...]: entweder Konvertibilität oder Bilateralismus. Natürlich werde man sich für ersteren entscheiden."[262] Hinzu kam, daß Wolf und Emminger keineswegs überzeugt waren, die Auflösung der EZU zum Sommer 1955 wäre zwangsläufig. Sie waren vielmehr der Ansicht, daß das Abkommen das Weiterbestehen der EZU für ein weiteres Jahr, möglicherweise noch darüber hinaus, gesichert habe[263]. Deshalb könne die Bundesregierung, die BdL und Europa nun die Zeit für „die notwendigen Vorbereitungen für einen kollektiven und mit gewissen Sicherungen versehenen Übergang zur Konvertierbarkeit" nutzen. Demgegenüber „[hätte] ein kompromißloses Festhalten an ihnen (den ursprünglichen Forderungen der Gläubiger, M. D.) nach der Sachlage mit Sicherheit zu einer Sprengung der EZU geführt"[264].

Die wirtschaftlichen Gründe können jedoch nicht das alleinige Motiv für das Entgegenkommen gewesen sein. Da sich beispielsweise die europäische Reservensituation langsam und allmählich verbessert hatte, kann sie den plötzlichen Meinungsumschwung der BdL nicht zufriedenstellend erklären. Tatsächlich scheinen letztendlich politische Überlegungen den Ausschlag gegeben zu haben. Das legen zumindest Andeutungen Vockes und Bernards nahe. Während sich das deutsch-französische Verhältnis über die französischen Schwierigkeiten einer EVG-Ratifizierung abgekühlt hatte, Adenauer vom Scheitern der deutsch-französischen Annäherung und einem Entgegenkommen an das Vereinigte Königreich sprach, und während innerhalb der BdL die „Vorläufigkeit unserer ganzen Gesetzgebung und unseres Verhältnisses zur Regierung wie auch die Vorläufigkeit der Regelung der Herrschaft über die Devisen" herausgestellt wurden, räumte Bernard in der Sitzung des Zentralbankrates am 16. Juni 1954 ein: „Wir [machen] sehr viel Konzessionen [...], offenbar mehr, als es vielleicht unbedingt nötig wäre, und [...] dabei [spielt] im Hintergrund – mindestens bei der Regierung – ein Wunsch doch wohl eine Rolle [...]: England doch sehr freundlich entgegenzukommen, vielleicht aus Gründen, die in der reinen Außenpolitik liegen. [...] Die sehr generelle allgemeine Beurteilung, daß wir hier nicht unbedingt das allerbeste für uns herausholen, sondern tatsächlich einige Konzessionen machen, die vielleicht von allgemeinen politischen Erwägungen diktiert sind, teile ich auch."[265]

Da die BdL dem Vereinigten Königreich und Adenauer aus außen- und innenpolitischen Gründen entgegenkommen wollte, ging sie in den Konsolidierungs-

[262] Wiedergabe der Meinung Emmingers durch von der Lippe, vgl. BBK, B 330/2032, von der Lippe an Vocke, 1.7.1954.

[263] Vgl. BBK, B 330/78, ZBR, Stenogramm, 16.6.1954; BBK, B 330/3171, Emminger, Grundzüge der Vereinbarungen für die Verlängerung der EZU, 28.6.1954.

[264] BBK, B 330/78, ZBR, Protokoll, 30.6.1954.

[265] BBK, B 330/77 und 78, ZBR, Stenogramm, 2.6.1954 und 16.6.1954. Vgl. auch BoE, OV 34/67, Bolton, German trends, Basle conversations, 8./10.5.1954, 12.5.1954.

verhandlungen Kompromisse ein. Kurz nach Abschluß dieser Abkommen wurde jedoch die Unzufriedenheit der BdL wieder deutlich[266].

1954/55: die Verhandlung der EZU-Härtung und neuer Kooperationsformen

Wenn Europa auch mit der Zustimmung zur Konsolidierung einer baldigen Erklärung der Konvertibilität und einer Auflösung der EZU näher gerückt war[267], so war eine definitive Entscheidung noch nicht gefallen. Zwar wurde im Sommer 1954 eine hochkarätige internationale Ministergruppe – der Ministerausschuß Konvertibilität – eingerichtet, die das zukünftige europäische Handels- und Zahlungssystem verhandeln sollte[268]. Gleichzeitig bestanden aber noch immer prinzipielle Vorbehalte gegen die Konvertibilität. Auch wurden erhebliche Einwände gegen die britischen Vorschläge, dargelegt in einem Memorandum für den Ministerausschuß[269], vorgebracht. Während Frankreich in der ersten Sitzung des Ministerausschusses die Folgen eines Übergangs zur Konvertibilität, namentlich die Spaltung des OEEC-Europas, „in den schwärzesten Farben" malte, legte Italien ein Memorandum vor, das für den Erhalt der EZU und für ihre schrittweise Härtung eintrat[270]. Auch in der Bundesrepublik gab es weiterhin Zweifel, selbst wenn man den Konsolidierungen zugestimmt hatte. Adenauer wies darauf hin, daß die Wirtschaftspolitik „eine Funktion der Außenpolitik" sei. Bei den anstehenden internationalen Verhandlungen sollten deshalb keine Ansichten vertreten werden, „die geeignet sind, der europäischen Gemeinschaft zu schädigen"[271]. Gleichzeitig ging das Ministerium für Ernährung, Landwirtschaft und Forsten in die Offensive. Es trat dafür ein, „mit den großen weltweiten Planungen vorsichtig zu beginnen und zuerst in Europa die wirtschaftliche und politische Integration durchzusetzen". Ferner zeigten sowohl die BdL als auch das Finanzministerium Skepsis und plädierten für „eine längere Übergangszeit"[272]. Vor allem aber distanzierte sich die BdL – mit Unterstützung des konvertibilitätswilligen Wirtschaftsministers – von den britischen Vorschlägen. Der von britischer Seite vorgeschlagene Europäische Fonds traf nicht auf ihre Gegenliebe. Er wurde als

[266] Vgl. BBK, B 330/3380, Emminger, Vermerk zu European League for Economic Cooperation, 3.12.1954. Vgl. auch BdL, Monatsbericht Juli 1954, S.26ff.

[267] Es herrschte die Überzeugung vor, daß dies die letzte Verlängerung der EZU war. Vgl. z.B. von Mangoldt, Stufe; PA AA, Abt. 4/401/23, Hardenberg, Aufzeichnung Ministertagung Konvertibilitätsprobleme, 20.7.1954; BBK, B 330/3171, Emminger, Vermerk, 28.6.1954.

[268] Im Mai 1954 hatte der OEEC-Rat die Konstituierung einer solchen Gruppe beschlossen. Vgl. HAEC, OEEC-TRA 347, Council, Resolution C (54) 131; Cahan, Ministerial Study Group on Convertibility, 10.5.1954. Das ging auf eine Anregung Erhards vom Herbst 1953 zurück. Vgl. Hohmann (Hrsg.), Erhard, S.391.

[269] Vgl. BBK, B 330/3171, Vereinigtes Königreich, Memorandum, GMC (54)1, 4.6.1954.

[270] BAK, B 102/55346, Ministerial Examination Group, Minutes of the first session of experts, GMC (54)2, 30.6.1954; BBK, B 330/3171, Emminger, Bericht über die Expertensitzung der OEEC, 23.6.1954. Das italienische Memorandum vom Juli 1954 findet sich in Übersetzung in: BBK, B 330/3380.

[271] Kabinettsprotokolle VII (1954), 39. Kabinettssitzung am 13.7.1954, S.309f. Vgl. auch PA AA, Abt. 2/140, Adenauer an Erhard, 5.7.1954.

[272] BAK, B 136/7863, Kabinettsausschuß, Protokoll, 13.7.1954.

„ziemlich sinnlos und überdies gefährlich" angesehen[273]. Wenn die Bundesregierung auch einen solchen Fonds nicht rundheraus ablehnen könne, so betonte die BdL, die europäischen Reserven seien ausreichend. Die Bereitstellung weiterer Kreditmittel sei wohlmöglich sogar kontraproduktiv, denn „die Errichtung eines umfangreichen Fonds mit großzügigen Regeln für die Inanspruchnahme [würde] geradezu als ‚Aufforderung zum Tanz' an die verschiedenen Länder wirken müssen, sich bei einem gemeinsamen Konvertibilitätsschritt mindestens für eine gewisse Übergangszeit zurückzuhalten und in dieser Zeit die Mittel des Fonds auszuschöpfen, d.h. sich die Aufrechterhaltung der Liberalisierung möglichst teuer ‚abkaufen' zu lassen"[274].

Da auch die anderen Punkte des britischen Memorandums – nach einer Übergangszeit sollten die OEEC-Handelsregeln in einem reformierten GATT subsumiert werden; eine IMF-GATT-Advisory-Group sollte eingerichtet werden; die EZU-Zwischenfinanzierung sollte durch ein System von Notenbankkrediten ersetzt werden; die Wechselkurspolitik sollte jedem Land überlassen werden – weder in der Bundesrepublik noch in anderen Ländern Zustimmung fanden, konnten auf den ersten beiden Sitzungen des Ministerausschusses keine Beschlüsse gefaßt werden[275]. Da zusätzlich Richard A. Butler, der britische Schatzkanzler, auf der Jahrestagung des IWF im September 1954 betonte, er müsse auch „innenpolitische Tatbestände" berücksichtigen, und entsprechend die Konvertibilität zurückstellte, erlitten die Verhandlungen über ein zukünftiges Handels- und Währungssystem einen empfindlichen Rückschlag [276].

Die Bundesregierung und das Zentralbanksystem bedauerten diese Verzögerung[277]. Das Wirtschaftsministerium und das Ministerium für wirtschaftliche Zusammenarbeit betonten die „schwerwiegenden Probleme", die bei Nicht-Erreichen der Konvertibilität auftauchen würden, namentlich die EZU-Überschüsse[278]. Andererseits aber schickten sich die deutschen Stellen ohne Opposition in diese Verlangsamung. Auch zeigten sie keinerlei Eile, nunmehr ein Handels- und Zahlungssystem für die Zeit nach der Konvertibilitätserklärung zu verabschieden. Erhard – gebunden durch das Gentlemen's Agreement, nur fünf Minuten nach dem Vereinigten Königreich vorzugehen – sagte Butler zu, daß er sich in

---

[273] BBK, B 330/2030, Könneker an Vocke, 1.7.1954. Zur Haltung des Wirtschaftsministeriums vgl. BAK, B 102/56907, o.V., Vorbereitung einer deutschen Verhandlungslinie, 14.6.1954; BAK, B 136/7863, Kabinettsausschuß, Protokoll, 13.7.1954.

[274] BBK, B 330/78, ZBR, Protokoll, 30.6.1954; BBK, NL Emminger, Vermerke zur Konvertibilität, Emminger, Bemerkungen zu den Vorschlägen für einen Europäischen Fonds, 26.8.1954; BBK, B 330/3171, Emminger, Bericht über Expertensitzung der OEEC, 23.6.1954.

[275] Trotzdem wurden die Treffen als Erfolg gewertet, da sich die Positionen angenähert hatten. Vgl. BAK, B 136/7863, I A 1, Vermerk, 5.8.1954; BBK, B 330/78, Emminger, Bericht über die Sitzung der Ministergruppe für Konvertibilitätsfragen, 21.7.1954.

[276] BAK, B 102/55345, AA, Schnellbrief an BMWi/BMF/BMZ/BdL, 29.9.1954.

[277] Der Zentralbankrat sprach davon, daß die Jahrestagung des IWF vom britischen Zögern „überschattet" worden sei. Vgl. BBK, B 330/80, ZBR, Protokoll, 20.10.1954.

[278] Vgl. BAK, B 102/12652, I A 1, Vermerk, 20.9.1954; BAK, B 102/56907, II/5, Aktivierung der OEEC auf dem Gebiet des Zahlungsverkehrs, 15.9.1954.

Geduld üben würde[279]. Die BdL, unterstützt vom Wirtschaftsministerium, insistierte auf eine retardierende Haltung in den Verhandlungen des Ministerausschusses. Das betraf vor allem die Errichtung eines Europäischen Fonds. Angesichts stetig wachsender europäischer Reserven sah sie die Notwendigkeit eines solchen Kreditsystems nicht ein, opponierte die von einigen Ländern geforderte Ausstattung des Fonds und bestand auf nicht-automatischer Kreditvergabe unter OEEC-Aufsicht. Auch lehnte sie vorerst jegliche definitive Bindung ab. Sie stellte heraus, daß man mit einer vorzeitigen Zustimmung zum Fonds nur dem Vereinigten Königreich die Initiative überlassen würde[280]. Erst im Frühjahr 1955, mit der Aussicht auf eine britische Zustimmung zu einer Bindungs- oder Abbruchklausel[281], ließ die Ablehnung der BdL nach, denn mit einer solchen Abbruchklausel war ihrem Sicherheitsbedürfnis Genüge getan. Emminger stellte nun sogar heraus, daß es wichtig war, ein europäisches Forum zu erhalten: „Nach dem Aufhören der heutigen EZU ist ein neues Forum für die währungspolitische Zusammenarbeit und für ad-hoc-Hilfen auf multilateraler Basis sehr nützlich, wenn nicht sogar unentbehrlich."[282]

Auf dieser Grundlage konnten die Beratungen über den Europäischen Fonds abgeschlossen werden. Am 16. April 1955 legte das EZU-Direktorium dem OEEC-Rat den entsprechenden Bericht vor. Dieser empfahl die Errichtung eines Europäischen Fonds, der nicht-automatische Kredite bis zu einer Gesamthöhe von 600 Mio. RE vergeben konnte[283]. Wenn damit auch eine Empfehlung ausgesprochen worden war, war noch unsicher, ob sie realisiert werden würde. Die Verwirklichung des Europäischen Fonds hing davon ab, ob man sich rechtzeitig über die weiteren Diskussionspunkte – die Handelsregeln, den Ersatz der EZU-Zwischenfinanzierung und des EZU-Kompensationsmechanismus sowie die EZU-Verlängerung – würde einigen können.

Die BdL stand einer erneuten Verlängerung der EZU zu Anfang zwiespältig gegenüber. Schließlich hatte sie sich schon mit der Idee einer baldigen EZU-Liquidation angefreundet. Ganz in diesem Sinne stellte Emminger fest, daß die

[279] Vgl. PRO, T 236/3519, Treasury, Note of a meeting of the Chancellor and Erhard, 30.9.1954. Aus dem Drängen Butlers auf die Einhaltung dieses Gentlemen's Agreement im Juli 1955 und aus den Reaktionen Adenauers und Blüchers ergibt sich, daß es problematisch war, diese Absprache zu vernachlässigen. Vgl. BAK, B 136/7863, Blücher an Adenauer, 20.6.1955; Haenlein an BMF/BMWi, 28.7.1955.

[280] Vgl. BAK, B 102/55340, BdL an Blücher/Erhard/Schäffer, 5.1.1955; V A II, Vorbereitung der Sitzung des Ministerausschusses, 4.1.1955, Gocht an Erhard, 8.1.1955. Vgl. auch BBK, B 330/82, ZBR, Protokoll, 5.1.1955.

[281] Die Abbruchsklausel besagt, daß das EWA bzw. der Europäische Fonds nur in Kraft treten kann, wenn Unterzeichner, die 50% der Beiträge stellen, der Beendigung der EZU und der Anwendung des EWA zustimmen. Vgl. den Text des EWA-Abkommens, Art. 27, in: BGBL 1959 II, S. 293 ff.

[282] BBK, B 330/1273, Emminger, Vermerk, 10.3.1955. Vgl. auch BBK, B 330/3314, BdL, Vermerk betreffend Aufbau des Europäischen Fonds, 21.4.1955; BBK, B 330/1310, Emminger, Vermerk zu Bericht des EZU-Direktoriums, 30.4.1955.

[283] Vgl. HAEC, OEEC-TRA 344, EPU Board Report, The Renewal of the EPU and the Establishment of a European Fund, C (55)91, 22.4.1955.

EZU „den Stab bei der Herstellung der wirtschaftlichen Einheit Europas an andere abgeben [muß]“[284]. Andererseits aber schätzte die Bank die EZU noch immer, so daß sie bald der Verlängerung der EZU wieder zusätzliche positive Seiten abgewann. Mit Blick auf den deutschen NATO/WEU-Beitritt und die damit zusammenhängenden Rüstungsausgaben meinte Emminger: „Es liegt im wohlverstandenen deutschen Interesse, wenn die EZU noch bis zum Auftreten dieser rüstungsbedingten deutschen Defizite aufrechterhalten wird, damit wir unsere angesammelten liquiden EZU-Guthaben [...] noch hierfür einsetzen können. Eine vorzeitige Beendigung der EZU würde bedeuten, daß wir diese EZU-Forderungen gemäß dem EZU-Abkommen auf mehrere Jahre konsolidieren, andererseits aber die danach gegenüber EZU-Ländern anfallenden Defizite in konvertibler Währung zu begleichen hätten.“[285] Auch Vocke plädierte im Dezember 1954 für eine Verlängerung der EZU „tel quel“, ohne sich den belgischen, holländischen und schweizerischen Forderungen nach Härtung auf 75 Prozent anzuschließen[286]. Erst im Verlauf der Verhandlungen stimmte der Zentralbankrat, wenn auch nicht hundertprozentig überzeugt, einer Härtung auf 75 Prozent zu, „weil sie der von deutscher Seite vertretenen Linie der Härtung der EZU entspricht“. Dabei warnte er zwar vor dem Risiko, „daß die Bundesrepublik für den Fall einer Umkehr ihrer Zahlungsposition mehr Gold einzuschießen habe, als sie bei Aufbau der Überschußposition erhalten habe“. Das mußte jedoch nach Auffassung des Zentralbankrates hingenommen werden[287].

Die möglichen, rüstungsbedingten Defizite waren keineswegs das einzige Motiv für das EZU-Plädoyer der Bank. Genauso wichtig war ihr, daß mit der EZU ein Kompensationsmechanismus erhalten bleiben würde, der ihres Erachtens mehrere Vorteile hatte. Zum ersten würde dadurch das „leidige Problem des Auseinanderfallens in konvertible und nicht-konvertible Länder“ gar nicht entstehen[288]. Zum zweiten bliebe damit die EZU-Interimsfinanzierung der Notenbanken erhalten. Ein britischer Vorschlag, diese Zwischenfinanzierung durch kurzfristige Swaps zu ersetzen – laut BdL ein „gefährlicher“ Vorschlag, da er die Kreditvergabe erhöhen würde –, würde damit gegenstandslos[289]. Zum dritten

---

[284] BBK, NL Emminger, Vorträge, Emminger, Manuskript zur EZU, November 1954. Vocke lehnte die Veröffentlichung dieses Vortrages ab.

[285] BBK, B 330/3380, Emminger, Vermerk, 29.10.1954. Vgl. auch BBK, B 330/1314, 6a/601, Entwurf eine Stellungnahme, 2.11.1954. Vgl. auch BBK, NL Emminger, Vorträge, Emminger, Auf dem Weg zur Konvertibilität, August 1954. Auch die Veröffentlichung dieses Vortrages lehnte Vocke ab.

[286] BBK, B 330/2056, Direktorium, Protokoll, 2.12.1954. Diese deutsche Haltung hatte die Bank von England richtig vorausgesehen. Vgl. BoE, OV 34/40, Heasman, German attitude towards EPU, 12.11.1954; BoE, OV 46/18, Heasman an Parsons, 11.12.1954.

[287] BBK, B 330/83, ZBR, Protokoll, 2.3.1955.

[288] BBK, B 330/83, ZBR, Stenogramm, 2.3.1955.

[289] BBK, NL Emminger, Vermerke zur Konvertibilität, Emminger, Stellungnahme zu dem Bolton- und Ansiaux-Plänen, 5.11.1954; BBK, NL Emminger, Notenbankvereinbarungen, Emminger an Vocke, 6.10.1954. Vgl. auch BoE, OV 46/65, Bolton an Cobbold, 2.10.1954; BoE, G 1/507, Bolton an Cobbold, 25.9.1954.

würde aufgrund der EZU-Wechselkursgarantie das Wechselkursrisiko vermindert und eine gewisse Stabilität der Wechselkurse garantiert[290]. Zum vierten würden mit der EZU die bisherigen OEEC-Handelsregeln in Kraft bleiben.

Aus diesen Gründen trat die BdL – zusammen mit anderen europäischen Ländern und, abgesehen vom Wirtschaftsministerium, einer Meinung mit der Bundesregierung – für die Idee einer „Metamorphose" der EZU ein. Die EZU solle nicht liquidiert, sondern schrittweise in den Europäischen Fonds überführt werden. Die Möglichkeit der Gewährung von EZU-ad-hoc-Krediten sollte ausgebaut werden, während die automatischen Kreditlinien gleichzeitig schrittweise abzubauen waren[291]. Problematisch war allerdings, daß sich das Vereinigte Königreich, das inzwischen einer Härtung der EZU auf 75 Prozent zustimmte, einer solchen Metamorphose entgegenstellte. Deshalb mußten im Frühjahr 1955 ein neuer Kompensationsmechanismus und zukünftige Handelsregeln diskutiert werden.

Bei diesen Verhandlungen, die zum Teil im Ministerausschuß, zum Teil unter Notenbankvertretern geführt wurden, bildete sich schnell „eine überraschend starke kontinentaleuropäische Front" heraus. Das Vereinigte Königreich lehnte einen multilateralen Abrechnungsmechanismus ab, da dies durch Devisenarbitrage besorgt werden könne. Darüber hinaus wollte es sich in der Wechselkurspolitik nicht binden. Demgegenüber befürworteten die kontinentaleuropäischen Länder unter der Führung der Schweiz ein Kompensationssystem. Dabei visierten sie auch eine Verankerung der Wechselkursstabilität an[292]. Die deutsche Seite sympathisierte weitgehend mit diesen Forderungen: Wenn auch das Wirtschaftsministerium solche „perfektionistische" Bemühungen opponierte[293], so hießen die BdL und die Bundesvertretung in Paris diese Pläne für gut: „Ein Kompromiß, der mindestens Frankreich – und damit wohl auch Italien – zum Mitgehen bei der ‚non-resident convertibility' bringt, ist unter allen Umständen anzustreben, da andernfalls die Gefahr eines teilweisen Rückfalls in bilaterale Zahlungspraktiken sehr groß wäre. [...] Unter diesem Gesichtspunkt sei insbesondere auch unsere Sympathie für eine zeitlich begrenzte Fortdauer der multilateralen

290 Das Wechselkursrisiko und die Angst vor flexiblen Wechselkursen standen im Zentrum der Aufmerksamkeit der BdL. Vgl. BBK, NL Emminger, Notenbankvereinbarungen, Emminger, Bericht über eine Diskussion von Notenbank-Experten über Fragen des europäischen Zahlungsverkehrs, 17.11.1954; Emminger an Vocke, 6.10.1954.

291 Für die Haltung des Zentralbankrates vgl. BBK, B 330/83, ZBR, Protokoll und Stenogramm, 2.3.1955. Für das Ministerium für wirtschaftliche Zusammenarbeit und die Bundesvertretung in Paris vgl. BAK, B 126/7743, BMZ an BMWi/AA/BdL, 24.5.1955. Für die Haltung der anderen Länder vgl. BBK, B 330/82, Emminger, Bericht über die Sitzung des Stellvertreter-Ausschusses am 7./8.12.1954, 9.12.1954. Für das Wirtschaftsministerium vgl. BAK, B 102/12653, I A 1, Vermerk, 22.4.1955. Auf die Frage, wie die deutsche Delegation ihre Ideen mit Erhards Äußerungen vereinbarte, antwortete von Mangoldt, „that one of their objectives at the moment was to keep Erhard's mouth closed". BoE, OV 46/66, Parsons, Note on Uniscan meeting, 30.3.1955.

292 BBK, B 330/3172, Emminger, Bericht über die Sitzung der Stellvertreter, 15.5.1955.

293 BAK, B 102/12653, I A 1, Vermerk, 22.4.1955.

Kompensation in Europa bei Aufhören der gegenwärtigen EZU zu sehen. Selbst wenn sachlich nicht allzu viel drin stecken würde, wäre es von Vorteil."[294]

Erst Ende Juni 1955 näherten sich die Fronten an. Nur wegen der Aussicht, die britischerseits schon akzeptierte Verlängerung einer auf 75 Prozent gehärteten EZU durch eine insistierende Haltung zu gefährden, war die BdL zu einem Kompromiß bereit. Der Zentralbankrat stimmte in seiner Sitzung am 22./23. Juni einem System des Zahlungsausgleichs zu, auch wenn sich damit das Vereinigte Königreich nicht auf feste Wechselkurse verpflichten ließ[295]. Der Meinungswandel der Bank ist vor allem dadurch zu erklären, daß die britische wirtschaftliche Situation ein Inkrafttreten des EWA vorerst unwahrscheinlich machte[296], während ein Entgegenkommen die inzwischen angestrebte Verlängerung und Härtung der EZU, die zeitweise durchaus gefährdet erschien, ermöglichte[297]. Entsprechend stellte Emminger in einer Sitzung des Zentralbankrates fest, daß das EWA lediglich ein „Schubladenbeschluß" sei, während die auf 75 Prozent gehärtete EZU vermutlich noch einige Jahre unangefochten weiterbestehen würde[298].

Aufgrund dieser Einschätzung stimmte die BdL auch den neuen Handelsregeln – zeitlich unbeschränkte Geltung der OEEC-Handelsregeln mit einigen Modifikationen und Bedingungen – zu, selbst wenn ihres Erachtens die Durchsetzung dieser Regeln „wahrscheinlich nur ein Pyrrhussieg" war[299].

Lockerung und Umgestaltung der deutschen Devisenbewirtschaftung

In den internationalen Verhandlungen hatte die BdL eine konvertibilitätsskeptische und retardierende Haltung eingenommen. Das war aber nur eine Seite der Medaille. Auf der anderen Seite – bei der allmählichen Lockerung der Devisenbewirtschaftung und bei der schrittweisen Herstellung der Inländer-Konvertibilität – nahm sie einen anderen Standpunkt ein. Von Anfang an stellte sie heraus, daß die Bundesrepublik auch gewisse unilaterale Maßnahmen ergreifen könne. Nachdem sie ihre anfängliche Angst vor „einem Sprung in das Chaos" überwunden

[294] BBK, B 330/2020, Emminger an Vocke, 24.5.1955.

[295] Vgl. BBK, B 330/86, ZBR, Stenogramm, 22./23.6.1955. Für die frühere Position vgl. BBK, B 330/84, ZBR, Protokoll, 16.3.1955.

[296] Anfang 1955 zeigten sich erneut britische Zahlungsbilanzschwierigkeiten. Vgl. Shonfield, Policy, S. 199ff.

[297] Der Zentralbankrat befürchtete, daß die anderen Länder wegen der ausgesprochen hohen deutschen Überschüsse vom Sommer 1955 in letzter Minute von der Härtung und Verlängerung der EZU Abstand nehmen könnten. Vgl. BBK, B 330/86, ZBR, Stenogramm, 22./23.6.1955.

[298] BBK, B 330/2020, Emminger an Vocke, 21.6.1955; BBK, B 330/87, ZBR, Stenogramm, 3.8.1955.

[299] BBK, B 330/86, ZBR, Stenogramm, 22./23.6.1955. Die modifizierten Handelsregeln erlaubten die Suspendierung der Liberalisierung nur, wenn sich die Gesamtzahlungsbilanz eines Landes negativ entwickelte. Für die Einführung dieser Handelsregeln war die Existenz eines multilateralen Abrechnungssystems Bedingung. Emminger befürchtete, daß Frankreich diesen Passus restriktiv auslegen würde. Zu den handelspolitischen Diskussionen und Entwicklungen vgl. Asbeek Brusse, Tariff Plans, S. 202ff.

hatte[300], sah sie hier erhebliche Möglichkeiten. Im folgenden strebte sie die Umgestaltung und Lockerung der deutschen Devisenbewirtschaftung „so rasch [...] als devisenpolitisch vertretbar" an[301]. Dieser Politik lag ein dreifaches Motiv zugrunde: Zum ersten wollte die BdL durch die Aufhebung der devisenpolitischen Restriktionen schrittweise die Inländer-Konvertibilität herstellen, da das Vorteile für die deutsche Wirtschaft hätte. Zum zweiten sah sie eine solche Politik als eine Good Creditor Policy an, die anderen Ländern Fortschritte auf ihrem Weg zur Konvertibilität erlauben würde[302]. Zum dritten sah sie sich veranlaßt, britischen Maßnahmen zu folgen, um gegebenenfalls auf eine britische Konvertibilitätsinitiative vorbereitet zu sein[303].

OEEC-Liberalisierung

Schon zu Anfang der deutschen Konvertibilitätsdiskussionen hatte sich die BdL als entschiedene Befürworterin der OEEC-Liberalisierung profiliert, wobei sie eine strikte Gegenposition zu Erhard eingenommen hatte. Auch im weiteren Verlauf sprach sie sich für eine stetige Erhöhung der OEEC-Liberalisierung aus. Als im April 1953 eine Liberalisierung des Warenverkehrs von über 90 Prozent erreicht war, dehnte sie ihr Plädoyer sogar – wenn auch nach anfänglichem Zögern – auf die Liberalisierung der unsichtbaren Transaktionen aus. Die Motive hierfür waren vor allem, daß die Bank mit diesen Maßnahmen der deutschen Gläubigerposition in der EZU entsprechen wollte. Dadurch würde die EZU funktionsfähig erhalten[304].

Devisen-Monopol und -Arbitrage

Aber nicht nur in bezug auf den Waren- und Dienstleistungsverkehr, sondern auch in bezug auf ihr Devisenmonopol verfügte die BdL Lockerungen. Noch bevor die Parität der DM offiziell beim IWF festgesetzt worden war[305], ergriff die BdL die Initiative, um „unverzüglich" nach der Kursfestsetzung die Grundsteine eines Devisenmarktes legen zu können, der „eine beweglichere, marktkonformere Notierung" erlauben sollte[306]. Dabei war die Möglichkeit der Devisenarbitrage zwischen der DM, dem holländischen Gulden, dem schweizerischen und belgischen Franken, möglichst auch dem Pfund vorgesehen. Da auch die Bank

300 BBK, B 330/57, ZBR, Protokoll, 11.6.1952.

301 BBK, B 330/13073(2), Emminger, Stand der Konvertibilitätsgespräche, 30.6.1953.

302 Vgl. ebenda.

303 Im Rahmen des Collective Approach verfolgte das Vereinigte Königreich die Annäherung an die defacto-Konvertibilität des Pfundes. Es baute Handels- und Zahlungsrestriktionen schrittweise ab, eröffnete die Londoner Rohstoffmärkte und verfügte am 22.3.1954 eine Vereinheitlichung der unterschiedlichen Sterlingkonten. Vgl. Rees, Britain, S. 155 ff.; Fforde, Bank of England, S. 492 ff.

304 Vgl. S. 134 f. und 149 f.

305 Die Bundesrepublik war im Sommer 1952 Mitglied des IWF geworden. Die Parität der DM wurde aber erst Anfang 1953 festgesetzt. Vgl. Bulletin des Presse- und Informationsamtes, Nr. 27, 10.2.1953, S. 220.

306 BBK, B 330/5461, Treue, Vermerk, 8.1.1953; BBK, B 330/64, ZBR, Protokoll, 7.1.1953. Vgl. auch BBK, NL Emminger, Vermerke zur Konvertibilität, Emminger, Vermerk, 3.12.1952.

von England eine multilaterale Devisenarbitrage zwischen einigen EZU-Währungen anvisierte[307], darüber hinaus inzwischen einer Notierung der DM in London zustimmte[308], wurde im Frühjahr 1953 der multilaterale Devisenhandel zwischen Pfund, DM, holländischem Gulden, schwedischer Krone, französischem, belgischem und schweizerischem Franken aufgenommen[309]. Wenngleich sich der Zentralbankrat dagegen verwahrte, dies als einen „eigentlichen Schritt zur Konvertibilität" anzusehen, war damit eine Bresche in das Devisenmonopol der BdL geschlagen[310]: Exporteure konnten nun Währungskonten einrichten, die Ablieferungspflicht für Devisen wurde gelockert; die Belassungsfrist wurde anfänglich auf zehn Tage, später auf sechs Monate festgesetzt. Die Wirtschaft wie die Geschäftsbanken wurden so wieder in den Devisenhandel eingebunden. Das hatte das angenehme und sehr geschätzte Nebenergebnis, daß die EZU-Überschüsse zu Zeiten weniger zutage traten. Im August 1953 versuchte die Bank, innerhalb der EZU-Quote von 650 Mio. RE zu bleiben, indem sie die Möglichkeiten der Devisenbelassung bei den Außenhandelsbanken vergrößerte[311].

Dollar-Liberalisierung

Bei den Diskussionen über die Konvertibilität und die Lockerung der Devisenbewirtschaftung war auch die Handelsliberalisierung zum Dollarraum ein wichtiger Punkt. Schon im Frühjahr 1953 befürwortete Hans Karl von Mangoldt, deutscher Vertreter im EZU-Direktorium, eine Liberalisierung zum Dollarraum. Die Bundesrepublik solle bei ihrer zufriedenstellenden Reservensituation die Möglichkeit des billigen Rohstoffbezugs ausnutzen[312]. Kurze Zeit später plädierten auch Erhard und deutsche Wirtschaftsvertreter für eine Dollarliberalisierung. Da die Regelung der Einfuhranrechte ausgelaufen war, suchten sie andere Möglichkeiten, die Einfuhr aus dem Dollarraum zu erleichtern[313].

Die BdL stand der Dollarliberalisierung anfangs skeptisch und abwartend gegenüber. Sie bestand darauf, auch die Gründe, die gegen die Liberalisierung der Dollarimporte sprachen, in die Überlegungen einzubeziehen[314]. Zum ersten wür-

---

307 Vgl. BoE, OV 46/13, Bridge, Multilateral Arbitrage, 21.11.1952.

308 Vgl. BoE, OV 34/65, Bridge, The DM, 17.12.1952. Trotz heftigen Insistierens deutscherseits hatte das Vereinigte Königreich im Jahre 1949/50 eine Notierung der DM abgelehnt. Vgl. hierzu BoE, OV 34/56, Rootham, Note, 22.8.1950 und die Unterlagen über die Verhandlung eines deutsch-britischen Zahlungsabkommens in BoE, OV 34/50 und OV 34/58.

309 Vgl. BAK, B 102/55333, BdL an BMWi, 8.5.1953; Kühne, Regelungen, S.300ff.

310 BBK, B 330/64, ZBR, Stenogramm, 21./22.1.1953; BBK, B 330/79, ZBR, Protokoll, 8.9.1954. Vgl. auch BBK, B 330/5461, Auslandssekretariat, Vermerk, 4.3.1953. Vgl. auch Kühne, Regelungen, S.300, der diese Maßnahmen als „von erheblicher Bedeutung für die Normalisierung des deutschen Auslandszahlungsverkehrs" ansieht.

311 Vgl. BBK, B 330/2056, Direktorium, Protokoll, 16.7.1953 und 13.8.1953.

312 Vgl. BAK, B 102/11579, von Mangoldt, Abbau der diskriminierenden Einfuhrbeschränkungen gegenüber dem Dollarraum, 25.4.1953.

313 Vgl. BBK, B 330/2056, Direktorium, Protokoll, 18.6.1953. Zu den Einfuhranrechten vgl. Fußnote 82.

314 Vgl. BBK, B 330/70, ZBR, Stenogramm, 24.6.1953.

de sich – so befürchtete die Bank – eine Dollarliberalisierung nachteilig auf die Beziehungen zu anderen Zahlungsräumen auswirken, weil sich ein Abbau der bilateralen Guthaben dadurch schwieriger stellen würde. Auch könnte sich durch eine Liberalisierung der Dollareinfuhr die deutsche Überschußposition innerhalb der EZU akzentuieren[315]. Zum zweiten – so betonte sie – hinge die Dollarliberalisierung nicht nur von der eigenen Position ab, sondern vor allem auch davon, inwieweit die deutschen Überschüsse gegenüber anderen Ländern konvertibel seien[316]. Zum dritten müsse man sich durch ein gemeinsames Vorgehen der OEEC-Länder „gewisse amerikanische Zugeständnisse" einhandeln[317]. Da einige EZU-Mitglieder erhebliche Vorbehalte gegen eine Liberalisierung der Dollareinfuhr hatten, hieß dieses Plädoyer der Bank, daß vorerst keine Schritte unternommen werden sollten.

Erst als im November 1953 die USA, die bisher die OEEC-Liberalisierung anstandslos akzeptiert hatten, auf einen Abbau der Beschränkungen zum Dollarraum drängten[318], befürwortete auch die BdL ein schrittweises Vorgehen. Dabei legte sie besonderen Wert auf die Liberalisierung der Rohstoffe und Grundnahrungsmittel[319]. Auf dieser Grundlage wurde im Februar 1954 die erste Dollarfreiliste in Kraft gesetzt, wodurch 51,9 Prozent der Einfuhrwerte von 1953 liberalisiert wurden. Im Verlauf des Jahres 1954/55 erhöhte die Bundesrepublik diesen Satz auf 68,1 Prozent. Zwar fanden diese Erhöhungen nicht immer sofort die Zustimmung der Bank. Letztendlich aber stimmte sie nach einigen Diskussionen zu, denn die inzwischen auf 10 Mrd. DM angewachsenen konvertiblen Währungsreserven sprachen eindeutig für eine weitere Liberalisierung. Hermann Tepe, Präsident der Landeszentralbank Bremen, führte in der Sitzung des Zentralbankrates am 2. Februar 1955 aus: „Ich wollte nur feststellen, ob der in der letzten Sitzung prinzipiell gefaßte Beschluß, sich der Liberalisierung entgegenzustellen, etwas modifiziert werden soll. Es ist mir etwas wesentlich, daß wir nicht principiis obsta sagen: Wir sitzen auf unseren Dollars wie der Drache auf dem Nibelungenschatz."[320]

Als Ergebnis dieser Politik wuchs der prozentuale Anteil der Dollarimporte von 13,5 Prozent (1953) auf 17,4 Prozent (1956) an. In der gleichen Zeit ging die Einfuhr aus dem EZU-Raum von 66,3 Prozent (1953) auf 60,1 Prozent (1956) zurück[321].

---

[315] Vgl. BBK, B 330/70, ZBR, Protokoll, 24.6.1953; BBK, NL Emminger, Konvertibilität/Abbau der Devisenzwangswirtschaft II 1953, Emminger, Zum Thema Konvertibilität, 8.4.1954.

[316] Vgl. BBK, NL Emminger, Konvertibilität/Abbau der Devisenzwangswirtschaft II 1953, Emminger, Abbau der Devisenrestriktionen, 12.2.1954.

[317] BBK, B 330/2056, Direktorium, Protokoll, 18.6.1953.

[318] Während Erhards Amerika-Reise sprachen die Amerikaner die Dollarliberalisierung immer wieder an. Vgl. die Protokolle der Besprechungen in: NARA, RG 59 862A.00/11–2353 bis 862A.00/11–2553.

[319] Vgl. BBK, NL Emminger, Konvertibilität/Abbau der Devisenzwangswirtschaft II 1953, o.V., Konvertierbarkeit der Währungen von Deutschland aus gesehen, o.D. [Januar 1954]

[320] BBK, B 330/83, ZBR, Stenogramm, 2.2.1955. Vgl. Deutsches Geld- und Bankwesen, S. 348.

[321] Vgl. Tabelle 5.

Die Beko-Mark und der Abbau des Bilateralismus

Im Jahre 1952 waren mit der Entwicklung deutscher Überschüsse zu den bilateralen Verrechnungsländern und vor allem mit dem Brasilienfall die Probleme des Bilateralismus deutlich geworden. Nachdem das deutsche Mitglied im EZU-Direktorium, Hans Karl von Mangoldt, im Sommer 1953 den Abbau des Bilateralismus angesprochen, gleichzeitig der IWF während der jährlichen Konsultationen entsprechende Maßnahmen gefordert hatte[322], griff im Herbst 1953 auch die BdL das Problem des Abbaus des Bilateralismus auf. Sie wollte „den Boden für eine Konvertibilität [...] vorbereiten" und forderte den Wirtschaftsminister auf, bei einzelnen Ländern, mit denen bilateral abgerechnet wurde, den Übergang zum freien Dollarverkehr einzuführen[323]. Das jedoch war nicht einfach. Zum einen opponierte die deutsche Exportindustrie derartige Maßnahmen[324], zum anderen zeigten bilaterale Verhandlungen, daß die Umstellung der Zahlungsabkommen auf Dollarabrechnung bei den Abkommenspartnern auf Vorbehalte stieß. Nur Mexiko und Kolumbien willigten ein, zur Dollarabrechnung überzugehen[325].

Da bilaterale Verhandlungen auf Schwierigkeiten trafen, verlegte sich das BdL-Direktorium auf unilaterale Maßnahmen. Im November 1953 schlug es vor, die deutsche Devisenbewirtschaftung kurzerhand durch eine Mitteilung an die Außenhandelsbanken zu „vereinfachen". Der Zentralbankrat stimmte diesem Vorschlag zu. Die BdL informierte daraufhin das Wirtschaftsministerium, daß sie die Vielzahl der DM-Sonderkonten für Ausländer[326] in zwei Kontenarten – freie DM-Konten und beschränkt konvertierbare DM-Konten – umwandeln wollte. Dabei sollten Zahlungen aller Art mit den Guthaben dieser Konten erlaubt sein, wobei allerdings Guthaben der beschränkt konvertierbaren Konten nicht auf frei konvertierbare Konten übertragen werden konnten. Wenngleich die Bank nur Kann-Vorschriften vorschlug und außerdem vorerst vorsah, die laut den jeweiligen Zahlungsabkommen vorgesehenen DM-Konten ausländischer Zentralbanken von dieser Regelung auszunehmen, zielte diese einfache, banktechnische Maßnahme auf eine grundlegende Umgestaltung der deutschen Devisenbewirt-

---

[322] Vgl. den Kieler Vortrag von von Mangoldt, in: BdL, Auszüge aus Presseartikeln, Nr. 80/53; BAK, B 102/11579, Fischer, Konsultationen mit dem IWF 1953, 19.4.1954.

[323] Vgl. BBK, B 330/73, BdL an BMWi, 30.10.1953; BBK, B 330/2056, Direktorium, Protokoll, 8.10.1953.

[324] Vgl. BBK, B 330/3341, BDI, Memorandum DM-Ausländerkonten, 19.1.1955, Boden (BDI) an Vocke, 20.1.1955.

[325] Die Zahlungsabkommen mit Mexiko und Kolumbien wurden zum 1.6.1952 bzw. zum 1.10.1954 auf Dollar umgestellt. Chile wollte an seinem bilateralen Abkommen festhalten. Vgl. BdL, Geschäftsbericht 1954, S. 103; BBK, B 330/73, ZBR, Protokoll, 11.11.1953 und BBK, B 330/74, ZBR, Stenogramm, 16.12.1953.

[326] Es gab eine Vielzahl von DM-Sonderkonten wie Agenten-Konten, Luftfahrtkonten, Exportabwicklungskonten, Dienstleistungsentgeltkonten, Vertreterkonten, Sperrmarkkonten für ausländische Handelsfirmen, Dienstbezügekonten. Ferner gab es noch Sperrmarkkonten und DM-Konten ausländischer Zentralbanken oder Verrechnungsinstitute. Alle diese Sonderkonten waren genehmigungspflichtig und unterlagen erheblichen Beschränkungen.

schaftung. Da vorgesehen war, daß einerseits deutsche Importeure – sofern es ihren Handelspartnern angenehm war und es ihnen von ihren nationalen Devisenbehörden erlaubt wurde – ihre Schulden durch Zahlung auf diese Konten begleichen konnten, andererseits ausländische Importeure mit diesen Guthaben ihre Bezüge aus der Bundesrepublik bezahlen konnten, würden damit die Keime von zwei Zahlungskreisen – dem Kreis der konvertierbaren DM und dem Kreis der beschränkt konvertierbaren DM oder Beko-Mark – gelegt werden[327]. Dadurch käme der DM im internationalen Zahlungsverkehr aufgrund ihrer erhöhten Transferierbarkeit eine größere Bedeutung zu. Vor allem bot sich damit die Gelegenheit, den strikten Bilateralismus zu lockern.

Die Initiative der BdL stieß auf erhebliche Bedenken. Der Finanzminister warf ein, daß es sich „nicht um bloße Änderungen zahlungstechnischer Verfahrensregeln" handele. Er verlangte nicht nur, daß sein Ressort zu den Beratungen hinzugezogen würde – er lehnte auch eine solche Maßnahme aus prinzipiellen Gründen ab. Unter dieser neuen Regelung würde der deutsche Export leiden. Das bilaterale Verrechnungssystem könne Guthaben verlieren. Möglicherweise würde der Bund verstärkt in Anspruch genommen werden[328]. Seine Einwände wurden aber nicht akzeptiert. Die Bank hob die Vorteile dieser Regelung wie höhere Verwendbarkeit der DM und mögliche Preiszugeständnisse seitens der Zulieferer hervor. Den Ausfuhrmöglichkeiten insgesamt werde durch die neuen Bestimmungen kein Abbruch getan. Die Bundesrepublik befände sich gegenüber allen bilateralen Ländern in einer Gläubigerposition, so daß die bisher im Rahmen bilateraler Abkommen verwendeten Guthaben auf jeden Fall zu einem Abbau der Gläubigerposition beitragen würden[329]. Unterstützt wurde die Bank in ihrem Plädoyer für diese neue Regelung vom Wirtschaftsministerium. Wie das Finanzministerium kritisierte es zwar die Vorgehensweise der BdL und bestand auf einem Runderlaß Außenwirtschaft, an dem es mitwirken würde. Darüber hinaus stimmte es aber der vorgeschlagenen Regelung zu. Angesichts der von der BdL vorgeschlagenen sachlichen Begrenzung lägen Bedenken nicht vor. Dieser Schritt müsse getan werden, „um auf dem Wege zur freien Währungsaustauschbarkeit wenigstens ein Stück weiter zu kommen"[330]. So konnte am 22. März 1954 der Runderlaß Außenwirtschaft Nr. 24/54 verabschiedet und die von der BdL vorgeschlagene neue Kontenregelung eingeführt werden[331].

---

[327] Vgl. BBK, B 330/2056, Direktorium, Protokoll, 5.11.1953; BBK, B 330/74, ZBR, Protokoll und Stenogramm, 16.12.1953, Vocke an Bernard, ZBR-Vorlage, 24.11.1953; BAK, B 102/57551, BdL an BMWi, 30.11.1953.

[328] BBK, B 330/3241, BMF an BdL/BMWi/BMZ, 10.1.1954.

[329] Vgl. BBK, B 330/2043, BdL an BMF, 4.3.1954.

[330] BAK, B 102/57551, Felsch, Vermerk, 10.12.1953; V A 9a an V A 8, 18.2.1954.

[331] Zu den technischen Details vgl. Kühne, Regelungen, S. 387ff.

Tabelle 9: DM-Verpflichtungen der Geschäftsbanken 1954–1956

	1954				1955				1956			
	I	II	III	IV	I	II	III	IV	I	II	III	IV
freie DM	3	12	16	22	34	38	47	50	47	121	91	74
Beko-Mark	63	118	155	219	226	235	284	294	337	380	493	506

Anmerkung: Alle Angaben in Mio. DM.
Quelle: BdL, Monatsberichte, verschiedene Ausgaben.

Die neu eingeführten Konten erfreuten sich von Anbeginn regen Zuspruchs. Wie Tabelle 9 zeigt, waren schon Ende März 1954 auf den Beko-Mark-Konten Guthaben in Höhe von über 50 Mio. DM aufgelaufen.

Auf der Grundlage dieses regen Interesses konnte im weiteren Verlauf diese Abrechnungsmöglichkeit weiter ausgebaut und viele bilaterale Zahlungsabkommen nach und nach auf Beko-Mark umgestellt werden. Nach zum Teil heftigen Auseinandersetzungen mit dem Wirtschaftsministerium und dem Bundesverband der Deutschen Industrie, die in spezifischen Fällen bemängelten, dadurch würde der Einfluß der deutschen Handelspolitik auf den Warenverkehr mit den bilateralen Ländern zurückgeschraubt[332], wurde zum 1. Oktober 1954 die Beko-Mark im Zahlungsverkehr mit Finnland, zum 16. Mai 1955 im Zahlungsverkehr mit Spanien eingeführt. Es folgten Brasilien, Paraguay, Japan, Ungarn und Uruguay, während mit Ecuador die Dollarabrechnung vereinbart wurde. Insgesamt wurde bis Ende 1956 die Zahl der bilateralen Zahlungsabkommen von anfänglich 18 auf 3 zurückgeführt. Die von der BdL gewährten Swing-Kredite sanken von 208 Mio. Dollar auf knapp 1 Mio. Dollar[333]. Die Bank von England beobachtete dieses schrittweise deutsche Vorgehen argwöhnisch. Sie bezeichnete es als „multilateralism where it suits them, bilateralism where it does not"[334].

Der Sperrmarkkomplex und die Libka-Mark

Im Verlauf der Währungskrise des Jahres 1931 waren die RM-Guthaben ausländischer Gläubiger gesperrt worden. Über diese Guthaben und ihre Erträgnisse konnte nur eingeschränkt verfügt werden: Sie konnten weder ins Ausland transferiert noch im Inland allen Verwendungen zugeführt werden. Wenn auch die BdL der Liberalisierung der Kapitalerträgnisse anfänglich zurückhaltend gegen-

[332] Vgl. BBK, B 330/2056, Direktorium, Protokoll, 28.9.1954; BBK, B 330/3241, BDI, Memorandum DM-Ausländerkonten, 19.1.1955; Boden (BDI) an Vocke, 20.1.1955; BdL an Erhard, 20.10.1955; BdL an Boden, 10.2.1955. Zu dem besonders umstrittenen Spanien-Fall vgl. BBK, B 330/80, ZBR, Protokoll und Stenogramm, 22.9.1954; BBK, B 330/2021, BdL an Erhard, 29.9.1954; BBK, B 330/2011, Abs an Vocke, 13.11.1954; Vocke an Abs, 22.11.1954. Vgl. auch BoE, G 1/98, Cobbold, Notes on BIS talks, 10.1.1955.

[333] Stand Januar 1954 und Dezember 1956. Vgl. BdL, Monatsbericht März 1955, S. 76; BdL, Monatsbericht Januar 1957, S. 112.

[334] BoE, OV 34/68, Rootham an Bolton, Germany, 6.12.1954.

überstand und die Konvertibilität nicht auf den Kapitalverkehr ausdehnen wollte, so sah sie den Abbau des sogenannten Sperrmarkkomplexes doch als einen wichtigen Baustein bei der Lockerung der Devisenbewirtschaftung an. Seit Sommer 1953 kreisten die Gedanken der BdL um die Lösung dieses Problems, dem höchste Priorität zugemessen wurde. Immer wenn das Thema der Konvertibilität angesprochen wurde, betonte Vocke: „Indessen sollten wir uns bewußt halten, daß wir zur Errichtung der sogenannten Konvertibilität oder gesunden Währung in erster Linie das gewaltige Problem der Auftauung der Sperrmark vor uns haben, das ganz außerordentliche Anstrengungen auf dem Devisengebiet von uns erfordert. Darauf sollten wir uns konzentrieren."[335]

Die „Auftauung" der Sperrmark wurde in der BdL zwar als erwünscht, aber gleichzeitig auch als problematisch angesehen. Immerhin hatten sich im Verlauf der Jahre Sperrmarkguthaben in Höhe von 774,3 Mio. DM angesammelt. Davon entfielen 234,6 Mio. DM oder 30,3 Prozent auf den Dollarraum[336]. Wenngleich die vollständige Freigabe der Sperrmark bei einer konvertiblen Währungsreserve von 1169,2 Mio. Dollar den Reservenbestand maximal um 15,8 Prozent hätte verringern können[337], so hielt doch Vocke eine Freigabe des Kapitals an Sperrmarkgläubiger für „zurzeit völlig indiskutabel"[338]. Zwar strebte er für die Zukunft „eine großzügige und wirklich liberale Regelung" an, die auch die Liberalisierung gewisser Sperrmarkerträgnisse in den Dollarraum vorsah, doch sollte vorerst noch abgewartet werden[339]. Diese Meinung fand bis Ende 1953 regen Zuspruch innerhalb der BdL. Wenngleich die Dollarüberschüsse Ende des Jahres hoch waren, malte Wolf das Gespenst eines Rückzuges der amerikanischen Truppen aus der Bundesrepublik an die Wand und wies auf die Möglichkeit einer Krise in den Vereinigten Staaten hin. Das wäre unmittelbar mit einem Wiederauftauchen der Dollarlücke verbunden[340]. Da gleichzeitig davon abgeraten wurde, nur einen Erträgnistransfer in den EZU-Raum anzuvisieren, schreckte man vorerst vor Maßnahmen zurück. Zu dieser Möglichkeit, die zwar angesprochen worden war, meinte Vocke nur: „Es hat gar keinen Sinn, innerhalb der EZU mit diesem Erträgnistransfer anzufangen und gegenüber dem Dollar zu diskriminieren, denn daß wir innerhalb der EZU der stärkste Gläubiger mit der stärksten Währung sind, das wissen die Leute sowieso."[341]

Die ablehnende Haltung der BdL lockerte sich aber schon Anfang des Jahres 1954. Angesichts des „besonders hohen Devisenüberschusses" im Dezember 1953 sowohl gegenüber dem Dollar- als auch dem EZU-Raum, der möglicherwei-

[335] BBK, B 330/2012, Vocke an Erhard, 13.11.1953.
[336] Stand Ende 1953. Vgl. BdL, Geschäftsbericht 1953, S. 96.
[337] Da die Sperrmark im Ausland frei handelbar war, konnten theoretisch alle Sperrmarkverpflichtungen zu Dollarverpflichtungen werden.
[338] BBK, B 330/3379, Vocke, Zur Frage der Konvertibilität, 9.12.1953.
[339] Ebenda.
[340] Vgl. BBK, B 330/3379, Wolf, Vermerk über das Konvertibilitätsproblem und die Sperrmarkfrage, 7.12.1953.
[341] BBK, B 330/74, ZBR, Protokoll und Stenogramm, 16.12.1953.

se drohenden OEEC-Empfehlung zur Exportdrosselung und des steten OEEC-Druckes auf Liberalisierung der Kapitalerträgnisse billigte die BdL nun eine Liberalisierung, die nicht nur Erträgnisse, sondern auch die teilweise Freigabe von Kapital einschloß. Damit bezog sie Opposition zum zögernden Finanzministerium. Emminger wies dessen Bedenken mit dem Hinweis auf die Entwicklung der EZU-Position zurück: „Diese Tatsache (die anhaltende Tendenz zu EZU-Überschüssen, M. D.) wird nicht nur den von der OEEC in Paris ausgehenden Druck zu weiteren Liberalisierungs- und sonstigen Entlastungsmaßnahmen verstärken, sondern zwingt uns auch im eigensten Interesse zu einer erneuten Überprüfung der gesamten Transferregelungen. Es wäre bei der gegenwärtigen Entwicklung kaum mehr zu vertreten, wenn wir auf der einen Seite immer weitere Devisenüberschüsse in niedrig verzinslicher und zum Teil sogar unerwünschter Form ansammelten, mit der Folge, daß unsere Ausfuhr auf immer größere Hindernisse stößt und vielleicht sogar eines Tages durch bewußte Maßnahmen gedrosselt werden muß, während sich auf der anderen Seite durch den Nicht-Transfer von Erträgnissen auf ausländische Anlagen im Bundesgebiet unsere Auslandsverschuldung (in zum Teil hochverzinslicher Form) immer weiter erhöhen [...] würde.“[342]

Da das Plädoyer der Bank Anfang 1954 auch die Unterstützung von Abs fand, zog der Finanzminister seine Bedenken Ende Januar zurück[343]. Es wurde erlaubt, orginäre Sperrmarkguthaben, die am 31. Dezember 1953 bestanden, bis zu einer Höhe von 10000 DM in einer Summe bzw. bis zu einer Höhe von 500 DM im Monat zu transferieren[344]. Im weiteren Verlauf wurden auch diese Beschränkungen aufgehoben. Allerdings wurde der Transfer jetzt nur noch in den mit den Beko-Mark-Konten geschaffenen Verrechnungsraum gestattet. Das anfängliche Plädoyer der BdL, auch einen Transfer in den Dollarraum zu genehmigen, wurde wegen der Entwicklung des EZU-Saldos, wegen des kontinuierlichen Drukkes der OEEC und wegen der positiven Haltung der USA zu einer solchen Diskriminierung fallengelassen[345]: Anfang April 1954 konnten dementsprechend alle Sperrmarkguthaben, die am 31. März 1954 bestanden hatten, auf Beko-Mark-Konten übertragen werden. Im September 1954 wurde diese Regelung erweitert, und alle, auch die zukünftigen, Sperrmarkguthaben wurden zum Transfer auf Beko-Mark-Konten zugelassen. Gleichzeitig wurde die Sperrmark in Liberalisierte Kapitalmark bzw. Libka-Mark umbenannt, wobei die Verwendungsmöglichkeiten für Libka-Guthaben erweitert wurden[346]. Ihnen standen nunmehr alle

---

342 BBK, B 330/2043, Emminger, Entwurf eines Schreibens an Schäffer, 8. 1. 1954.

343 Vgl. BBK, B 330/2011, Abs an Schäffer, 16. 1. 1954. Die Entscheidung fiel in der Sitzung des Kabinettsausschusses am 25. 1. 1954. Das Protokoll der entsprechenden Sitzung konnte nicht eingesehen werden, da das Bundeskanzleramt den Bestand nicht freigegeben hat.

344 Vgl. Kühne, Regelungen, S. 312 f.

345 Vgl. BBK, B 330/2015, Vocke an Blücher, 31. 3. 1954; BBK, B 330/2033, Vocke an von Mangoldt, 31. 3. 1954; BBK, B 330/76, ZBR, Protokoll und Stenogramm, 31. 3. 1954.

346 Vgl. Kühne, Regelungen, S. 409 ff.; BBK, B 330/79, ZBR, Protokoll, 8. 9. 1954; BBK, B 330/2021, VA 14, Protokoll über die Ressortbesprechung, 10. 9. 1954; BBK, NL Emminger, Konvertibilitätskonferenz, Emminger, Bemerkungen, 20. 8. 1954.

Tabelle 10: Sperr- und Libka-Mark 1954–1957

	1954		1955		1956		1957	
	I	III	I	III	I	III	I	III
Sperrmark	778	148	35	11	3	2	2	2
Libka-Mark	0	426	385	427	375	450	497	499
Total	778	574	420	438	378	452	499	501

Anmerkung: Alle Angaben in Mio. DM.
Quelle: BdL, Monatsberichte, verschiedene Ausgaben.

Verwendungen innerhalb der Bundesrepublik offen. Allerdings wurde in diesem Zusammenhang die Speisung der Libka-Konten durch Einbringung von Devisen untersagt, womit ein Kontrollinstrument für ausländische Investitionen eingerichtet wurde. Das lag der BdL am Herzen, denn im Herbst 1954 schätzte sie die deutsche Zahlungsbilanzsituation bereits so ein, daß der Zufluß von Auslandskapital schon bald währungspolitisch gefährlich werden könnte und demnach zu kontrollieren sei[347]. Das Direktoriumsmitglied Heinrich Hartlieb führte aus, daß die BdL keine neue Auslandsverschuldung eingehen, sondern den Schuldenkomplex konsolidieren wolle[348].

Als Konsequenz dieser restriktiven Politik blieb die Nachfrage nach Sperr- bzw. Libka-Mark kräftig. Trotz der Verfügungsmöglichkeiten wurden die Guthaben nur eingeschränkt transferiert. Vielmehr wurden die Erträgnisse, wie Tabelle 10 zeigt, zum Teil den Libka-Konten zugeführt. Für die große Nachfrage spricht auch, daß die Libka-Mark zeitweise auf dem Zürcher Devisenmarkt mit einem Agio gehandelt wurde. Von einer „Devisenzwangswirtschaft" konnte also in bezug auf den Kapitalverkehr nicht mehr die Rede sein.

4. Die Bank deutscher Länder zwischen Europa und der Welt

Im Sommer 1955 war der deutsche Außenhandel weitgehend von quantitativen Beschränkungen befreit und die deutsche Devisenbewirtschaftung erheblich gelockert: Der Liberalisierungssatz zum OEEC-Raum betrug 91,3 Prozent, der zum Dollarraum 68,1 Prozent. Die bilateralen Zahlungsabkommen waren im Abbau begriffen, und die Sperrmark war der Libka-Mark gewichen. In bezug auf das europäische oder internationale Währungssystem hatten sich die OEEC-Mitglieder auf die Beibehaltung ihrer Zusammenarbeit, den Fortbestand der OEEC-Handelsregeln und des EZU-Zahlungsmechanismus verständigt. Dabei

[347] Vgl. BAK, B 136/1306, Kabinettsausschuß, Zum 6. OEEC-Bericht, 23.7.1954; BAK, B 102/12656, Ehm, Aufzeichnung über die Sitzung des Ausschusses für neue ausländische Devisenanlagen, 16.8.1954; BBK, B 330/2056, Direktorium, Protokoll, 14.9.1954. Vgl. auch Dernburg, Blocked Mark, S. 30.
[348] Vgl. BBK, B 330/79, ZBR, Stenogramm, 11.8.1954.

hatten sie dieses System durch die Härtung der EZU der Konvertibilität und damit dem Bretton-Woods-System angenähert. Gleichzeitig hatten sie das EZU-System mit diesen Modifikationen gläubiger-freundlicher gestaltet. Ferner hatten sie sich geeinigt, das europäische Währungssystem später mit einem gemeinsamen Übergang zur Konvertibilität aufzulösen. Für die Zeit nach der Konvertibilitätserklärung hatten sie mit dem EWA einen europäischen Kredit- und Zahlungsmechanismus verabschiedet. Dieser sollte den europäischen Zusammenhalt sowie die währungspolitische Kooperation Europas auch unter einem Konvertibilitätsregime garantieren.

Obwohl sich Mitte der fünfziger Jahre Schwächen des alten wie des neuen Systems – geringer Einfluß des EZU-Direktoriums, mangelhafte Durchsetzung der Liberalisierungsverpflichtungen, die Möglichkeit unliebsamer, internationaler Kapitalbewegungen und Spekulation – andeuteten oder gar offensichtlich waren, fand dieses neue System die Zustimmung der BdL. Sie hatte sogar in erheblichem Ausmaß an seiner Konstruktion mitgewirkt.

Ihre anfänglich ausgesprochen widersprüchliche Haltung zur Konvertibilitätsfrage – Skepsis gegenüber der Konvertibilität, prinzipielle Kritik am Gold-Devisen-Standard und Ablehnung gegenüber den Konvertibilitätsbestrebungen einerseits; Befürwortung der Konvertibilität andererseits – verwandelte sich in den folgenden Jahren in ein eindeutiges Plädoyer für die EZU und den Regionalismus. Obwohl sich die deutsche Reserven- und Außenhandelsposition in diesen Jahren entscheidend verbessert hatte, befürwortete sie – vor die Wahl zwischen Europa und der Welt gestellt – eindeutig die erste Option. Wenn sich auch die Kosten des Regionalismus und der Nicht-Konvertibilität mit den wachsenden deutschen Zahlungsbilanzüberschüssen erhöhten, trat sie doch für den Erhalt der europäischen Währungskooperation ein. Da den Kosten Vorteile, wie zum Beispiel die OEEC-Liberalisierung und damit ein relativ sicherer und möglicherweise zu beeinflussender Exportmarkt sowie eine hohe Verwendbarkeit der EZU-Guthaben, gegenüberstanden, war sie bereit, diese Kosten zu tragen.

Die BdL konnte ihre Position in den internationalen Konvertibilitätsverhandlungen weitgehend durchsetzen, denn sie befand sich im Einvernehmen mit den wirtschaftspolitischen und politischen deutschen Ressorts. Auch fand sie in den anderen EZU-Mitgliedern und in den USA Verbündete. Des weiteren kam ihr ihre Machtposition als Kreditgeberin der EZU bzw. als Zentralbank eines Gläubigerlandes zu Hilfe. Aufgrund dieser Machtposition konnte sie zu einem bedeutenden Teil die Verhandlungen über die EZU und das EWA bestimmen. Dagegen erlitten das Vereinigte Königreich und der deutsche Wirtschaftsminister Erhard, welche die Abschaffung der EZU und die Konvertibilität befürworteten, eine Niederlage. Wenngleich sie mit ihren Vorstößen und Plänen, worauf die BdL oftmals nur reagieren konnte, die Tagesordnung bestimmten, mußten sie letztendlich angesichts der geschlossenen Opposition gegenüber derartigen Plänen und angesichts der britischen außenwirtschaftlichen Schwäche einlenken.

Das Bild einer BdL, die den Regionalismus und die EZU befürwortete, ist allerdings nicht eindeutig. Es ist auch festzuhalten, daß die BdL bei vielen Gelegenheiten für eine Härtung der EZU eintrat, Lockerungen der Devisenbewirtschaftung verfügte und sich durch unilitaterale Maßnahmen der Konvertibilität annäherte. Ein Großteil dieser Politik kann darauf zurückgeführt werden, daß ihr – neben dem Abbau des Bilateralismus und der Regelung des Sperrmark-Komplexes – an einer Good Creditor Policy lag. Mit diesen Maßnahmen strebte sie ein besseres Funktionieren der EZU an. Darüber hinaus war zum Beispiel die Dollarliberalisierung auf das Drängen der USA und die hohen deutschen Devisenreserven zurückzuführen. Ferner wurde mit dem Andauern der Konvertibilitätsverhandlungen mehr und mehr offensichtlich, daß die EZU nicht fortbestehen würde. Schließlich ist festzuhalten, daß mit der verbesserten europäischen Reservenposition die Konvertibilität die europäische Liberalisierung nicht mehr akut gefährdete.

In den Jahren 1952 bis 1955 war die BdL in bezug auf die Konstruktion eines internationalen Währungssystems eine wichtige und entscheidende Instanz. Die Tatsache, daß sie bei den internationalen Konvertibilitätsverhandlungen nicht immer von innen- und außenpolitischen Umständen absehen konnte, und die Tatsache, daß sie zum Teil eine Gefangene der positiven deutschen Außenhandels- und Reservenentwicklung war, verändert dieses Bild nur geringfügig.

IV. Die deutsche Zentralbank und die Konstruktion eines neuen Europas 1955 bis 1958

Untersuchungen der deutschen Zentralbank im Zeitraum 1955 bis 1958 haben bisher vor allem die geldpolitischen Aktivitäten der Zentralbank analysiert und die Probleme einer Geldpolitik, die sich im „Spannungsfeld zwischen innerem und äußerem Gleichgewicht“ befand, behandelt[1]. Dabei war die internationale Währungspolitik der Bank nicht oder nur am Rande Gegenstand. Für diese Vernachlässigung sind zwei Gründe verantwortlich.

Zum ersten war ab Mitte der fünfziger Jahre die Spannung zwischen binnen- und außenwirtschaftlichem Gleichgewicht für die Geldpolitik das beherrschende Problem. Im Rahmen der existierenden de-facto-konvertiblen Währungsordnung, die auf festen Wechselkursen beruhte, befand sich die deutsche Zentralbank vor einem Dilemma. Da sich seit Herbst 1954 das Preisklima merklich erwärmte, lag es nahe, eine restriktivere Kreditpolitik zu betreiben. Andererseits aber war abzusehen, daß kreditpolitische Restriktionen die schon existierenden Zahlungsbilanzüberschüsse weiter vergrößern würden. Das würde aber nicht nur das außenwirtschaftliche Gleichgewicht und das Funktionieren des europäischen Währungssystems beeinträchtigen. Vielmehr wären die Überschüsse auch mit inflationären Tendenzen verbunden, da sie in einem System von festen Wechselkursen zu einer Liquidisierung der Wirtschaft des Überschußlandes führen. Zu analysieren, wie die deutsche Zentralbank auf dieses Dilemma reagierte, war das vorherrschende Erkenntnisinteresse der Forschung, die sich mit der deutschen Zentralbank in der zweiten Hälfte der fünfziger Jahre befaßt hat.

Zum zweiten herrscht die Meinung vor, alle wichtigen Entscheidungen auf dem Gebiet der internationalen Währungspolitik seien schon im Sommer 1955 getroffen worden. Schließlich hätten die OEEC-Länder mit ihren Beschlüssen zur Härtung der EZU und mit der Unterzeichnung des EWA die Konvertibilität als künftiges internationales Währungssystem definitiv vereinbart. Nun sei nur noch abzuwarten gewesen, daß diese Vereinbarung bei der nächsten günstigen Gelegenheit umgesetzt werden würde. In dieser Perspektive war der weitere Weg der internationalen Währungspolitik klar vorgezeichnet: Die Jahre zwischen 1955 und 1958 waren demnach nur eine bloße Vorlaufphase des im Jahre 1958 dann tatsächlich realisierten Konvertibilitätsregimes. Sie werden deshalb

[1] Emminger, Geld- und Währungspolitik, S. 485. Vgl. auch Müller, Politik; Jenkis, Inflation; Dürr, Wirkungsanalyse.

als ein „ruhigerer Zeitabschnitt“ verstanden[2]. Diese Interpretation ist aber nicht angemessen.

Festzuhalten ist nämlich, daß mit den währungspolitischen Beschlüssen der OEEC vom Sommer 1955 nur wenig entschieden war. Zwar hatten die OEEC-Länder mit dem EWA einen Kredit- und Kooperationsmechanismus vereinbart, der nach einer Auflösung der EZU greifen sollte. Auch hatte sich die EZU mit ihrer Härtung auf 75 Prozent einem konvertiblen Währungssystem angenähert, und die OEEC-Mitglieder mußten seit Mitte 1955 unter den Bedingungen der de-facto-Konvertibilität operieren. Andererseits aber war keineswegs ausgemacht, inwieweit diese Entscheidungen irreversibel waren. Da die OEEC-Länder die EZU beibehalten hatten, gab es durchaus die Möglichkeit, das Kreditsystem wieder aufzuweichen und so einen Schritt auf dem Weg zur Konvertibilität zurückzugehen[3]. Wichtiger aber noch war, daß die OEEC-Länder nicht verbindlich vereinbart hatten, ob und wann sie die EZU auflösen und die Konvertibilität erklären würden. Da die Auflösung der EZU und die Anwendung des EWA nur auf Antrag von Mitgliedern, die 50 Prozent der EWA-Quoten stellten, erfolgen konnte, war es durchaus möglich, eine Konvertibilitätserklärung zu behindern oder zu verzögern. Deshalb darf die Periode von 1955 bis 1958 nicht als eine Wartezeit auf die Konvertibilität verstanden werden. Vielmehr war sie eine Probezeit für die gehärtete, de-facto-konvertible EZU und damit für die Konvertibilität selbst. Die deutsche Zentralbank mußte auch in dieser Zeit entscheiden, wie sie sich zu der Frage eines globalen Währungssystems und zur europäischen Kooperation im Rahmen der EZU verhalten sollte.

Aber auch in einer zweiten Hinsicht war die Situation offen, denn in der zweiten Hälfte der fünfziger Jahre wurden auch andere Kooperationsprojekte diskutiert. Im Mai 1955 hatten Belgien, Luxemburg und die Niederlande ihren EGKS-Partnern Frankreich, Italien und der Bundesrepublik die Errichtung eines Gemeinsamen Marktes und einer Atomgemeinschaft vorgeschlagen. Diese Initiative mündete nach fast zweijährigen, intensiven, problematischen und mehrmals vom Abbruch bedrohten Verhandlungen in der Unterzeichnung der Römischen Verträge, die zur Schaffung neuer Institutionen und Kooperationsforen führten und damit das Gesicht Europas nachhaltig veränderten. Nach der erfolgreichen Ratifizierung der Verträge nahm die Europäische Wirtschaftsgemeinschaft (EWG) am 1. Januar 1958 ihre Arbeit auf. Da die EWG-Staaten zum 1. Januar 1959 planmäßig die erste Binnenzollsenkung durchführten und da zeitgleich die im Rahmen der OEEC geführten Verhandlungen über eine OEEC-weite Freihandelszone scheiterten, zerfiel Anfang 1959 der bisher einheitliche westeuropäische Wirtschaftsraum in zwei Handelsblöcke.

---

[2] Kaplan/Schleiminger, EPU, S. 231 ff.

[3] Im Sommer 1956 schlossen weder das Auswärtige Amt noch die BdL eine Aufweichung der EZU aus. Vgl. hierzu S. 208 f.

Der Prozeß der Europäischen Integration und die Verhandlungen zur Gründung der EWG haben in der Forschung große Aufmerksamkeit gefunden[4]. Da aber in den Verhandlungen unbestreitbar die hohe Politik eine herausragende Rolle spielte, wurden die währungspolitischen Aspekte weitgehend ausgespart, zumal die Währungspolitik im Vertragswerk letztlich auch nur „eine klägliche Nebenrolle" einnahm[5]. Gleichwohl sollte die Europäische Integration der Sechs hier nicht ausgeklammert werden. Zum einen ist jede Analyse der internationalen Währungspolitik der deutschen Zentralbank ohne eine Behandlung dieses Prozesses unvollständig. Hinzu kommt, daß die historische Forschung der letzten Jahre die Bedeutung der hohen Politik relativiert hat. So hat Wilfried Loth Anfang der neunziger Jahre betont, daß die Sechserlösung zumindest teilweise wirtschaftlich bedingt war, und Alan Milward hat in bezug auf die europäischen Integrationsbemühungen formuliert: „Foreign policy bowed to those economic imperatives."[6] Darüber hinaus ist festzuhalten, daß die „klägliche Nebenrolle" der Währungspolitik nicht von Anfang an gegeben war, sondern auch als ein Verhandlungsergebnis angesehen werden muß. Schließlich ist zu beachten, daß es zwischen den Optionen: Europäische Integration zu Sechst, Konvertibilität und EZU/OEEC-Kooperation zahlreiche wechselseitige Beziehungen gab. Anläßlich der Konvertibilitätserklärung bezeichnete zum Beispiel Erhard dieses weltweite Währungsregime als eine notwendige Ergänzung zur Europäischen Integration[7]. Ein politikwissenschaftliches Handbuch aus den achtziger Jahren stellt die EWG als Verdrängerin der OEEC bzw. die EZU und das EWA als „Opfer" der Spaltung Europas in EWG und EFTA dar[8]. In ihrer Darstellung der EZU sehen Kaplan und Schleiminger in der EWG die logische Konsequenz der währungspolitischen Beschlüsse der OEEC des Jahres 1955, da mit dieser Zustimmung zur späteren Auflösung der EZU die Etablierung neuer Integrations- und Kooperationsformen unabweisbar geworden sei[9].

Sofern das neue Integrationsprojekt in den Blick genommen wird und die Jahre von 1955 bis 1958 als eine Probezeit für eine europäische Zusammenarbeit im Rahmen der de-facto-konvertiblen EZU verstanden werden, lag also ein „ruhigerer Zeitabschnitt" nicht vor. Vielmehr galt es Entscheidungen zu treffen, die grundlegend für die wirtschaftliche Organisation Europas sein würden. Da die deutsche Zentralbank sich schon vor 1955 in der internationalen Währungspolitik als bedeutender Faktor etabliert hatte, konnte ihr auch zwischen 1955 und 1958 eine wichtige Rolle zukommen. Die Tatsache, daß die BdL in dieser Zeit

[4] Aus der zahlreichen Literatur vgl. Morgan, Politics; Schwarz, Adenauer und Europa; Küsters, Gründung; Gerbet, Construction; Guillen, L'Europe.

[5] Andersen, Währungspolitik, S. 297. Vgl. auch den Vertrag zur Gründung der EWG, abgedruckt in: BGBL 1957 II, S. 766 ff.

[6] Vgl. Loth, Weg, S. 136; Milward, Conclusions, S. 189.

[7] Bulletin des Presse- und Informationsamtes, Nr. 238, 30. 12. 1958.

[8] Andersen, Währungspolitik, S. 297.

[9] Vgl. Kaplan/Schleiminger, EPU, S. 227.

in die Deutsche Bundesbank überführt und damit ein neuer institutioneller Rahmen für die deutsche Währungspolitik errichtet wurde, beeinflußte die Bedeutung und Rolle der deutschen Zentralbank, ihre Politik und Funktion nicht wesentlich[10]. Abgesehen davon, daß sich die deutsche Zentralbank in der zweiten Jahreshälfte 1957 in einem Interregnum befand, erwies sich die Überführung der BdL in die Deutsche Bundesbank bei weitgehender personeller Kontinuität als folgenlos für die internationale Währungspolitik der Bank[11].

1. Die deutsche Zentralbank und das de-facto-konvertible EZU-System

Das außenwirtschaftliche Dilemma

Im Jahre 1955 existierte für die OEEC-Länder ein de-facto-konvertibles EZU-System: Die mengenmäßigen Beschränkungen und die Devisenrestriktionen waren weitgehend abgebaut; das transferierbare Pfund Sterling war mit einem geringen Diskont in Dollar umtauschbar; die EZU war auf 75 Prozent gehärtet worden. Dieses Währungssystem hatte in den Jahren 1955 bis 1958 einige Schwierigkeiten zu meistern.

Vor dem Hintergrund weiteren Wachstums, zunehmenden innereuropäischen Handels, größerer Wettbewerbsfähigkeit auf außereuropäischen Märkten, anfangs noch ansteigender Liberalisierung und aggregiert noch immer anwachsender Reserven manifestierten sich in dieser Zeit in Europa Preissteigerungen und ein vergrößertes Zahlungsbilanzdefizit zum Dollarraum[12]. Das brachte mit sich,

[10] Mit dem Gesetz vom 26.7.1957 wurde die BdL zum 1.8.1957 in die Deutsche Bundesbank überführt. Dabei wurde viel vom alten Zentralbanksystem – seine Unabhängigkeit und seine geldpolitischen Instrumente – übernommen. Es gab aber auch einige Neuerungen. So wurde nun auch de jure das zentrale Element verstärkt: Das zweistufige Zentralbanksystem wurde durch das Filialsystem der Bundesbank ersetzt; der Präsidentendualismus wurde abgeschafft; die Direktoriumsmitglieder erhielten Sitz und Stimme im Zentralbankrat. Für weitere Einzelheiten vgl. BGBL 1957 I, S. 745 ff.; Hentschel, Bundesbankgesetz, S. 3 ff.; Deutsche Bundesbank, 30 Jahre.

[11] Am 1.1.1958 übernahmen Karl Blessing als Präsident und Heinrich Troeger als Vizepräsident die Leitung der Bundesbank. Blessing (*1900) war in den zwanziger Jahren in die Reichsbank eingetreten. Im Jahre 1939 wurde er trotz NSDAP-Mitgliedschaft entlassen. Während und nach dem Krieg leitete er die Margarine-Union AG. In den fünfziger Jahren trat er v. a. als wirtschaftspolitischer Berater Adenauers auf. Die Briten sahen Blessing als flexibler und orgineller als Vocke an. Vgl. BoE, OV 34/96, British Embassy an Bank of England, 9.8.1957. Heinrich Troeger (*1901) war bis 1933 als SPD-Mitglied Bürgermeister in Salzach/Oder. Nach dem Krieg war er bis 1946 Oberbürgermeister in Jena. In den Jahren 1947 bis 1951 war er Ministerialdirektor erst im hessischen, dann im nordrhein-westfälischen Finanzministerium. Im Zeitraum von 1951 bis 1956 bekleidete er die Stelle des hessischen Finanzministers. Im Jahre 1956 wurde er zum Präsident der Landeszentralbank Hessen bestellt. Vgl. BBK, BSG.

[12] Vgl. OEEC, 9th Annual Report (1958). Die Liberalisierung stieg bis 1956 auf durchschnittlich 89% an. Danach sank sie auf 83% (1957) ab. Für diesen Rückgang waren die französischen Entliberalisierungsmaßnahmen verantwortlich. Der größte Teil der aggregiert angestiegenen Währungsreserven entfiel auf die Bundesrepublik.

Abbildung 5: Kumulative Positionen einiger EZU-Mitglieder 1955–1959

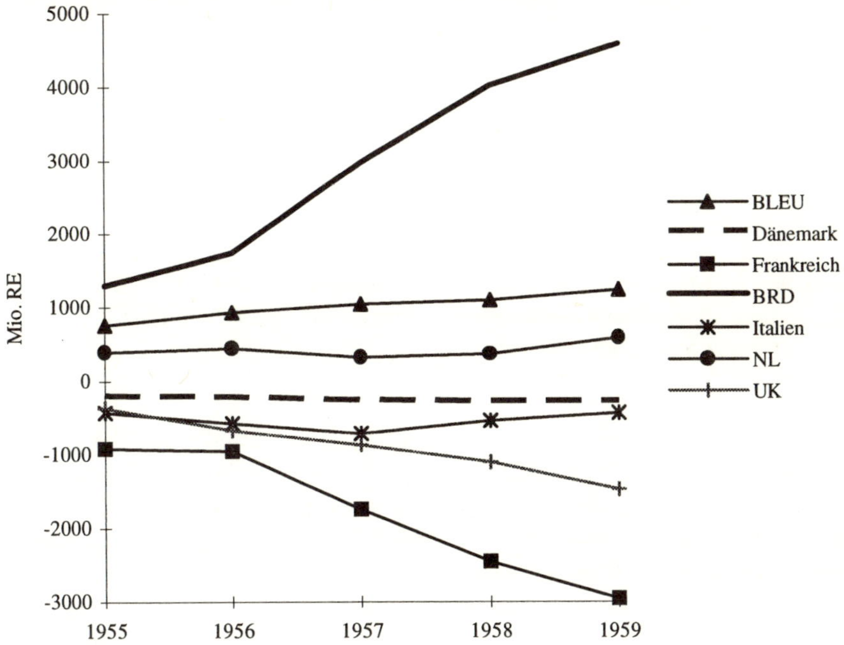

Quelle: BIS, Annual Reports, versch. Ausgaben.

daß einige Länder seit 1955 wieder mit erheblichen Zahlungsbilanzdefiziten zu kämpfen hatten. Wichtiger aber war, daß sich die Ungleichgewichte innerhalb der EZU, wie Abbildung 5 illustriert, verstärkten. Während Frankreich und das Vereinigte Königreich erhebliche EZU-Defizite zu verzeichnen hatten, erwirtschaftete die Bundesrepublik weiterhin Überschüsse zum EZU-Raum. Sie akkumulierte trotz Härtung der EZU bis Ende 1958 Guthaben in Höhe von 4,5 Mrd. DM und wurde so zur herausragenden und letztlich fast alleinigen Kreditgeberin Europas[13]. Für diese Überschüsse war das Wachstum der deutschen Exporte, das nicht durch den Anstieg der Importe aufgewogen wurde, verantwortlich. Aber auch die Tatsache, daß in einem Währungssystem mit festen Wechselkursen gefahrlos auf Wechselkursanpassungen spekuliert werden konnte, war von Bedeutung. Tatsächlich war in der zweiten Hälfte der fünfziger Jahre ein Großteil der Überschüsse auf Wechselkursspekulation zurückzuführen.

[13] Die deutschen Kredite an die EZU wuchsen von 2054 Mio. DM im Jahre 1954 auf 4597 Mio. DM zum Jahresende 1958 an. Demgegenüber hatten die anderen EZU-Gläubiger zusammen insgesamt nur Kredite in Höhe von 1213,8 Mio. DM gewährt. Davon entfielen auf die Belgisch-Luxemburgische-Wirtschaftsunion 646,8 Mio. DM, auf Italien 29,4 Mio. DM, auf die Niederlande 508,2 Mio. DM, auf Österreich 25,2 Mio. DM und auf Schweden 4,2 Mio. DM. Vgl. Deutsches Geld- und Bankwesen, S. 349; Monetäre Statistiken, S. 347.

Tabelle 11: Wirtschaftliche Entwicklung der BRD 1954–1958

	Inflation in %	Wachstum in %	Arbeitslose in %	Leistungsbilanzsaldo in Mrd. DM
1953			8,4	4,1
1954	–1,7	7,1	7,6	4,0
1955	2,2	11,8	5,6	2,7
1956	1,2	7,5	4,4	5,0
1957	2,1	5,9	3,7	6,5
1958	–0,7	4,1	3,7	6,6

Anmerkung: Sp. 1 berechnet anhand der Erzeugerpreise gewerblicher Produkte.
Sp. 2 berechnet als Wachstum des Bruttosozialprodukts in Preisen von 1980.
Quelle: Monetäre Statistiken 1988, 2ff.

Die Aufgabe, die sich Europa und somit auch der Bundesrepublik in dieser Zeit stellte, bestand darin, die Ungleichgewichte innerhalb der EZU einzudämmen. Für die Bundesrepublik war das ein schwieriges Unterfangen, da die Überschüsse durch eine Erhöhung der deutschen Liberalisierung schwerlich ausgeglichen werden konnten. Gleichwohl waren Maßnahmen notwendig, denn das europäische Währungssystem drohte zusammenzubrechen, und die Partner sprachen gelegentlich die Möglichkeit diskriminatorischer Maßnahmen gegen deutsche Exporte an. Darüber hinaus war für die deutsche Zentralbank, beauftragt mit der Wahrung der Preisstabilität, in den Jahren 1955 bis 1958 auch der Erhalt des inneren Gleichgewichtes ein akutes Thema. Bei beachtlichen Wachstumsraten näherte sich die deutsche Volkswirtschaft, wie Tabelle 11 zeigt, der Vollbeschäftigung, und zum Jahresende 1954 zeigten sich inflationäre Tendenzen.

Da zu befürchten war, daß diese inflationären Tendenzen durch eine Auflösung der vom Finanzminister für die Aufrüstung angesammelten Guthaben akzentuiert werden würden[14], verlangte die binnenwirtschaftliche Situation eine restriktive Geldpolitik. Da aber andererseits die Zahlungsbilanzüberschüsse eine expansive Politik erforderten, befand sich die deutsche Geldpolitik in einer schwierigen Lage. Mehr noch: Sofern sie nicht das de-facto-konvertible EZU-System mit festen Wechselkursen aufgeben wollte, stand sie vor einem Dilemma, denn ein solches Währungssystem verlangt von seinen Teilnehmern nicht nur die Beachtung der außenwirtschaftlichen Entwicklung, sondern es erzwingt sie letztendlich durch den Mechanismus der importierten Inflation. Tatsächlich schien die deutsche Zentralbank in der zweiten Hälfte der fünfziger Jahre zeitweise vor der Wahl einer freiwilligen Expansion oder einer zwangsweisen Inflation zu stehen.

[14] Der Finanzminister hatte Vorsorge für die Aufrüstung getroffen: Die Zentralbankeinlagen der öffentlichen Stellen beliefen sich im Dezember 1953 auf 3181,4 Mio. DM, im Dezember 1954 auf 4684,7 Mio. DM, im Dezember 1955 auf 5949,7 Mio. DM, und erreichten im Dezember 1956 den Stand von 6711,8 Mio. DM. Im Jahre 1957 wurden sie auf 4017,1 Mio. DM abgebaut. Vgl. Deutsche Bundesbank, Monatsbericht Dezember 1958, S. 36.

Schon oft ist die Politik der deutschen Zentralbank im „Spannungsfeld zwischen innerem und äußerem Gleichgewicht“ zur Zeit dieses „außenwirtschaftlichen Dilemmas“ untersucht worden[15]. Dabei wurde der Schwerpunkt meist auf die Analyse der Geldpolitik gelegt. Es wurde gefragt, ob und inwieweit die deutsche Zentralbank die Bewahrung des inneren Gleichgewichtes verfolgte. Auch ohne Quellenanalyse war es ein leichtes festzustellen, daß die Bank eindeutig eine restriktive Politik einschlug, denn selbst bei dramatischen Überschüssen, Gefahr von importierter Inflation und verstärkten Ungleichgewichten innerhalb der EZU lockerte sie nur zögerlich ihre Mitte 1955 eingeläutete restriktive Politik seit Sommer 1956. Entsprechend kamen diese Untersuchungen zu dem Ergebnis, daß die Zentralbank trotz aller Bemühungen, die außenwirtschaftliche Entwicklung zu beachten und die Überschüsse zu mildern, in diesem Zielkonflikt die Priorität auf die Erhaltung des inneren Gleichgewichts gelegt hat[16].

Eine solche Aussage ist aber problematisch. Wenngleich nicht bezweifelt werden kann, daß für die Zentralbank die Bewahrung der Preisstabilität ein wichtiges Ziel war, ist festzuhalten, daß in einem de-facto-konvertiblen Währungssystem mit festen Wechselkursen der Preisstabilität nicht ohne weiteres die Priorität eingeräumt werden kann. Sobald die deutsche Zentralbank in dieses existierende oder in irgendein anderes de-facto-konvertibles Währungssystems eingebunden war, konnte sie nicht das außenwirtschaftliche Gleichgewicht vernachlässigen. Da zwischen 1955 und 1958 die Option eines Ausstieges geradezu undenkbar war, muß die Periode in erster Linie als eine Zeit der Auseinandersetzung mit anderen Ländern über die in dem existierenden Währungssystem zu verfolgende Geldpolitik verstanden werden. Aus diesem Grund ist eine weitergehende Analyse notwendig. Nicht nur die Endergebnisse der Geldpolitik, sondern auch die Entscheidungsprozesse innerhalb der Bank, die Reaktionen der Partner und die bi- und multilateralen Diskussionen sind einzubeziehen. Darüber hinaus ist nicht nur die Geldpolitik, sondern die gesamte Außenwirtschaftspolitik der deutschen Zentralbank von Interesse. Eine Analyse der deutschen Zentralbankpolitik muß auch herausarbeiten, wie die Zentralbank ihre Situation sah und welche flankierenden Maßnahmen sie auf dem Gebiet der Außenwirtschaftspolitik befürwortete. Ferner ist zu fragen, ob und inwieweit die seit Anfang der sechziger Jahre auch von Mitgliedern des Zentralbankrates öffentlich formulierte Kritik an dem System der Konvertibilität, einschließlich seiner unliebsamen Nebenerscheinungen wie Spekulation und importierte Inflation, schon zur Zeit der Bewährungsprobe des de-facto-konvertiblen Währungssystems virulent war[17].

---

[15] Emminger, Geld- und Währungspolitik, S. 485 ff. Vgl. auch Müller, Politik; Jenkis, Inflation; Dürr, Wirkungsanalyse.

[16] Vgl. Hein, Mainsprings, S. 317 ff.; Jenkis, Inflation, S. 72 ff.; Müller, Politik, S. 46 ff.; Emminger, Geld- und Währungspolitik, S. 485 ff.

[17] Carl Wagenhöfer, Präsident der Landeszentralbank Bayern, formulierte Anfang 1961 in aller Öffentlichkeit Zweifel an der Konvertibilität. Er sprach von einer eventuellen „Zurückschraubung“ der Konvertibilität. Vgl. Wagenhöfer, Währungspolitik, S. 19.

Die Geldpolitik der deutschen Zentralbank

Restriktionen

Da sich das deutsche Kreditsystem schon seit 1953 durch eine hohe Liquidität auszeichnete, hatte es auch in der Vergangenheit Plädoyers für neutralisierende Geldmarktoperationen gegeben. Von diesen hatte aber der Zentralbankrat in der ersten Hälfte der fünfziger Jahre Abstand genommen. Da die Preisentwicklung stabil war, sollte sich die vor allem aus den Überschüssen resultierende Liquidität entsprechend den Regeln des klassischen Goldstandards auswirken. Die Geldpolitik sollte höchstens glättend eingreifen. Wie der Zentralbankrat festhielt, war „die Verflüssigung des Marktes [...] der organische Niederschlag der Zahlungsbilanzentwicklung, und es bestehe kein Anlaß, den Verflüssigungseffekt der natürlichen Kräfte durch Gegenoperationen der Notenbank zu unterdrücken"[18].

Anfang 1955 änderte sich diese Haltung angesichts der Konjunkturentwicklung, der Kreditausweitung und des Wachstums des Geldvolumens. Vereinzelte Preissteigerungen waren zu verzeichnen. Um in dieser Situation für restriktive Geldmarktoperationen gewappnet zu sein, vereinbarte die BdL mit dem Finanzminister die Umwandlung eines Teils der Ausgleichsforderungen (vorerst 2 Mrd. DM) in Geldmarktpapiere und verabschiedete eine neue, interventionistische Linie für die Offenmarktpolitik[19]. Dieser Maßnahme folgten am 3. August 1955 – sobald das EWA unter Dach und Fach war – weitere Restriktionen, namentlich eine Diskonterhöhung von 3 auf 3,5 Prozent, eine Mindestreserveerhöhung um 1 Prozent und eine Erhöhung der Abgabesätze um 0,25 Prozent[20].

Bei den ausländischen Zentralbanken stießen diese Maßnahmen auf Wohlwollen und Verständnis[21]. Innerhalb der Bundesrepublik führten sie zu erheblichen Unstimmigkeiten über die Geldpolitik: Während die BdL die vom Finanzminister und seiner „Hortung" ausgehenden Gefahren betonte und dabei herausstellte, daß sie sich nicht scheuen würde durchzugreifen, kritisierte Adenauer die Geldpolitik der BdL und monierte die mangelnde Zusammenarbeit zwischen Bonn und Frankfurt[22]. Diese Kontroverse spitzte sich im Frühjahr 1956 zu, als

---

[18] BBK, B 330/71, ZBR, Protokoll, 19.8.1953. Vgl. auch Kapitel III, Fußnote 190.

[19] Vgl. die Diskussionen im Zentralbankrat von März bis Juli 1955, insbesondere die Zentralbankratsitzung am 7.6.1955, in: BBK, B 330/86. Die Vereinbarung mit dem Finanzminister über die Mobilisierung von Ausgleichsforderungen wurde mehrmals aufgestockt, Anfang 1957 auf 3 Mrd. DM, im April 1957 auf 4 Mrd. DM, im September 1957 auf 7 Mrd. DM. Im Juli 1958 wurden alle im Portefeuille der Bundesbank vorhandenen Ausgleichsforderungen – 8,1 Mrd. DM – mobilisiert. Die Ergebnisse dieser Politik sind Tabelle 12 zu entnehmen.

[20] Vgl. BBK, B 330/87, ZBR, Protokoll, 3.8.1955.

[21] Vgl. FedNY, C 26, Germany, BdL 1952–1957, Dernburg an Exter, 5.4.1955 und 4.8.1955; BoE, OV 34/40, Bolton, Basle Notes, The German Monetary Situation, 16.11.1955.

[22] Vgl. BAK, B 136/652, o.V., Notizen zum Gespräch Erhard, Vocke, Bernard, Schäffer u.a., 8.9.1955; Haenlein, Entwicklung der Preise und Löhne, 21.9.1955; Schäffer, Denkschrift,

mit Blick auf die Bundestagswahl im September 1957 und auf die vollen Kassen des Finanzministers der „Kuchen-Ausschuß", der die Aufteilung der gehorteten Gelder in Angriff nehmen wollte, ins Leben gerufen wurde. Im März 1956 erhöhte der Zentralbankrat – mit der Unterstützung des Wirtschaftsministers, aber gegen eine Stellungnahme des Kabinetts – den Diskontsatz auf 4,5 Prozent[23]. Wenngleich das zu kritischen, aber immer noch verständnisvollen Fragen des Auslandes führte und sich diese Politik auch wegen der durch diese Geldknappheit induzierten erstaunlich hohen Überschüsse weitgehend als kontraproduktiv erwies, wurde im Mai – mit ausdrücklicher Billigung Erhards und Schäffers – eine nochmalige Heraufsetzung des Diskontsatzes auf 5,5 Prozent beschlossen[24].

Die entscheidenden Beweggründe für die Diskonterhöhungen und die restriktive Politik waren die binnenwirtschaftliche Entwicklung und das Verhalten der Regierung. Wie das BdL-Direktorium anläßlich der Diskonterhöhung vom Mai 1956 feststellte, hoffte es, daß diese Maßnahmen „ihren Eindruck auf Regierung und Parlament nicht verfehlen" und zu einem Überdenken der Finanzpolitik führen werden[25]. Hingegen standen die außenwirtschaftlichen Zusammenhänge und Probleme bei diesen geldpolitischen Entscheidungen im Hintergrund. Obwohl im Frühjahr 1956 wieder eine Verlängerung der EZU anstand, blieben die europäischen Ungleichgewichte unbeachtet. Der Zentralbankrat sah keinen Anlaß zur Besorgnis für die EZU. Zum ersten – so stellte er fest – war das Kreditobligo der BdL bei der EZU noch nicht ausgeschöpft. Überschüsse konnten somit ohne verrechnungstechnische Schwierigkeiten abgedeckt werden. Zum zweiten würden die deutschen Überschüsse weder die EZU noch einzelne Mitgliedsländer in Verlegenheit bringen[26]. Zu Hilfe kam aber auch, daß die restriktive deutsche Geldpolitik die Zustimmung der ausländischen Währungsexperten fand. Mitarbeiter der Bank von England bemerkten zu den Diskonterhöhungen: „Our conclusion was that it was necessary for something to be done at the time

---

26.9.1955; Haenlein, Vermerk, 28.9.1955; BAK, B 136/4800, o.V., Protokoll der Besprechung des „Kleines Kreises", 16.12.1955.

[23] Vgl. BBK, B 330/92, ZBR, Protokoll und Stenogramm, 7./8.3.1956. Laut Gesetz konnte die Bundesregierung die Beschlüsse des Zentralbankrates für acht Tage aufschieben. Als Erhard dieses Recht im Auftrag des Kabinetts in Anspruch nehmen wollte, stellte Bernard fest, daß der Zentralbankrat schon in der vorangegangenen Sitzung aus Rücksicht auf die Regierung auf einen Beschluß verzichtet habe. Das Veto-Recht der Regierung sei somit „konsumiert". Zur Kabinettssitzung vgl. BAK, NL Schäffer 168, Hartmann, Notizen zur Kabinettssitzung am 8.3.1956.

[24] Vgl. BBK, B 330/94, ZBR, Protokoll und Stenogramm, 18.5.1956. Zur Reaktion des Auslandes vgl. BAK, B 102/55333, von Mangoldt, Bericht über die 70. Sitzungsperiode des EZU-Direktoriums, 20.4.1956.

[25] BBK, B 330/2057, Direktorium, Protokoll, 17.5.1956. Vgl. auch BBK, B 330/94, ZBR, Protokoll und Stenogramm, 18.5.1956. Diese Diskonterhöhung veranlaßte Adenauer, sich auf der Mitgliederversammlung des BDI harsch gegen die BdL, den Finanz- und den Wirtschaftsminister auszusprechen. Zum Verhältnis Erhard – Adenauer zu dieser Zeit vgl. LESt, I 4), Erhard an Adenauer, 16.3.1956; Adenauer an Erhard, 21.3.1956; Erhard an Adenauer, 11.4.1956; Adenauer an Erhard, 13.4.1956; Erhard an Adenauer, 27.4.1956.

[26] Vgl. BBK, B 330/95, ZBR, Protokoll, 11.7.1956.

Tabelle 12: Entwicklung der Bankenliquidität 1955–1957

	aufgrund von Veränderungen bei:						aufgrund der Kreditpolitik:		
	Bargeld-umlauf	Zentral-bank-kredi-ten	Einlagen v. Nicht-banken beim ZBS	Devi-senan-käufen	Sonst.	Gesamt-summe Spalten I-V	Offen-markt-politik	Gutha-ben d. Banken beim ZBS	Kredite d. ZBS an Banken
I 1955	–122	50	–374	289	169	12	–142	–1056	–926
II 1955	–376	–118	397	590	222	715	–494	179	–42
III 1955	–526	–58	–998	609	119	–854	92	147	909
IV 1955	–322	218	–989	583	–156	–666	528	1228	1366
I 1956	–462	–292	–917	592	197	–882	–589	–976	495
II 1956	–88	–19	–555	1625	–15	948	163	176	–935
III 1956	–232	18	–454	1919	120	1371	–132	217	–1022
IV 1956	–166	89	131	1490	–242	1302	32	1289	–45
I 1957	–145	–138	–670	1634	434	1115	–1300	–1037	–852
II 1957	–792	5	–306	2221	–135	993	–769	1080	856
III 1957	–509	–53	139	3942	217	3736	–1925	352	–1459
IV 1957	–237	11	367	108	–182	67	1388	1486	31

Anmerkungen: + = Mittelzuflüsse; – = Mittelabflüsse; alle Angaben in Mio. DM.
Sp. 2: ohne An-/Verkauf von Geldmarkttiteln.
Quelle: Monatsbericht, Dezember 1958, 32f.

that the Central Bank acted and they used the weapon most clearly understood by the public, namely the Bank Rate.“[27]

Lockerungen

Bis zum Ende des ersten Quartals 1956 bewirkten verschiedene Faktoren, daß sich die Bankenliquidität nicht ausweitete. Wie Tabelle 12 zeigt, waren vor allem aufgrund der Entwicklungen beim Bargeldumlauf, bei den Einlagen von Nichtbanken, die vor allem Einlagen des Bundes und der Länder umfaßten, und wegen der Offenmarktpolitik Mittelabflüsse zu verzeichnen. Zwar standen diesen Bewegungen Mittelzuflüsse aus den Devisenankäufen gegenüber, doch insgesamt konnten diese Zuflüsse vorerst noch durch die Abflüsse kompensiert werden. Das änderte sich aber im zweiten Quartal 1956. Während die Entwicklungen beim Bargeldumlauf und bei den Einlagen von Nichtbanken nur noch für mäßige Mittelabflüsse sorgten, führten die Devisenankäufe nun zu einer beachtlichen Liquidisierung. Zwar wurde diese zum Teil durch die restriktive Politik

[27] BoE, OV 34/243, Rootham/Bridge, Note on a visit to Düsseldorf and Frankfurt, 21.6.1956. Vgl. auch BBK, B 330/3381, von der Lippe, Vermerk, 14.6.1956. Natürlich gab es auch kritische Stimmen wie z.B. Sir Otto Niemeyer. Vgl. BoE, OV 34/41, Niemeyer, Note, 8.7.1956; BoE, OV 46/75, Bolton, Conversations at Basle, 9.7.1956.

kompensiert. Andererseits aber führten auch die Restriktionen zu verstärkten Devisenankäufen und schufen damit weitere Liquidität. So mußte der Zentralbankrat im April 1956 die „erstaunlich hohen" deutschen Überschüsse feststellen, die er korrekterweise auf die herrschende „Geldknappheit" und auf das Ausweichen auf ausländische Kreditmöglichkeiten zurückführte[28]. Trotz dieser Diagnose verfügte er aber keine Lockerungen.

Sein Festhalten an der restriktiven Politik begründete der Zentralbankrat damit, daß die Überschüsse nur temporär seien. Sie seien nicht in erster Linie auf das erhöhte deutsche Zinsniveau und die Zinsdifferenzen zwischen europäischen Ländern zurückzuführen. Da auf Anlagen von Ausländern keine Zinsen gezahlt werden durften[29], seien vielmehr die veränderten terms of payments sowie die Spekulation, die durch Erhards Wechselkursvorstöße[30] verursacht worden war, maßgeblich. Er argumentierte, die Überschüsse würden sich in Kürze wieder zurückbilden. Eine Herabsetzung der Zinssätze, so stellte der Zentralbankrat im Juli 1956 fest, sei sinnlos[31].

Erst im September 1956 wurde eine geringfügige Diskontsenkung verfügt. Dabei waren binnenwirtschaftliche Motive, vor allem die inzwischen gedämpfte „Konjunkturauffassung", ausschlaggebend. Außenwirtschaftliche Motive trugen zu dieser Entscheidung nicht wesentlich bei, selbst wenn die Mitglieder des Zentralbankrates in der Erleichterung der „taktischen" Situation in Paris ein positives Nebenergebnis sahen[32]. Auch als sich im Sommer/Herbst 1956 mit der Suez-Krise die Ungleichgewichte im europäischen Währungssystem erneut verstärkten, fühlte sich der Zentralbankrat nicht zu geldpolitischen Lockerungen veranlaßt. Zwar drängte Vocke die Regierung zu Maßnahmen, die die britische Position entlasten würden[33]. Gleichzeitig aber war die BdL der Überzeugung, daß in bezug auf die Diskontpolitik „das Primat der internen konjunkturellen Bedürfnisse" gelten solle[34]. Der leisen Kritik des Auslandes hielt sie entgegen, für die Ab-

---

[28] BBK, B 330/93, ZBR, Stenogramm, 11.4.1956.

[29] Dieses Verzinsungsverbot wurde aber keineswegs immer beachtet. Vgl. BoE, OV 34/42, Bridge, Activities of German Banks, 14.10.1957.

[30] Im Sommer 1956 hatte Erhard die europäischen Wechselkursrelationen in Frage gestellt. Das führte zum Zufluß von Spekulationsgeldern in die Bundesrepublik. Vgl. hierzu S. 211 ff.

[31] Vgl. BBK, B 330/95, ZBR, Protokoll und Stenogramm, 11.7.1956. Die deutschen Überschüsse im EZU-Raum stiegen im März 1956 auf 51,1 Mio. RE, im April auf 60,5 Mio. RE, im Mai 1956 auf 86,2 Mio. RE an. Im Juni 1956, nach der zweiten Diskonterhöhung, beliefen sie sich auf 114,2 Mio. RE, sanken im Juli und August auf noch immer beträchtliche 106,6 Mio. RE bzw. 66,7 Mio. RE ab. Im September, Oktober und November stiegen sie aber, trotz Diskontsenkung, wieder auf 91,9 Mio. RE bzw. 101,4 Mio. RE bzw. 133,5 Mio. RE an. 1957 erreichten die Überschüsse im Juli 180,3 Mio. RE, im August sogar 280,8 Mio. RE. Vgl. BdL, Monatsberichte, versch. Ausgaben.

[32] BBK, B 330/96, ZBR, Stenogramm, 5./6.9.1956.

[33] Vgl. BAK, B 136/2595, o.V., Vermerk zur Ressortbesprechung am 24.10.1956, 24.10.1956. Die Beziehung zwischen der BdL und der Bank von England war zu dieser Zeit durch die gemeinsame Opposition gegen Erhard und seine Wechselkursvorstöße geprägt und demnach z.T. geradezu herzlich. Vgl. BoE, OV 45/75, Governor, Conversation in Basle, 9.7.1956. Vgl. hierzu auch S. 211 ff.

[34] BAK, B 102/11579, I A 1, Ergebnisprotokoll über die Ressortbesprechung am 5.10.1956, 8.10.1956; BAK, B 136/2595, Gerbaulet, Vermerk, 24.10.1956.

schwächung der EZU-Ungleichgewichte seien vor allem binnenwirtschaftliche Maßnahmen der Defizitländer notwendig. Das „Kernproblem" liege in der „ständigen schleichenden Inflation einiger Schuldnerländer"[35]. Darüber hinaus hoben Vertreter der BdL bei Gesprächen mit ausländischen Zentralbankkollegen stets den begrenzten Handlungsspielraum der Bank hervor: „Dr. Guth from the BdL said that a reduction in bank rate sufficient to reverse the foreign capital flow would be wildly inflationary."[36] „Herr Könneker left us with the impression that he regarded the situation as very unsatisfactory but could not see what to do about it [. . .] Herr Tüngeler believes that a great part of Germany's balance of payments surplus is due to a combination of pure speculation in the mark and its concomitant."[37]

Im Ausland wurde die Argumentation, daß in erster Linie restriktive Maßnahmen der Schuldnerländer notwendig seien, vorerst akzeptiert, und im Winter 1956/57 ergriffen einige Länder entsprechende geldpolitische Maßnahmen[38]. Vor diesem Hintergrund beschloß der Zentralbankrat im Januar 1957 gegen die Opposition des Wirtschaftsministers eine weitere leichte Diskontsenkung[39].

Im Frühjahr 1957 veränderte sich die Situation. Während bis zum Winter 1956/57 die restriktive Politik der BdL trotz einiger kritischer Anmerkungen auf die Zustimmung des Auslandes traf, verschärfte sich im Frühjahr bei anhaltenden deutschen Überschüssen das Diskussionsklima. Die Bank von England meinte nun, von der deutschen Regierung und der BdL entschiedenere Maßnahmen fordern zu müssen[40]. Auch in der EZU herrschte – unter der Führung des britischen Vertreters – offene Kritik vor, und der Ton war zeitweise ausgesprochen „unerfreulich"[41]. So war die Bundesrepublik im Frühjahr 1957 mit ihrer Meinung, daß in erster Linie die Schuldnerländer ihre Politik korrigieren müßten, isoliert[42]. Trotz des erheblichen ausländischen Druckes beschloß der Zentralbankrat aber keine weitere Diskontsenkung. Selbst als Wolf, der für eine Diskontsenkung eintrat, in Bonn Verbündete fand, lehnte eine knappe Mehrheit des Zentral-

---

[35] BBK, B 330/2020, Emminger an Vocke, 28.9.1956; BBK, NL Emminger, Deutschland als EZU-Gläubiger, Abt. IV, Stichworte, 12.7.1956.

[36] BoE, OV 34/41, Tomkins, Report on a visit to Germany, 19.10.1956.

[37] BoE, OV 45/75, Parsons/Rootham, Note on a visit to Frankfurt, 7./9.11.1956.

[38] Vgl. BAK, B 102/11579, Emminger, Kurzbericht über die Sitzung der volkswirtschaftlichen Experten der OEEC, 22./23.10.1956; BAK, B 102/12598, Guth, Vermerk, 14.1.1957. Zur Geldpolitik anderer europäischer Länder vgl. BIS, 26th Annual Report (1955/56), S. 35ff.

[39] Vgl. BBK, B 330/2057, Direktorium, Protokoll, 28.12.1956; BBK, B 330/99, ZBR, Protokoll und Stenogramm, 10./11.1.1957. Zur Auseinandersetzung Wirtschaftsministerium – BdL vgl. BAK, B 102/12598, I A 1, Entwurf eines Ergebnisprotokolls über die Sitzung des Abteilungsleiterausschusses für Konjunkturpolitik am 8.1.1957, 22.1.1957.

[40] Vgl. BoE, OV 34/42, Tomkins, Germany, 14.5.1957.

[41] BAK, B 102/25878, Steffe, Ergebnisbericht über die Sitzung der Ministerstellvertreter, 24.6.1957. Ähnlich auch BBK, B 330/103, Emminger, Bericht über die Sitzung des Ministerstellvertreterausschusses am 17./18.6.1957.

[42] Vgl. BBK, B 330/103, Bericht über die Sitzung des Ministerstellvertreterausschusses am 17./18.6.1957 in Paris, Anlage zum ZBR-Protokoll vom 26.6.1957; BBK, B 330/3314, BdL an BMZ, 17.5.1957.

bankrates eine solche Maßnahme ab[43]. Zwar sah der Zentralbankrat das Zahlungsbilanzproblem als „Problem Nr. 1" an und wäre auch fast zu einer Diskontsenkung bereit gewesen[44]. Ausschlaggebend war aber, daß er dies wegen der Spekulation als unwirksam einschätzte: „Zugegeben, daß es (eine Diskontsenkung um ein halbes Prozent, M.D.) sich optisch nicht schlecht ausmachen würde, doch würde die Abwehr des Zustroms ausländischer Gelder mit einer 0,5prozentigen Zinssenkung als solche bestimmt nicht zu erreichen sein. Warum das Geld einströmt, wissen wir alle: aus Gründen der Werterhaltung und nicht der Zinsen wegen, die es sowieso nicht gibt."[45]

Erst kurz vor der Jahresversammlung des IWF, als sich eine Änderung der britischen Haltung andeutete und die Bank von England wieder der Meinung zuneigte, daß die Defizitländer – das Vereinigte Königreich eingeschlossen – zur Inflationsbekämpfung übergehen sollten[46], konnte sich der Zentralbankrat, gefördert durch eine Intervention des stets für eine „gesunde" Währungspolitik eintretenden IWF-Direktors Per Jacobsson, zu einer Diskontsenkung von einen halben Prozentpunkt durchringen[47]. Da zeitgleich, wenn auch vermutlich nicht abgesprochen, eine zweiprozentige britische Diskonterhöhung beschlossen wurde, war dem Bedürfnis der deutschen Zentralbank, möglichst wenig Inflation zu importieren und möglichst viel Stabilität zu exportieren, Rechnung getragen[48].

Die internationale Währungspolitik der deutschen Zentralbank

Ein konvertibles Währungssystem sieht vor, daß Überschüssen und Defiziten mit der entsprechenden expansiven bzw. restriktiven Geldpolitik begegnet wird. In einem de-facto-konvertiblen Währungssystem wie dem der EZU gab es aber auch noch andere Möglichkeiten, auf Überschüsse zu reagieren. Zum ersten konnte das System modifiziert oder gar abgeschafft werden. Zum zweiten konnte versucht werden, den Handel selbst zu beeinflussen und die Zahlungsbilanz durch Importförderung bzw. Exportbeschneidung auszugleichen. Zum dritten gab es die Möglichkeit, die Ungleichgewichte mit einer Wechselkursanpassung zu entschärfen. Schließlich konnten Linderungsmaßnahmen wie die vorzeitige Abtragung der Auslandsverschuldung, Rüstungszahlungen und das Einzahlen

[43] Vgl. BAK, B 102/12598, I A 1, Ergebnisbericht über die Sitzung des Abteilungsleiterausschusses am 12.7.1957, 25.8.1957.

[44] BBK, B 330/104, ZBR, Stenogramm, 10.7.1957.

[45] Ebenda. Vgl. auch BBK, B 330/133, ZBR, Stenogramm, 8./9.8.1957.

[46] BoE, OV 46/75, o.V., Germany, 5.9.1957.

[47] Vgl. BBK, B 330/134, ZBR, Protokoll und Stenogramm, 18.9.1957; BoE, G 1/99, Cobbold an Jacobsson, 18.9.1957.

[48] Die Quellen legen die Schlußfolgerung nahe, daß die deutsch-britischen Maßnahmen nicht abgesprochen waren. Vgl. BoE, G 1/99, Cobbold an Vocke, 18.9.1957. Demnach war die deutsche Diskontsenkung kein quid pro quo für die britische Diskonterhöhung. Zur englischen Entscheidung vgl. Chapman, Decision Making, S. 353ff.

der Weltbankquote eine Abschwächung der Ungleichgewichte herbeiführen. Welche dieser Maßnahmen befürwortete die deutsche Zentralbank?

EZU-Reform oder Konvertibilität

Als die EZU gegründet wurde, war nicht nur die Erhöhung der internationalen Liquidität, sondern auch die Schaffung von Anreizen zur Korrektur von Zahlungsbilanzstörungen das Ziel. Im Verlauf der Konvertibilitätsverhandlungen aber hatten die OEEC-Länder diese Anreize vermindert oder ganz abgebaut. Wenn auch die Konvertibilität nicht verwirklicht worden war, hatten sich die europäischen Länder – gestützt auf angestiegene Devisenreserven, interessiert an weiteren Krediten und an dem Abbau von Handelsrestriktionen – geeinigt, die Anreize des EZU-Systems weitgehend durch die Vorteile eines konvertiblen Währungssystems zu ersetzen. Als sich aber in der zweiten Hälfte der fünfziger Jahre die europäischen Ungleichgewichte verstärkten, lag es nahe, das nunmehr de-facto-konvertible EZU-System zu überdenken. Durch eine Erhöhung des Kreditanteils konnte unter Umständen eine zahlungsbilanzkonforme Politik der Gläubiger, durch eine weitere Härtung oder einen Übergang zur Konvertibilität unter Umständen eine zahlungsbilanzkonforme Politik der Schuldner befördert werden. Die jährlich anstehenden Diskussionen über die Verlängerung der EZU boten Gelegenheit zu solchen Modifikationen.

Im Sommer 1956 schlug der britische Schatzkanzler Harold Macmillan eine Aufweichung der EZU für extreme Gläubiger vor. Die Kreditverpflichtung der Bundesrepublik sollte von 25 Prozent auf 50 Prozent erhöht, der Goldanteil entsprechend von 75 auf 50 Prozent gesenkt werden. Dies wurde zwar von deutscher Seite einmütig als Diskriminierung der Bundesrepublik und als Rückschritt vom Weg der Konvertibilität abgelehnt[49]. Allerdings war die Ablehnung vorerst erstaunlich moderat. Erhard versprach Macmillan, diesen Vorschlag ernsthaft zu erwägen[50]. Das Auswärtige Amt sah eine solche Modifikation als unabweisbar an[51]. Obgleich die BdL im Gefolge der Dollarliberalisierung seit Sommer 1955 einen jährlichen Dollarzufluß über die EZU in Höhe von 150 Mio. Dollar für notwendig erachtete[52], stellte sie zu dem Vorschlag Macmillans lediglich fest, eine solche Modifikation sei „zur Zeit nicht [...] sinnvoll"[53]. Erst im weiteren Verlauf wurde die ablehnende Haltung pointierter formuliert. Als sich zeigte, daß auch die anderen Gläubigerländer den britischen Vorschlag ablehn-

---

[49] Vgl. BoE, OV 46/75, Rowan, Note of a talk with von Mangoldt, 1.7.1956.

[50] Vgl. BoE, OV 46/75, HMT, Note of a talk between the Chancellor of the Exchequer and Dr. Erhard, 17.7.1956. Erhards Reaktion war vermutlich auch davon bestimmt, daß er kurz zuvor mit seinen Äußerungen über die europäischen Wechselkurse einen faux pas begangen hatte.

[51] Vgl. PA AA, Abt. 4/Ref. 401/22, Hardenberg, Aufzeichnung zum Gespräch Erhard – Macmillan, 15.8.1956.

[52] Vgl. BBK, B 330/86, ZBR, Stenogramm, 7.6.1955. Dieser Dollarzufluß wäre aber schon bei einem durchschnittlichen Überschuß von 25 Mio. RE im Monat auch bei 50%iger Kreditgewährung erreicht worden. Die deutschen Überschüsse lagen meist deutlich über 25 Mio. RE. Vgl. Fußnote 31.

[53] BBK, B 330/95, ZBR, Protokoll, 11.7.1956.

ten, die Schuldner desinteressiert und das Vereinigte Königreich keineswegs von einer solchen Maßnahme überzeugt war, vertraten die Bundesregierung und die BdL vehement eine definitiv ablehnende Haltung[54]. Man setzte nun sogar das Vereinigte Königreich, das anläßlich der Suez-Krise mit einer Flucht aus dem Pfund Sterling zu kämpfen hatte, unter Druck. Als quid pro quo für Entlastungsmaßnahmen verlangten die Bundesregierung und die BdL vom Vereinigten Königreich, „daß es mit uns und den übrigen Gläubigerländern dafür stimme, die EZU nicht durch eine Verminderung des Goldanteils von 75 Prozent aufzuweichen“[55]. Tatsächlich sprach der britische Vertreter im EZU-Direktorium im Frühjahr 1957 eine Aufweichung der EZU nicht an, und das Direktorium schlug eine Verlängerung ohne Veränderung des Gold-Kredit-Verhältnisses vor. Wenngleich diese Empfehlung im OEEC-Rat auf den Einspruch Norwegens traf, konnte die EZU letztlich unverändert verlängert werden. Ohne auf seinem Veto-Recht zu beharren, zog Norwegen den Einspruch zurück[56]. Kaplan und Schleiminger führen den norwegischen Rückzug auf mangelnde Unterstützung zurück[57]. So richtig das ist, so sehr sind die dahinterliegenden Motive festzuhalten: Während die Gläubiger eine Aufweichung der EZU aus prinzipiellen Gründen ablehnten, fürchteten die EZU-Schuldner, die Bundesrepublik würde bei einer Aufweichung der EZU ihre Mitgliedschaft kündigen[58].

Natürlich war auch die Idee einer Weiterentwicklung des de-facto-konvertiblen EZU-Systems – eine weitere Härtung der EZU oder die Ersetzung dieses Systems durch die Konvertibilität – virulent. Dies würde den Druck auf die Schuldnerländer vergrößern, die Kreditierungsverpflichtungen der Gläubiger vermindern oder gar die Überschüsse zu vollwertigen Währungsreserven machen. Doch obgleich solche Maßnahmen im Interesse der Gläubiger lagen und das Vereinigte Königreich sogar befürchtete, es könnte von der Bundesrepublik in die Konvertibilität gezwungen werden, erwies sich eine solche Angst als unbegründet[59]. Zwar hatte die Bundesrepublik Anfang 1956 für eine weitere Härtung der EZU plädiert[60], aber schon wenig später setzte sich in Deutschland die Mei-

---

[54] Vgl. BBK, B 330/95, Emminger, Bericht von der Ministerratssitzung, 25.7.1956.

[55] BAK, B 136/2595, Gerbaulet, Vermerk Überschußposition der Bundesrepublik in der EZU, Ressortbesprechung am 24.10.1956, 24.10.1956.

[56] Vgl. HAEC, OEEC-TRA 358, Joint Trade and Intra-European Payments Committee, TP/M(57)3, Summary Record of the 275th Session, 8.4.1957; MBC(57)40, EPU, Renewal of the Union, 13.5.1957. Vgl. auch BBK, B 330/1310, IV, Französische Zahlungsbilanzkrise und Verlängerung der EZU, 12.4.1957; BBK, B 330/101, ZBR, Protokoll, 6.3.1957; BBK, B 330/102, ZBR, Protokoll, 3.5.1957.

[57] Vgl. Kaplan/Schleiminger, EPU, S.239.

[58] Von den Briten sind derartige Befürchtungen überliefert. Vgl. BoE, OV 46/76, Fenton, European Economic Situation, 27.9.1957; BoE, OV 34/43, Kommentar Roothams zu Portsmore, Tomkin's Note, 7.2.1958.

[59] Vgl. BoE, OV 46/75, Rootham, Germany, 14.6.1957; Rootham, Policy and Tactics on Germany and EMA at the IMF, 4.9.1957. Vgl. auch BoE, OV 46/75, Hubback, Brief on EMA and EPU, 4.9.1957.

[60] Vgl. PRO, T 236/4114, Brief for Sir Edward Bridges' Visit to Germany, Januar 1956.

nung durch, daß nicht auf eine Änderung der EZU-Regeln gedrängt werden sollte. Hierfür war unter anderem die politische Situation maßgebend: Adenauer bestand auf einem gemeinsamen Vorgehen mit dem Vereinigten Königreich. Gleichzeitig verpflichtete er die deutsche Politik unter Hinweis auf seine Richtlinienkompetenz auf die Beschlüsse der Messina-Konferenz und machte damit einen Konvertibilitätsschritt von Frankreich abhängig[61]. Aber auch Erhard wollte Anfang 1956 eine Auseinandersetzung in der OEEC über die Härtung der EZU vermeiden. Angesichts der neuen europäischen Integrationsprojekte sollte dem Ansehen der OEEC nicht geschadet werden. Bei einem Gespräch mit dem britischen Schatzkanzler betonte er: „He would like to see some further action by OEEC as evidence of its progressive liberal policy. This would help to keep down less promising forms of integration. One thing must not be allowed to happen: that was to have discussions in OEEC of proposals for hardening EPU and increasing liberalisation to which the UK objected. That would drive European countries into other forms of integration."[62] Außerdem bestand auch die BdL nicht auf einer Änderung des EZU-Systems. Wie schon in den Jahren zuvor, scheute Vocke auch jetzt jede Veränderung der EZU[63].

Die Motive für die Haltung der BdL sind darin zu suchen, daß sie nicht mehr auf eine Akkumulierung vollwertiger Währungsreserven angewiesen war. Auch hatte sie Bedenken, schon zu diesem Zeitpunkt den EZU-Raum als Sonderraum aufzugeben. Dem Vorschlag, Frankreich die Begleichung seiner EZU-Defizite durch vom IWF gezogene DM zu ermöglichen, stand sie im Winter 1956/57 vor allem aus diesem Grund skeptisch gegenüber[64]. Darüber hinaus, so stellte Emminger fest, lag es durchaus im Interesse der Bank, das EZU-System beizubehalten. Die Vorteile des Konvertibilitäts-Regimes – wie zum Beispiel geringere Kreditverpflichtungen – wurden seines Erachtens durch Nachteile eindeutig aufgewogen, weil „sich dann noch sichtbarer als bisher die europäischen Gold- und Dollarreserven in Richtung auf die Bundesrepublik in Bewegung setzen würden. Dies würde uns einem noch stärkeren Druck als bisher aussetzen, Kredit zu gewähren, und uns vor allem handelspolitisch natürlich in weit größere Gefahr als bisher bringen, durch Mitgliedsländer mit Zahlungsbilanzdefiziten auf die gleiche Linie mit den USA gestellt und diskriminiert zu werden. Unter dem EWA würde eine längere Fortdauer der gegenwärtigen deutschen Überschüsse wahrscheinlich von den anderen noch weniger ertragen werden, als unter der EZU"[65].

---

[61] Vgl. PA AA, Abt. 4/Ref. 401/22, Hardenberg, Vermerk, 8.5.1956 und Adenauer, Erinnerungen, S. 253 ff.

[62] PRO, T 236/4274, HMT, Note of a meeting at the Treasury, 21.2.1956.

[63] Vgl. BBK, B 330/1306, Tüngeler, Memo der Banque Nationale de Belgique, 28.3.1956.

[64] Vgl. BBK, B 330/1310, J 201, Vermerk 2.1.1957; IV, Französische DM-Ziehung im IWF, 11.1.1957. Letztendlich entschied sich der Zentralbankrat aber dafür, einen entsprechenden Antrag nicht zu opponieren. Vgl. BBK, B 330/99, ZBR, Protokoll, 9./10.1.1957.

[65] BBK, B 330/1314, IV, Vermerk, 31.5.1957.

Als das Wirtschaftsministerium angesichts der EZU-Verlängerung und der deutschen Überschüsse im Frühjahr und Sommer 1957 bei Ressortbesprechungen die Möglichkeit ansprach, zum EWA überzugehen, fand die BdL eine Konvertibilitätserklärung „nicht angängig“. Sie wies darauf hin, daß zuerst die europäischen Probleme gelöst werden müßten. Auch erfordere der Gemeinsame Markt einen gemeinsamen Zahlungsmechanismus[66]. Da auch andere Ressorts die Meinung der Zentralbank teilten[67], willigte die Bundesrepublik in die Verlängerung der EZU ohne weitere Härtung ein. Festzuhalten ist allerdings, daß mit dieser Einwilligung weder eine prinzipielle Ablehnung der Konvertibilität einherging noch für die anderen EZU-Teilnehmer eine verläßlichere Situation geschaffen wurde. Weiterhin stand die Möglichkeit einer deutschen Konvertibilitätserklärung im Raum und fungierte, selbst unausgesprochen, als Drohmittel.

Aufwertung

Die Unterzeichner des Bretton-Woods-Abkommens hatten sich nach dem Zweiten Weltkrieg auf ein System fester Wechselkurse geeinigt. In diesem System war aber die Möglichkeit von Wechselkursänderungen gegeben. Das Abkommen formulierte ausdrücklich, daß bei grundlegenden Gleichgewichtsstörungen die Paritäten verändert werden können[68]. Bei den nunmehr schon seit geraumer Zeit anhaltenden deutschen Überschüssen zu fast allen Währungsräumen war demnach zu prüfen, ob die DM aufgewertet werden sollte[69].

Schon in der ersten Hälfte der fünfziger Jahre hatte Erhard verschiedentlich die Wechselkurse als starr und verzerrt angegriffen und den französischen Franken als überbewertet bezeichnet. Im Frühsommer 1956 griff er das Thema der Wechselkurse wieder auf. In einem Artikel in der Hamburger Wochenzeitung „Die Zeit“ stellte er fest, daß sich die Preisniveaus der europäischen Länder in den letzten Jahren unterschiedlich entwickelt hätten, daß aber die Wechselkurse nicht angepaßt worden seien. Deshalb sei es „hohe, nein höchste Zeit“, die europäischen Wechselkursrelationen auf einer internationalen Konferenz zu diskutieren[70]. Wenig später wandte sich Erhard an den britischen Schatzkanzler Macmillan und an die ausländische Presse. Er führte aus, daß es Grenzen für eine Gute-Gläubiger-Politik Deutschlands gäbe. Veränderungen der europäischen Paritäten seien notwendig. Wenngleich Erhard dabei aus Gründen der „Billigkeit“ vor al-

[66] BBK, B 330/1314, J 2, Zur Frage des Übergangs von der EZU zum EWA, 31.5.1957.

[67] Vgl. BAK, B 136/2595, o.V., Ressortbesprechung am 3.6.1957 zur Vorbereitung der Arbeitsgruppe 19 der OEEC, o.D.; BAK, B 102/12598, I A 1, Vermerk für die Sitzung des Abteilungsleiterausschusses für Konjunkturpolitik, 12.7.1957.

[68] Vgl. IWF-Abkommen, Art. IV, Abschnitt 5, abgedruckt in: BGBL 1952 II, S.638ff.

[69] Zwar war die deutsche Handelsbilanz zum Dollarraum noch immer negativ, doch in einem de-facto-konvertiblen System sollte nicht das, sondern vielmehr die Gesamtbilanz und die Währungsreserven den Ausschlag geben. Die konvertiblen Währungsreserven der Bundesrepublik beliefen sich Ende 1955 auf 9618 Mio. DM, die Nettoauslandsposition gar auf 13141 Mio. DM. Das entsprach fast fünf bzw. fast sieben Monatseinfuhren. Vgl. Monetäre Statistiken, S.5 und S.346.

[70] Erhard, „Konjunktur und Außenwirtschaft“, in: Die Zeit, Nr.24, 14.6.1956, S.1f.

lem an Abwertungen der anderen Währungen dachte, so lehnte er eine Aufwertung der DM nicht prinzipiell ab[71].

Mit seiner Initiative stach Erhard in ein Wespennest. Aufgrund seiner Äußerungen setzte eine massive Spekulation auf eine Aufwertung der DM ein. Die deutschen EZU-Überschüsse stiegen von schon beachtlichen 86,2 Mio. RE im Mai auf 114,2 Mio. RE im Juni an[72]. Darüber hinaus hatte Erhard mit seinen Äußerungen für erhebliche Verstimmung im In- und Ausland gesorgt. Die Bank von England bezeichnete Erhards Vorstoß als „wholly deplorable, whether viewed as a means of achieving his object or from the point of view of international courtesy“[73]. Macmillan fand Erhards Vorschlag und vor allem das sich daran anschließende Interview mit der Financial Times höchst unglücklich und stellte fest, es vertrüge sich nicht mit den gemeinsamen Zielen und Interessen. Er lehnte jedwede britische Teilnahme in einer Diskussion über die Wechselkurse kategorisch ab[74]. Im Inland reagierte vor allem die BdL, unterstützt von der deutschen OEEC-Delegation, heftig. Sie mißbilligte jegliche Veränderung der DM-Parität. Ein Grund für diese Haltung lag darin, daß sie die Entwicklung der Preisniveaus anders als Erhard einschätzte. Emminger stellte fest, daß sich zwar die deutschen und britischen Einzelhandelspreise erheblich auseinander entwickelt hätten. Er hob aber hervor, daß die Entwicklung der britischen und deutschen Ausfuhrpreise parallel verlaufen sei[75]. Hinzu kam, daß die Bank erhebliche formalrechtliche und prinzipielle Bedenken hatte. Emminger wies auf die Statuten des IWF hin, und Vocke betonte, daß Wechselkursänderungen prinzipiell nicht wünschenswert seien. Das war seines Erachtens „die falsche Einstellung“: „Wenn man immer wieder die Wechselkurse als Gegenstand von Revisionen und Korrekturen nach unten oder oben ansieht, so wird man denjenigen Vorschub leisten, die die Währungsparität und ihre Veränderungen als ein Instrument des Handelskrieges und des Wettbewerbs betrachten, wie das ja in den letzten 20 Jahren leider Gottes nur zu oft geschehen ist, allerdings, ohne daß die, die die Abwertung vorgenommen haben, davon einen nachhaltigen Nutzen gehabt hätten.“[76] So waren für die Ablehnung einer Aufwertung weitgehend Prinzipien entscheidend. Die Exportinteressen hingegen spielten keine Rolle für die Haltung der Bank. Em-

[71] BBK, B 330/3172, Erhard an Macmillan, 3.7.1956; Erhard, Exposé zur intervalutaren Lage, 3.7.1956.

[72] Vgl. BdL, Monatsberichte, diverse Ausgaben. Schon vor Erhards Artikel in „Die Zeit“ wurde auf eine Aufwertung der DM spekuliert. Der Zentralbankrat hatte sich deshalb am 13.6.1956 veranlaßt gesehen, eine Presseverlautbarung herauszugeben. Darin wurde betont, daß Bundesregierung und BdL eine Aufwertung nicht in Erwägung ziehen. Vgl. BBK, B 330/94, ZBR, Protokoll, 13.6.1956.

[73] BoE, OV 46/75, Bolton, Anglo-German Exchange Relations, 12.7.1956.

[74] Am 11.7.1956 schrieb Macmillan zwei Briefe an Erhard, vor und nach der Lektüre der Financial Times. Vgl. PRO, PREM 11/1321.

[75] Vgl. BBK, B 330/95, ZBR, Stenogramm, 11.7.1956.

[76] BBK, NL Emminger, Wechselkursfrage, Vocke an Erhard, 19.6.1956; Emminger an Erhard, 18.6.1956, von Mangoldt an Erhard, 25.6.1956. Vgl. auch BoE, OV 46/75, Vocke an Cobbold, 17.7.1956.

minger war sogar der Meinung, die deutsche Exportindustrie könne eine „mäßige Aufwertung“ durchaus verkraften[77].

Da die Idee einer europäischen Wechselkursanpassung offensichtlich wenig Gegenliebe fand, aber auch weil weder das Wirtschaftsministerium noch Erhard entschlossen waren[78], wurde eine Aufwertung der DM nicht weiter verfolgt. Um weiterer Spekulation vorzubeugen, nahm die Bundesregierung im Juni mit einer offiziellen Stellungnahme von einer DM-Aufwertung Abstand[79]. Doch wenn nach diesem Dementi auch die spekulativen Devisenzuflüsse leicht zurückgingen, war das Thema einer Aufwertung nicht erledigt. Bei weiteren deutschen Handelsbilanzüberschüssen kam es schon im Herbst 1956 aus Anlaß der Suez-Krise zu erneuten spekulativen Devisenzuflüssen. Die Diskussion um eine Aufwertung der DM lebte wieder auf. Inzwischen hatte sich das Meinungsbild innerhalb der BdL verändert. Nun befürwortete Emminger eine Aufwertung. Da weder die spekulativen Zuflüsse noch die „echten“ Handelsbilanzüberschüsse in der nächsten Zeit nachlassen würden, müsse wegen der inneren Stabilität, und um eine Entlastung der Geldpolitik zu erreichen, aufgewertet werden. Falls die DM nicht aufgewertet würde, würden die europäischen Diskrepanzen festgeschrieben. Dadurch entzöge man dem deutschen Wirtschaftskreislauf Güter und behindere nützliche inländische Investitionen, nur „um die (viel weniger wichtige) Investition in Devisenreserven“ fortsetzen zu können[80].

Obgleich nun einige Mitglieder des Zentralbankrates Emmingers Analyse zustimmten[81], laut der Bank von England im Herbst 1956 sogar innerhalb der BdL eine beträchtliche Unterstützung für eine DM-Aufwertung zu finden war[82], der Wissenschaftliche Beirat beim Wirtschaftsministerium für eine Aufwertung eintrat[83] und auch das EZU-Direktorium die Notwendigkeit fundamentaler Maßnahmen ansprach[84], blieb Vocke bei seiner strikten Ablehnung einer Aufwertung. In autokratischer Weise, ohne das Thema im Zentralbankrat zur Diskussion zu stellen und ohne durch einen Beschluß des Zentralbankrates gedeckt zu

[77] BBK, B 330/95, ZBR, Stenogramm, 11.7.1956.

[78] Vgl. BBK, B 330/2030, Könneker an Vocke, 14.7.1956. Zu Erhard stellte Könneker fest: „Wie Erhard denkt, weiß man in Wirklichkeit nicht.“

[79] Vgl. Bulletin des Presse- und Informationsamtes, Nr. 128, 13.6.1956.

[80] BBK, NL Emminger, Wechselkursfrage, IV, Vermerk, 10.11.1956.

[81] York Hoose, Präsident der Landeszentralbank Niedersachsen, befürwortete beispielsweise eine Aufwertung. Vgl. BBK, B 330/103, ZBR, Stenogramm, 12.6.1957; Hoose, Aufwertung, S. 461 ff.

[82] Vgl. BoE, OV 46/75, Fenton, Germany, 29.10.1956.

[83] Vgl. Wissenschaftlicher Beirat beim Bundeswirtschaftsministerium, Gutachten vom 30.4.1957, S. 333 ff.

[84] Vgl. BBK, B 330/103, ZBR, Protokoll, 26.6.1957; Bericht über die Sitzung des Ministerstellvertreterausschusses am 17./18.6.1957. Die Meinung in Paris war keineswegs einheitlich. Es gab Befürworter und Gegner einer DM-Aufwertung. Vgl. HAEC, OEEC-TRA 358, Kirschen, Les theories économiques et politiques de Mr. Cahan, 4.1.1957. Die Bank von England befürchtete, eine Aufwertung der DM würde den europäischen Dollaranfall insgesamt verkleinern. Vgl. BoE, OV 34/96, Gunn an Tomkin, 4.10.1957.

sein, bezog er wiederholt gegen eine Aufwertung Stellung[85]. Dies sorgte zwar für einigen Unmut. Hermann Tepe, Präsident der Landeszentralbank Bremen, monierte Vockes Vorgehen und vor allem die Tatsache, daß er „dem Zentralbankrat bisher [...] die Tatsache offenbar sehr eingehender Diskussionen des Themas zwischen Ihnen und den Bundesministern und Ihre vorliegende Stellungnahme offenbar bewußt vorenthalten [hat]". In diesem Zusammenhang bezweifelte er, „ob es zweckmäßig ist, die Minister in einer so grundlegenden Frage der Währungspolitik nur mit Ihrer persönlichen Ansicht zu versehen, so wertvoll sie zweifellos immer ist"[86]. Trotzdem konnte sich Vockes Ansicht letztendlich durchsetzen. Während seine Meinung die Unterstützung von Adenauer und dem Auswärtigen Amt, von Blücher, der deutschen OEEC-Delegation und dem Ministerium für wirtschaftliche Zusammenarbeit, von IWF-Direktor Per Jacobsson, dem Kanzlerberater und Bankier Hermann J. Abs sowie der deutschen Exportindustrie fand[87], diskutierte der Zentralbankrat die Aufwertungsfrage nicht und blieb konsequenterweise in seinem Urteil unsicher. Im Sommer 1957 hatte Bernard, trotz inzwischen einjähriger öffentlicher Diskussion über eine Anpassung der Wechselkurse, noch immer keine Meinung[88]. Erst in der Zentralbankratsitzung am 21./22. August 1957, nachdem der Bundeskanzler angesichts der inzwischen bedrohlichen Spekulation eine gemeinsame Verlautbarung von Bundesregierung und Bundesbank gefordert und erhalten hatte[89], wurde in Aussicht genommen, über dieses Thema „demnächst" eine „längere Diskussion" zu führen[90]. Bevor es jedoch zu dieser ausführlicheren Diskussion kommen konnte, schwächte sich die Währungsspekulation im September 1957 im Anschluß an eine deutsche Diskontsenkung um ein halbes Prozent und vor allem nach einer britischen Diskonterhöhung um zwei Prozent ab. Sie kehrte sich sogar zum Teil um[91]. Das Thema der Aufwertung verlor dadurch an Brisanz.

Die Haltung des Zentralbankrates zur Aufwertung der DM erklärt sich zu großen Teilen also aus den innerhalb des Zentralbanksystems herrschenden Machtpositionen und dem Führungsstil Vockes. Das hat auch schon Emminger

---

85 BBK, B 330/2021, Vocke an Erhard, 2.5.1957. Keineswegs stand Vocke damit in der BdL alleine. Der gleichen Meinung war Tüngeler. Vgl. BBK, B 330/2047, Tüngeler an Vocke, 24.4.1957.

86 BBK, B 330/2047, Tepe an Vocke, 21.5.1957.

87 Vgl. BAK, B 136/7864, Haenlein, Probleme der deutschen Devisenüberschüsse, 13.9.1957; BAK, B 136/2595, Blücher, Überlegungen an Müller-Armack, 6.9.1957; BBK, B 330/2028, Jacobsson an Vocke, 24.4.1957. Für Abs vgl. Abs, Aufwertung. Für die Exportindustrie vgl. BAK, B 136/7864, Praß an Bundeskanzler, 13.9.1957; BBK, B 330/2015, Brinckmann an Vocke, 22.7.1957.

88 Vgl. BBK, B 330/133, ZBR, Stenogramm, 21./22.8.1957.

89 Vgl. BAK, NL Schäffer 34, Hartmann, Vermerk zur Kabinettssitzung vom 20.8.1957; Bulletin des Presse- und Informationsamtes, Nr. 153, 21.8.1957.

90 BBK, B 330/133, ZBR, Stenogramm, 21./22.8.1957.

91 Damit liegt die Vermutung nahe, diese Diskontsenkung sei der Preis gewesen, den der Zentralbankrat für die Ablehnung einer Aufwertung zahlte. Für eine solche Annahme spricht, daß sie erfolgte, obwohl Geldvolumen und Kreditgewährung weiterhin anstiegen. Vgl. Deutsche Bundesbank, Monatsbericht Dezember 1958, S. 30 und S. 34. Dagegen spricht, daß der Zentralbankrat in der entsprechenden Sitzung festhielt, die Kreditexpansion sei in der ersten Monatshälfte rückläufig gewesen. Vgl. BBK, B 330/134, ZBR, Stenogramm, 18.9.1957.

in seinen Memoiren herausgestellt[92]. Hinzu kam aber auch, daß in der deutschen Zentralbank in bezug auf die internationale Währungspolitik Beharrungstendenzen existierten und es somit zu einer beachtenswerten Zeitverzögerung zwischen der außenwirtschaftlichen Entwicklung und dem Niederschlag dieser Entwicklung in Diskussionen bzw. Beschlußfassungen kam. Wie Bernard im August 1957 freimütig einräumte, war für ihn das Verhältnis der DM zum Dollar bisher eben einfach ein „Datum" gewesen[93]. Da solche Beharrungstendenzen in der Bank vorherrschten und die deutsche Zentralbank die Möglichkeit einer Aufwertung nicht nachhaltig prüfte, kann man ihr eine fehlerhafte Politik vorwerfen[94]. Gleichwohl ist festzuhalten, daß sich ihr Standpunkt nicht vollständig mit Beharrungstendenzen erklären läßt. Vielmehr war der Zentralbankrat auch der Meinung, ein gewisser Druck auf die anderen europäischen Währungen solle aufrechterhalten werden, denn dadurch sollten die anderen Länder zur „Gesundung" gezwungen werden. Im August 1957 faßte Bernard den Standpunkt des Zentralbankrates zusammen: „Ferner bleibt zu bedenken, inwieweit man bei denjenigen Volkswirtschaften, bei denen wir alle meinen, daß ihre Währungen falsch liegen, eine Adjustierung verhindert, wenn wir u. U. vorzeitig etwas derartiges (abwerten, M.D.) tun. Muß man nicht solange Geduld haben und darf man nicht vorzeitig schwach werden? Jetzt hat bereits Frankreich angefangen; es wird ihm zugeredet, noch etwas mehr zu tun. England steht unter diesem Druck; Holland auch. Ist es zu verantworten, daß wir die möglicherweise heilsame Entwicklung, die wir für die Gesamtgesundung eigentlich benötigen, im ungünstigen Sinne dadurch beeinflussen, daß wir von uns aus etwas Bestimmtes tun?"[95]

Importförderung und Abbau der Exportförderung

Im November 1956 stellte A. M. Stamp von der Bank von England in einem Vermerk kategorisch fest: „The fundamental trouble is that Germany is exporting too much and importing too little."[96] Sofern man dieser Meinung beipflichtete, mußten Maßnahmen zur Importsteigerung und Exportbegrenzung ergriffen werden. In bezug auf die Importe konnte die deutsche Wirtschaftspolitik nur durch Zollermäßigungen oder anderweitige Importförderungsmaßnahmen eingreifen. Zum einen konnten die Importe angesichts des hohen Liberalisierungssatzes nicht mehr wesentlich durch einen Abbau der mengenmäßigen Beschränkungen erhöht werden[97]; zum anderen lehnte die Zentralbank eine Stimulierung der Importe durch Ausweitung der internen Nachfrage mittels geldpolitischer Maßnahmen ab, so daß es neben Zollabbau und speziellen Importförderungsmaßnahmen

---

92 Vgl. Emminger, D-Mark, S. 78 ff.
93 BBK, B 330/133, ZBR, Stenogramm, 21./22. 8. 1957.
94 Grosser/Müller-Armack, Marktwirtschaft, S. 87 f. werfen der Bank einen Analysefehler vor.
95 BBK, B 330/133, ZBR, Stenogramm, 21./22. 8. 1957.
96 BoE, OV 46/75, Stamp, German surplus and the future of Sterling, 1. 11. 1956.
97 Im Jahre 1955 betrug der Liberalisierungssatz bereits 91,5%. Bis Juli 1958 wurde er in kleinen Schritten auf 94% erhöht.

andere Optionen nicht gab. In bezug auf die Exporte bot sich neben dirigistischen, exportbeschränkenden Maßnahmen vor allem der Abbau der während der Koreakrise eingeführten Exportförderungsmaßnahmen an[98].

Seit Anfang 1955 befürworteten Erhard und Schäffer Zollsenkungen. Dadurch wollten sie sowohl den Preissteigerungen als auch den Überschüssen entgegenwirken[99]. Doch wenn sie auch mehrere entsprechende Vorstöße unternahmen, konnten sie sich letztendlich nicht durchsetzen, denn Zollsenkungen begegneten erheblicher Opposition. Das Ministerium für Landwirtschaft lehnte Zollsenkungen für Agrarprodukte ab. Der Bundestag war nicht bereit, auf seine zollpolitischen Kompetenzen zu verzichten. Ferner hielt es Adenauer zusammen mit seinem Berater Fritz Berg für „ganz unmöglich“, daß sein Wirtschaftsminister die Zollsätze bestimmt[100]. So konnten im Verlauf der Jahre nur mehrere sogenannte konjunkturpolitische Zollsenkungen verfügt werden, die für einzelne Produkte für eine bestimmte Zeit galten[101]. Doch schon zeitgenössische Beobachter bemängelten, daß diese Maßnahmen zu begrenzt und insgesamt wirkungslos waren[102]. Trotzdem konnte eine lineare Zollsenkung, die der Wirtschaftsminister befürwortete und die er im Sommer 1957 schon lautstark der OEEC angekündigt hatte, nicht beschlossen werden. Von Bedeutung war dabei, daß der Zentralbankrat zwar Erhards Ansinnen befürwortete, jedoch in seiner Befürwortung blaß blieb[103]. Zwar hatte er schon im Jahre 1956 Zollsenkungen begrüßt und dabei sogar den Einschluß von landwirtschaftlichen Produkten gefordert. Davon versprach er sich einen Abbau der Überschüsse und eine Stabilisierung der Preise[104]. Da sich aber im weiteren Verlauf das Konjunkturbild wieder ausgeglichener zeigte und mit dem Ansteigen der ausländischen Preisniveaus eine wichtige Funktion der Zollsenkungen, die Stabilisierung der Preise, nicht mehr gegeben war, ließ das Interesse der Zentralbank schnell wieder nach[105].

Der Abbau von Exportförderungsmaßnahmen war schon im Jahre 1953/54 Thema internationaler Diskussionen gewesen. Obwohl Erhard einen solchen Ab-

---

[98] Neben einer steuerlichen Förderung wurden die deutschen Exporte durch besonders günstige Finanzierungsmöglichkeiten gefördert. Für die Exportkredite der Kreditanstalt für Wiederaufbau oder der AKA Ausfuhrkredit-Gesellschaft galten spezielle Refinanzierungsbestimmungen. Darüber hinaus war im Jahre 1950 das Exporttrattenverfahren als eine billige Finanzierungsmöglichkeit eingerichtet worden. Hier zog der Exporteur auf seinen ausländischen Abnehmer eine Tratte, die zu besonderen Diskontsätzen rediskontiert werden konnte.

[99] Vgl. BAK, B 136/378, Erhard/Schäffer an Bundeskanzleramt, Februar 1955. Vgl. hierzu auch Asbeek Brusse, Tariff Plans, S. 290 ff.

[100] BAK, B 136/378, Auszug aus dem Kabinettsprotokoll, 3.3.1955; BAK, B 136/652, Adenauer an Erhard, 6.9.1955.

[101] Im Herbst 1955 wurden 120 Zollsenkungen für die Zeit vom 1.12.1955 bis 30.6.1956 beschlossen. Anfang 1956 folgten – befristet auf die Zeit 15.1.1956 bis 30.6.1956 – weitere Zollsenkungen. Im Juli 1956 wurde diese Zollsenkung verlängert und nochmals erweitert.

[102] Vgl. Gr, „Konjunkturpolitische Zollsenkung“, in: Der Volkswirt Nr. 47/1955, S. 5.

[103] Vgl. BAK, B 136/2595, Ressortbesprechung zur Vorbereitung der Arbeitsgruppe 19 der OEEC, 3.6.1957.

[104] Vgl. BBK, B 330/94, ZBR, Stenogramm, 18.5.1956.

[105] Vgl. BBK, B 330/103, ZBR, Stenogramm, 12.6.1957

bau öfters lauthals forderte, hatte die Bundesrepublik letztlich Zurückhaltung geübt. Erst solle es – so beharrten deutsche Vertreter im Jahre 1954 bei den entsprechenden Diskussionen mit dem Vereinigten Königreich – vollkommen eindeutig sein, daß die deutschen Überschüsse strukturell seien[106]. In der zweiten Hälfte der fünfziger Jahre ließ die Klarheit nicht mehr zu wünschen übrig. Innerhalb der Zentralbankrates bestanden trotzdem Zweifel. So fragte Bernard in einer Zentralbankratsitzung: „Gibt es denn heute Tatbestände, die es völlig eindeutig ausschließen, daß unsere starke Überschußposition nur ephemer sein könnte? Läßt sich heute bereits apodiktisch sagen: Das kann nicht ephemer sein, sondern es zeichnet sich heute bereits ab: Das ist unter allen Umständen etwas Strukturelles."[107]

Bei solchen Zweifeln ging ein Abbau der Förderungsmaßnahmen nur langsam voran. Zwar erklärte Vocke schon 1955 dem BDI-Vorsitzenden Fritz Berg unumwunden, daß eine Förderung des Exportes nicht mehr nötig sei[108]. Auch plädierte Vocke seit November 1956 für eine Einstellung des Exporttrattenverfahrens[109]. Dieser Vorschlag fand aber im Zentralbankrat nur mäßige Zustimmung. Wenn auch der Zentralbankrat behauptete, den Export in den EZU-Raum nicht mehr subventionieren zu wollen, wurden in der Diskussion über die Abschaffung des Exporttrattenverfahrens die möglichen Schwierigkeiten für die Exportindustrie herausgestellt. Das Protokoll der Zentralbankratsitzung hielt fest: „Bei aller grundsätzlichen Würdigung dieser Argumentation tragen einige Mitglieder Bedenken [...], weil namentlich kleine und auch mittlere Exportfirmen darin eine erhebliche Erschwerung ihres Exportes sehen würden."[110]

Aus diesem Grund wollte der Zentralbankrat das Exporttrattenverfahren nur mit „angemessenen Übergangsregelungen" zum 30. November 1957 auslaufen lassen[111]. Den endgültigen Ausschlag für diese Entscheidung gab dabei das Kursrisiko, das die Bank bei auf französischen Franken lautenden Tratten übernahm[112]. Insgesamt muß festgehalten werden, daß zwar Exportförderungsmaßnahmen abgebaut wurden. Das geschah aber nur allmählich und hatte deutliche Grenzen. Keinesfalls wurden dabei alle Maßnahmen aufgehoben[113]. Weiterhin war die Rede davon, „daß die Pflege des deutschen Exports notwendig ist"[114].

---

106 Vgl. PRO, FO 371/109620, Beckett, Minutes, 30.4.1954.
107 BBK, B 330/135/I, ZBR, Stenogramm, 16.10.1957.
108 Vgl. BBK, B 330/2015, Vocke an Berg, 18.10.1955.
109 Vgl. BBK, B 330/98, Vocke, Einstellung des Ankaufs von Exporttratten, 9.11.1956.
110 BBK, B 330/98, ZBR, Protokoll, 28.11.1956.
111 BBK, B 330/133, ZBR, Protokoll, 21./22.8.1957. Allerdings hatte der Zentralbankrat schon Anfang 1957 eine Beschränkung dieses Verfahrens beschlossen. Vgl. BBK, B 330/99, ZBR, Protokoll, 9./10.1.1957.
112 Vgl. BBK, B 330/2057, Direktorium, Protokoll, 22.7.1957.
113 Auslandswechsel wurden seit Mai 1956 nicht mehr zu Vorzugssätzen hereingenommen. Auch wurden sie auf das Rediskontkontingent angerechnet. Vgl. BBK, B 330/94, ZBR, Protokoll, 18.5.1956. Der AKA Plafonds B blieb bestehen, wurde aber reduziert. Vgl. BBK, B 330/99, ZBR, Stenogramm, 6.2.1957. Über die Ausmaße der noch 1958 existierenden kreditpolitischen Exportförderung unterrichtet: BoE, OV 34/43, o.V., Germany – Official Export Credit, 3.7.1958.
114 BAK, B 136/2595, Turowsky, Vermerk, 4.6.1957.

Während gewisse Exportförderungsmaßnahmen trotz aller Überschüsse in Kraft blieben, beschloß der Zentralbankrat aber vergleichbare kreditpolitische Maßnahmen zur Förderung des Importes nicht. Die Gründe dafür waren vielfältig. Zum einen sollten laut dem Zentralbankrat Notenbankinstrumente prinzipiell nicht zur Importförderung eingesetzt werden. Er berief sich auf die Prinzipien der Marktwirtschaft und lehnte solche dirigistischen Maßnahmen ab – zumal sie die Restriktionspolitik unterlaufen würden: „Beispielsweise würde die Nichtanrechnung oder die teilweise Nichtanrechnung eines auf Importgeschäften beruhenden privilegierten Wechseltyps auf die Rediskontkontingente auf eine bedenkliche Aufweichung der kreditpolitischen Grundhaltung hinauslaufen [...]. Eine so einschneidende und den Prinzipien der Marktwirtschaft zutiefst widersprechende Maßnahme, wie sie in einer Politik des gespaltenen Diskontsatzes zu erblicken wäre, erscheint um so weniger vertretbar, als der Erfolg einer kreditpolitischen Verbilligungsaktion durchaus ungewiß wäre."[115] Zum zweiten war die Einsicht, daß der Import gesteigert werden mußte, im Zentralbankrat keineswegs fest verwurzelt. Der Präsident der Landeszentralbank Niedersachsen, York Hoose, formulierte zum Beispiel noch im Sommer 1956: „Es ist heute eigentlich nicht so ganz klar zu erkennen, warum à tout prix der Import gefördert werden sollte."[116] Auch als im Sommer 1956 die Regierung und der Groß- und Außenhandelsverband vehement für eine kreditpolitische Erleichterung der Importe plädierten, konnte sich der Zentralbankrat nicht zu einer Förderung der Importe durch notenbankpolitische Mittel durchringen[117].

Als Ergebnis dieser Politik stiegen zwar, wie Tabelle 13 zeigt, die Importe zeitweise erheblich an, die Steigerungsraten blieben aber noch immer hinter den Exporten zurück. Während die Exporte im Zeitraum von 1955 bis 1958 um fast 30 Prozent stiegen, betrug das Wachstum der Importe nur 20 Prozent.

Linderungsmaßnahmen

Im Sommer 1956 schlug der deutsche Vertreter im EZU-Direktorium Hans Karl von Mangoldt vor, die Bundesrepublik könne der EZU zwecks Erleichterung der europäischen Zahlungsbilanzspannungen weitere Rallongen oder gar Sonderkredite gewähren. Wenngleich solche und andere Maßnahmen von den Briten nur als „sinnvolle Linderungsmaßnahmen" angesehen wurden[118], erfreuten sie sich einiger Beliebtheit. Im Juli 1956 schlugen die Briten einen vorzeitigen Abbau der deutschen Auslandsverschuldung und Vorauszahlungen auf ein Rüstungskonto vor. Die Weltbank regte die Einzahlung der deutschen Subskription an.

---

[115] BBK, B 330/95, ZBR, Protokoll, 25.7.1956. Diese Meinung vertrug sich schlecht mit den kreditpolitischen Exportförderungsmaßnahmen. Dessen war sich der Zentralbankrat bewußt. Er stellte hierzu fest, er wolle den damals gemachten Fehler nicht wiederholen.

[116] BBK, B 330/95, ZBR, Stenogramm, 27.6.1956.

[117] Vgl. BBK, B 330/95, ZBR, Protokoll, 27.6.1956; ZBR, Protokoll, 25.7.1956; BMWi an Bernard, 11.7.1956.

[118] Vgl. BoE, OV 46/75, Rowan, Note on a talk with von Mangoldt, 17.7.1956.

Tabelle 13: Deutsche EZU-Im- und -Exporte 1956–1958

	Importe Steigerung in % zum Vorjahresquartal	Exporte Steigerung in % zum Vorjahresquartal
I 1956	3,0	10,8
II 1956	9,1	24,7
III 1956	5,8	21,7
IV 1956	6,0	18,7
I 1957	14,0	27,9
II 1957	3,8	11,2
III 1957	8,4	14,4
IV 1957	10,6	8,1
I 1958	6,3	1,5
II 1958	2,9	–0,8
III 1958	3,6	0,7
IV 1958	2,1	–0,2

Anmerkungen: berechnet nach Einkaufs- und Käuferländern.
Quelle: Außenhandel der BRD, Januar 1956, 23; Januar 1958, 23; Dezember 1958, 23.

Innerhalb der Bundesrepublik trafen derartige Vorschläge keineswegs nur auf Gegenliebe. Aus Haushaltsgründen lehnte der Finanzminister eine vorzeitige Schuldenrückzahlung ab. Auch eine Einzahlung der deutschen Subskriptionsquote für die Weltbank mißbilligte er[119]. Allerdings trafen diese Vorschläge auf das Wohlwollen der BdL. Selbst auf die Gefahr hin, daß ihr bei einem vorzeitigen Schuldenabbau der Gegenposten zu dem deutsch-britischen Konsolidierungsabkommen von 1954 fehlen würde, setzte sie sich für eine vorzeitige Rückzahlung der Schulden ein[120]. Letztendlich ermöglichte sie dies dadurch, daß sie dem Finanzminister einen Kredit zum Kauf der erforderlichen Devisen einräumte[121]. Ähnlich verhielt sich die deutsche Zentralbank bei der Einzahlung der deutschen Subskriptionsquote für die Weltbank. Auch hier sagte sie dem Finanzminister eine Vorfinanzierung zu[122]. Auch der Einrichtung eines Rüstungskontos stand sie positiv gegenüber. Allerdings drängte sie hier auf Sicherstellung gegen mögliche Wechselkursänderungen[123].

[119] Vgl. BBK, NL Emminger, Wechselkursfrage, Emminger, Englische Vorschläge zur Milderung der Zahlungsbilanzspannungen, 17.8.1956; BBK, B 330/2057, Direktorium, 22.11.1956.

[120] Vgl. BBK, B 330/1310, Emminger an von Mangoldt, 23.8.1956. Im Rahmen der EZU-Konsolidierungsaktion hatten das Vereinigte Königreich und die Bundesrepublik im Sommer 1954 ein Abkommen abgeschlossen. Dieses sah vor, daß die jährliche Rate, die das Vereinigte Königreich an die Bundesrepublik zahlen sollte, gegen die jährliche Rate aus den deutschen Nachkriegsschulden verrechnet würde. Zu den entsprechenden Verhandlungen vgl. S. 172ff.

[121] Vgl. BBK, B 330/2057, Direktorium, Protokoll, 25.10.1956 und 7.1.1957.

[122] Vgl. BBK, B 330/99, ZBR, Protokoll, 23.1.1957.

[123] Vgl. BBK, NL Emminger, Wechselkursfrage, o.V., Germany's EPU surplus and possible German Arms Purchases in UK, o.D. Der Finanzminister übernahm letztendlich eine Kursgarantie für

Insgesamt erwies sich die deutsche Zentralbank, insoweit „sinnvolle Linderungsmaßnahmen“ betroffen waren, als ausgesprochen kooperationsbereit. Das Vereinigte Königreich hob das in mehreren Gelegenheiten hervor und würdigte die Bemühungen der Bank: „It is relevant to note, the German Government have been spared putting up 90 million (Pound Sterling, M.D.) which will have been done exclusively by the BdL from its foreign exchange reserves. To put it bluntly: it seems to us that the German Government have been lucky in having the BdL to dig them out of a nasty hole.“[124]

Die Erklärung dafür, daß die Bank nur derartige Linderungsmaßnahmen befürwortete, liegt darin, daß sie zwar an einer Entschärfung der Ungleichgewichte und an einer Entlastung der britischen Situation interessiert war, gleichzeitig aber grundlegende Maßnahmen für unnötig hielt. Wie im folgenden gezeigt wird, waren damit erhebliche Vorteile, vor allem ein Anwachsen ihrer Machtposition und eine Stärkung ihrer Führungsrolle in Europa, verbunden.

Die deutsche Zentralbank im de-facto-konvertiblen EZU-System

Die Jahre 1955 bis 1958 waren eine Probezeit des de-facto-konvertiblen EZU-Systems. In diesem Zeitraum war dieses Währungssystem mit einigen Problemen – Ungleichgewichten, deutschen Überschüssen, Spekulation – konfrontiert. Mit diesen mußte sich die deutsche Zentralbank beschäftigen. Gleichzeitig mußte sie ihrer zentralen Aufgabe, der Bewahrung der Preisstabilität, nachkommen.

In den Jahren 1955 bis 1958 verfolgte die Bank eine Politik der Restriktion und Passivität. Um die Geldwertstabilität zu bewahren, ergriff die Zentralbank restriktive Maßnahmen und kümmerte sich nicht um die außenwirtschaftlichen Folgen dieser Politik. Für das Festhalten an dieser restriktiven Linie war die Preisstabilität keineswegs das einzige Motiv. Wichtig war auch, daß die Bank ihren Handlungsspielraum als begrenzt einschätzte. Tatsächlich war ein Großteil der Überschüsse auf die Spekulation in Auf- oder Abwertung zurückzuführen, und deshalb lag eine Zinsreagibilität nicht vor. Zinssenkungen waren sinnlos und konsequenterweise abzulehnen. Selbst wenn Erhard es nicht beabsichtigte, so hat er mit seinen Aufwertungsvorstößen der deutschen Geldpolitik einen guten Dienst erwiesen, denn damit hat er ihr eine kreditpolitische Abstinenz ermöglicht. Aber auch in bezug auf die Außenwirtschaftspolitik sah sich die Bank nicht zu durchgreifenden Maßnahmen veranlaßt. Vielmehr war es nur ihr Ziel, die Überschüsse zu lindern, und dementsprechend machte sie sich nur für begrenzte Maßnahmen

eine Devisenanlage der Deutschen Bundesbank bei der Bank von England in Höhe von 75 Mio. £. Vgl. BGBL 1957 I, S. 1745. Vgl. hierzu auch BBK, B 330/98, ZBR, Protokoll, 28.11.1956 und 19.12.1956; BBK, B 330/99, ZBR, Protokoll, 9./10.1.1957 und 6.2.1957; BBK, B 330/101, ZBR, Protokoll, 6.3.1957.

[124] BoE, OV 34/42, Rootham an Rickett, 17.1.1957. Vgl. auch BoE, OV 46/62, Fenton, EPU UK-German Amortisation Agreement, 26.7.1957: „The fact that the operation has nevertheless taken place is, I gather, entirely due to the pressure exerted by the BdL.“

stark. Fundamentale Mittel wie eine Aufwertung lehnte sie ab. Wenngleich sie sich in vielen Gelegenheiten für eine Importsteigerung und für den Abbau der Exportförderung aussprach, verfolgte sie diese nicht mit dem entsprechenden Nachdruck. Modifikationen des internationalen oder europäischen Währungssystems hielt sie für unangebracht. Ohne offiziell von dem Konzept der Konvertibilität Abstand zu nehmen, votierte sie weiterhin für die EZU.

Eine derartige Politik der Restriktion und Passivität brachte Probleme mit sich. Während die Bank einen „geradezu verzweifelten Kampf" gegen die aus den Überschüssen resultierende Liquidisierung führen mußte[125], bestanden die deutschen Überschüsse fort. Die deutschen Reserven, inzwischen als sinnlose Investition angesehen, wuchsen, und die deutschen Kredite an die EZU stiegen an. Die Ungleichgewichte in der EZU verstärkten sich und konnten, je länger, je mehr, den Fortbestand der EZU gefährden. Auch konnten sie dazu führen, daß sich die europäischen Partner auf eine Diskriminierung der Bundesrepublik einigen würden. Trotzdem hielt die deutsche Zentralbank an dieser Politik fest.

Um die Politik der Zentralbank zu erklären, ist angeführt worden, daß sie in diesem Interessenkonflikt ihre Priorität auf die Bewahrung der Preisstabilität legen mußte[126]. Diese Erklärung hat zu Widerspruch angeregt. So stellt Heinz-Peter Spahn fest, daß der Grund für diese Politik darin liege, daß die deutsche Zentralbank „merkantilistisch" gesinnt gewesen sei[127]. Als weitere Erklärung ist angeführt worden, die Bundesregierung und die Zentralbank hätten die Probleme nicht ernst genommen und sie hätten nur konzeptionslos auf sie reagiert. Schon Zeitgenossen hatten hervorgehoben, „the Germans have not (at least as yet) any real plan for coping with present difficulties and are unlikely to have much to contribute in any talks next week"[128], und entsprechend ist die internationale Währungspolitik der deutschen Zentralbank als eine Politik des „muddling through", als „unbewußt" oder als ad-hoc-Politik angesehen worden[129].

Diese Erklärungen stellen nicht zufrieden. Zwar war die Bewahrung der Preisstabilität eine wichtige und entscheidende Kategorie für die Bank, doch war sie sich auch bewußt, daß sie, eingebunden in ein internationales Währungssystem, ihre Priorität nicht einfach auf die binnenwirtschaftliche Entwicklung legen konnte. Eine merkantilistische Grundhaltung, die nur an Devisenanhäufung interessiert war, lag in der zweiten Hälfte der fünfziger Jahre nicht mehr vor. Vielmehr sah die Bank zu dieser Zeit eine weitere Stärkung der Devisenreserven als

---

125 BBK, B 330/134, ZBR, Stenogramm, 2.10.1957.

126 Das ist die Begründung, die die Bank selbst, z.B. in ihren Geschäftsberichten, anführt. Vgl. BdL, Geschäftsbericht 1956, S.19ff. Ähnlich Emminger, Geld- und Währungspolitik, S.487ff.

127 Spahn, Wirtschaftswunder, S.75.

128 BoE, OV 46/77, Jenkis an Rootham, 9.10.1957.

129 So beurteilten Vertreter der britischen OEEC-Delegation – vgl. PRO, PREM 11/1807, UK-Delegation an FO, 20.5.1957 – bzw. Angehörige der Federal Reserve Bank von New York – vgl. FedNY, C 261A, de Vries, German Balance of payments surplus, 20.9.1960 – die Politik der deutschen Zentralbank. Zum Begriff und zur Politik des „muddling through" vgl. Lindblom, Muddling Through, S.79ff.

sinnlose Investition an. Die Politik der deutschen Zentralbank als „muddling through" zu bezeichnen, ist zwar zutreffend. Doch verhüllt diese Kennzeichnung, daß eine solche Politik als angemessen angesehen und zum Teil sogar bewußt verfolgt wurde. Sie wurde als adäquat angesehen, da man zum Teil noch immer unsicher war, ob die Überschüsse wirklich strukturell seien. Sie wurde mit Absicht verfolgt, da sich die Bank in einer Auseinandersetzung mit anderen europäischen Staaten befand. In dieser Auseinandersetzung ging es darum, einen Standard zur „gesunden Währungspolitik" und Geldwertstabilität zu definieren, diesem Standard vor allem im EZU-Raum Geltung zu verschaffen und dadurch das de-facto-konvertible EZU-System zu prägen. Wenn auch richtig ist, daß ein internationales Währungssystem die Bereitschaft zur „Bescheidenheit" und zur „Durchschnittlichkeit der Geldpolitik" verlangt[130], so muß festgehalten werden, daß in einem System von managed money der geldpolitische Standard nicht von Anfang an definiert ist. Vielmehr muß betont werden, daß der Durchschnitt der Addition und anschließenden Division entspricht, also das Ergebnis von Spannungen und Auseinandersetzungen ist. Im Rahmen dieser Auseinandersetzung setzte die deutsche Zentralbank Geld und gute Worte ein, bot Kooperation an, hielt Druck aufrecht und stellte der EZU Kredite zur Verfügung. Dadurch ermöglichte sie das Funktionieren der EZU. Sie verlangte aber auch Maßnahmen von den Schuldnerländern. Daß diese Forderungen einerseits einige Aussichten auf Erfolg hatten, andererseits aber an Grenzen stießen, kann am Fall der französischen Wirtschaftskrise verdeutlicht werden.

Seit spätestens Frühjahr 1956 war offensichtlich, daß sich die IV. Republik in wirtschaftlichen Schwierigkeiten befand[131]. Französische Defizite zum Dollar- und zum EZU-Raum waren mit Reserveverlusten und einem Anwachsen der kumulativen Schuldnerposition Frankreichs in der EZU verbunden. Nach Meinung der deutschen Zentralbank war das vor allem auf die inflationäre französische Politik zurückzuführen. Nachdem Frankreich im Herbst 1956 einen IWF-Standby Kredit in Höhe von 262,5 Mio. Dollar erhalten hatte, wandte es sich im Dezember 1956 mit der Bitte um weitere Kredithilfe informell an die EZU. Wenngleich der Zentralbankrat im Sommer 1956 explizit festgehalten hatte, daß er „mit EZU-Sonderkrediten, nach Wunsch der anderen Partnerländer auch mit [...] bilateralen Devisenkrediten (bzw. Swaps), [...] außerhalb der EZU" helfen wollte, zeigte er sich nun zögerlich und ablehnend[132]. Zwar prüfte die BdL im Dezember

---

[130] John Maynard Keynes stellte 1930 fest: „For it is, as we have seen, the essence of membership of an international system that international equilibrium (i.e. G = 0) [...] requires that the main criterion of the banking policy of each member should be the average behaviour of all other members, its own voluntary and independent contribution to the final result being a modest one." Keynes, Treatise, S. 271.

[131] Für einen Überblick über die französische Wirtschaftsentwicklung vgl. Bonin, France depuis 1880, S. 151 ff.; Pitman, Crisis.

[132] BBK, B 330/95, ZBR, Protokoll, 11.7.1956; ZBR, Protokoll, 25.7.1956. Als Cahan vom OEEC-Sekretariat im Frühjahr 1957 einen deutschen Sonderkredit an Frankreich vorschlug, verhielt sich der Zentralbankrat abwartend. Vgl. BBK, B 330/103, ZBR, Protokoll und Stenogramm, 28.5.1957.

1956 die Möglichkeit einer Kreditvergabe an Frankreich[133], doch als im Jahre 1957 ein solches Projekt mit den Ressorts vorbereitend diskutiert wurde, knüpfte der Zentralbankrat einen Kredit an die Bedingung eines französischen Sanierungsprogramms[134]. Bei jeder Gelegenheit wies Vocke auf die Folgen eines Sonderkredites ohne Sanierungsprogramm hin. Wiederholt warnte er davor, „Frankreich zu bald mit einem Kredit zu winken, da alles geschehen müsse, um Frankreich zu veranlassen, energische Sanierungsmaßnahmen zu ergreifen. Ein zu leichter Kredit veranlasse die französische Regierung, die Zügel schleifen zu lassen"[135].

Das Insistieren Vockes fiel bei den Ministerien auf fruchtbaren Boden. Erst als im Verlauf des Winters 1957/58 ein französisches Sanierungsprogramm vorgelegt wurde, erklärten sich die Bundesregierung und die Bundesbank im Rahmen einer EZU-Aktion zu einem Sonderkredit bereit[136]. Ende Januar 1958 wurde Frankreich ein EZU-Kredit in Höhe von 250 Mio. RE (100 Mio. RE als Rallonge; 150 Mio. RE als Sonderkredit) gewährt. Um eine Kontrolle des Sanierungsprogramms zu gewährleisten, wurde dieser Kredit in zwei Tranchen unterteilt, wobei die Zuteilung der zweiten Tranche von dem Erfolg des Sanierungsprogramms abhängen sollte.

Die französische Wirtschaftskrise zeigt, daß die deutsche Zentralbank im Rahmen der Auseinandersetzung um die geldpolitischen Standards in Europa eine wichtige Instanz war. Durch ihr Insistieren, das sich auf ihre Devisenreserven stützen konnte, kam es zu einem französischen Sanierungsprogramm. Nicht ohne Stolz vermerkte Emminger Anfang 1958: „Unser Standpunkt – der inzwischen weitgehend von der ganzen EZU und ebenso vom IWF geteilt wird – war von Anfang an, daß ein größerer Hilfskredit an Frankreich nur gerechtfertigt werden kann, wenn er nicht nur zur Finanzierung einer weiter anhaltenden Inflation verwendet wird, sondern in Zusammenhang mit einem erfolgversprechenden Sanierungsprogramm und nur zur zeitlichen Überbrückung bis zur Erreichung des Gleichgewichts aus eigener Kraft gegeben wird."[137] Allerdings ist auch festzuhalten, daß der Einfluß der Zentralbank an Grenzen stieß. Zum einen befriedigte das französische Sanierungsprogramm die Bundesbank nur teilweise. Emminger stellte heraus, das Programm sei ergänzungsbedürftig und ließe noch Wünsche offen[138]. Zum zweiten waren im Sommer 1958 politische Konstellationen wichtig. Als dann die Freigabe der bisher zurückgehaltenen und vom Erfolg des Sanierungsprogramms abhängigen zweiten Tranche des Sonderkredits diskutiert wurde, opponierte die Bundesbank nicht. Zwar konnte sie keinen Sa-

---

133 Vgl. BBK, B 330/1283, IV an Fögen, 11.12.1956.

134 Vgl. BBK, B 330/103, ZBR, Protokoll, 12.6.1957; BdL an BMF, 13.6.1957.

135 BAK, B 136/2595, von Süßkind, Ergebnisprotokoll über die Chefbesprechung am 24.6.1957, 25.6.1957.

136 Vgl. BBK, B 330/1282, Emminger, EZU-Kredit an Frankreich, 2.1.1958; BBK, B 330/136, ZBR, Protokoll, 8.1.1958; BBK, B 330/1290, V A 2a, Ergebnisprotokoll der Ressortbesprechung vom 6.1.1958, 7.1.1958.

137 BBK, B 330/1282, Emminger, EZU-Kredit an Frankreich, 2.1.1958.

138 Vgl. ebenda.

nierungserfolg feststellen. Sie akzeptierte aber, daß sich die Bundesrepublik aus politischen Gründen einer Freigabe des Kredites nicht versagen konnte[139].

Trotz dieser Grenzen konnte die deutsche Zentralbank aber in der zweiten Hälfte der fünfziger Jahre ihren geldpolitischen Maßstäben weitgehend Geltung verschaffen, dem de-facto-konvertiblen-EZU-System ihren Stempel aufdrücken und so in Europa eine Führungsrolle einnehmen. Warum es dazu kommen konnte, liegt in den folgenden vier Umständen begründet.

Zum ersten war die deutsche Zentralbank nur bedingt handlungsfähig. Da zeitweise heftig auf Wechselkursanpassungen spekuliert wurde und somit eine Zinsreagibilität nicht vorlag, konnten die Regeln eines de-facto-konvertiblen Währungssystems nicht oder nur bedingt angewandt werden. Diese Situation – wenngleich keineswegs erfreulich – verstärkte die Verhandlungsposition der Bank. Ihre aus dieser begrenzten Handlungsfähigkeit resultierende geldpolitische Passivität wurde, wenn auch manchmal heftige Kritik geübt wurde, von den anderen EZU-Teilnehmern weitgehend akzeptiert.

Zum zweiten waren die Möglichkeiten, gegen die Bundesrepublik vorzugehen, eng umgrenzt. Eine Diskriminierung der deutschen Exporte war im Rahmen der OEEC schwer durchzusetzen, denn sie setzte mindestens eine Einigung innerhalb der OEEC voraus. Einer solchen Einigung stand aber nicht nur die Möglichkeit eines deutschen Vetos entgegen. Auch lag sie nicht im Interesse anderer Gläubigerländer. Hinzu kam, daß aber nicht nur die Gläubigerländer gegen solche diskriminatorischen Maßnahmen waren. Selbst von den Schuldnerländern wurden sie abgelehnt, denn sie fürchteten, die Bundesrepublik würde in einem solchen Fall die EZU verlassen und zur Konvertibilität übergehen. Selbst wenn die Bundesrepublik mit einer Konvertibilitätserklärung nicht drohte und zu keinem Zeitpunkt ein Verlassen der EZU ernsthaft in Erwägung zog, verfügte sie damit über ein wirksames Druckmittel. Eine Diskriminierung der deutschen Exporte wurde aber nicht nur durch die Möglichkeit eines deutschen Vetos, durch das Eigeninteresse der Gläubiger und durch die Angst der Schuldner behindert. Auch wurde eine Diskriminierung natürlich durch Kooperationsbereitschaft unwahrscheinlicher gemacht, oder sie konnte zumindest hinausgezögert werden. Tatsächlich ließ es die deutsche Zentralbank an dieser Kooperationsbereitschaft nicht fehlen. Für Linderungsmaßnahmen machte sie sich immer stark, und sie konnte sie auch letztlich befördern.

Zum dritten traf die Politik der deutschen Zentralbank oftmals auf Wohlwollen, Sympathie und Einverständnis in Europa. Zwar kann und soll die zeitweise heftige Kritik der europäischen Partner nicht geleugnet oder geschmälert werden. Bei mehreren Gelegenheiten war die deutsche Zentralbank mit ihrer Forderung nach restriktiven Maßnahmen der Schuldnerländer isoliert. Trotzdem war die Kritik der EZU-Länder weder einhellig noch durchgängig. Wenn auch Frankreich im Herbst 1957 im EZU-Direktorium die deutsche Geldpolitik und vor al-

[139] Vgl. BAK, B 102/55340, Turowsky, Vermerk Verlängerung des EZU-Sonderkredits, 21.7.1958.

lem die dadurch erzwungenen britischen Maßnahmen heftig kritisierte, so wollte es das Vereinigte Königreich doch nicht gegen die Bundesrepublik unterstützen[140]. Wenn auch das Vereinigte Königreich im Frühjahr 1957 heftige Kritik an der deutschen Währungspolitik übte, so besannen sich die Briten schon im Sommer wieder anders und nahmen die Kritik zurück. Sich von den anderen Schuldnerländern distanzierend, faßte die Bank von England das britische Meinungsbild zur deutschen Geldpolitik zu diesem Zeitpunkt folgendermaßen zusammen: „It is quite clear, however, that neither in his (Bill Martin, M.D.) thinking nor in that of other informed people here is there any disposition to criticise the way the Germans have behaved. There is some tendency to think that we have behaved unwisely in the summer when we appeared to take the lead in Paris of the indigent countries in criticising the Germans. The feeling here is that we do not belong in that category and it would have been better tactics on our part not to have identified ourselves with it."[141] Auf der gleichen Linie liegt, daß das EZU-Direktorium schon im Frühjahr 1957 zur französischen Wirtschaftskrise feststellte, die Schuld für diese Krise läge in erster Linie bei Frankreich selbst[142].

Zum vierten muß betont werden, daß sich weder die Bundesregierung noch die deutsche Zentralbank in einer Zwangslage befanden. Zwar mußte die Bank einen „verzweifelten Kampf" gegen die Liquidisierungstendenzen führen. Sie war aber für diesen Kampf recht gut gewappnet. Anfänglich nicht ausreichend mit offenmarktfähigen Wertpapieren ausgestattet, vereinbarte sie mit dem Finanzminister die Mobilisierung der Ausgleichsforderungen. So konnte sie nicht nur über die Zinspolitik, sondern auch über die Liquiditätspolitik eingreifen und restriktiv wirken. Erst im Oktober 1957 zeichnete sich ein Mangel an Mobilisierungspapieren ab, doch zu diesem Zeitpunkt war auch deutlich, daß die Devisenankäufe nicht mehr in diesem Maße anhalten würden wie bisher[143]. Wichtiger aber war, daß die Zentralbank zu jedem Zeitpunkt die Option besaß, von ihrer Restriktion abzugehen. Darüber hinaus muß gesagt werden, daß sie in dem inzwischen gläubiger-freundlichen, de-facto-konvertiblen EZU-System letztendlich am längeren Hebel saß. Das ließen BdL-Vertreter auch manchmal, mit der notwendigen Zurückhaltung, im Gespräch mit Zentralbankkollegen durchblicken: „Dr. Guth of the BdL said [. . .] that at bottom, having a big foreign surplus was not nearly so worrying as having a large deficit."[144] An-

---

140 Pierre Calvet, französisches Mitglied im EZU-Direktorium, bemerkte zur britischen Diskonterhöhung, daß sich die Defizitländer mit solchen Maßnahmen nur den „Schwarzen Peter" zuspielen würden. Vgl. BBK, B 330/1306, Emminger, Bericht von Mangoldts über die EZU-Oktober-Sitzung, 18. 10. 1957. Als aber das Vereinigte Königreich sein Vorgehen mit Frankreich abstimmen wollte, war Frankreich nicht interessiert. Vgl. BoE, OV 46/77, Raw, Visit to Paris, 8. 10. 1957.

141 BoE, OV 46/76, Parsons an Cobbold, 20. 9. 1957.

142 Vgl. HAEC, OEEC 365, OEEC Council, Report by the Managing Board of the EPU on the Position of France, C(57)65, 5. 4. 1957.

143 Vgl. BBK, B 330/135/I, Könneker, Vermerk, 8. 10. 1957.

144 BoE, OV 34/41, Tomkins, Report on a visit to Germany, 19. 10. 1956. Vgl. auch die heftige Reaktion Emmingers auf einen Vorschlag Tüngelers, den spekulativen Devisenzuflüssen zu begegnen, in:

statt sich in einer Zwangslage zu befinden, mußte die deutsche Zentralbank nur den Preis weiterer EZU-Kredite bezahlen. Dafür erhielt sie ein Währungssystem, in dem sie ihren währungspolitischen Standards weitgehende Geltung verschaffen konnte.

2. Die deutsche Zentralbank und die Verhandlungen über eine Europäische Wirtschaftsgemeinschaft

Schon in der ersten Hälfte der fünfziger Jahre war deutlich geworden, daß die europäische Kooperation im Rahmen der OEEC nicht alle Teilnehmerländer zufriedenstellte. Das Liberalisierungsprogramm der OEEC sah Ausweichklauseln vor, Zölle blieben unberücksichtigt, der Staatshandel und der Handel mit landwirtschaftlichen Erzeugnissen waren ausgeklammert. Zahlreiche Initiativen versuchten dem abzuhelfen. Bis zum Frühjahr 1955 war jedoch keinem dieser Vorstöße Erfolg beschieden. Weder im Rahmen der OEEC noch im Rahmen der 6 EGKS-Staaten war ein Einvernehmen über die Lösung dieser Probleme erzielt worden[145].

Im Frühjahr 1955, während die OEEC-Länder die Bedingungen einer EZU-Auflösung verhandelten, ergriffen die Benelux-Staaten eine erneute Initiative. Sie schlugen ihren EGKS-Partnern vor, die allgemeine wirtschaftliche Integration zu verfolgen und einen gemeinsamen Markt zu errichten. Auf der Konferenz von Messina, auf der diese Anregung diskutiert wurde, einigten sich die Außenminister der Sechs darauf, ein Komitee von Regierungsdelegierten und Sachverständigen einzuberufen. Dieses sollte die schrittweise Beseitigung der Handelsschranken, die Vereinheitlichung der Zollsysteme gegenüber Drittstaaten, Maßnahmen zur Koordinierung der Wirtschafts- wie Währungspolitik, die Errichtung eines Anpassungsfonds und eines europäischen Investitionsfonds untersuchen[146]. Unter der Leitung des belgischen Außenministers Paul Henri Spaak wurden diese Fragen in den folgenden Monaten diskutiert; im Frühjahr 1956 wurde den Außenministern der Sechs der sogenannte Spaak-Bericht vorgelegt. Auf der Konferenz von Venedig wurde dieser Bericht als Verhandlungsgrundlage angenommen. Die nun folgenden Regierungsverhandlungen konnten nach großen Anstrengungen im Frühjahr 1957 erfolgreich abgeschlossen werden. Im März 1957 wurden die Römischen Verträge unterzeichnet, die nach ihrer Ratifizierung am 1. Januar 1958 in Kraft traten. Während zur gleichen Zeit das von britischer Seite in die OEEC eingebrachte Projekt einer Freihandelszone auf immer

---

BBK, B 330/133, ZBR, Stenogramm, 8./9.8.1957. Während Rekordüberschüsse verzeichnet wurden, stellte Emminger heraus: „Ich kann mir keine Situation außer einer völlig verzweifelten Lage vorstellen, in der eine respektable Notenbank auf so etwas zurückgreifen würde."

[145] Vgl. Asbeek Brusse, Tariff Plans, S. 129ff.

[146] Vgl. Resolution der Konferenz von Messina, 2.6.1955, abgedruckt in: Aufbau Europas, S. 275f.

größere Schwierigkeiten traf und die entsprechenden Verhandlungen im November 1958 abgebrochen wurden, trat am 1. Januar 1959 die erste Binnenzollsenkung im Rahmen der EWG in Kraft. Wenngleich die EWG beschloß, daß von dieser ersten Zollsenkung alle GATT-Mitglieder profitieren sollten, war trotzdem damit Westeuropa fortan und für lange Zeit in zwei Handelsblöcke gespalten.

Die historische Forschung hat der Europäischen Integration beträchtliche Aufmerksamkeit geschenkt. Die Verhandlungen, ihre Hintergründe, die unzähligen Probleme und die damit verbundenen Auseinandersetzungen sind ausgiebig beschrieben und analysiert worden[147]. Das Erkenntnisinteresse dieser Forschungen war dabei, festzustellen, worauf der erfolgreiche Abschluß der Römischen Verträge zurückgeführt werden kann, und im Verlauf der Jahre sind eine Reihe von Gründen benannt worden. Zum einen wurde auf die außenpolitischen Entwicklungen wie z. B. auf den im Sommer 1956 von den USA vorgelegten Radford-Plan, die Passivität der USA während des ungarischen Aufstandes, die Suez-Krise und die Notwendigkeit, das Deutschlandproblem dauerhaft zu lösen, verwiesen. Auch wurden das Wohlwollen und die tatkräftige Unterstützung der USA, die destruktiv anmutende Haltung des Vereinigten Königreiches und das Junktim EWG – Euratom als wichtig angesehen[148]. Desgleichen wurde wirtschaftlichen Aspekten wie einem zuverlässigen Zugang zum deutschen Markt, der Lösung der Agrarproblematik, den Bestrebungen zur Schaffung größerer Wirtschaftsräume Bedeutung beigemessen. Vorgeblich spielte auch der Idealismus einzelner Politiker und Entscheidungsträger sowie die noch immer virulente, wenn auch abklingende Europabegeisterung eine wichtige Rolle[149]. Darüber hinaus habe es, so wurde angeführt, nach dem Scheitern der EVG einen gewissen Zwang zum Erfolg gegeben[150]. Auch wurde die Existenz der EGKS-Institutionen und die Art der Verhandlungsführung als wichtig angesehen. Die anfängliche Unverbindlichkeit der Expertengespräche sowie die geringen Erfolgsaussichten hätten Kompromisse ermöglicht, zugleich aber hätten sie auch ein Präjudiz geschaffen[151]. Ferner hätte die Tatsache, daß erst spät deutlich wurde, wie protektionistisch der Gemeinsame Markt werden würde, eine Opposition erschwert, während das unbarmherzige Tempo, das Spaak in den Regierungsverhandlungen an den Tag legte, die Eingriffsmöglichkeiten reduziert hätte[152]. Schließlich wur-

[147] Als historische Arbeiten zur Gründung der EWG und Euratom vgl. Küsters, Gründung; Weilemann, Atomgemeinschaft; Guillen, L'Europe; Asbeek Brusse, Tariff Plans; Loth, Weg; Milward, Rescue, sowie die in Milward u. a., Frontier; Serra (Hrsg.), Rilancio versammelten Arbeiten. Für die deutsche Haltung vgl. die in Bührer/Herbst/Sowade (Hrsg.), Marshallplan enthaltenen Studien.

[148] Für die britische Haltung zur EWG vgl. Camps, Britain; Watt, Großbritannien, S. 389 ff.; Griffiths, British Policy. Für die amerikanische Haltung vgl. Winand, Eisenhower, S. 109 ff.

[149] Vgl. hierzu kritisch Milward, Rescue, S. 318 ff.; Loth, Vertragsverhandlungen.

[150] Vgl. Harbrecht, Europäische Gemeinschaft, S. 34 ff.

[151] Vgl. Küsters, Gründung, S. 268.

[152] Vgl. Griffiths, Common Market, S. 200.

den die Kräftekonstellationen innerhalb einzelner Staaten und die jeweiligen Politikstile als wichtig eingeschätzt. Für die Bundesrepublik wurde auf die Entschlossenheit Adenauers verwiesen. Dadurch, daß er gegen die Opponenten des Europa-Projektes und vor allem gegen seinen lauthals protestierenden Wirtschaftsminister seine Richtlinienkompetenz ins Feld geführt habe, konnte er Kritik im Keim ersticken[153]. Weil er auf dem Primat der Politik bestanden habe, wären wirtschaftliche Interessen und Einwände während des Verhandlungsprozesses nicht zum Tragen gekommen[154].

Eine Verifizierung, Falsifizierung oder eine Gewichtung der einzelnen Erklärungsansätze wird im folgenden nicht angestrebt. Da das Erkenntnisinteresse auf die deutsche Zentralbank gerichtet ist, wird hier nur dem Prozeß der Europäischen Integration ein weiterer Mosaikstein – die Rolle und Politik der BdL – hinzugefügt werden.

Die Bank deutscher Länder und die Verhandlungen über den Gemeinsamen Markt

Im Zusammenhang mit den EWG-Verhandlungen wird die deutsche Zentralbank meist nicht erwähnt. Weder die auf den Privatpapieren eines deutschen Delegationsmitgliedes beruhende Darstellung der EWG-Verhandlungen noch die Studien, die die Auseinandersetzungen zwischen Erhard und Adenauer in den Mittelpunkt stellen, gehen auf die Bank ein[155]. Diese Vernachlässigung der Zentralbank rührt daher, daß ihr bei den EWG-Verhandlungen vermutlich nur eine eng umschriebene Bedeutung zukommen konnte. Schließlich mußte die Bundesrepublik in Europafragen vor allem politische Aspekte bedenken. Um die deutsch-französische Verständigung zu festigen und um Deutschland als vollwertiges Mitglied im westlichen und westeuropäischen Lager zu verankern, mußte sie sich an den europäischen Integrationsbemühungen beteiligen. Wirtschaftspolitische Überlegungen konnten somit nur wenig zum Tragen kommen und wirtschaftspolitische Institutionen mußten vor diesen außenpolitischen Zwängen verblassen, zumal Adenauer auf seiner Richtlinienkompetenz und dem Primat der Politik bestand.

Doch wenn auch neuere Forschungen bestätigen, daß in Europafragen Adenauer und den politischen Aspekten die entscheidende Rolle zukam und sogar Milward hervorhebt, daß für Deutschland politische Motive fundamental waren[156], sollte untersucht werden, inwieweit die Bank an dem Prozeß der Europäischen Integration beteiligt war, welche Haltung sie zur EWG einnahm, und wor-

[153] Vgl. Küsters, Streit, S. 358ff.
[154] Vgl. ders., Gründung, S. 276.
[155] Vgl. ders., Gründung; Koerfer, Kampf; ders., Kontroversen; Küsters, Europapolitik; ders., Zollunion; ders., Streit; Lappenküper, Europapolitik.
[156] Vgl. Milward, Rescue, S. 208.

in diese Haltung begründet war. Da die EWG in der Bundesrepublik auf viele Vorbehalte, einige Skepsis und auch auf erhebliche Kritik stieß, ist von Interesse herauszuarbeiten, wie sich die deutsche Zentralbank hier einordnete. Dadurch kann ermittelt werden, wie sie sich zum Primat der Politik, zu Adenauers Ansprüchen und zu Erhards Opposition stellte. Darüber hinaus können weitere Aufschlüsse über den Verhandlungsprozeß, über die deutsche Motivationslage und über die Machtkonstellationen innerhalb der Bundesrepublik gewonnen werden.

Grundpositionen

Die Resolution der Konferenz von Messina war in ihren Formulierungen ausgesprochen vage. Dennoch war abzusehen, daß die Realisierung eines Gemeinsamen Marktes – in welcher Form auch immer – das deutsche, europäische und globale Wirtschaftssystem nachhaltig verändern würde. Ein Zusammenschluß der Sechs würde ein gewisses Abrücken gegenüber anderen Ländern bedeuten. Neue Kooperationsforen und -mechanismen würden notwendig werden. Bisherige Handelsströme würden umgelenkt, neue Handelsströme geschaffen werden. Selbst wenn Zollunionen mit dem GATT kompatibel waren, waren sie ein Abstrich an der angestrebten liberalen Weltwirtschaftsordnung, und das hätte auch auf dem Gebiet der Währung Folgen gezeitigt. Als währungspolitische Instanz der Bundesrepublik und als eine wirtschaftspolitische Beraterin der deutschen Regierung mußte sich die BdL also mit diesem Integrationsprojekt auseinandersetzen.

Wenngleich die BdL weder an den anfänglichen Grundsatzdiskussionen noch an der späteren deutschen Delegation nach Brüssel beteiligt war, ja anfangs sogar nur zögernd von den Bonner Ressorts über die Gespräche auf dem laufenden gehalten wurde, war sie im weitesten Sinne über die integrationspolitischen Projekte informiert. Im weiteren Verlauf nahmen ihre Vertreter sogar an den Ressortbesprechungen in Bonn, in denen die deutsche Position formuliert wurde, teil[157]. Trotzdem widmete sich die Bank diesem wichtigen Thema nur sporadisch, und ihre Intervention gegen die Bonner Informationspolitik war gemäßigt. Vorerst fühlte sich die BdL nämlich von diesen Verhandlungen nicht berührt. Im Sommer 1955 hob das Direktoriumsmitglied Eduard Wolf hervor, „daß besondere währungs- und kreditpolitische Maßnahmen bei den jetzt in Gang gekommenen Integrationsgesprächen kaum ins Auge zu fassen sein würden, da wir auf währungspolitischem Gebiet bereits auf viel weiter gesteckte Ziele zusteuern und kreditpolitisch vorläufig über den bereits bestehenden Kontakt zwischen den Notenbankleitern hinaus praktisch fürs erste nichts getan werden kann“[158].

---

[157] Vgl. BAK, B 102/22160, Adenauer an AA, BMWi, BMF, BMA, 14.7.1955. Die geheimen Berichte von der Groebens über die Expertengespräche gingen bis zum Herbst 1955 nicht an die BdL. Das BMWi hatte Bedenken, die BdL zu informieren. Vgl. BAK, B 102/22161, Müller-Roschach, Aufzeichnung, 8.8.1955.

[158] BBK, B 330/3380, Wolf an Vocke, 15.7.1955.

Grundsätzliche Bedenken hegte die Bank somit vorerst nicht. Die Aussicht auf die Beseitigung der Handelsschranken zwischen den Sechs und auf eine Vereinheitlichung ihrer Zollsysteme gegenüber Drittstaaten rief zunächst keinen prinzipiellen Einspruch hervor. Über die Konsequenzen wie zum Beispiel die weitgehende Aufgabe der Zollautonomie sorgte sich die Bank zunächst nicht. Nur im Verlauf der Verhandlungen stellte Emminger heraus, daß die Einigung auf einen gemeinsamen Außenzoll für Deutschland eine Zollerhöhung bedeute, und monierte, das wäre für ein extremes Gläubigerland „ungünstig“[159]. Auch gegen die im Gemeinsamen Markt vorgesehene Liberalisierung der Kapitalbewegungen hatte die BdL anfangs nichts einzuwenden[160]. Erst Ende 1956 sorgte sie sich darum, daß der deutschen Wirtschaftspolitik mit einer definitiven Festschreibung der Kapitalverkehrsliberalisierung „für alle Zukunft“ die Möglichkeit genommen würde, Regeln für den Zugang zum deutschen Kapitalmarkt zu formulieren[161].

Bis Mitte 1956 sah sich das Zentralbanksystem zu einer fundierteren und prinzipiellen Auseinandersetzung mit dem Projekt eines Gemeinsamen Marktes nicht veranlaßt. Dabei spielten neben den inhaltlichen Aspekten auch die anfängliche Unverbindlichkeit der Expertenverhandlungen und die geringen Erfolgsaussichten dieses Projektes eine wichtige Rolle. Als in der Sitzung des Zentralbankrates am 22. Februar 1956 das Projekt des Gemeinsamen Marktes detaillierter diskutiert wurde, hob Emminger den unverbindlichen Charakter der Besprechungen hervor. Auch verwies er auf den erheblichen Widerstand Frankreichs gegen den Gemeinsamen Markt. Dieser würde die Realisierung des Projektes unwahrscheinlich machen. Sie könne sich „ohne weiteres eine unabsehbare Zeit“ hinziehen[162]. Erst im Herbst des Jahres 1956 veränderte sich die Haltung der Bank. Nunmehr fand Emminger es notwendig, die „Expertenberatungen“ „sicherheitshalber“ ernst zu nehmen[163]. Mitte November 1956 – nachdem Adenauer und der französische Ministerpräsident Guy Mollet in den Verhandlungen einen Durchbruch erzielt hatten – nahm die Bank kritisch zu einigen Punkten des Vertragswerkes Stellung[164]. Die grundsätzliche und zum Teil harsche Kritik, die sich während der letzten Monate innerhalb der BdL formiert hatte, wurde dabei jedoch nicht vorgebracht[165]. Die „Hochzüchtung“ einer internationalen Bürokratie, die „gemeinsa-

[159] BBK, B 330/6463, Emminger, Kritische Gedanken zum Gemeinsamen Markt, 23.2.1957.

[160] Vgl. BBK, B 330/3326, Emminger, Kurzbericht, 24.10.1955; BBK, B 330/1876, J2, Werner, Brüsseler Integrationsverhandlungen, 29.10.1956.

[161] BBK, B 330/1876, Emminger, Liberalisierung des Kapitalverkehrs im Gemeinsamen Markt, 22.12.1956.

[162] BBK, B 330/92, ZBR, Stenogramm, 22.2.1956. Vgl. auch BBK, B 330/1876, von Schelling, 10.10.1956. Von Schelling verwies auf die EVG und meinte, es sei denkbar, daß die EWG, ähnlich wie die EVG, scheitern würde.

[163] BBK, B 330/1876, IV an Vocke, 12.10.1956. Die „Expertenberatungen“ waren zu diesem Zeitpunkt schon ausgewachsene Regierungsverhandlungen.

[164] Vgl. BBK, B 330/1876, IV, Vermerk, 12.11.1956.

[165] Vgl. BBK, B 330/1876, BdL an BMWi, 15.11.1956.

me Planwirtschaft“, die Einfuhrbehinderung, die Gefahren für die deutsche Wettbewerbsfähigkeit, die „organisatorische Schwerfälligkeit“ der EWG und der protektionistische Charakter des Gemeinsamen Marktes sowie seine Begrenzung auf Länder, auf die nur 25 Prozent des deutschen Außenhandels entfiel, wurden nun nicht vorgetragen[166]. Im November 1956 übte die deutsche Zentralbank gegenüber der Regierung keine prinzipielle Kritik, sondern nur „Zurückhaltung“[167].

Für diese Zurückhaltung der Bank waren mehrere Gesichtspunkte verantwortlich. Aus politisch-taktischen Erwägungen heraus empfand sie bei nunmehr fortgeschrittenen und inzwischen ausgesprochen symbolträchtigen Verhandlungen eine prinzipielle Ablehnung als unangebracht. Emminger betonte in einer Ausarbeitung zum Gemeinsamen Markt, daß er „trotz aller Bedenken und Zweifel [...] in der gegenwärtigen Lage niemals für eine radikale Ablehnung des Brüsseler Vertragswerks plädieren [würde]. Das wäre politischer Donquichotismus. Nachdem das Brüsseler Vertragswerk, ob zu Recht oder zu Unrecht, nun einmal in der ganzen Welt zum Symbol für die nächste Etappe der europäischen Einigung geworden ist (oder gemacht worden ist) gibt es jetzt ja wohl nur noch den Weg vorwärts“[168]. Hinzu kam, daß die Bank immer wieder einräumte, der Vertrag habe in erster Linie einen politischen Charakter. Demnach kämen ihr „nur geringe Einflußmöglichkeiten“ zu. Diese Verminderung ihres Gewichtes bedauerte die Bank nicht. Vielmehr sah sie dies als gerechtfertigt an[169]. Darüber hinaus war die Bank trotz einiger Kritik prinzipiell positiv zu einem solchen Integrationsprojekt eingestellt. Sie wollte die „Zusammenschließung Europas“ auch aus wirtschaftlichen Gründen *„so rasch als irgend möglich“* durchsetzen, und sie stellte in dem Brüsseler Vertragswerk „zweifellos auch vorhandene positive Keime“ fest[170]. Bestrebt, die Verhandlungen über den Gemeinsamen Markt zu einem guten Ende zu führen, griffen ihre Vertreter nur zu speziellen Punkten wie zum Beispiel zu den Zahlungsbilanzartikeln des EWG-Vertrages, zu den Kapitalfragen und den Kredithilfen ein.

Konvertibilität – Zahlungsbilanzpolitik – Kreditbeihilfen

In den fünfziger Jahren war heftig umstritten, wie man die wirtschaftliche Integration von Nationalstaaten erreichen kann. Hier standen sich Institutionalisten

[166] Vgl. BBK, B 330/92, ZBR, Stenogramm, 22.2.1956; BBK, B 330/97, ZBR, Stenogramm, 31.10.1956; BBK, B 330/1876, von Schelling, Vermerk, 10.10.1956; Emminger, Diskussionsbeitrag, 30.11.1956; BBK, B 330/6463, Emminger, Kritische Gedanken zum Gemeinsamen Markt, 25.2.1957.

[167] BBK, B 330/97, ZBR, Stenogramm, 31.10.1956. Selbst wenn die Bank stets darauf hinwies, daß auf die 5 EGKS-Partner nur 25% des deutschen Außenhandels entfielen, spricht aus den Veröffentlichungen der Bank eher Zurückhaltung als prinzipielle Kritik. Vgl. Deutsche Bundesbank, Geschäftsbericht 1957, S.58 und Bank deutscher Länder, Geschäftsbericht 1956, S.1 ff.

[168] BBK, B 330/6463, Emminger, Kritische Gedanken zum Gemeinsamen Markt, 25.2.1957.

[169] BBK, B 330/1876, von Schelling, Vermerk, 10.10.1956.

[170] BBK, B 330/6463, Emminger, Kritische Gedanken zum Gemeinsamen Markt, 25.2.1957. Vgl. auch BBK, B 330/1876, von Schelling, Vermerk, 10.10.1956.

und Funktionalisten gegenüber. Während sich die ersteren für die Schaffung von Institutionen und für die Übertragung der Kompetenzen von nationalen auf supranationale Einrichtungen stark machten, verfolgten die letzteren „die Setzung einer internationalen Ordnung [...] bei der nicht institutionelle oder personelle Befehlsgewalten in Erscheinung treten müssen, um ein bestimmtes Verhalten der einzelnen Nationalstaaten oder ihrer Regierungen zu erreichen"[171]. Innerhalb der deutschen Regierung strebte vor allem der Funktionalist Erhard die Konvertibilität an, denn die Errichtung dieser Ordnung würde weitere Institutionen unnötig machen. Demgegenüber sahen das Auswärtige Amt und die Schumanplan-Abteilung des Wirtschaftsministeriums die Konvertibilität zwar als wichtig an. Sie betonten aber, daß die Errichtung neuer Institutionen für den Gemeinsamen Markt unerläßlich sei. Bei der Vorbereitung der deutschen Stellungnahme zur Konferenz von Messina mußten die deutschen Ressorts eine gemeinsame Position in dieser Frage finden. Schließlich einigten sie sich darauf, daß die funktionelle Integration mittels Konvertibilität anzustreben sei, und daß dieser Funktionalismus durch ein institutionelles Gefüge ergänzt werden müßte[172]. Diesen neuen Institutionen sollte es obliegen, den Zollabbau zu überwachen, aber auch eine gewisse Koordinierung der allgemeinen Wirtschafts- und Währungspolitik herbeizuführen.

Sobald die Expertengespräche begannen, bezog die BdL zu diesen Fragen Stellung, da die Währungs- und Zahlungsbilanzpolitik davon direkt betroffen war. Die wichtigste Frage war hier, wie die Sechs ihre Währungspolitik koordinieren und Zahlungsbilanzschwierigkeiten vermeiden konnten. Auch war zu entscheiden, wie die Sechs bei Zahlungsbilanzkrisen reagieren, und ob in einem solchen Falle spezielle Regelungen greifen und besondere Hilfen gegeben werden sollten. Gleichzeitig mußte möglicherweise die Form der Institution, die die Währungspolitik der Sechs koordinieren, harmonisieren, begutachten oder gar beaufsichtigen würde, diskutiert werden.

Die Stellungnahme der BdL zu diesen Fragen war denkbar einfach. Sie plädierte dafür, im Vertrag die Verpflichtung zu einer zahlungsbilanzkonformen Politik für die Mitglieder eines Gemeinsamen Marktes festzuschreiben[173]. Durch eine solche Verpflichtung würden Zahlungsbilanzprobleme weitgehend vereitelt. Neue währungspolitische Institutionen, die die Bank in funktionalistischer Haltung ablehnte, wären damit überflüssig. Solche Institutionen waren nämlich ihrer Meinung nach nicht nur eine „Hypertrophie", die mit Doppelarbeit verbunden war. Sie waren vielmehr geradezu „gefährlich" und „unerträglich". Eine neue Institution würde nämlich möglicherweise mit sich bringen, daß die Bank ihre Politik dann noch zusätzlich vor dieser regionalen Institution rechtfertigen

[171] Erhard in einer Rede vor dem Club Les Echos am 7.12.1954, abgedruckt in: Hohmann (Hrsg.), Erhard, S.421.
[172] Zur Vorbereitung der Konferenz von Messina vgl. Küsters, Gründung, S.112ff.
[173] Der Begriff „zahlungsbilanzkonform" wurde dabei nicht näher problematisiert. Vgl. BBK, B 330/3326, Emminger, Kurzbericht, 14.10.1955.

müßte. Das behagte ihr verständlicherweise nur wenig, zumal eine regionale Institution möglicherweise nur die Teilzahlungsbilanz, nicht aber die Gesamtzahlungsbilanz im Auge behielt. Das war ihres Erachtens problematisch, denn diese Vernachlässigung würde zwangsläufig zu unpassenden Empfehlungen führen[174].

Die Verpflichtung zu einer zahlungsbilanzkonformen Politik barg aber noch einen weiteren Vorteil für die BdL. Da mit dieser Verpflichtung Zahlungsbilanzprobleme schon im Vorfeld verhindert würden, machte sie die Vereinbarung weiterer Kredithilfen unnötig. Daran war der BdL, die als Zentralbank eines Gläubigerlandes voraussichtlich Kreditgeberin sein würde, sehr gelegen. Stets betonte sie, Kredite wären in keinem Fall in der Lage, Zahlungsbilanzstörungen nachhaltig zu beseitigen[175]. Anstatt Kredite zu vergeben, sollten die Überschußländer unilateral im Abbau der Einfuhrbeschränkungen vorangehen und auf diese Art helfen, eine sich anbahnende Krise zu entschärfen[176]. Für den Fall, daß sich dennoch Schwierigkeiten ergeben würden, wollte die Bank die Teilnehmer des Gemeinsamen Marktes auf die Kreditmöglichkeiten der EZU, des Europäischen Fonds oder des IWF verweisen[177].

Die Forderung der BdL, lediglich eine Verpflichtung zur zahlungsbilanzkonformen Politik festzuschreiben, traf auf viel Sympathie bei den deutschen Ressorts. Die Meinung, daß weitere Institutionen unnötig seien und daß die Konvertibilität als Ordnung greifen sollte, war weit verbreitet. Auch herrschte weitgehende Übereinstimmung, daß die Verantwortung für die allgemeine Wirtschaftspolitik bei den Mitgliedsstaaten verbleiben müsse. Wenn auch einige Vertreter des Wirtschaftsministeriums manchmal hervorhoben, daß die Zahlungsbilanzkonformität der Währungspolitik zu wichtig sei, um von den Organen einer Sechser-Gemeinschaft außer acht gelassen zu werden[178], setzte sich die funktionalistische Linie in bezug auf die Währungspolitik innerhalb der Bundesrepublik vorerst durch[179]. Da in anderen Ländern und Zentralbanken ähnliche Ansichten vorherrschten, wurde im Spaak-Bericht das Schwergewicht auf die Forderung nach einer zahlungsbilanzkonformen Politik und nach richtigen Wechselkursen gelegt. Wenn der Spaak-Bericht auch von einer gemeinsamen Währungspolitik sprach, wurde die Errichtung von entsprechenden Institutionen hier nicht anvisiert[180]. Mit diesen Empfehlungen war die BdL zufriedengestellt und sah von einer weiteren Intervention ab[181].

---

174 BBK, B 330/3326, Emminger, Kurzbericht, 14.10.1955; Emminger, Kurzbericht 28.10.1955.

175 Vgl. BBK, B 330/1876, von Schelling, 10.10.1956.

176 Vgl. BBK, B 330/1876, Emminger, Kurzbericht, 14.10.1955. Die Problematik einer solchen Politik – namentlich die Schwierigkeit, bei weitgehend liberalisiertem Außenhandel die Importe durch weiteren Abbau von Beschränkungen zu steigern – wurde dabei wohlweislich verschwiegen.

177 Vgl. BBK, B 330/1876, Emminger, Kurzbericht, 14.10.1955.

178 Vgl. BBK, B 330/3326, Emminger, Bericht über eine Ressortbesprechung, 14.10.1955.

179 Vgl. BBK, B 330/3326, Emminger, Bericht über eine Ressortbesprechung, 28.10.1955. Allerdings konnte die von der Bank geforderte ausdrückliche Negativklausel nicht durchgesetzt werden.

180 Vgl. Spaak-Bericht, abgedruckt in: Aufbau Europas, S. 277 ff.

181 Vgl. BBK, B 330/1876, Emminger, Staatssekretärbesprechung über Bericht der Brüsseler Experten zur Europäischen Integration, 17.4.1956.

Im Verlauf der Regierungsverhandlungen wurde jedoch das unverbindliche Übereinkommen des Spaak-Berichtes in Frage gestellt. Wenn auch die Notwendigkeit einer zahlungsbilanzkonformen Politik nicht expressis verbis angezweifelt wurde, wurden dennoch im weiteren Verlauf die Möglichkeit von Zahlungsbilanzkrisen, die Gewährung besonderer Hilfen und die Formulierung gewisser Ausnahmeregelungen rege diskutiert. Im Herbst 1956 schlug Frankreich sogar die Einrichtung eines Währungsausschusses vor. Dieser sollte im Fall von Zahlungsbilanzkrisen Beistand gewähren[182]. Der französische Vorschlag traf in der BdL auf strikte Ablehnung. Sie sah ein solches Gremium als eine Gefahr für die Unabhängigkeit der deutschen Zentralbank an: „Die Errichtung eines solchen Währungsausschusses kann die Unabhängigkeit der Bank deutscher Länder sehr gefährden. Es steht zu befürchten, daß dieser Währungsausschuß [...] die übernational bedeutsamen währungspolitischen Entscheidungen in die Hand bekommt."[183] Darüber hinaus sorgte sie sich um die Stabilität der Währung, da sie befürchtete, daß die Gewährung von Beistandskrediten im Gläubigerland zu inflationären Tendenzen führen würde[184].

Das aus diesen Bedenken sowohl gegen einen Währungsausschuß als auch gegen Zahlungsbilanzkredite resultierende Petitum der Bank war jedoch in den weiteren Verhandlungen nicht durchzusetzen. Wenngleich deutsche Regierungsvertreter dem französischen Vorschlag keineswegs zustimmten, akzeptierten sie, daß die Schaffung eines besonderen Gremiums notwendig sei[185]. Da somit abzusehen war, daß ein aus Regierungsmitgliedern bestehender Ausschuß eingerichtet würde und dieser das Recht besitzen würde, Anträge auf Zahlungbilanzkredite zu prüfen, sie abzulehnen oder zu befürworten, verlegte sich die BdL im Verlauf der Gespräche darauf, Einstimmigkeit für die Entscheidungen dieses Ausschusses zu fordern[186]. Zusätzlich dazu befürwortete sie die Errichtung eines Beratungsgremiums, das aus Zentralbankvertretern bestehen sollte. Dieses Gremium sollte ein Gegengewicht zu den im Währungsausschuß versammelten Politikern sein: „Für uns und die Staatsangehörigen sämtlicher Mitgliedsstaaten wäre eine solche Regelung wahrscheinlich wesentlich besser als ein Zustand, unter dem die einzelnen Notenbanken – mehr oder weniger unter den Druck ihrer Regierungen gesetzt – die Empfehlungen eines mindestens teilweise aus Politikern bestehenden Währungsausschusses ausführen müßten, von denen angenommen werden kann, daß sie häufig nur Behelfslösungen darstellen, um eine auftau-

[182] Vgl. BBK, B 330/3327, Regierungskonferenz für den Gemeinsamen Markt und Euratom, Französisches Memorandum betreffs Einsetzung eines Währungsausschusses, 15.10.1956.
[183] BBK, B 330/1876, von Schelling, Vermerk, 10.10.1956.
[184] Vgl. BBK, B 330/6463, Emminger, Kritische Gedanken zum gemeinsamen Markt, 25.2.1957.
[185] Vgl. BBK, B 330/3328, Ergebnisprotokoll über die Ressortbesprechung im Auswärtigen Amt, 13.10.1956.
[186] Schon im Februar 1956 hatte Emminger in der Sitzung des Zentralbankrates die Gefahr einer „Vergewaltigung" der deutschen Zentralbank beim Mehrheitsprinzip beschworen. Vgl. BBK, B 330/92, ZBR, Stenogramm, 22.2.1956.

chende Zahlungsbilanzschwierigkeit in politisch möglichst einfacher Weise vorübergehend zu beseitigen."[187] Aber auch dieses Plädoyer der Bank konnte nur teilweise durchgesetzt werden. Zwar bestimmt der EWG-Vertrag, daß neben der Verpflichtung zu einer zahlungsbilanzkonformen Politik ein beratender Währungsausschuß, der sich aus Vertretern der Zentralbanken zusammensetzte, eingerichtet werden sollte. Die Kompetenzen dieses Ausschusses blieben aber eng umgrenzt. Nicht er, sondern der EWG-Ministerrat konnte auf Empfehlung der Kommission über Kreditbeihilfen entscheiden. Für die Gewährung eines Kredites war dabei nicht Einstimmigkeit, sondern nur eine qualifizierte Mehrheit notwendig[188].

Bei der Zahlungsbilanzproblematik und den Kreditbeihilfen konnte die BdL also nur bewirken, daß die Verpflichtung zur zahlungsbilanzkonformen Politik im EWG-Vertrag festgeschrieben und dabei die Gesamtzahlungsbilanz zugrunde gelegt wurde. Hingegen mußte sie einen gegenseitigen Beistand in Form von Zahlungsbilanzkrediten und damit den ihrer Meinung nach „inflationistischen Charakter" des Gemeinsamen Marktes akzeptieren[189]. Entsprechend kritisch stellte Bernard in der Sitzung des Zentralbankrates am 19. Dezember 1956 zum EWG-Vertrag fest: „Ich glaube, die Währungsbestimmungen sind dem Wortlaut nach noch gerade so geregelt, daß wir keinen unmittelbaren Einbruch in die Kompetenzen der einzelnen Notenbanken zu befürchten brauchen."[190]

Kapitalfragen – Europäischer Investitionsfonds

In der Resolution der Konferenz von Messina hatten die Außenminister festgehalten, daß die Verwirklichung eines Gemeinsamen Marktes gewisse Kapitalhilfen notwendig macht. Deshalb sollten die Experten auch die Schaffung eines europäischen Investitionsfonds diskutieren. Dabei kamen sie zu der Überzeugung, daß nicht nur ein Investitionsfonds, sondern auch der Abbau aller Kapitalverkehrsbeschränkungen das Funktionieren eines Gemeinsamen Marktes erleichtern würde[191].

Der Liberalisierung des Kapitalverkehrs stand die BdL positiv gegenüber. Selbst wenn die Bank kritisch vermerkte, daß die deutsche Wirtschaftspolitik mit einer Festschreibung der Kapitalverkehrsliberalisierung ihre Gestaltungsmöglichkeiten in Kapitalmarktfragen verringerte, hatte sie keine prinzipiellen Bedenken gegen eine solche Bestimmung. Weder den daraus möglicherweise resultierenden Kapitalexport noch die aufgrund der Liberalisierung schwerer zu bän-

---

[187] BBK, B 330/1876, von Schelling, Vermerk, 10.10.1956. Vgl. BBK, B 330/1876, IV, Fühlungsnahme mit den Notenbank-Gouverneuren in der BIZ, 12.10.1956.
[188] Vgl. EWG-Vertrag Art. 104 ff., abgedruckt in: BGBL 1957 II, S. 766 ff.
[189] BBK, B 330/6463, Emminger, Kritische Gedanken zum Gemeinsamen Markt, 25.2.1957.
[190] BBK, B 330/98, ZBR, Protokoll, 19.12.1956.
[191] Vgl. Konferenz von Messina, Schlußresolution, 3.6.1955; Spaak-Bericht, 21.4.1956; beide abgedruckt in: Aufbau Europas, S. 275 f. und S. 310 ff.

digenden Kapitalzuflüsse betrachtete sie mit Sorge. Die entsprechenden Paragraphen des EWG-Vertrages akzeptierte sie, ohne Einspruch zu erheben[192].

Weitaus reservierter war die Bank bei der Frage eines europäischen Investitionsfonds. Hier schlug sie Einschränkungen vor. Die wichtigste war, daß ein solcher Fonds nach kommerziellen Prinzipien arbeiten sollte. Die Mittel sollten – ähnlich wie bei der Weltbank – nicht von den Regierungen, sondern von den Kapitalmärkten aufgebracht werden, wobei für Anleiheemissionen auf dem Kapitalmarkt eines Mitgliedstaates eine Genehmigung des betreffendes Landes notwendig sein sollte[193]. Diese von der Bank vorgebrachten Einschränkungen wurden von den deutschen Ressorts gutgeheißen[194]. Sie konnten in den Verhandlungen zumindest teilweise durchgesetzt werden. Schon der Spaak-Bericht betonte, der Investitionsfonds solle als eine unabhängige Körperschaft eingerichtet werden und nach „bankmäßigen Grundsätzen" arbeiten. Seine Mittel solle er vor allem auf den internationalen Kapitalmärkten aufnehmen[195]. Diese Empfehlungen des Spaak-Berichtes wurden in den Römischen Vertrag übernommen. Im Protokoll über die Satzung der Europäischen Investitionsbank hieß es, daß sie auf die internationalen Kapitalmärkte zurückgreifen und diese Gelder „wirtschaftlich zweckmäßigst" verwenden soll. Zusätzlich dazu bestimmte die Satzung, daß den nationalen Behörden bei Anleiheemissionen in ihrem Land ein Einspruchsrecht zukam. Sofern „ernstliche Störungen" des Kapitalmarktes drohten, konnte das betreffende Land seine Zustimmung versagen[196].

EWG, Freihandelszone und OEEC

Im Jahre 1953/54 hatte sich die BdL vehement gegen eine engere Zusammenarbeit der sechs EGKS-Staaten ausgesprochen. Der Kreis der Sechs sei zu begrenzt, das Vereinigte Königreich und andere Länder würden dadurch ausgeschlossen. Vor allem aber könnte eine solche Zusammenarbeit die OEEC-Kooperation unterminieren[197]. Auch im Jahre 1955 war abzusehen, daß eine intensivere Kooperation der Sechs zu Lasten des OEEC-Zusammenhalts gehen würde. Um dem zu entgehen, hatten zwar die Außenminister der Sechs auf der Konferenz von Messina das Vereinigte Königreich explizit aufgefordert, sich an den Beratungen über einen Gemeinsamen Markt zu beteiligen. Doch wenn auch die Briten eine Delegation entsandten, waren die britische Skepsis und der britische Unwillen weithin bekannt. Mit dem Rückzug der britischen Delegation im November 1955 war es

[192] Vgl. BBK, B 330/1876, Emminger, Liberalisierung des Kapitalverkehrs im Gemeinsamen Markt, 22.12.1956; BAK, B 201/22162, Treitschke, Kurzvermerk, 22.10.1955. Vgl. EWG-Vertrag Art. 67ff., abgedruckt in: BGBL 1957 II, S. 766ff.

[193] Vgl. BBK, B 330/3326, Emminger, Kurzbericht, 14.10.1955; BBK, B 330/1876, Emminger, Vermerk, 17.4.1956.

[194] Für die Haltung der Ressorts vgl. Küsters, Gründung, S. 182ff.

[195] Spaak-Bericht, abgedruckt in: Aufbau Europas, S. 287.

[196] Vgl. Protokoll über die Satzung der Europäischen Investitionsbank, abgedruckt in: BGBL 1957 II, S. 964ff.

[197] Vgl. S. 168f.

dann sehr wahrscheinlich, daß sich ein Gemeinsamer Markt, sofern er denn stattfinden würde, vorerst auf die sechs EGKS-Länder beschränken würde.

In der Bundesrepublik wiesen vor allem Erhard, aber auch Wirtschafts- und Bankenvertreter unentwegt darauf hin, daß eine auf die sechs EGKS-Staaten beschränkte Wirtschaftskooperation für die deutsche Volkswirtschaft unsinnig sei[198]. Das war auch ganz die Meinung der Zentralbank. Bei verschiedenen Gelegenheiten hob sie hervor, auf die sechs EGKS-Staaten würden nur 25 Prozent des deutschen Außenhandels entfallen[199]. Konsequenterweise bedauerte sie den Rückzug des Vereinigten Königreiches von den Verhandlungen, und in Ressortbesprechungen wandte sich Emminger gegen eine „Exklusivität" der Sechs[200]. Andererseits aber war in der Sitzung des Zentralbankrates vom 22. Februar 1956, in der das Projekt eines Gemeinsamen Marktes detaillierter diskutiert wurde, die britische Nicht-Beteiligung kein Anlaß, sich den Bemühungen um einen Gemeinsamen Markt nunmehr offensiv entgegenzustellen. Ein Grund hierfür war, daß die Realisierung des Gemeinsamen Marktes als unwahrscheinlich eingeschätzt wurde[201]. Hinzu kam, daß sich die Bank nicht mehr so intensiv über die Auswirkungen eines Gemeinsamen Marktes auf den gesamteuropäischen Zusammenhalt wie in den Jahren zuvor sorgte. Die OEEC war ihr 1955/56 nicht mehr so wichtig wie noch 1953/54. Selbst wenn die BdL in der zweiten Hälfte der fünfziger Jahre in keiner Form auf die Auflösung der EZU drängte, sie sogar beibehalten wollte und auch gewisse Vorteile dieses Systems noch immer schätzte[202], fehlen nunmehr die starken Plädoyers für die OEEC bzw. EZU, die 1953/54 stets an der Tagesordnung gewesen waren.

Auch im weiteren Verlauf zeichnete sich die Bank nicht durch striktes Eintreten für die OEEC aus. Als im Sommer 1956 das OEEC-Sekretariat auf eine britische Anregung hin den Plan einer Freihandelszone, die alle OEEC-Mitglieder umfassen würde, vorlegte, und der OEEC-Ministerrat beschloß, eine Studiengruppe einzurichten, fand dies innerhalb der BdL nur geringe Aufmerksamkeit. Während Erhard im Herbst 1956 angesichts neuer französischer Forderungen für den Gemeinsamen Markt nochmals versuchte, das Kabinett gegen dieses Projekt zu mobilisieren, und gleichzeitig den Plan einer OEEC-weiten Freihandelszone propagierte[203], bemerkte der BdL-Sachverständige in Europafragen und Abgesandte zu den Verhandlungen Reinhold Werner nur, daß die Arbeiten der OEEC-Studiengruppe einer Zentralbank „etwas ferner" lägen[204]. Zwar stand die Bank positiv zu einer OEEC-weiten Freihandelszone, und sie versäumte auch

[198] Für die Wirtschafts- und Bankenvertreter vgl. Rhenisch, Industrie, S. 186 ff.
[199] Vgl. BBK, B 330/1876, Emminger, Diskussionsbeitrag, 30. 11. 1956.
[200] Vgl. BAK, B 102/22161, Müller-Roschach, Staatssekretärbesprechung, 3. 1. 1956.
[201] Vgl. BBK, B 330/92, ZBR, Stenogramm, 22. 2. 1956; BBK, B 330/1876, Emminger, Vermerk, 17. 4. 1956.
[202] Vgl. S. 208 ff.
[203] Vgl. Koerfer, Kampf, S. 141 ff.
[204] BBK, B 330/1876, J 2, Werner, Vermerk, 29. 10. 1956.

nie, darauf hinzuweisen, daß die Errichtung einer solchen Freihandelszone, selbst wenn sie ihre eigene Problematik habe, zu wünschen und zu fördern sei[205]. Gleichwohl unterstützte sie Erhard in seiner letzten großen Kampagne gegen die EWG nicht. Wenn ihr auch bewußt war, daß die von französischer Seite vorgebrachte Forderung nach Assoziation der Überseegebiete der EWG-Länder ein nahezu unüberwindliches Hindernis für eine spätere Freihandelszone mit den Briten sein würde, sprach sie sich im Herbst 1956 nicht offensiv gegen das Brüsseler Vertragswerk aus. So stimmte sie in gewisser Weise der Möglichkeit einer Spaltung Westeuropas in zwei Handelsböcke zu[206]. Nachdem sich nämlich Adenauer und der französische Ministerpräsident Guy Mollet im November 1956 auch über die Assoziation der Überseegebiete geeinigt hatten, konnte Emminger im Februar 1957 zwar betonen, daß man „unter allen Umständen" den Gemeinsamen Markt in eine ganz Westeuropa umfassende Freihandelszone mit möglichst freiheitlicher Verfassung einbetten muß. Gleichzeitig aber mußte er feststellen, daß die rechtzeitige Verwirklichung einer europaweiten Freihandelszone angesichts der mit dem EWG-Vertrag geschaffenen Probleme – wie zum Beispiel der Assoziation der Überseegebiete – und aufgrund des Zeitdrucks „fast ausgeschlossen" war[207].

Rolle und Einfluß der Bank deutscher Länder auf dem Weg nach Rom

Am 25. März 1957 wurde der Vertrag zur Errichtung einer Europäischen Wirtschaftsgemeinschaft in Rom unterzeichnet. Dieses Vertragswerk fand keineswegs das uneingeschränkte Wohlwollen der deutschen Zentralbank. Ende Februar 1957 hatte Emminger in einer grundsätzlichen Kritik festgestellt, es bestünde die Gefahr, daß sich aus der „kleinräumigen Gemeinschaft der Sechs ein nach außen protektionistischer, im Innern von Inflationskrisen heimgesuchter und von inneren Spannungen durchzogener Wirtschaftskörper" entwickeln wird. Auch befürchtete er eine Aufspaltung Westeuropas und vermutete, daß das in den nächsten vier bis sechs Jahren tatsächlich Erreichte wahrscheinlich „enttäuschend gering" sein werde[208]. Doch wenn auch seines Erachtens das Vertragswerk weder wirtschaftlich noch politisch positiv zu beurteilen war, so hatte es die deutsche Zentralbank während der Verhandlungen nicht vehement attackiert. Zu Beginn hatte sie sich zurückgehalten und auf ihre Einbindung in die Verhandlungen nicht insistiert, da sie sich nicht betroffen fühlte. Erst im Verlauf der Expertengespräche und später der Regierungsverhandlungen hatte sie sich dann zu einigen Punkten geäußert und konnte dabei auch ihren Ansichten z.B. bei der Festschreibung der Verpflichtung zu einer zahlungsbilanzkonformen Politik Geltung verschaffen.

---

205 Vgl. Deutsche Bundesbank, Geschäftsbericht 1957, S. 58f.; BBK, B 330/101, ZBR, Protokoll, 6.3.1957.

206 Vgl. BBK, B 330/1876, IV, Vermerk, 12.11.1956.

207 BBK, B 330/6463, Emminger, Kritische Gedanken zum Gemeinsamen Markt, 25.2.1957.

208 Ebenda.

Damit war sie anscheinend vorerst zufriedengestellt, und sie intervenierte im weiteren Verlauf nicht. Selbst als im Sommer 1956 die Verhandlungen durch die Forderungen der französischen Regierung in eine Krise gerieten und Erhard nunmehr seine letzte große Kampagne gegen die EWG führte, erhob sie keinen grundsätzlichen Einspruch. Erst nachdem Adenauer und Mollet im November 1956 den entscheidenden Durchbruch bei den Verhandlungen erzielt hatten, meldete sie sich wieder zu Wort. Da aber inzwischen eine prinzipielle Opposition gegen den Gemeinsamen Markt ihres Erachtens „politischer Donquichotismus" war, konnte sie nur noch zurückhaltende Kritik üben.

Insgesamt kann deshalb festgehalten werden, daß die deutsche Zentralbank bei den europäischen Integrationsprojekten nur eine eng umgrenzte Rolle spielte. Gleichwohl hat sie mit ihrem Verzicht auf Interventionen und grundsätzliche Kritik das Ihre zum Gelingen der EWG beigetragen. Wie gezeigt werden konnte, waren für diesen Verzicht verschiedene Gründe verantwortlich. Zum einen waren die Art und der Verlauf der Verhandlungen von Bedeutung. Aufgrund der anfänglichen Unverbindlichkeit und aufgrund der Unwahrscheinlichkeit, daß das Projekt eines Gemeinsamen Marktes realisiert werden würde, sah sich die Bank erst relativ spät veranlaßt, konkret zu intervenieren. Da aber zu diesem späten Zeitpunkt das Integrationsprojekt eine gewisse Eigendynamik entwickelt hatte, konnte sie dann nur noch bedingt eingreifen. Zum zweiten erkannte die Bank bei diesen Verhandlungen das Primat der Politik durchgängig an, und sie mischte sich in die Auseinandersetzung zwischen Adenauer und Erhard nicht ein. Zum dritten war sie der Idee eine Sechser-Gemeinschaft nicht von Anfang an und prinzipiell abgeneigt. Vielmehr nahm sie zu Beginn eine wohlwollende Haltung ein, und die Schaffung einer engeren europäischen Kooperation in Zoll- und Handelsfragen, die Gründung eines Gemeinsamen Marktes bzw. einer Zollunion und eine damit zwangsläufig verbundene gewisse Aufspaltung des OEEC-Europas wie die Bildung einer Präferenzzone innerhalb einer liberalen Weltwirtschaftsordnung trafen auf keine grundsätzliche Opposition der Bank. Erst als sich zeigte, daß der Gemeinsame Markt vermutlich protektionistischer sein würde, als sie anfänglich angenommen hatte, wandelte sich ihr Wohlwollen in Zurückhaltung.

3. Der Übergang zum Konvertibilitäts- und EWG-Regime

Die OEEC-Länder hatten im Jahre 1955 mit dem EWA Vorbereitungen für die Konvertibilität getroffen. Auch hatten sie sich mit der EZU-Härtung einem Konvertibilitätssystem angenähert. Gleichwohl hatten sie sich noch nicht verbindlich und unwiderruflich auf die Auflösung der EZU und die Konvertibilität als zukünftiges internationales Währungssystem geeinigt. Deshalb sind die Jahre 1955 bis 1958 als Probezeit des de-facto-konvertiblen EZU-Systems zu verstehen, in der Standards gesetzt wurden und wesentliche Entscheidungen getroffen werden mußten. Aber auch in einer zweiten Hinsicht standen in der zweiten Hälfte der fünfziger Jahre Weichenstellungen auf der Tagesordnung, denn seit 1955 diskutierten die sechs EGKS-Staaten neue Formen der europäischen Zusammenarbeit. Wenngleich handelspolitische Probleme den Anstoß für dieses Projekt gegeben hatten und auch in den Verhandlungen im Vordergrund standen, war offensichtlich, daß sich mit der Errichtung eines Gemeinsamen Marktes die Formen der europäischen Zusammenarbeit, die europäische Kooperation in der OEEC und die Weltwirtschaftsordnung nachhaltig verändern würden. Zwischen der Europäischen Integration zu Sechst, der Konvertibilität und der OEEC-EZU-Kooperation bestanden zahlreiche Beziehungen, Zusammenhänge und Wechselwirkungen.

In der Probezeit des de-facto-konvertiblen EZU-Systems offenbarten sich die Vor- und Nachteile der de-facto-Konvertibilität und der gehärteten EZU. Vor allem zeigte sich, daß in einem solchen Währungssystem die außen- und die binnenwirtschaftliche Stabilität schwer zu vereinbaren waren. Wenn diese Schwierigkeit auch dazu angetan war, die Konzepte sowohl der de-facto-Konvertibilität als auch der EZU in Frage zu stellen, zog die deutsche Zentralbank diese Konsequenz nicht. Vielmehr beschränkte sie sich auf ad-hoc-Maßnahmen und versuchte damit die Spannungen zu lindern. Durchgreifende Veränderungen des Währungssystems wies sie zurück. Trotz der existierenden Friktionen und Schwierigkeiten nahm sie weder von der Konvertibilität Abstand, noch drängte sie zur EZU-Auflösung. Bei verschiedenen Gelegenheiten setzte sie sich sogar explizit für die Fortführung der europäischen Zusammenarbeit im Rahmen der EZU ein. Wenn sie auch häufig öffentlich für die Konvertibilität plädierte, so lehnte sie doch in den entscheidenden Situationen ein Währungsregime, das auf Konvertibilität und dem EWA beruhte, ab.

Doch wenn die deutsche Zentralbank sich auch nicht gegen die Fortführung der OEEC-EZU-Kooperation aussprach, so zeigte sich, daß sie der OEEC bzw. EZU nicht mehr die Bedeutung beimaß wie in der ersten Hälfte der fünfziger Jahre. Nicht nur, daß sie eine Politik betrieb, die mit erheblichen Belastungen für die EZU verbunden war. Auch nahm sie, wie sich bei den Verhandlungen der sechs EGKS-Staaten über einen Gemeinsamen Markt zeigte, nur wenig Anstoß daran, daß die europäische Kooperation im Rahmen der OEEC durch die Errichtung eines Gemeinsamen Marktes wahrscheinlich unterminiert werden würde. Während Erhard nunmehr, nach jahrelanger, heftiger Kritik an der OEEC, die Vorzüge dieser europaweiten Zusammenarbeit schätzte, und obgleich es eine formidable Opposition zur EWG gab, hielt sich die deutsche Zentralbank mit Kritik zurück. Zwar betrachtete sie, vor allem bei fortgeschrittenen Verhandlungen, einige Aspekte des Gemeinsamen Marktes mit großer Skepsis. Dennoch beschränkte sie sich bei den Verhandlungen darauf, nur für eine zahlungsbilanzkonforme Politik, geringe Kredithilfen und die Unabhängigkeit der Währungspolitik einzutreten. Eine prinzipielle Kritik äußerte sie in den Verhandlungen nicht. Für diese Haltung gaben taktische Überlegungen, politische Rücksichten, das Primat der Politik und auch die Tatsache, daß ein engerer wirtschaftlicher Zusammenschluß ihres Erachtens sinnvoll war, den Ausschlag.

Insgesamt ist also festzuhalten, daß sich die deutsche Zentralbank zwar einerseits in den Jahren 1955 bis 1957 zu Fragen der europäischen und internationalen Wirtschafts- und Währungskooperation geäußert hatte. Andererseits aber war sie weitgehend passiv geblieben und hatte noch nicht abschließend und endgültig zur Frage des zukünftigen internationalen Währungssystems Stellung bezogen. Das war möglich, da in dieser Zeit keine Initiativen unternommen wurden, das existierende Währungssystem auf neue Grundlagen zu stellen. Das änderte sich aber im Jahre 1958. Mit der Verbesserung seiner Zahlungsbilanzposition wandte sich das Vereinigte Königreich wieder dem Projekt der Konvertibilitätserklärung zu. Nun mußte die deutsche Zentralbank Farbe bekennen. Dabei ging es keineswegs nur um die Existenz der EZU. Das Problem war komplizierter und vielschichtiger. Eine Auflösung der EZU bedeutete nicht nur die Konvertibilität, die Beendigung der währungspolitischen Diskriminierung zum Dollarraum und den Übergang zum Bretton-Woods-System. Sie implizierte auch einen weiteren Bedeutungsschwund der OEEC. Darüber hinaus war abzusehen, daß sie die Verhandlungen über eine OEEC-weite Freihandelszone beeinflussen würde. Schließlich würde sie unter Umständen den Zusammenhalt der sechs EWG-Länder in Frage stellen, denn Frankreich hatte mit wirtschaftlichen Schwierigkeiten zu kämpfen, und es war nicht ausgemacht, daß es die Konvertibilität für den französischen Franken erklären würde. Möglicherweise würde deshalb nach der EZU-Auflösung ein gemeinsames Währungssystem für die sechs EWG-Länder nicht mehr existieren. Zusätzlich dazu würde sich eine Konvertibilitätsinitiative auf die für den 1. Januar 1959 vorgesehene erste EWG-Binnenzollsenkung auswirken. Frankreich hatte schon angedeutet, daß es unter Umständen am 1. Januar 1959 die Ausnahmeregelungen des EWG-Vertrages in Anspruch nehmen werde. Vor dem Hintergrund einer Konvertibilitätserklärung war eine solche Politik noch wahrscheinlicher, sei es, daß die Konvertibilität Frankreich zu sehr belasten würde, sei es, daß ein Zusammenhalt der sechs EWG-Länder durch die Konvertibilität erschüttert würde. Aus diesen Gründen kam im Jahre 1958 die Haltung zu der britischen Konvertibilitätsinitiative einer Stellungnahme zur Ordnung und Organisation Europas gleich. Wie verhielt sich die Bundesbank Ende 1958 in den entsprechenden Verhandlungen zu diesem Fragenkomplex?

Da die britischen Währungsreserven seit Ende 1957 kontinuierlich angestiegen waren, wandte sich das Vereinigte Königreich Anfang 1958 wieder der Frage der Konvertibilität zu[209]. Vor allem die Bank von England setzte sich für eine baldige Konvertibilitätserklärung ein. Wenn auch das britische Schatzamt den Zeitpunkt vorerst noch nicht für gekommen hielt, wurden nun entsprechende Vorbereitungen eingeleitet[210]. Im Forum des IWF sprach der britische Vertreter das Problem

[209] Die britischen Währungsreserven (Gold und konvertible Währungen) waren von 2273 Mio $ (Dezember 1957) auf 3076 Mio. $ (Juni 1958) angewachsen. Vgl. International Financial Statistics XIII, Mai 1960, S. 254.

[210] Vgl. BoE, OV 44/21, Cobbold an Makins, 4.2.1958; Parsons, Note on a meeting with Rowan, 7.2.1958. Vgl. hierzu auch die Schilderung von Fforde, Bank of England, S. 585 ff.

der internationalen Liquidität an und plädierte für eine Erhöhung der IWF-Quoten. In der Bundesbank traf das auf offene Ohren[211]. Auch die USA unterstützten eine Ausweitung der internationalen Liquidität, ja sie übernahmen es sogar, eine Erhöhung der IWF-Quoten vorzuschlagen[212]. Im August 1958, nach einem erneuten Plädoyer der Bank von England für die Konvertibilität, konnte auch der bisher zurückhaltende britische Schatzkanzler Derick Heathcoat Amory gewonnen werden. Er bat den Premierminister um eine Grundsatzentscheidung[213], und nachdem dieser einer Konvertibilitätsinitiative zugestimmt hatte, forcierte das Vereinigte Königreich die internen Vorbereitungen für die Operation „Unicorn". Gleichzeitig sprach es das Thema der Konvertibilität vorsichtig auf der IWF-Jahrestagung in Neu-Delhi an. Soweit die deutsche Seite, vertreten durch Erhard und Blessing, betroffen war, erhielten die Briten eine positive Antwort. Es wurde bestätigt, daß die Bundesrepublik beabsichtige, einer britischen Initiative ohne Zögern zu folgen: „He (Blessing, M.D.) confirmed, in reply to my enquiry, that inspite of the setting up of the EEC, Germany still had every intention of following suit immediately, if we took the plunge."[214]

Ob sich die Briten jedoch auf diese deutsche Zusage verlassen konnten, war eine andere Frage. Es war zu bedenken, daß sich Frankreich im Übergang zwischen der IV. und V. Republik befand. Wenngleich der französische Ministerpräsident Charles de Gaulle im September 1958 ein Komitee unter der Leitung Jacques Rueffs mit der Ausarbeitung eines wirtschaftspolitischen Reformprogramms betraut hatte, so waren die wirtschaftlichen Probleme Frankreichs noch keineswegs gelöst[215]. Obendrein gab es einige Stimmen, die in einer britischen Konvertibilitätsinitiative zu diesem Zeitpunkt ein Druckmittel oder gar eine Vergeltungsmaßnahme für die intransigente französische Haltung bei den Verhandlungen über eine Freihandelszone sahen. Deshalb war es fraglich, ob sich Frankreich an einer britischen Konvertibilitätsinitiative beteiligen würde, bzw. ob die anderen EWG-Länder einer Konvertibilität ohne Frankreich und damit der Aufgabe eines gemeinsamen Währungssystems zustimmen würden. Entsprechend hatten die Briten einige Zweifel: „They (the Six, M.D.) are all determined to maintain the monolithic structure of the Six. French domination is such that, however anxious other governments might be to make a move to convertibility and EMA, they would not move without the French."[216]

Tatsächlich hatte sich in Deutschland noch keine abschließende Meinung zu der bisher noch vagen und nur in Umrissen bekannten britischen Initiative gebildet.

---

211 Vgl. PRO, T 236/4579, Thorold an Rowan, Talk with Emminger, 2.7.1958.

212 Vgl. Horsefield u.a., International Monetary Fund, Bd. I, S.446ff. Vgl. Fforde, Bank of England, S.573ff.

213 Vgl. PRO, PREM 11/2671, o.V., Note on a discussion at Chequers, 30.8.1958.

214 BoE, OV 44/21, Parsons an Cobbold, 6.10.1958. Für Erhard vgl. PRO, T 236/4818, HMT, Note of talk between Chancellor of the Exchequer and Dr. Erhardt (sic!), 7.10.1958.

215 Zur französischen Wirtschaftsentwicklung vgl. Pitman, Crisis; Bonin, IVième république, S.341ff.

216 BoE, OV 46/68, Payton, Note, 30.10.1958.

Zwar sah man die Konvertibilität weiterhin als erstrebenswert an[217]. Gleichzeitig aber strebte man die Einrichtung der Freihandelszone sowie die planmäßige Durchführung der ersten EWG-Binnenzollsenkung an. Deshalb gab es einige Stimmen, die angesichts der Krise bei den Freihandelszonenverhandlungen[218] offen dafür plädierten, Europa solle jetzt nicht zur Konvertibilität übergehen. So stellte beispielsweise die deutsche OEEC-Delegation heraus, daß die Bundesrepublik an einer Konvertibilitätsinitiative nur teilnehmen solle, sofern auch Frankreich ihr zustimmen würde. Im Falle des Falles müßte die Bundesrepublik zu Frankreich stehen[219]. Eine ähnlich zurückhaltende Meinung vertrat auch Adenauer. Anfänglich skeptisch in bezug auf de Gaulle, nach einem ersten und zweiten persönlichen Treffen mit dem französischen Ministerpräsidenten jedoch in gutem Einvernehmen, meinte er noch Anfang Dezember 1958 verständnisvoll, daß de Gaulle „ja jetzt den Kopf voll hat in den nächsten Wochen mit anderen Dingen". Deshalb solle man Frankreich in dieser schwierigen Situation nicht zur Konvertibilität drängen[220]. Auch innerhalb der Bundesbank war eine endgültige Meinung zu den Fragen Konvertibilität und Freihandelszone noch nicht formuliert, zumal die britischen Pläne vorerst nur in Umrissen bekannt waren. Zwar sah die Bundesbank die Konvertibilität auch weiterhin als positiv an, führte nun wieder Untersuchungen über die Liquidation der EZU durch und stellte bei Treffen mit Zentralbankkollegen heraus, Deutschland würde einer britischen Initiative ohne Zögern folgen[221]. Gleichzeitig aber hielten ihre Vertreter in Ressortbesprechungen über die Freihandelszone fest, daß die EZU das geeignete Zahlungssystem für Europa wäre[222].

Doch wenn die deutsche Meinung auch noch nicht endgültig formuliert war, so wuchs im Herbst 1958 in den anderen Ländern die Erwartung, daß Deutschland seinen Einfluß auf Frankreich zur Geltung bringen müßte, sei es um Frankreich für die Freihandelszone zu gewinnen, sei es um Frankreich zur Übernahme seiner EWG- und OEEC-Verpflichtungen zu drängen, oder sei es um einen gemeinsamen Konvertibilitätsschritt zu ermöglichen. Auch in Deutschland selbst fand die Idee einer besonderen deutschen Initiative großen Anklang. Schon im August hatte Adenauer in einem Gespräch mit dem französischen Finanzminister Antoine Pinay die problematische wirtschaftliche Situation Frankreichs angesprochen. Angeblich schlug Adenauer in diesem Zusammenhang deutsche

---

[217] Nur ein Beispiel: BAK, B 126/7744, Sprechzettel für Gespräch mit Herrn Dr. Birrenbach (MdB), 16.10.1958.

[218] Im Herbst 1958 spitzte sich die Krise bei den unter erheblichem Zeitdruck geführten Verhandlungen über eine OEEC-weite Freihandelszone zu, da sich Frankreich nunmehr gegen die Zollautonomie der Länder außerhalb der Sechs aussprach. Vgl. hierzu Dokumentation der Europäischen Integration, S. 162 ff.; Groeben, Aufbaujahre, S. 61 ff.; Camps, Britain, S. 130 ff.; Griffiths, British Policy.

[219] Vgl. BoE, OV 44/22, Watson, Note, 3.11.1958; Payton, Unicorn, 13.11.1958.

[220] Adenauer, Teegespräche, 1.12.1958. Zum Verhältnis Adenauer – de Gaulle vgl. Schwarz, Adenauer, S. 439 ff.; Köhler, Adenauer, S. 999 ff.

[221] Vgl. BBK, B 330/1626, J2, Prozedur für die Liquidation der EZU, 6.11.1958; PRO, T 236/4820, Cobbold, Note, 11.11.1958.

[222] Vgl. BBK, B 330/1828, J21, Vermerk, 18.10.1958.

Kredithilfe im Austausch gegen eine gemeinsame Konvertibilitätserklärung und einen geordneten Übergang zur EWG vor[223]. Auch der Bundeswirtschaftsminister, im allgemeinen stets skeptisch gegenüber Frankreich, befürwortete im Herbst eine besondere deutsche Initiative, und er stellte richtig, daß er Kredite an die Regierung de Gaulle keineswegs grundsätzlich ablehne[224]. Selbst die Bundesbank, die sich noch im Sommer 1958 im Währungsausschuß der EWG gegen weitere Kredite an Frankreich ausgesprochen hatte, wurde im Herbst entgegenkommender[225]. Zwar wies Blessing den Vorschlag des Präsidenten der EWG-Kommission Walter Hallstein, einen EWG-Hilfsfonds einzurichten, zurück und wies zum wiederholten Male darauf hin, daß ein gemeinsames Währungssystem der Sechs am besten und einfachsten durch die Konvertibilität gewährleistet werden würde. Gleichzeitig aber verschloß er sich „keineswegs der Einsicht [...], daß in außergewöhnlichen Situationen unseren EWG-Partnern vielleicht einmal kurzfristige Hilfskredite zur Überbrückung temporärer Anspannungen gewährt werden müssen, ebenso wie ich mich keineswegs der besonderen Verantwortung der Bundesrepublik bei derartigen Hilfsoperationen verschließe“[226].

Doch wenn auch eine besondere Initiative in Deutschland weite Zustimmung fand, hatte das Vereinigte Königreich vor allem in der zweiten Novemberhälfte Bedenken, ob es sich auf den seines Erachtens notwendigen deutschen Druck auf Frankreich verlassen könne. Vor dem Hintergrund der Berlin-Krise hatte nämlich Adenauer am 26. November 1958 beim Gespräch mit de Gaulle dem kurz zuvor erfolgten französischen Einspruch gegen die Fortführung der Freihandelszonenverhandlungen de facto zugestimmt[227]. Auch bei anderen Gelegenheiten zeigte sich immer wieder, daß Frankreich letztendlich auf die deutsche Unterstützung rechnen konnte[228]. Demnach befürchtete das Vereinigte Königreich, auch in der Konvertibilitätsfrage nicht auf die deutsche Hilfe zählen zu können[229]. Ende November überwog deshalb in London das Zögern, und die

---

[223] Das berichten britische Quellen unter Bezugnahme auf französische Presseberichte. Vgl. BoE, OV 46/48, Payton, Unicorn, 30.10.1958. Vgl. auch BoE, OV 44/22, Payton, Unicorn, 13.11.1958. In seinen Erinnerungen erwähnt Adenauer diesen Aspekt nicht. Vgl. Adenauer, Erinnerungen, S. 421 ff.

[224] Vgl. LESt, I 1)6, Erhard an Adenauer, 11.9.1958; Erhard an Adenauer, 26.9.1958.

[225] Vgl. BBK, B 330/1285, Emminger, Behandlung Frankreichs in der EWG, 2.6.1958.

[226] BBK, B 330/6463, Blessing an Hallstein, 11.11.1958; Hallstein an Blessing, 28.10.1958; Hallstein an Blessing 28.11.1958.

[227] Am 14.11.1958 hatte der französische Informationsminister Jacques Soustelle in einem Interview betont, daß es Frankreich unmöglich sei, den britischen Wünschen in bezug auf die Freihandelszone nachzukommen. Vgl. Dokumentation der Europäischen Integration, S. 215. Zu dem Gespräch in Bad Kreuznach und zur Berlin-Krise vgl. Schwarz, Adenauer, S. 464 ff.

[228] Um die von den EWG-Maßnahmen ausgehende Diskriminierung zu verringern, boten die sechs EWG-Staaten allen GATT-Mitgliedern eine 10%ige Zollsenkung an. Allerdings lehnte Frankreich die Ausdehnung der ebenfalls vorgesehenen Erhöhung der Liberalisierungskontingente auf andere Länder ab. Darin wurde es von Deutschland unterstützt. Vgl. Pitman, Programme, S. 463.

[229] In seinen Zweifeln wurde das Vereinigte Königreich beispielsweise durch die deutsche Botschaft in London bestärkt. Sie hob hervor, daß die Bundesregierung noch nicht entschieden sei. Vgl. PRO, T 236/4820, Rickett, Convertibility and the Free Trade Area, 20.11.1958.

für den 8. Dezember schon fest geplante Konvertibilitätserklärung wurde aufgeschoben. Dieses Zaudern blieb aber nur eine Episode. Zum einen vermutete das Vereinigte Königreich, daß die Schweiz zum Jahresende aus der EZU ausscheiden würde. Die EZU würde also auf jeden Fall in Frage gestellt werden[230]. Zum zweiten war zu befürchten, daß angesichts der Gerüchte über eine Konvertibilitätserklärung die Marktkräfte den britischen Handlungsspielraum einengen würden[231]. Noch wichtiger aber war, daß der Bundesbankvertreter bei dem Dezember-Treffen der Zentralbankpräsidenten in Basel erneut versicherte, Deutschland wäre selbstverständlich an der Konvertibilität interessiert und es würde ohne Zögern einer britischen Konvertibilitätserklärung folgen[232]. Hinzu kam, daß man im Vereinigten Königreich damit rechnete, Frankreich könnte die Initiative an sich reißen und die Konvertibilität von sich aus erklären[233].

So blieb also die Konvertibilitätserklärung auf der Tagesordnung, und nachdem am 10. Dezember der Gouverneur der Banque de France Wilfried Baumgartner ein grundsätzliches Einverständnis Frankreichs mit einer britischen Initiative zum Jahresende signalisiert hatte[234], wurde dieses Thema anläßlich der OEEC-Ministerratstagung, der Ministertagung der NATO und der WEU-Versammlung in Paris weiter besprochen. Dabei wurden nun auch die schon vorher ventilierten deutschen Hilfestellungen konkretisiert. Seitens der deutschen Regierung bot Erhard de Gaulle einen Kredit von 300 Mio. Dollar für den Fall einer Konvertibilitätserklärung an[235]. Dies traf auf ein reges Interesse seitens Frankreichs. Die Banque de France hatte sogar schon eine diesbezügliche Initiative ergriffen und informell bei der Bundesbank wegen eines langfristigen Kredites vorgefühlt. Dabei hatte die Bundesbank durchblicken lassen, daß sie zu einer solchen Hilfestellung durchaus bereit war, und sie erwartete nun einen offiziellen Antrag auf einen langfristigen, vermutlich zweijährigen Kredit in Höhe von 150 Mio. Dollar[236]. Vor dem Hintergrund dieser Kreditmöglichkeiten erklärte Pinay am 17. Dezember das endgültige Einverständnis Frankreichs mit einer Konvertibilitätserklärung, und die Zentralbanken wurden beauftragt, die technischen Details auszuarbeiten[237]. Als Ergebnis wurde am 27. Dezember 1958 nach der Abwertung des französischen Franken um 14,93 Prozent die EZU aufgelöst, das EWA in Kraft gesetzt und die Konvertibilität für acht europäische Währungen erklärt.

---

[230] Die Schweiz hatte sich bei der EZU-Verlängerung im Sommer 1958 die Möglichkeit eines Ausscheidens zum Jahresende vorbehalten. Vgl. PRO, T 236/4819, France, Unicorn: Free Trade Area, 30. 10. 1958.

[231] Vgl. BoE, OV 44/23, Stevens, Basle Meeting, 6./8. 12. 1958.

[232] Vgl. ebenda.

[233] Nachdem am 8. 12. 1958 in Paris der Bericht des Rueff-Komitees, der strikte Sanierungs- und durchgreifende Reformmaßnahmen vorsah, diskutiert worden war, hatte Wilfried Baumgartner, Gouverneur der Banque de France, angedeutet, daß de Gaulle demnächst wichtige Entscheidungen fällen würde. Vgl. Pitman, Programme, S. 460f.

[234] Vgl. Fforde, Bank of England, S. 598.

[235] Vgl. PRO, T 236/4821, Record of a Conversation, 14. 12. 1958.

[236] Vgl. BBK, B 330/1626, Tüngeler an die Mitglieder des Zentralbankrates, 27. 12. 1958.

[237] Vgl. PRO, T 236/4822, Record of Conversation, 17. 12. 1958.

Dem spektakulären Kreditangebot Erhards haben vor allem die Briten eine große Bedeutung für die französische Zustimmung zur Konvertibilität beigemessen[238]. Das trifft jedoch nur zum Teil den Kern, denn Frankreich hatte sich schon vor dem 15. Dezember 1958 der Option Konvertibilität angenähert und griff letztlich auch nicht auf die Offerte Erhards zurück[239]. Wenngleich diese Feststellung die Bedeutung dieses Kreditangebotes nicht zwingend schmälert, verdeutlicht sie, daß im Dezember 1958 noch andere Faktoren wichtig gewesen sein müssen. Neben der Gewißheit, im Falle eines Falles auf umfassende und langfristige deutsche Unterstützung zurückgreifen zu können, war vermutlich auch die Bereitstellung kurzfristiger ad-hoc-Hilfen sowie die langfristige Konsolidierung der aufgelaufenen EZU-Schulden Frankreichs wichtig. Bei den umfassenden französischen Reformmaßnahmen, der Abwertung, der Konvertibilitätserklärung und der EZU-Liquidation war es notwendig, diese Schritte durch ad-hoc-Hilfen abzusichern und nicht auf eine schnelle Rückzahlung der EZU-Schulden verpflichtet zu werden. Hier waren die Notenbankkooperation und ein Entgegenkommen der Bundesbank entscheidend. Tatsächlich war Mitte Dezember schon abzusehen, daß die Bundesbank in Zusammenarbeit mit anderen Zentralbanken der Banque de France die notwendigen kurzfristigen Swap-Fazilitäten einräumen würde. Sie stellten problemlos, auf eine einfache telegraphische Anfrage hin, der Banque de France dreimonatige Kreditlinien in Höhe von insgesamt 250 Mio. Dollar zur Verfügung[240]. Ferner hatte die Bundesbank schon Ende November 1958 die Meinung vertreten, daß die Gläubigerländer den Schuldnerländern im Falle der EZU-Liquidation bei der Konsolidierung ihrer EZU-Schulden entgegenkommen sollten. Im Falle einer Konvertibilitätserklärung sollten diese schwächeren Länder nicht über Gebühr belastet werden. Deshalb wollte die Bank nicht auf einer Rückzahlung der aufgelaufenen EZU-Kredite innerhalb von drei Jahren, wie es der Normalfall vorsah, bestehen. Statt dessen erklärte sie sich im französischen Fall zu einen Rückzahlungszeitraum von acht Jahren bereit, wobei sie sogar für die Zeit vom Januar 1960 bis Juni 1961 wegen des dann zu tilgenden französischen Sonderkredites eine tilgungsfreie Zeit in Aussicht nehmen wollte[241]. Wenngleich es die Quellenlage nicht erlaubt, die Determinanten des französischen Entscheidungsprozesses eindeutig auszumachen, muß also festgehalten werden, daß die Bundesbank im Winter 1958 in einer Position war, in der sie die französische Entscheidung zur Konvertibilität maßgeblich erschweren oder erleichtern konnte. Immerhin hatte Frankreich im Verlauf der Jahre ne-

[238] Vgl. PRO, T 237/198, Hubback, German Support for France, 29.12.1958.

[239] Auch suchte Frankreich nicht um einen langfristigen Bundesbankkredit nach. Vgl. BBK, B 330/1626, Tüngeler an die Mitglieder des Zentralbankrates, 27.12.1958.

[240] Der Anteil der Bundesbank belief sich dabei auf 250 Mio. DM. Die von den anderen Zentralbanken eingeräumten Swap-Fazilitäten betrugen: 80 Mio. $ (BIZ), 25 Mio. £ (Bank of England), 100 Mio. hfl. (Nederlandsche Bank) und 20 Mio. $ (Banque Nationale de Belgique). Vgl. BBK, B 330/1626, Tüngeler an die Mitglieder des Zentralbankrates, 27.12.1958.

[241] Vgl. BBK, B 330/1626, Emminger/Schleiminger, Auswirkungen einer EZU-Liquidation, 29.11.1958.

ben dem Sonderkredit in Höhe von 150 Mio. Dollar eine EZU-Schuld in Höhe von 485 Mio. Dollar akkumuliert. Auf die Bundesbank entfielen von diesem Betrag 264,6 Mio. Dollar, von denen der Betrag von 144,9 Mio. DM noch nicht konsolidiert war[242]. So hatte neben dem spektakulären Angebot Erhards vor allem der unspektakuläre Beitrag der Bundesbank die EZU-Liquidation und die Konvertibilitätserklärung ermöglicht.

Da die Bundesbank auch im Winter 1958 keine Konvertibilitätsinitiative unternommen hat und sich weitgehend passiv verhielt, sind Zweifel berechtigt, ob sie letztendlich auch einer Konvertibilität ohne Frankreich zugestimmt hätte. Andererseits aber wird deutlich, daß sie zu diesem Schritt in erheblichem Umfang beigetragen hat, denn sie hat die britische Initiative durch stetes Bekunden ihres Interesses und durch ihre Zusicherung, einer britischen Initiative unmittelbar zu folgen, gestärkt. Ferner hat sie die britisch-französische Konvertibilitätsbereitschaft durch ihren materiellen Beitrag abgesichert, und damit die Beendigung der Probezeit des de-facto-konvertiblen EZU-Systems zugunsten einer globalen Lösung befördert.

[242] Die französische EZU-Schuld an die Bundesbank setzte sich zusammen aus 161,6 Mio. $ regulären EZU-Schulden, 82,3 Mio. $ aus dem deutschen Anteil am Sonderkredit und 20,7 Mio. $ aus den bei EZU-Auflösung zu verteilenden EZU-Vermögenswerten. Die Schulden aus dem Sonderkredit waren konsolidiert. Ebenfalls konsolidiert waren von den regulär aufgelaufenen Schulden 16,7 Mio. $, so daß noch 144,9 Mio. $ zu konsolidieren waren. Vgl. BBK, B 330/1626, Emminger/Schleiminger, Auswirkungen einer EZU-Liquidation, 29.11.1958.

Schlußbetrachtung: Die deutsche Zentralbank und ihre Währungspolitik 1948 bis 1958

Das Jahresende 1958 bedeutet einen tiefen Einschnitt für die deutsche, europäische und internationale Währungs- und Wirtschaftsgeschichte.

Zum ersten wurde am 27. Dezember 1958 die EZU aufgelöst und das EWA trat in Kraft. Wenn damit auch die europäischen Währungen keineswegs konvertibel im Sinne des IWF wurden, wird die Auflösung der EZU gemeinhin der Einführung der Konvertibilität gleichgesetzt, denn nun mußten alle europäischen Überschüsse und Defizite zu 100 Prozent in Gold oder Dollar beglichen werden[1]. Nachdem die industrielle Produktion der europäischen Länder ihren Vorkriegsstand schon Anfang der fünfziger Jahre erreicht hatte[2], war der europäische Wiederaufbau nun auch unter dem Gesichtspunkt der internationalen Währungsordnung abgeschlossen, denn die beiden bisherigen, zum Zwecke des europäischen Wiederaufbaus errichteten Zahlungsräume Dollarzone und EZU-Raum verschmolzen nun zu einem einheitlichen Zahlungsgebiet, in dem multilateraler Zahlungsverkehr, freier Güterhandel und allgemeine Konvertierbarkeit bei festen Wechselkursen galten. Mehr noch: Die währungspolitischen Auswirkungen der Weltwirtschaftskrise, der Zusammenbruch des Gold-Devisen-Standards, wurde damit überwunden. Nun existierte wieder ein globales Währungssystem – der Gold-Dollar-Standard. Wie der belgische Wirtschaftshistoriker Herman van der Wee formulierte, hat die Pax Americana Ende 1958 eine währungspolitische Grundlage erhalten[3].

Zum zweiten führten die in der EWG zusammengeschlossenen sechs Länder zum Jahreswechsel 1958/59 ihre erste Binnenzollsenkung durch. Wenn auch der EWG-Vertrag eine solche Binnenzollsenkung vorsah, war es bis zum Schluß unsicher geblieben, ob nicht doch Ausweichklauseln in Anspruch genommen würden. Erst mit den französischen Sanierungsmaßnahmen vom Dezember 1958 und mit dem französischen Verzicht auf die Anwendung von Sonderregelungen konnte die Binnenzollsenkung planmäßig durchgeführt werden, womit die EWG ihre Geschlossenheit, Ernsthaftigkeit und Wirkmächtigkeit demonstrierte: Sie hatte ihre erste Bewährungsprobe bestanden und konsti-

---

[1] Konvertibel im Sinne des IWF wurden acht bzw. neun europäische Währungen erst im Jahre 1961. Belgien, die Bundesrepublik Deutschland, Frankreich, Irland, Italien, Luxemburg, die Niederlande, Schweden und das Vereinigte Königreich verzichteten im Februar 1961 auf die Anrufung des IWF-Artikels XIV und gingen damit zum Artikel VIII über.

[2] Vgl. Maddison, Forces, S. 212 ff.

[3] Vgl. Van der Wee, Wohlstand, S. 509.

tuierte sich damit als ein entscheidender Faktor der internationalen Wirtschaftsbeziehungen. Gleichzeitig verlor die Institution des Marshallplan-Europas, die OEEC, an Bedeutung, denn neben ihrem Funktionsverlust aufgrund der EZU-Auflösung wurde zum Jahresende 1958 offensichtlich, daß diese Organisation nicht mehr als Klammer Westeuropas fungieren konnte: Im November 1958 scheiterten die Verhandlungen über eine OEEC-weite Freihandelszone endgültig. Konsequenterweise wurde die OEEC im Dezember 1960 in die Organisation for Economic Co-operation and Development (OECD) umgewandelt, wobei sie aufgrund der Beitritte der USA und Kanadas ihren europäischen Charakter verlor[4]. Da ferner das Vereinigte Königreich, Dänemark, Norwegen, Schweden, Portugal, Österreich und die Schweiz im Jahre 1960 die Konvention über eine europäische Freihandelszone, die European Free Trade Association (EFTA), unterzeichneten, zerfiel Westeuropa in zwei Handelsblöcke, in das Europa der Sechs und das Europa der Sieben. Die Institutionen der Nachkriegszeit waren neuen wirtschaftspolitischen Organisationen gewichen.

In dieser Arbeit wurde die deutsche Zentralbank und ihre internationale Währungspolitik seit ihrer Gründung im Jahre 1948 bis zu diesem Einschnitt im Jahre 1958 untersucht. Auf der Grundlage des im Historischen Archiv der Deutschen Bundesbank vorhandenen Quellenmaterials, das durch Unterlagen aus anderen Archiven ergänzt wurde, ist analysiert worden, wie sich die deutsche Zentralbank zum Problem des europäischen und deutschen Wiederaufbaus verhielt, wie sie zur Frage der europäischen Kooperation und Integration und zur Frage der Konstruktion eines internationalen Währungssystems stand. Dabei wurde auch herausgearbeitet, in welcher Form die Bank am bundesrepublikanischen Entscheidungsprozeß zur internationalen Wirtschafts- und Währungspolitik teilnahm, und welche Stellung und Bedeutung ihr hier zukam. Ferner wurde untersucht, welche Rolle die deutsche Zentralbank auf internationaler bzw. europäischer Ebene spielte.

Eine solche Untersuchung war ein Forschungsdesiderat, denn obwohl heute weitgehend Einigkeit herrscht, daß die deutsche Zentralbank eine entscheidende, einflußreiche und mächtige Institution des bundesrepublikanischen, ja sogar des internationalen Wirtschaftslebens ist, wurde bisher ihre Geschichte nicht mit historisch-kritischen Methoden untersucht. Das hat zahlreichen Fehlinterpretationen bezüglich der deutschen Wirtschafts- und Währungsentwicklung Vorschub geleistet. Da nämlich ihre konkreten Ansichten und Strategien unergründet blieben und auch zentralbankinterne Auseinandersetzungen nicht beachtet wurden, besteht häufig der Eindruck, daß ihre erfolgreiche Geldpolitik auf dem Konsens einer strikt anti-inflationären, konservativen Philosophie beruhte und innerhalb der Bank weitgehend unumstritten war. Da ferner weder ihr spezi-

[4] Der OECD wurden auch neue Aufgaben zugewiesen. Ihr oblag jetzt vor allem die Koordinierung der Unterstützung der Entwicklungsländer.

fischer Einfluß noch ihre Zusammenarbeit mit anderen Entscheidungsträgern untersucht wurden, wird häufig ihre bedeutende Stellung nur auf ihre gesetzlich festgelegte Unabhängigkeit zurückgeführt, die anscheinend von Anfang an gegeben war. So bringt die Tatsache, daß die Geschichte der deutschen Zentralbank bisher nicht anhand von ungedruckten Quellen erforscht wurde, mit sich, daß eine wichtige wirtschaftspolitische Institution der Bundesrepublik weitgehend unbekannt blieb. Auch beruhen bisherige Deutungen des deutschen Wiederaufbaus bzw. des deutschen Wirtschaftswunders auf unvollständigen und deshalb zwangsläufig fragwürdigen Ergebnissen, die die deutsche Entwicklung nur verzerrt wiedergeben können. Zudem können der europäische Wiederaufbau und die europäische Währungskooperation der Nachkriegszeit nur ansatzweise erfaßt werden, denn die Rolle der deutschen Zentralbank innerhalb Europas wurde bisher nicht angemessen gewürdigt.

Indem die vorliegende Arbeit die internationale Währungspolitik der deutschen Zentralbank untersucht, füllt sie diese Forschungslücke aus. Nachdem im ersten Kapitel die Konzepte der Integration und Konvertibilität erläutert und in den historischen Kontext eingeordnet worden sind, wird in Kapitel zwei untersucht, wie sich das im Jahre 1948 gegründete westdeutsche Zentralbanksystem in seinen ersten Jahren entwickelte und formierte. In diesem Zeitabschnitt, der mit der Überwindung der Koreakrise im Jahre 1951 seinen Abschluß findet, wurden ein geldpolitisches Konzept und eine außenwirtschaftliche Strategie formuliert und innerhalb des zweistufigen Zentralbanksystems, einem Kompromiß zwischen Föderalismus und Zentralismus, durchgesetzt. Das ging mit einer Straffung der bankinternen Entscheidungs- und Willensbildungsprozesse, einer gewissen Machtkonsolidierung des BdL-Direktoriums einher. Dabei wird deutlich, daß das Zentralbanksystem – nach einer kurzen Stabilisierungsphase, in der binnenwirtschaftliche Aspekte die Politik bestimmten – schon im Jahre 1949 den außenwirtschaftlichen Belangen eine erhebliche Bedeutung zumaß. Nach der Überwindung der anfänglichen Schwierigkeiten wurde die Kreditpolitik immer stärker auf diese ausgerichtet. Zwar trafen die damit notwendigen Restriktionen anfangs noch auf erhebliche Skepsis im Zentralbankrat und entsprechend blieben sie bis Ende 1950 umstritten, so daß restriktive Maßnahmen vorerst keine Mehrheit fanden. Mit der deutschen Zahlungsbilanzkrise im Gefolge der Koreahausse allerdings konnte sich das geldpolitische Konzept durchsetzen, daß die „inneren Dinge um des Exportes willen knapp zu halten sind". Diese geldpolitische Philosophie sollte allerdings vorerst nur in bezug auf Europa gelten. Die deutsche Zentralbank war nämlich in erster Linie an einem „Eindringen in das kontinentale System" interessiert. Wenngleich die BdL in ihren Geschäftsberichten die Bedeutung anderer Währungsräume stets betonte, war sie nicht bereit, ihre Geldpolitik darauf auszurichten. Sie lehnte einen durch restriktive Kreditpolitik oder Abwertung der DM abgestützten dollar-drive ab. Ferner waren dem Zentralbanksystem die Handelsbeziehungen zu anderen Ländern, zum Beispiel zu Südamerika oder zu Osteuropa, vergleichsweise unwichtig. Es war nicht gewillt, den Außenhandel mit diesen Ländern mit Zahlungsbilanzkrediten zu fördern.

Nachdem sich im Verlauf der Koreahausse eine Außenwirtschaftsstrategie und ein geldpolitisches Konzept im Zentralbanksystem durchgesetzt hatten und sich die Machtstrukturen innerhalb des Zentralbanksystems gefestigt sowie seine nationale wie internationale Reputation konsolidiert hatten, mußte sich die deutsche Zentralbank seit Anfang 1952 mit den Fragen der Konvertibilität und der Fortführung der europäischen Währungskooperation auseinandersetzen. Die entsprechenden Diskussionen und Verhandlungen sowie die währungspolitischen Maßnahmen der Bank analysiert Kapitel drei. Dabei zeigt sich, daß die Bank vor allem zu Anfang in dieser fundamentalen Fragen der internationalen Währungsordnung zwiegespalten war. Während sie einerseits die positiven Aspekte eines Konvertibilitätsregimes sah und ein solches Regime für erstrebenswert und notwendig hielt, kritisierte sie es andererseits wegen der damit verbundenen Kosten. Sie sah die europäische und mit der EZU und OEEC institutionalisierte Diskriminierung zum Dollarraum als unabdingbar an. Vorerst lehnte sie die Konvertibilität mit dem Hinweis ab, sie sei eine „Frage des Könnens, nicht des Wollens". Mit erstarkender deutscher Position wurde dieses Argument hinfällig. Gleichwohl plädierte die Bank auch in den anschließenden nationalen wie internationalen Verhandlungen für die Beibehaltung der EZU und somit gegen die Konvertibilität. Selbst wenn sie im Verlauf der europäischen Diskussionen über eine EZU-Reform und die Konvertibilität zusammen mit anderen EZU-Gläubigern eine Härtung dieses Währungssystems forderte, besaß der Erhalt der EZU für sie stets die unbedingte Priorität. Dieser Haltung lagen handels- und bankpolitische Motive zugrunde. Die Bank war an Exportmöglichkeiten für die deutsche Wirtschaft, an der Existenz eines Weichwährungsraumes, an einer Diskriminierung der europäischen Länder zum Dollarraum und an einer europäischen Kooperation in Handels- und Zahlungsfragen interessiert. Sie wollte einen Rückfall in den Bilateralismus und damit ein weiteres Anwachsen weitgehend wertloser bilateraler Guthaben vermeiden. Die mit einer Fortführung der regionalen Währungskooperation verbundenen Kosten war sie bereit zu tragen. Anstandslos vergab sie Kredite an die EZU und verzichtete auf Kapitalimporte. Ferner akzeptierte sie eine gewisse Einschränkung der währungspolitischen Souveränität. Auch der aufgrund der EZU-Teilnahme erschwerte Aufbau von Währungsreserven, die dadurch beschränkten Möglichkeiten der Liberalisierung zum Dollarraum und die mit der EZU verbundene Verlagerung der Handelströme sowie die wachsende handelspolitische Abhängigkeit von Europa wurden hingenommen. Diese Kosten sah sie als einen angemessenen „Preis" an, denn ihnen standen Vorteile wie Verwendbarkeit der aufgelaufenen Guthaben und ein geschützter Markt gegenüber, dessen Öffnung möglicherweise sogar durch die bundesrepublikanische Politik beeinflußt werden konnte.

In den nationalen und internationalen Verhandlungen über die EZU konnte die Bank ihre Position weitgehend zur Geltung bringen. Da ihre Meinung von anderen deutschen Ressorts geteilt und von den kontinentalen EZU-Ländern unterstützt wurde, konnten sich der Bundeswirtschaftsminister Ludwig Erhard und das Vereinigte Königreich, die schon frühzeitig die Konvertibilität und eine Beendigung der europäischen Währungskooperation anstrebten, nicht durchsetzen. Die EZU wurde beibehalten und schrittweise gehärtet. Ferner wurde im Sommer 1955 für den Fall der EZU-Auflösung ein neuer europäischer Kooperationsmechanismus, das EWA, vereinbart.

Insgesamt zeigt sich, daß die Bank in den Jahren 1952 bis 1955 eine Verfechterin der europäischen Zusammenarbeit war. Die Tatsache, daß sie gleichzeitig eine Erhöhung der Liberalisierung und einen Abbau der Devisenbewirtschaftung verfolgte, für die Härtung der EZU eintrat und sich auf die Konvertibilität vorbereitete, ergänzt das Bild, verändert es aber in seinen Grundzügen nicht. Zum ersten trat die Bank nur zögerlich für eine Härtung der EZU ein, wobei nicht nachweisbar ist, daß sie im Falle einer Weigerung der europäischen Partner, die EZU zu härten, dieses Währungssystem aufgegeben hätte. Zum zweiten war ein Teil dieser Maßnahmen ihrem Interesse an einer funktionsfähigen EZU geschuldet, denn die Lockerung der Devisenbewirtschaftung wurde als notwendige deutsche Good Creditor Policy angesehen, die die reibungslose Arbeit der EZU ermöglichen würde. Zum dritten war es undenkbar, sich dem amerikanischen Drängen auf Dollarliberalisierung weiterhin zu widersetzen, da die herausragende deutsche Devisenposition jede diesbezügliche Weigerung ausschloß. Zum vierten sah sich die Bank gezwungen, gewisse Vorbereitungen für die Konvertibilität zu ergreifen: Vor dem Hintergrund wachsender europäischer Währungsreserven war die unbeschränkte Fortdauer der EZU in dieser Form höchst unwahrscheinlich, und die Bank sah je länger, je mehr die Beibehaltung einer „Rumpf-EZU“ – einer EZU ohne britische Mitgliedschaft – als illusorisch an. So schmälerten weder ihre unilateralen Maßnahmen noch ihr zaghaftes Plädoyer für eine Härtung der EZU ihre positive Haltung zur europäischen Zusammenarbeit. Ganz im Gegenteil: Gerade die Kompromisse der Jahre 1954 und 1955 zeigen, daß die Bank eine Verhärtung der Fronten vermeiden wollte, um so ein Fortbestehen der währungspolitischen Kooperation Europas zu ermöglichen. Wenn sie auch im Sommer 1955 dem EWA und einer EZU-Auflösung zu einem späteren, nicht genau definierten Zeitpunkt zustimmte, sprach sie sich damit keineswegs gegen eine europäische Währungskooperation aus. Vielmehr war ihre Zustimmung hierzu in weiten Teilen der Vermutung geschuldet, daß eine Konvertibilitätserklärung für das Pfund Sterling in weiter Ferne lag und das EWA entsprechend ein „Schubladenbeschluß“ war.

Im vierten Kapitel wird die internationale Währungspolitik der deutschen Zentralbank in den Jahren 1955 bis 1958, der Probezeit des de-facto-konvertiblen EZU-Systems, analysiert. Auch in dieser Zeit befürwortete die Bank die europäische Währungskooperation. Zwar führte diese nun zu erheblichen Konflikten und Auseinandersetzungen und erwies sich insgesamt als problematisch, denn während die EZU mit Ungleichgewichten zu kämpfen hatte, zeigte sich für die deutsche Zentralbank das außenwirtschaftliche Dilemma: Eine restriktive (expansive) Kreditpolitik führt im allgemeinen zu Zahlungsbilanzüberschüssen (Zahlungsbilanzdefiziten), die in einem de-facto-konvertiblen Währungssystem eine Ausweitung (Verringerung) der Liquidität mit sich bringen. Das drohte in der zweiten Hälfte der fünfziger Jahre die deutsche Preisstabilität zu gefährden, zumal dieses Dilemma dadurch verstärkt wurde, daß in einem System, das auf festen Wechselkursen beruht, eine gefahrlose Spekulation auf Paritätsänderungen möglich ist. Gleichwohl bedeutet die Befürwortung der europäischen Währungskooperation nicht, daß der deutschen Zentralbank die Bewahrung der Währungsstabilität unwichtig war. Ganz im Gegenteil: Sie richtete sich an der binnenwirtschaftlichen Entwicklung aus und verfolgte sogar zu Zeiten eine ausgesprochen restriktive Geldpolitik, womit sie tendenziell die deutsche Überschußposition verstärkte. Da sie gleichzeitig durchgreifende Maßnahmen wie eine EZU-Reform, eine Beeinflussung der deutschen Ex- bzw. Importe, eine Aufwertung der DM und auch den Übergang zur Konvertibilität ablehnte, muß ihre Politik als Versuch gewertet werden, ihre währungspolitischen Standards im de-facto-konvertiblen EZU-System durchzusetzen. Dies gelang ihr weitgehend. Da ihre Ansichten trotz aller Kritik Befürworter fanden, ihre Verhandlungsposition stark war und die EZU-Schuldner einen Austritt der Bundesrepublik aus der EZU fürchteten, ergriffen einige Länder restriktive Maßnahmen und verfolgten so eine von der deutschen Zentralbank immer wieder angemahnte, „gesunde" Währungspolitik. So fungierte die deutsche Zentralbank schon in der zweiten Hälfte der fünfziger Jahre im Rahmen der EZU als Stabilitätsanker. Früher als oftmals vermutet wird, kam ihr in der zweiten Hälfte der fünfziger Jahre eine Führungsrolle in Europa zu.

Die Befürwortung einer europäischen Kooperation ist aber nicht nur an der Haltung der deutschen Zentralbank zur EZU, sondern auch an ihrer Stellungnahme zum Projekt eines Gemeinsamen Marktes abzulesen. Wenn auch dieses Projekt in Deutschland auf erhebliche Opposition traf, ordnete sich die Bank anfangs nicht in die Reihe der Kritiker ein. Später übte sie lediglich „Zurückhaltung". Dies war der Art der Verhandlungen, dem Anerkenntnis des Primats der Politik und politisch-taktischen Überlegungen geschuldet. Unter den vorherrschenden Bedingungen sah die Bank Opposition erst als unnötig, später als teils unmöglich, teils unratsam an. Darüber hinaus lehnte sie das Projekt eines Gemeinsamen Marktes weder von Anfang an rundheraus ab, noch schätzte sie es als bedrohlich ein. Die Gefahr, die laut Einschätzung der Bank noch in den Jahren 1953/54 ein Zusammenschluß der sechs EGKS-Länder für den OEEC-Zusammenhalt geborgen hatte, war ihres Erachtens in den Jahren 1955 bis 1957 nicht mehr so deutlich gegeben. Wenngleich mit den EWG-Ländern nur 25 Prozent des deutschen Außenhandels abgewickelt wurden, nahm die Bank während der Diskussionen und Verhandlungen nur zu spezifischen Punkten Stellung. Dabei strebte sie vor allem danach, im Brüsseler Vertragswerk die Verpflichtung zu einer zahlungsbilanzkonformen Politik zu verankern und Kredithilfen gering zu halten. So versuchte sie den Umfang der währungspolitischen Kooperation unter den Sechs zu begrenzen. Mit diesen Vorstellungen konnte sie sich zum Großteil durchsetzen, denn auch andere nationale und internationale Entscheidungsträger lehnten eine weitergehende währungspolitische Integration im Rahmen der Sechs ab.

Als Ende 1958 das Vereinigte Königreich zur Konvertibilität übergehen wollte, befürwortete dies die Bank ebenso wie die Auflösung der EZU, den Übergang zum EWA und damit das globale Bretton-Woods-System. Zwar überließ sie alle entsprechenden Initiativen dem Vereinigten Königreich. Sie unterstützte aber die für eine gemeinsame Konvertibilitätserklärung der sechs EWG-Länder notwendigen französischen Sanierungsmaßnahmen. Sie sicherte sie sogar durch ein Entgegenkommen bei der Konsolidierung der französischen EZU-Kredite und durch die Einräumung einer Swap-Fazilität ab.

Die wirtschaftspolitischen Maßnahmen Frankreichs ermöglichten zum einen die Auflösung der EZU. Zum zweiten erlaubten sie auch die planmäßige Durchführung der ersten Binnenzollsenkung der EWG. Damit konstituierte sich diese Institution nicht nur als entscheidender Faktor der internationalen Wirtschaftsbeziehungen. Auch wurde so der Abbruch der Verhandlungen über eine europaweite Freihandelszone zementiert, was zu einem weiteren Bedeutungsschwund der OEEC beisteuerte. Diesem Aspekt schenkte die Bundesbank jedoch keine Beachtung. Daß die europäische Wirtschaftskooperation in Zukunft vor allem in dem mit der EWG errichteten Rahmen stattfinden würde, wurde einer währungspolitischen Sanierung Frankreichs und der Konvertibilitätserklärung untergeordnet.

Aufgrund dieser Ergebnisse sind zahlreiche Interpretationen zur Geschichte der Bundesrepublik in der Nachkriegszeit zu ergänzen, zu korrigieren oder gar zu revidieren.

Die Nachkriegsgeschichte der Bundesrepublik wird aus wirtschaftshistorischer Perspektive meistens in Zusammenhang mit den Begriffen Wirtschaftswunder, Soziale Marktwirtschaft und Deutschlands Rückkehr zum Weltmarkt gesehen. Dabei wird darauf hingewiesen, daß die westdeutsche Wirtschaftspolitik einen ordnungspolitischen „Sonderweg" einschlug, denn im Gegensatz zu anderen europäischen Ländern sei hier eine prinzipiell liberale, anti-keynesianische und konservative Politik verfolgt worden[5]. In den drei westdeutschen Zonen – so wird dabei herausgestellt – wurde mit der Währungs- bzw. Wirtschaftsreform des Jahres 1948[6] in binnenwirtschaftlicher Hinsicht die Soziale Marktwirtschaft zügig eingeführt. In bezug auf die Außenwirtschaft wird zwar festgehalten, daß die Einführung liberaler Prinzipien etwas später und nur schrittweise erfolgte.

[5] Vgl. z.B. Wallich, Triebkräfte, S. 13ff.; Wallich/Wilson, Orientations, S. 391. In neueren Forschungen wird hingegen nachgewiesen, daß die deutschen Makroökonomen der Nachkriegszeit antizyklische Maßnahmen keineswegs ablehnten. Vgl. Scheide, Konjunkturpolitik; Berger, Konjunkturpolitik.

[6] Die Wirtschaftsreformen wurden lediglich in der Bizone durchgeführt.

Gleichwohl besteht kein Zweifel, daß die Bundesrepublik unter der Führung des liberalen Wirtschaftsministers Ludwig Erhard die Liberalisierung des Außenhandels anstrebte, zum Weltmarkt zurückkehren wollte und auch zurückgekehrt ist. So stellt beispielsweise Reinhard Neebe fest, daß die westdeutschen Außenhandelsstrategien auf der Formel einer „weltoffenen Handelspolitik" basierten[7]. Getrübt wird das Bild einer liberalen deutschen Außenwirtschaftspolitik lediglich dadurch, daß die Bundesrepublik an der europäischen Integration in der Form der EWG teilnahm. Das aber wird in erster Linie auf ihre außenpolitischen Handlungsspielräume und das Primat der Politik zurückgeführt[8].

Diese Sichtweisen müssen ergänzt werden, denn es konnte gezeigt werden, daß die westdeutschen Außenhandelsstrategien nur bedingt auf ein weltweites Wirtschafts- und Währungssystem abzielten. So war im deutschen Zentralbanksystem die Einführung marktwirtschaftlicher Prinzipien in der Außenwirtschaft umstritten, und ein globales internationales Währungssystem wurde nur bedingt angestrebt. Vielmehr wurde das mit großer Skepsis betrachtet und hatte zahlreiche Gegner innerhalb des Zentralbanksystems. Zwar verfolgte die Bank nach anfänglichem Zögern und aufgrund spezifischer Anreize – Ziehungsrechte für Defizitländer im Rahmen der Innereuropäischen Zahlungsabkommen und EZU-Sonderkredit – die OEEC-Liberalisierung, und sie verwirklichte die damit notwendig werdende restriktive Kreditpolitik seit Ende der vierziger bzw. Anfang der fünfziger Jahre. Auch arbeitete sie im Verlauf der fünfziger Jahre auf ein liberales Außenwirtschaftssystem hin, indem sie den Handels- und Zahlungsverkehr schrittweise von Restriktionen befreite. Andererseits aber ist zu betonen, daß die Bank Europa in den Mittelpunkt stellte. An einem Handelsaustausch mit anderen Regionen – sei es Osteuropa, sei es Südamerika – war sie nicht interessiert. Auf eine stärkere Handelsverflechtung mit dem Dollarraum zielte sie nicht ab, denn das war in ihren Augen eine problematische Option, zumal sie mit erheblichen Kosten wie beispielsweise einer Abwertung der DM und weiteren kreditpolitischen Restriktionen verbunden gewesen wäre. Die Verfolgung dieser Option hätte ihres Erachtens nur zu einer „Herabdrückung der ganzen Wirtschaftstätigkeit" geführt, und deshalb befürwortete die Bank erst die europäischen Zahlungsabkommen, dann die EZU.

Zwar trat die Bank im Verlauf der Jahre gelegentlich auch für eine Härtung der EZU ein. Sie war jedoch zu keinem Zeitpunkt bereit, die EZU aufzugeben, denn dadurch wären der europäische Außenhandel und der europäische Zusammenhalt in Frage gestellt worden. Auch der Abbau von Devisenbeschränkungen, den sie verfolgte, war nicht zuletzt dem Bemühen um Erhalt der EZU, der Fortführung der europäischen Wirtschaftskooperation und der Sicherung des euro-

---

[7] Neebe, Optionen, S. 200. Ähnlich auch Buchheim, Bundesrepublik.

[8] Diese Interpretation ist besonders pointiert unter Politikhistorikern anzutreffen. Vgl. Herbst, Option, S. 176ff. Aber auch Wirtschaftshistoriker betonen das Primat der Politik. Vgl. Abelshauser, Integration, S. 156ff.

päischen Marktes geschuldet. Insgesamt fand also die Durchsetzung marktwirtschaftlicher Prinzipien in der Außenwirtschaft für die deutsche Zentralbank dort ihre Grenze, wo sie die währungs- und handelspolitische Zusammenarbeit Europas gefährden konnte. Zu sehr schätzte sie die Exportmöglichkeiten in den und die Importmöglichkeiten aus dem EZU-Raum. Zu gering war das Interesse an einem Handelsaustausch mit anderen Regionen. Zu sehr fürchtete sie einen Rückfall in den Bilateralismus.

Aufgrund der vorliegenden Untersuchung ergibt sich aber nicht nur ein neues Bild von der Akzeptanz der marktwirtschaftlichen Prinzipien innerhalb der Bundesrepublik. Da die Arbeit auch die Entscheidungsprozesse der internationalen Währungspolitik der Bundesrepublik analysiert, erhellt sie Gewicht und Rolle einzelner in die Formulierung der deutschen Wirtschafts- und Währungspolitik involvierter Instanzen und ihr Zusammenspiel.

Das lange Zeit vorherrschende Bild sah den neoliberalen Wirtschaftsminister Ludwig Erhard als den Urheber des deutschen Wirtschaftswunders und als die entscheidende wirtschaftspolitische Instanz in den ersten Jahren der Bundesrepublik an. Begrenzt wurde seine Bedeutung lediglich durch die besonderen politischen Umstände, in denen sich Deutschland befand. So mußte Erhard beispielsweise das von Bundeskanzler Konrad Adenauer formulierte Primat der Politik anerkennen.

Im Verlauf der historischen Erforschung der deutschen Nachkriegsentwicklung wurde dieses Bild korrigiert. Die Feststellung, daß die offiziellen Statistiken den vor der Wirtschafts- und Währungsreform erreichten Produktionsstand untertrieben, und die Herausarbeitung anderer Wachstumsfaktoren relativierten die Bedeutung Erhards als Urheber des deutschen Wirtschaftswunders[9]. Gleichwohl wird Erhard noch immer als die herausragende Instanz der deutschen Wirtschaftspolitik gesehen[10] – zumal die von ihm propagierte Politik angeblich seit Anfang der fünfziger Jahre auf breiteste Zustimmung traf.

Dieses Bild ist zu korrigieren. Zum ersten zeigt sich, daß bei der internationalen Währungspolitik nicht so sehr die Übereinstimmung zwischen Erhard und der Bank, sondern vielmehr die Unterschiedlichkeit der Ansätze und Herangehensweisen bestimmend war[11]. Selbst wenn die Bank häufig von Erhard unterstützt wurde, sie ihrerseits den Erhardschen Konzepten der Sozialen Marktwirtschaft und der Rückkehr zum Weltmarkt vor allem in der Öffentlichkeit zu-

[9] Für eine Diskussion der Erklärungsansätze des deutschen Wirtschaftswunders vgl. Dumke, Reassessing. Für die Korrektur der Statistiken der Bizone vgl. Abelshauser, Wirtschaft, S. 36ff.; Ritschl, Währungsreform.

[10] Abelshauser negiert die Bedeutung Erhards insofern, als er den Spitzenverbänden der gewerblichen Wirtschaft im Rahmen der „korporativen Marktwirtschaft“ eine entscheidende Bedeutung zumißt. Vgl. Abelshauser, Ansätze, S. 715ff. Diese Sichtweise ist auf heftige Kritik gestoßen, vgl. Klump, Wirtschaftsgeschichte, Ludwig-Erhard-Stiftung (Hrsg.), Korea-Krise.

[11] Den Gleichklang betont z.B. Emminger, Probleme, S. 22. Neue, durch Archivmaterial abgestützte Forschungen offenbaren hingegen die Differenzen. Vgl. Hentschel, Europäische Zahlungsunion; Neebe, Überseemärkte, S. 27ff.

stimmte, und aus den Quellen sogar häufig ein gewisses, grundsätzliches Einvernehmen zwischen Erhard und der Bank auszumachen ist, war die internationale Währungspolitik zwischen Erhard und der Bank ausgesprochen umstritten. Zum zweiten wird deutlich, daß die Bank in dieser Auseinandersetzung ihren Ansichten Geltung verschaffen konnte, während es Erhard nicht gelang, sich mit seiner Ablehnung der EZU und seiner Befürwortung der Konvertibilität gegen das pro-europäische Plädoyer der Bank durchzusetzen. Seine Hinweise auf die Bedeutung des Weltmarktes für die deutsche Wirtschaft und vor allem auf die ökonomischen Potentiale Südamerikas stießen auf geringen Widerhall. Demgegenüber fand das von der Bank vorgetragene Plädoyer für Europa großen Anklang. Als Konsequenz erfolgte nicht die von Erhard angestrebte und propagierte „Rückkehr Deutschlands zum Weltmarkt". Vielmehr kehrte die Bundesrepublik in den fünfziger Jahren vor allem zum europäischen Markt zurück. Insgesamt zeigt sich so, daß die Bedeutung, die Erhard bei der Formulierung und Durchsetzung der deutschen Wirtschaftspolitik zukam, begrenzt war. Er war lediglich in der Lage, Diskussionen zu eröffnen. Seine Ansichten, die nicht immer konsistent waren, konnte er aber in diesen Diskussionen häufig nicht zur Geltung bringen.

Die Durchsetzungskraft der deutschen Zentralbank ist vor allem darauf zurückzuführen, daß sie als Kreditgeberin der EZU eine bedeutende Machtposition besaß. Während in anderen europäischen Ländern andere Konstruktionen für die Vergabe von EZU-Krediten gefunden wurden[12], gab es in der Bundesrepublik keine Bemühungen, die Position der Bank als Kreditgeberin zu schmälern. Ganz im Gegenteil: In der zweiten Hälfte der fünfziger Jahre griff der Bundesfinanzminister Fritz Schäffer bei verschiedenen Gelegenheiten auf die Finanzierungsmöglichkeiten der Bank zurück, wodurch sich ihre Stellung noch festigte. Die Ansichten der Bank konnten sich aber ferner auch deshalb durchsetzen, weil sie innerhalb der Bundesrepublik großen Anklang fanden: Die deutsche Industrie fürchtete um ihre europäischen Exportmärkte; das Landwirtschaftsministerium sah eine weitere Protektion des Agrarsektors als notwendig an; das Marshallplan-Ministerium wollte die EZU beibehalten und reformieren; das Auswärtige Amt und Adenauer sprachen sich aus außenpolitischen Gründen für einen Erhalt der EZU aus. Schließlich wurde die Bank von anderen EZU-Mitgliedern unterstützt, denn auch hier bestand ein großes Interesse am Erhalt der europäischen Währungskooperation.

Da das deutsche Wirtschaftswunder auch ein Exportwunder war und da die Steigerung der deutschen Exporte zur Konsolidierung der deutschen Wirtschaftssituation, zu Nachfrage, Investitionen und Wachstum geführt hat, ergibt sich, daß die deutsche Zentralbank, ihr Plädoyer für Europa und die deutsche Rückkehr zum europäischen Markt mehr zum wirtschaftlichen Erfolg der Bundesrepublik beigetragen haben, als bisher angenommen wurde.

---

[12] Beispielsweise wurden in der Schweiz die EZU-Kredite nicht von der Zentralbank vergeben.

Auch für das Verhältnis von Außenpolitik und Außenwirtschaftspolitik ergeben sich Korrekturen der vorherrschenden Interpretationen. Die Integration des westdeutschen Staates in den westlichen Block und die europäische Integration in Form der EWG ist vor allem auf die politische Situation, die begrenzten deutschen Handlungsspielräume und auf die Politik Adenauers zurückgeführt worden. Es herrscht häufig das Bild vor, daß der „tiefgreifende regionale Strukturwandel und die Verlagerung der Handelsströme" „primär von außen" oder von außerwirtschaftlichen Faktoren induziert waren[13]. Sogar Alan S. Milward, der die Bedeutung wirtschaftlicher Motive für die europäische Integration betont hat, hebt für die Bundesrepublik hervor, daß hier – im Gegensatz zu den anderen EWG-Staaten – politische Motivationen vorherrschten[14].

In der Arbeit wird zwar deutlich, daß politische Aspekte bei allen Beteiligten in die Entscheidungen einflossen und ferner der begrenzte deutsche Handlungsspielraum häufig von entscheidender Bedeutung war. Sowohl die Bank als auch der deutsche Regierungsapparat trugen den amerikanischen Vorstellungen in verschiedener Form – wenn auch keineswegs immer ohne Opposition – Rechnung. Gleichzeitig wird aber anhand des Plädoyers der Zentralbank für die EZU deutlich, daß keineswegs nur aus außenpolitischen Gründen und aufgrund außerwirtschaftlicher Überlegungen die europäische Wirtschafts- und Währungskooperation akzeptiert wurde. Vielmehr war die Bank vor allem aus wirtschaftlichen Gründen an der europäischen Kooperation im Rahmen der OEEC und EZU interessiert. In bezug auf die EWG-Verhandlungen ist nicht zu leugnen, daß für die deutsche Stellungnahme politische Überlegungen eine wichtige, wenn nicht sogar übergeordnete Rolle spielten. Allerdings zeigt sich auch, daß die Bank das Primat der Politik nicht nur bereitwillig anerkannte. Ferner hatte sie vor allem zu Anfang gegen einen näheren Zusammenschluß der sechs EGKS-Länder wenig einzuwenden, und ihres Erachtens sprachen auch wirtschaftliche Gründe für dieses Projekt. Zwar betrachtete sie die EWG im weiteren Verlauf häufig mit einer gehörigen Portion Skepsis. Auch versuchte sie die währungspolitische Kooperation in diesem Rahmen abzuschwächen, und sie plädierte für eine Ergänzung der EWG durch eine OEEC-weite Freihandelszone. Gleichwohl reihte sie sich nicht in die Phalanx der Kritiker ein.

Entsprechend ist festzuhalten, daß sich die Adenauersche Politik der Westintegration durchsetzen konnte, da die Orientierung auf Westeuropa nicht nur auf politischen Motiven beruhte, sondern auch durch eine wirtschaftliche Argumentation abgesichert war. Für die Periode 1947 bis 1952 hat Manfred Knapp zum Verhältnis zwischen Außenpolitik und Außenwirtschaftspolitik festgestellt, daß enge Wechselwirkungen bestanden und daß die Westintegration der Bundesrepublik „in entscheidendem Maße" durch außenwirtschaftliche Bindungen vermit-

[13] Neebe, Optionen, S. 199ff.
[14] Vgl. Milward, Rescue, S. 208.

telt und bestimmt wurde[15]. Die vorliegende Arbeit zeigt, daß auch für die Zeit 1952 bis 1958 von einem Zusammenwirken politischer und ökonomischer Faktoren auszugehen ist. Beide Momente waren verantwortlich für die deutsche Mitwirkung an der europäischen Kooperation bzw. Integration.

Die deutsche Zentralbank wird oftmals als die Inkarnation der Stabilitätspolitik angesehen. Um ihre Politik zu erklären, wird auf die deutschen Erfahrungen mit der Großen Inflation und auf die Auswirkungen der nationalsozialistischen Geldpolitik, die zu einer zurückgestauten Inflation führten, verwiesen[16]. Aufgrund dieser Inflationstraumata habe Westdeutschland und die westdeutsche Zentralbank nach dem Zweiten Weltkrieg einen „Sonderweg" eingeschlagen.

Es ist wohl unstrittig, daß die deutsche Zentralbank durch die Erfahrungen der Großen Inflation und auch durch die geldpolitischen Entwicklungen der dreißiger Jahre geprägt war, denn schließlich rührten die Erfahrungen der währungspolitischen Entscheidungsträger aus dieser Zeit. Auch ist festzustellen, daß die deutsche Zentralbank – neben der Banque Nationale de Belgique und der Banca d'Italia – eine der ersten europäischen Zentralbanken war, die nach einigen bankinternen Auseinandersetzungen schon Anfang der fünfziger Jahre auf kreditpolitische Instrumente zurückgriff und dabei häufig eine ausgesprochen restriktive Kreditpolitik verfolgte. Mit dieser strikten Ausrichtung auf die Bewahrung der Preisstabilität fiel die Bank im europäischen Kontext durchaus aus dem Rahmen. Sie war sogar beispielgebend, und insofern kann davon gesprochen werden, daß die deutsche Zentralbank tatsächlich einen „Sonderweg" beschritten hat. Dieser brachte es mit sich, daß sie schon in der zweiten Hälfte der fünfziger Jahre die Funktion eines europäischen Stabilitätsankers ausüben konnte.

Andererseits ist aber festzuhalten, daß die strikte deutsche Geldpolitik auf internationaler Ebene durchaus auch Zustimmung fand, selbst wenn zeitweise wortgewaltige Angriffe nicht fehlten. Ferner befand sich die Bank bei der internationalen Währungspolitik in schönstem Einvernehmen mit vielen anderen europäischen Zentralbanken und Regierungen. Zwar gab es oftmals erhebliche Auseinandersetzungen, Meinungsverschiedenheiten und Interessenskonflikte vor allem zwischen den EZU-Gläubigern und EZU-Schuldnern. Letztendlich jedoch votierten alle kontinentalen EZU-Mitglieder für die Fortführung der europäischen Währungskooperation und teilten somit die Meinung der deutschen Zentralbank. Als Konsequenz formierte sich bei den Konvertibilitätsdiskussionen eine kompakte kontinentale Opposition zu jeglichen, vor allem von britischer Seite vorgetragenen Plänen, die auf Konvertibilität und Auflösung der EZU abzielten. Dementsprechend muß in Hinsicht auf die internationale Währungspolitik das Vereinigte Königreich als Außenseiter gesehen werden, wäh-

---

[15] Knapp, Einleitung, S. 12.

[16] Vgl. z. B. Kennedy, Bundesbank, S. 6ff.

rend an der These vom deutschen „Sonderweg“ in bezug auf die internationale Währungspolitik Abstriche vorzunehmen sind.

Die Politik der deutschen Zentralbank wird häufig einzig und allein darauf zurückgeführt, daß ihr Ziel die Bewahrung der Geldwertstabilität war. Angeblich spielten andere Aspekte für die deutsche Zentralbank keine Rolle. Wenngleich die Bedeutung, die die Bank dem Ziel Preisstabilität zumaß, nicht bezweifelt werden kann, ist eine solche Sichtweise zu einfach. Die Bank verfolgte neben der Preisstabilität sehr wohl noch weitere Ziele. Sie versuchte nicht nur – wie letztens Joachim Scheide und Helge Berger nachgewiesen haben – antizyklische Politik zu betreiben[17]. Auch lagen ihren Maßnahmen außenwirtschaftliche, handels- und bankpolitische Motive zugrunde. Ferner verschloß sich die Bank politisch-taktischen Überlegungen nicht.

In außenwirtschaftlicher Hinsicht war ein wichtiger Beweggrund für die deutsche Zentralbank in den fünfziger Jahren die Sicherung der Rohstoffversorgung der deutschen Wirtschaft und der Aufbau und Erhalt der deutschen Exportmärkte. Ferner war die Bank daran interessiert, die gewährten Zahlungsbilanzkredite möglichst weiträumig verwenden zu können. Aus diesen Gründen lehnte sie den Bilateralismus ab bzw. befürwortete die europäische Kooperation. Selbst als in der zweiten Hälfte der fünfziger Jahre die europäische Währungskooperation mit dem Ziel der Preisstabilität konfligierte, rückte die Bank nicht von diesen außenwirtschaftlichen Zielsetzungen ab. Sie stellte das EZU-System nicht in Frage. Vielmehr zielte sie darauf ab, dieses Währungssystem in ihrem Sinne zu prägen. Das gelang ihr weitgehend.

Neben außenwirtschaftlichen Aspekten spielten aber auch bei verschiedenen Gelegenheiten politisch-taktische Überlegungen eine Rolle. So war die Zustimmung der Bank zur Konsolidierung der EZU-Kredite im Jahre 1954 sowohl innen- als auch außenpolitischen Überlegungen geschuldet. Ferner enthielt sie sich Ende 1956 einer Opposition gegen die EWG, da sie das Primat der Außenpolitik weitgehend anerkannte und auch hier polititsch-taktische Überlegungen gegen eine grundsätzliche Kritik sprachen. Schließlich akzeptierte sie im Sommer 1958 anstandslos, daß es unter den vorherrschenden politischen Bedingungen unmöglich war, die Freigabe der zweiten Tranche eines französischen Sonderkredits zu blockieren. Ihres Erachtens konnten sich die Bundesregierung und die Bundesbank einem Sonderkredit an Frankreich nicht verweigern. Insgesamt zeigt sich also, daß für die deutsche Zentralbank neben wirtschafts- und währungspolitischen Motiven auch stets politische Überlegungen wichtig waren.

Die europäische Währungskooperation der Nachkriegszeit ist jahrelang vernachlässigt worden. Erst in den achtziger Jahren wurde ihr wieder Aufmerksamkeit geschenkt, und nunmehr herrscht Einmütigkeit vor, daß die EZU in der Nachkriegszeit von herausragender Bedeutung war. Vor allem Jacob J. Kaplan und Günther Schleiminger haben in ihrer Darstellung der EZU die Leistungen

[17] Vgl. Scheide, Konjunkturpolitik; Berger, Konjunkturpolitik.

des europäischen Währungssystems betont[18]. Ihres Erachtens war die EZU ein effizienter Mechanismus. Als erstes institutionalisiertes System der europäischen Währungskooperation und Wirtschaftsintegration habe sie einen wesentlichen Beitrag zum europäischen Wirtschaftswachstum geleistet. Sie habe die Liberalisierung und das Wachstum des europäischen Handels ermöglicht. Dadurch habe sie zur Schließung der Dollarlücke und zum europäischen Wiederaufbau beigetragen. Dieses Ergebnis führen Kaplan und Schleiminger vor allem auf die Flexibilität der EZU, die Kompromißbereitschaft und -fähigkeit der Teilnehmerländer und die Kompetenz des de facto einflußreichen EZU-Direktoriums zurück.

Dieser Interpretation ist in weiten Teilen zuzustimmen. Tatsächlich sind während der Existenz der EZU die europäischen Währungsreserven mehr als verdoppelt worden. Der innereuropäische Handel, vor der Gründung der EZU zu durchschnittlich 56 Prozent, nach der Auflösung der EZU zu durchschnittlich 89 Prozent von mengenmäßigen Beschränkungen befreit, stieg von 845 Mio. Dollar/Monat (1950) auf 1943 Mio. Dollar/Monat (1959). Die europäische Wettbewerbsfähigkeit war Ende der fünfziger Jahre weitgehend hergestellt. Die europäischen Exporte in die USA waren von 144 Mio. Dollar/Monat (1950) auf 441 Mio. Dollar/Monat (1959) angestiegen[19]. Vermutlich wäre das ohne die EZU, ohne die europäische Währungskooperation und ohne die Diskriminierung zum Dollarraum nicht möglich gewesen.

In anderen Teilen ist aber die von Kaplan und Schleiminger vorgelegte Interpretation zu präzisieren oder zurückzuweisen. So ist festzuhalten, daß der Erfolg des EZU-Systems nicht in der Rolle des Direktoriums begründet war. Vielmehr konnten seine Empfehlungen nur unter besonderen Umständen bzw. wenn sie bestimmten Fraktionen innerhalb des betroffenen Landes genehm waren, umgesetzt werden. Wie die Stellungnahmen und die Politik der deutschen Zentralbank zeigen, beruhte der Erfolg der EZU in erster Linie auf der freiwilligen Einsicht in die Notwendigkeit einer Kooperation, weshalb dieser Aspekt stärker betont werden muß. Diese Kooperation funktionierte, da alle Teilnehmer, nicht zuletzt auch die Gläubiger, ein großes Interesse an der Bewahrung der EZU hatten, die ihren Export und Import ermöglichte.

Ferner zeigt sich, daß Kaplan und Schleiminger aufgrund ihrer Betonung der Kooperationsbereitschaft und Kompromißfähigkeit sowie mit ihrer Hervorhebung der Bedeutung des Direktoriums[20] den Mechanismus der EZU nur unvoll-

---

[18] Vgl. Kaplan/Schleiminger, EPU, S. 1 ff. und S. 325 ff. Ferner betonen die Bedeutung der EZU: Milward, Reconstruction, S. 423 ff., 472 ff., 487 ff.; ders., Rescue, S. 347 ff.; Eichengreen, Reconstructing, S. 1 ff.

[19] Vgl. OEEC, 10th Annual Report, Statistical Annex.

[20] Kaplan/Schleiminger heben diese Aspekte in fast panegyrischer Weise hervor. Vgl. Kaplan/Schleiminger, EPU, S. 355 f.: „The Board (the Managing Board of the EPU, M. D.) generated a spirit of dedication, co-operation, and mutual concern that spread throughout the OEEC and, more significantly, through member governments. The meeting rooms and corridors of the Château de la Muette were dominated by concern about developments in all member countries. Solving problems, resolving disagreements, concession, and compromise were institutional watchwords."

ständig erfassen. Wesentliche Aspekte der EZU bleiben verborgen, und damit wird ein falscher Eindruck erweckt. Nicht ausgesprochen wird, daß im Rahmen des EZU-Systems zu unterschiedlichen Zeiten verschiedenen Teilnehmern unterschiedliche Machtpositionen zukamen: Ab 1954 befanden sich die Gläubiger tendenziell in einer starken Position und konnten weitgehend das Schicksal der EZU, die auf weitere Kredite angewiesen war, bestimmen; ab 1956 konnte wenig gegen den Willen und die Politik der deutschen Zentralbank unternommen werden. Vielmehr war sie ab diesem Zeitpunkt in der Lage, innerhalb der EZU ihre währungspolitischen Standards durchzusetzen und dadurch die EZU in ihrem Sinne zu prägen. Das war ein weiterer Grund für die Unterstützung der europäischen Währungskooperation seitens der deutschen Zentralbank.

Quellen und Literatur

1. Ungedruckte Quellen

Archives of the Federal Reserve Bank of New York, New York (FedNY)

NL Sproul	Nachlaß Allan Sproul
C 26	Germany – BdL
C 261	Germany – BdL, Policy and Procedures
C 261A	Germany – German Government
260	Foreign Exchange
797 ff.	IMF
German Government	
Bundesbank	

British Library of Political and Economic Sciences, London (BLPES)

Per Jacobsson Diaries

Bundesarchiv, Koblenz (BAK)

Z 4	Länderrat des Vereinigten Wirtschaftsgebietes
Z 8	Verwaltung für Wirtschaft des Vereinigten Wirtschaftsgebietes
Z 14	Der Berater für den Marshall-Plan beim Vorsitzenden des Verwaltungsrates des Vereinigten Wirtschaftsgebietes
B 102	Bundesministerium für Wirtschaft
B 126	Bundesministerium für Finanzen
B 136	Bundeskanzleramt
B 146	Bundesministerium für den Marshallplan / Bundesministerium für wirtschaftliche Zusammenarbeit
NL Blücher	Nachlaß Franz Blücher
NL Hallstein	Nachlaß Walter Hallstein
NL Schäffer	Nachlaß Fritz Schäffer

Historical Archives of the Bank of England, London (BoE)

G	Governor's Files
OV	Overseas Division

Historical Archives of the European Communities, Florenz (HAEC)

OEEC	Organisation for European Economic Co-operation
OEEC-TRA	Organisation for European Economic Co-operation, Travers-Papiere

Historisches Archiv der Deutschen Bundesbank, Frankfurt a. M. (BBK)

B 330/1 ff.	Numerisch sortierter Bestand
ORG	Organigramme

P-A	Pressearchiv
BSG	Bankgeschichtliche Sammlungen
NL Emminger	Nachlaß Otmar Emminger
Personalakten	(Wrede)

Ludwig-Erhard-Stiftung, Bonn (LESt)

NE	Nachlaß Erhard
I	Korrespondenz Erhard

National Archives and Records Administration, Washington D.C. (NARA)

RG 56	General Records of the Department of the Treasury
RG 59	General Records of the Department of State
RG 469	Records of the US Foreign Assistance Agencies
ECA	Economic Cooperation Administration
ECA, OSR	Economic Cooperation Administration, Office of the Special Representative

Politisches Archiv des Auswärtigen Amtes, Bonn (PA AA)

Abt. 2	Allgemeine politische Angelegenheiten
Abt. 4	Handelspolitische Angelegenheiten

Public Record Office, Kew (PRO)

FO	Foreign Office
PREM	Prime Minister
T	Treasury

Stiftung Bundeskanzler-Adenauer-Haus, Rhöndorf (ASt)

Nachlaß Adenauer, Korrespondenz

Westfälisches Wirtschaftsarchiv, Dortmund (WWA)

OMGUS ABC	Office of Military Government (U.S.), Allied Banking Commission
OMGUS ACA	Office of Military Government (U.S.), Allied Control Authority
OMGUS FINAD	Office of Military Government (U.S.), Financial Adviser

2. Gedruckte Quellen und Statistiken

Adenauer. Teegespräche 1950–1954, hrsg. von Hans-Peter Schwarz und Rudolf Morsey, Berlin 1984.

Adenauer. Teegespräche 1955–1958, hrsg. von Hans-Peter Schwarz und Rudolf Morsey, Berlin 1986.

Akten zur Auswärtigen Politik der Bundesrepublik Deutschland, hrsg. im Auftrag des Auswärtigen Amtes von Hans-Peter Schwarz, Bd. 1: Adenauer und die Hohen Kommissare 1949–1951, München 1989.

Akten zur Vorgeschichte der Bundesrepublik Deutschland 1945–1949, hrsg. von Bundesarchiv und Institut für Zeitgeschichte, 5 Bde., Sonderausgabe, München 1989.

Der Aufbau Europas: Pläne und Dokumente 1945–1980, hrsg. von Jürgen Schwarz, Bonn 1980.

Außenhandel der Bundesrepublik Deutschland. Teil I. Zusammenfassende Übersichten, hrsg. vom Statistischen Bundesamt, Stuttgart 1949ff.

Außenhandel des Auslands. Fachserie G. Außenhandel Reihe 8, hrsg. vom Statistischen Bundesamt. Nr. 201: Brasilien (1960).

Bank deutscher Länder / Deutsche Bundesbank, Geschäftsbericht für das Jahr 1948 ff., Frankfurt a. M. 1950 ff.

Bank deutscher Länder / Deutsche Bundesbank, Monatsbericht Januar 1949 ff., Frankfurt a. M. 1949 ff.

Bank for International Settlements, Annual Report 1947/48 ff., Basel 1948 ff.

Banque Nationale de Belgique, Rapport sur les opérations de l'année 1950 ff., Brüssel 1951 ff.

British Zone of Control, Military Government Gazette Germany – Britisches Kontrollgebiet, Amtsblatt der Militärregierung Deutschland, o. O. 1945 ff.

Commission on Foreign Economic Policy, Report to the President and the Congress, Washington D. C. 1954.

Deutsche Bundesregierung, Fünfter und Sechster Bericht der Deutschen Bundesregierung über die Durchführung des Marshallplans, erstattet vom Bundesminister für den Marshallplan, Bonn 1951.

Deutsches Geld- und Bankwesen in Zahlen 1876–1975, hrsg. von der Deutschen Bundesbank, Frankfurt a. M. 1976.

Dokumentation der Europäischen Integration mit besonderer Berücksichtigung des Verhältnisses EWG – EFTA, zusammengestellt von Heinrich von Siegler, Bonn 1961.

Dokumente zur Deutschlandpolitik, hrsg. vom Bundesministerium des Innern, II. Reihe: Vom 9. Mai 1945 bis 4. Mai 1955, Band 1: Die Konferenz von Potsdam, Frankfurt a. M. 1992.

Enquete-Ausschuß (= Ausschuß zur Untersuchung der Erzeugungs- und Absatzbedingungen der deutschen Wirtschaft), Die Reichsbank. Verhandlungen und Berichte des Unterausschusses für Geld-, Kredit- und Finanzwesen, Berlin 1929.

European Payments Union, Annual Report 1950/51 ff., Paris 1951 ff.

Foreign Relations of the United States: Diplomatic Papers, hrsg. vom Department of State, Jg. 1948–1954, Washington D. C. 1972 ff.

Gouvernement Militaire de la Zone Française d'Occupation, Journal Officiel du Commandement en Chef Français en Allemagne – Amtsblatt des französischen Oberkommandos in Deutschland o. O. 1945 ff.

International Financial Statistics, hrsg. vom International Monetary Fund, Washington D. C. 1948 ff.

International Monetary Fund, Annual Report on Exchange Restrictions, Washington D. C. 1950 ff.

Die Kabinettsprotokolle der Bundesregierung, hrsg. für das Bundesarchiv von Hans Booms, 7 Bde. (1949–1954), Boppard 1982–1993.

Konrad-Adenauer-Stiftung (Hrsg.), Konrad Adenauer und die CDU der britischen Besatzungszone 1946–1949. Dokumente zur Gründungsgeschichte der CDU Deutschlands, Bonn 1975.

Der Layton-Bericht. Bericht des auf Empfehlung der Londoner Konferenz von 1931 ernannten Sachverständigen-Ausschusses bei der B. I. Z., Frankfurt a. M. 1931.

Ludwig-Erhard-Stiftung (Hrsg.), Die Korea-Krise als ordnungspolitische Herausforderung der deutschen Wirtschaftspolitik. Texte und Dokumente, Stuttgart 1986.

Monetäre Statistiken 1948–1987. 40 Jahre Deutsche Mark, hrsg. von der Deutschen Bundesbank, Frankfurt a. M. 1988.

Office of Military Government (US), Ermittlungen gegen die Deutsche Bank 1946/47. Übersetzt und bearbeitet von der Dokumentationsstelle zur NS-Politik Hamburg, Nördlingen 1985.

Office of Military Government (US), Ermittlungen gegen die Dresdner Bank 1946. Bearbeitet von der Hamburger Stiftung für Sozialgeschichte des 20. Jahrhunderts, Nördlingen 1986.

Organisation for European Economic Co-operation, Interim Report on the European Recovery Programme, 3 Bde., Paris 1948.

Organisation for European Economic Co-operation, Annual Report of the OEEC, Paris 1950 ff.

Organisation for European Economic Co-operation, Bibliography No. 1, EPU, Convertibility of Currencies, 1951–1954, Paris 1955.

Statistisches Handbuch der Bank deutscher Länder 1948–1954, hrsg. von der Bank deutscher Länder, Frankfurt a.M. 1955.

Statistisches Jahrbuch für die Bundesrepublik Deutschland 1952ff., hrsg. vom Statistischen Bundesamt, Stuttgart 1952ff.

Wirtschaft und Statistik, hrsg. vom Statistischen Bundesamt, Stuttgart 1949ff.

Wissenschaftlicher Beirat bei der Verwaltung für Wirtschaft / beim Bundeswirtschaftsministerium, Sammelband der Gutachten, Göttingen 1973.

Wörtliche Berichte und Drucksachen des Wirtschaftsrates des Vereinigten Wirtschaftsgebietes 1947–1949, hrsg. vom Institut für Zeitgeschichte und dem Deutschen Bundestag. 6 Bde., München 1977.

3. Literatur

Abelshauser, Werner: Wirtschaft in Westdeutschland 1945–1948. Rekonstruktion und Wachstumsbedingungen in der amerikanischen und britischen Zone, Stuttgart 1975.

Abelshauser, Werner: Korea, die Ruhr und Erhards Marktwirtschaft: Die Energiekrise von 1950/51, in: Rheinische Vierteljahrsblätter 49 (1981), S.287–316.

Abelshauser, Werner: Ansätze „Korporativer Marktwirtschaft" in der Korea-Krise der frühen fünfziger Jahre. Ein Briefwechsel zwischen dem Hohen Kommissar John McCloy und Bundeskanzler Konrad Adenauer, in: Vierteljahrshefte für Zeitgeschichte 30 (1982), S.715–756.

Abelshauser, Werner: Wirtschaftsgeschichte der Bundesrepublik Deutschland 1945–1980, Frankfurt a.M. 1983.

Abelshauser, Werner: Der Kleine Marshallplan. Handelsintegration durch innereuropäische Wirtschaftshilfe 1948–1950, in: Berding (Hrsg.), Integration, S.212–224.

Abelshauser, Werner: Die ordnungspolitische Epochenbedeutung der Weltwirtschaftskrise in Deutschland: Ein Beitrag zur Entstehungsgeschichte der Sozialen Marktwirtschaft, in: Petzina (Hrsg.), Weichenstellungen, S.11–29.

Abelshauser, Werner: American Aid and West German Economic Recovery: A Macroeconomic Perspective, in: Bischof/Maier (Hrsg.), Marshall Plan, S.367–409.

Abelshauser, Werner: „Integration à la Carte". Der Primat der Politik und die wirtschaftliche Integration Westeuropas in den 50er Jahren, in: Wysocki (Hrsg.), Integration, S.141–158.

Abs, Hermann J.: Keine Aufwertung der DM, Köln 1960 (= Vortragsreihe des Deutschen Industrieinstituts, Nr.40).

Abs, Hermann J.: Die Wiederherstellung des deutschen Kredits, in: Schwarz (Hrsg.), Wiederherstellung, S.12–37.

Abs, Hermann J.: Entscheidungen 1949–1953. Die Entstehung des Londoner Schuldenabkommens, Mainz 1991.

Acheson, Keith / Chant, John F.: Mythology and Central Banking, in: Kyklos 26 (1973), S.362–379.

Adenauer, Konrad: Erinnerungen 1945–1953, Stuttgart 1965.

Adenauer, Konrad: Erinnerungen 1953–1955, Stuttgart 1966.

Adenauer, Konrad: Erinnerungen 1955–1959, Stuttgart 1967.

Adler, Hans A.: The Post-war Reorganization of the German Banking System, in: Quarterly Journal of Economics 63 (1949), S.322–341.

Albrecht, Gerhard (Hrsg.): Deutschland und die Weltwirtschaft, Berlin 1954.

Albrecht, Karl: Westdeutschland und die Europäische Zahlungsunion, in: Weltwirtschaftliches Archiv 67 (1951), S.118–166.

Albrecht, Karl: Das Menschliche hinter dem Wunder, Düsseldorf 1970.

Aldcroft, Derek H.: From Versailles to Wall Street 1919–1929, London 1977.

Alesina, Alberto / Summers, Lawrence H.: Central Bank Independence and Macroeconomic Performance: Some comparative Evidence, in: Journal of Money, Credit and Banking 25 (1993), S.151–162.

Ambrosius, Gerold: Die Durchsetzung der Sozialen Marktwirtschaft in Westdeutschland 1945–1949, Stuttgart 1977.

Ambrosius, Gerold: Europäische Integration und wirtschaftliche Entwicklung der Bundesrepublik in den 1950er Jahren, in: Berding (Hrsg.), Integration, S. 271–294.

Andersen, Uwe: Art. „Europäische Währungspolitik", in: Woyke (Hrsg.), Europäische Gemeinschaft, S. 296–304.

Asbeek Brusse, Wendy: West European Tariff Plans 1947–1957. From Study Group to Common Market, Diss. Florenz 1991.

Bachmann Hans: Betrachtungen zur Außenwirtschaftspolitik, in: Außenwirtschaft 10 (1955), S. 65–74, S. 129–136 und S. 201–214.

Baffi, Paolo: Betrachtungen zur jüngsten Währungspolitik in Deutschland und Italien, in: Einaudi u. a., Wirtschaft, S. 225–257.

Bagehot, Walter: Lombard Street. A Description of the Money Market. London 1915[14].

Balogh, Tamás: The Dollar Crisis. Causes and Cure, Oxford 1949.

Balogh, Tamás: The Dollar Crisis revisited, in: Oxford Economic Papers 6 (1954), S. 243–284.

Bance, Alan (Hrsg.): Cultural Legacies of the British Occupation in Germany, voraussichtlich Oxford 1996.

Baudhuin, Fernand: Histoire économique de la Belgique 1945–1956, Brüssel 1958.

Baum, Thomas M.: Empirische Analysen der Bundesbankautonomie, in: Konjunkturpolitik 29 (1983), S. 163–186.

Beckerath, Erwin von (Hrsg.): Wirtschaftsfragen der freien Welt: Zum 60. Geburtstag von Bundeswirtschaftsminister Ludwig Erhard, Frankfurt a. M. 1957.

Beckerman, W.: Projecting Europe's Growth, in: Economic Journal 72 (1962), S. 912–925.

Bellers, Jürgen: Integrationstheorien, in: Woyke (Hrsg.), Europäische Gemeinschaft, S. 354–362.

Benz, Wolfgang: Die Gründung der Bundesrepublik Deutschland. Von der Bizone zum souveränen Staat, München 1984.

Benz, Wolfgang: Von der Besatzungsherrschaft zur Bundesrepublik. Stationen einer Staatsgründung, Frankfurt a. M. 1984.

Benz, Wolfgang (Hrsg.): Die Geschichte der Bundesrepublik Deutschland. 5 Bde., Frankfurt a. M. 1989.

Berding, Helmut (Hrsg.): Wirtschaftliche und politische Integration in Europa im 19. und 20. Jahrhundert, Göttingen 1984.

Berger, Helge: Konjunkturpolitik im Wirtschaftswunder. Handlungsspielräume und Verhaltensmuster von Zentralbank und Regierung in den 1950er Jahren. Diss. München 1995.

Berger, Helge / Ritschl, Albrecht: Die Rekonstruktion der Arbeitsteilung in Europa. Eine neue Sicht des Marshallplans in Deutschland, in: Vierteljahrshefte für Zeitgeschichte 43 (1995), S. 473–519.

Bergmann, Joachim / Jacoby, Otto / Müller-Jentsch, Walter: Gewerkschaften in der Bundesrepublik Deutschland, Frankfurt a. M. 1976.

Bernard, Karl: Auf dem Wege zur Konvertierbarkeit, in: Zeitschrift für das gesamte Kreditwesen 6 (1953), S. 275–278.

Bernard, Karl: Gedanken zur Kreditpolitik, Kiel 1957.

Bernholz, Peter: Inflation and Monetary Constitutions in Historical Perspective, in: Kyklos 36 (1983), S. 397–419.

Bernholz, Peter: Geldwertstabilität und Währungsordnung, Tübingen 1989.

Bischof, Günter / Maier, Charles S. (Hrsg.): The Marshall Plan and Germany. West German Development within the Framework of the European Recovery Program, Oxford 1991.

Blancpain, Jean-Pierre: Vom Bilateralismus zur Konvertibilität. Die Entwicklung der europäischen Währungsordnung von 1946 bis 1960, Diss. Zürich 1962.

Blessing, Karl: Streifzug durch die moderne Währungsgeschichte, in: Offene Welt Nr. 61 (1959), S. 203–213.

Blessing, Karl: Die Verteidigung des Geldwertes, Frankfurt a.M. 1960.

Bloemen, Erik S.A.: Harde Franken, Zachte Guldens en de Oprichting van de Europese Betalingsunie (1950), in: Bloemen (Hrsg.), Benelux-Effect, S.55–70.

Bloemen, Erik S.: A Problem to Every Solution: The Six and the Free Trade Area, in: Olesen (Hrsg.), Denmark, S.182–196.

Bloemen, Erik S.A. (Hrsg.): Het Benelux-Effect, Amsterdam 1992.

Blum, Reinhard: Soziale Marktwirtschaft. Wirtschaftspolitik zwischen Neoliberalismus und Ordoliberalismus, Tübingen 1969.

Blumenwitz, Dieter / Gotto, Klaus / Mayer, Hans / Repgen, Konrad / Schwarz, Hans-Peter (Hrsg.): Konrad Adenauer und seine Zeit, Bd.2: Beiträge der Wissenschaft, Stuttgart 1976.

Boccia, Corso Paolo: L'amministrazione Eisenhower e l'integrazione economica dell'Europa occidentale 1953–1961, Diss. Genua 1992.

Bofinger, Peter: A Multilateral Payments Union for Eastern Europe?, o.O. 1990 (= CEPR Discussion Paper Nr.458).

Boltho, Andrea (Hrsg.): The European Economy: Growth and Crisis, Oxford 1982.

Bombach, Gottfried: Postwar Economic Growth Revisited, Amsterdam 1985.

Bonin, Hubert: Histoire économique de la IVième république, Paris 1987.

Bonin, Hubert: Histoire économique de la France depuis 1880, Paris 1988.

Bonn, Moritz J.: The Crumbling of Empire: The Disintegration of World Economy, London 1938.

Borchardt, Knut / Buchheim, Christoph: Die Wirkung der Marshallplan-Hilfe in Schlüsselbranchen der deutschen Wirtschaft, in: Vierteljahrshefte für Zeitgeschichte 35 (1987), S.317–347.

Bordo, Michael D.: The Bretton Woods International Monetary System: A Historical Overview, in: Bordo/Eichengreen (Hrsg.), Retrospective, S.3–98.

Bordo, Michael D. / Eichengreen, Barry (Hrsg.): A Retrospective on the Bretton Woods System. Lessons for International Monetary Reform, Chicago 1993.

Bordo, Michael D. / Eschweiler, Bernhard: Rules, Discretion and Central Bank Independence: The German Experience, Cambridge 1993 (= Working Paper, National Bureau of Economic Research, Nr.4547).

Bossuat, Gerard: L'aide américaine, la France et la construction européenne 1944–1954, Paris 1992.

Brackmann, Michael: Vom Totalen Krieg zum Wirtschaftswunder. Die Vorgeschichte der westdeutschen Währungsreform, Essen 1993.

Buchheim, Christoph: Das Londoner Schuldenabkommen, in: Herbst (Hrsg.), Westdeutschland, S.219–229.

Buchheim, Christoph: Die Währungsreform 1948 in Westdeutschland, in: Vierteljahrshefte für Zeitgeschichte 36 (1988), S.189–231.

Buchheim, Christoph: Einige wirtschaftspolitische Maßnahmen Westdeutschlands von 1945 bis zur Gegenwart, in: Gesellschaft für Unternehmensgeschichte (Hrsg.), Wettbewerbsbeschränkungen, S.213–226.

Buchheim, Christoph: Die Bundesrepublik in der Weltwirtschaft, in: Benz (Hrsg.), Geschichte, Bd.2, S.167–209.

Buchheim, Christoph: Die Wiedereingliederung Westdeutschlands in die Weltwirtschaft 1945–1958, München 1990.

Buchheim, Christoph: Die Bundesrepublik und die Überwindung der Dollar-Lücke, in: Bührer/Herbst/Sowade (Hrsg.), Marshallplan, S.81–98.

Buchheim, Hans: Die Richtlinienkompetenz unter der Kanzlerschaft Konrad Adenauers, in: Blumenwitz/Gotto/Mayer/Repgen/Schwarz (Hrsg.), Adenauer, S.339–357.

Bührer, Werner: Auftakt in Paris. Der Marshallplan und die deutsche Rückkehr auf die internationale Bühne 1948/49, in: Vierteljahrshefte für Zeitgeschichte 36 (1988), S.529–556.

Bührer, Werner: Erzwungene oder freiwillige Liberalisierung? Die USA, die OEEC und die westdeutsche Außenhandelspolitik 1949–1952, in: Bührer/Herbst/Sowade (Hrsg.), Marshallplan, S.139–162.

Bührer, Werner / Herbst, Ludolf / Sowade, Hanno (Hrsg.): Vom Marshallplan zur EWG. Die Eingliederung der Bundesrepublik Deutschland in die westliche Welt, München 1990.

Caesar, Rolf: Der Handlungsspielraum von Notenbanken, Baden-Baden 1981.

Cairncross, Alec: Years of Recovery. British Economic Policy 1945–51, London 1985.

Cairncross, Alec: Die deutsche Zahlungsbilanzkrise 1950/51, in: Ludwig-Erhard-Stiftung (Hrsg.), Korea-Krise, S. 109–117.

Camps, Miriam: Britain and the European Community 1955–1963, London 1964.

Carlin, Wendy: Economic Reconstruction in Western Germany, 1945–55: The Displacement of „Vegetative Control", in: Turner (Hrsg.), Reconstruction, S. 37–65.

Cassiers, Isabelle: Du „miracle belge" à la croissance lente: l'impact du Plan Marshall et de l'union Européenne des Paiements, in: Historians of Contemporary Europe Revue trimestrelle 9 (1994), S. 3–28.

Caves, Richard E.: Export-led Growth. The Post-war Industrial Setting, in: Eltis/Scott/Wolfe (Hrsg.), Induction, S. 234–254.

Chapman, Richard A.: Decision Making Revisited, in: Public Administration 68 (1990), S. 353–367.

Cipolla, Carlo M. (Hrsg.): The Fontana Economic History of Europe, London 1972–1976.

Clerx, J. M.: Nederland en de liberalisatie van het handels- en betalingsverkeer 1945–1958, Groningen 1986.

Comité pour l'histoire économique et financière de la France (Hrsg.): Du franc Poincaré à l'écu. Colloque tenu à Bercy les 3 et 4 décembre 1992. Sous la direction de MM. Lévy-Leboyer, Plessis, Aglietta et de Boissieu, Paris 1993.

De Vries, Johan: Benelux, in: Cipolla (Hrsg.), Fontana, Bd. VI/1. S. 1–71.

Dernburg, H. J.: The Blocked Mark Problem (1931–1954), in: Journal of Finance 10 (1955), S. 17–40.

Deutsche Bundesbank (Hrsg.): Währung und Wirtschaft in Deutschland 1876–1975, Frankfurt a. M. 1976.

Deutsche Bundesbank: Geheimrat Wilhelm Vocke. Hüter der Währung. Zum hundertsten Geburtstag am 9. Februar 1986, Frankfurt a. M. 1986.

Deutsche Bundesbank: 30 Jahre Deutsche Bundesbank. Die Entstehung des Bundesbankgesetzes vom 26. Juli 1957. Dokumentation einer Ausstellung, Frankfurt a. M. 1988.

Dickhaus, Monika: L'ouverture internationale de l'économie allemande et la convertibilité du mark allemande (1948–1958), in: Comité pour l'histoire économique et financière de la France (Hrsg.), Franc, S. 419–433.

Dickhaus, Monika: „It is only the provisional that lasts": The European Payments Union, in: Griffiths (Hrsg.), Explorations.

Dickhaus, Monika: The Foster-Mother of „The Bank that rules Europe": the Bank deutscher Länder, the Bank of England and the Allied Banking Commission, in: Bance (Hrsg.), Legacies.

Dickhaus, Monika: The Functioning of the European Payments Union (EPU) 1950–1958, in: Olesen (Hrsg.), Denmark, S. 82–95.

Diebold, William Jr.: Trade and Payments in Western Europe. A Study in Economic Cooperation 1947–1951, New York 1952.

Dirks, Walter: Über Integration. Begriffsbestimmungen und etwas mehr, in: Frankfurter Hefte 7 (1952), S. 401–412.

Doering-Manteuffel, Anselm: Deutsche Zeitgeschichte nach 1945, in: Vierteljahrshefte für Zeitgeschichte 41 (1993), S. 1–29.

Dore, Sally: The European Payments Union. Florenz 1989 (= EUI Colloquium Papers Doc. IUE 144/89).

Dore, Sally: Britain and the European Payments Union: British Policy and American Influence, in: Gillingham/Heller (Hrsg.), Integration.

Dreißig, Wilhelmine: Rezension „Wandel, Eckhard: Die Entstehung der Bank deutscher Länder und die deutsche Währungsreform", in: Zeitschrift für die gesamte Staatswissenschaft 138 (1982), S. 163–170.

Dumke, Rolf H.: Reassessing the „Wirtschaftswunder": Reconstruction and Post War Growth in West Germany in an International Context, in: Oxford Bulletin of Economics and Statistics 52 (1990), S. 451–491.

Dumoulin, Michel (Hrsg.): La Belgique et les débuts de la construction européenne, Louvain-la-Neuve 1987.

Dupriez, Leon H.: La politique monétaire belge de 1944 à 1949 et la doctrine monétaire, in: Revue économique 1 (1950), S. 345–366.

Dürr, Ernst: Konjunkturpolitik bei Konvertibilität, Köln 1961.

Dürr, Ernst: Wirkungsanalyse der monetären Konjunkturpolitik, Frankfurt a. M. 1966.

Duwendag, Dieter/Siebke, Jürgen (Hrsg.): Europa vor dem Eintritt in die Wirtschafts- und Währungsunion, Berlin 1993.

Ehret, Rolf G.: Der Weg zur Vollbeschäftigung in der Bundesrepublik Deutschland. Eine Studie über die Problematik der Vollbeschäftigung unter Berücksichtigung sowohl der theoretischen als auch der politisch-historischen Aspekte, Diss. Basel 1959.

Ehrlicher, Werner: Wandlungen in den Konzepten der Geld-, Finanz- und Lohnpolitik 1948–1986, in: Filc (Hrsg.), Herausforderungen, S. 315–336.

Ehrlicher, Werner (Hrsg.): Geld- und Währungspolitik in der Bundesrepublik Deutschland, Berlin 1982.

Ehrlicher, Werner (Hrsg.): Wandlungen des geldpolitischen Instrumentariums der Deutschen Bundesbank, Berlin 1988.

Eichengreen, Barry: Reconstructing Europe's Trade and Payments. The European Payments Union, Manchester 1993.

Eichengreen, Barry: A Payments Mechanism for the Former Soviet Union: Is the EPU a Relevant Precedent?, in: Economic Policy Nr. 17 (1993), S. 310–353.

Einaudi, Luigi u. a.: Wirtschaft ohne Wunder, Zürich 1953.

Eltis, W. A. / Scott, M. P. G. / Wolfe, J. N. (Hrsg.): Induction, Growth and Trade. Essays in Honour of Sir Roy Harrod, Oxford 1970.

Emmer, Robert E.: West German Monetary Policy, 1948–54, in: Journal of Political Economy 63 (1955), S. 52–69.

Emminger, Otmar: Die englischen Währungsexperimente der Nachkriegszeit, in: Weltwirtschaftliches Archiv 40 (1934), S. 270–325.

Emminger, Otmar: Die Europäische Zahlungsunion als Etappe der europäischen Währungs-Neuordnung, in: Zeitschrift für die gesamte Staatswissenschaft 107 (1951), S. 605–659.

Emminger, Otmar: Zwischenbilanz der Konvertibilitätsdiskussionen, in: Finanzarchiv N. F. 16 (1955/56), S. 351–364.

Emminger, Otmar: Währungspolitik im Wandel der Zeit. Aufsätze, Frankfurt a. M. 1966.

Emminger, Otmar: Deutsche Geld- und Währungspolitik im Spannungsfeld zwischen innerem und äußerem Gleichgewicht (1948–1975), in: Deutsche Bundesbank (Hrsg.), Währung, S. 485–554.

Emminger, Otmar: Ordnungs- und währungspolitische Probleme der Korea-Krise, in: Ludwig-Erhard-Stiftung (Hrsg.), Korea-Krise, S. 13–31.

Emminger, Otmar: D-Mark, Dollar, Währungskrisen. Erinnerungen eines ehemaligen Bundesbankpräsidenten, Stuttgart 1986.

Erhard, Ludwig: Deutschlands Rückkehr zum Weltmarkt, Düsseldorf 1953.

Erhard, Ludwig: Die wirtschaftlichen Aspekte, in: Handels-Hochschule St. Gallen (Hrsg.), Integration, S. 103–124.

Erhard, Ludwig: Wohlstand für alle, Düsseldorf 1957.

Euchner, Walter / Petzina, Dietmar (Hrsg.): Wirtschaftspolitik im britischen Besatzungsgebiet 1945–1949, Düsseldorf 1984.

Eucken, Walter: Grundsätze der Wirtschaftspolitik, hrsg. von Edith Eucken und K. Paul Hensel, Tübingen 1990[6].

Fauri, Francesca: Negotiating for Industrialization: Italy's Commercial Strategy and Industrial Expansion in the Context of the Attempts to Further European Integration, Diss. Florenz 1994.

Feldsieper, Manfred / Terres, Paul: Die Entwicklung des geldpolitischen Instrumentariums der Deutschen Bundesbank, in: Das Wirtschaftsstudium 23 (1994), S. 536–544.

Fforde, John: The Bank of England and Public Policy 1941–1958, Cambridge 1992.

Filc, Wolfgang (Hrsg.): Herausforderungen der Wirtschaftspolitik: Festschrift zum 60. Geburtstag von Claus Köhler, Berlin 1988.

Flanders, Miriam June: International Monetary Economics 1870–1960: Between the Classical and the New Classical, Cambridge 1989.

Friedman, Benjamin M.: Does Monetary Policy Affect Real Economic Activity? Why Do We Still Ask This Question?, Cambridge 1995 (= Working Paper, National Bureau of Economic Research, Nr. 5212).

Friedman, Milton: Essays in Positive Economics, Chicago 1953.

Friedrich, Karl: Westdeutsche Zahlungsbilanzpolitik von 1948–1951, Zürich 1955.

Garvy, George: Keynes and the Economic Activities of Pre-Hitler Germany, in: Journal of Political Economy 82 (1975), S. 391–405.

Gaugenrieder, Carl A.: Die rechtliche Stellung der deutschen Zentralnotenbank im Staatsgefüge in Geschichte und Gegenwart, Diss. Würzburg 1961.

Geiger, Till: Like a Phoenix from the Ashes!?: West Germany's Return to the European Markets, 1945–1958, in: Contemporary European History 3 (1994), S. 337–353.

Geiger, Till / Ross, Duncan M.: Banks, Institutional Constraints and the Limits of Central Banking: Monetary Policy in Britain and West Germany, 1950–52, in: Business History 33 (1991), S. 138–156.

Gerbet, Pierre: La Construction de l'Europe, Paris 1983.

Gesellschaft für Unternehmensgeschichte (Hrsg.): Wettbewerbsbeschränkungen auf internationalen Märkten, Stuttgart 1988.

Giersch, Herbert / Paqué, Karl-Heinz / Schmieding, Holger: The Fading Miracle: Four Decades of Market Economy in Germany, Cambridge 1992.

Gilles, Franz-O.: Zwischen Autonomie und Heteronomie – Anmerkungen zur Entwicklung, Stellung und Funktion des bundesdeutschen Zentralbankwesens, in: Riese/Spahn (Hrsg.), Geldpolitik, S. 219–228.

Gillingham, John R.: Coal, Steel and the Rebirth of Europe 1945–1955, Cambridge 1991.

Gillingham, John R. / Heller, Francis H. (Hrsg.): The United States and the Integration of Europe: The Post-War Legacy, voraussichtlich St. Louis 1996.

Gimbel, John: Amerikanische Besatzungspolitik in Deutschland 1945–1949, Frankfurt a. M. 1971.

Gimbel, John: The Origins of the Marshall Plan, Stanford 1976.

Glastetter, Werner / Högemann, Günther / Marquardt, Rolf: Die wirtschaftliche Entwicklung in der Bundesrepublik Deutschland 1950–1989, Frankfurt a. M. 1991.

Goodman, John B.: Monetary Sovereignty. The Politics of Central Banking in Western Europe, London 1992.

Gorst, Anthony / Johnman, Lewis / Lucas, W. Scott (Hrsg.): Contemporary British History 1931–1961. Politics and the Limits of Policy, London 1991.

Gottlieb, Manuel: Failure of Quadripartite Monetary Reform 1945–1947, in: Finanzarchiv N. F. 17 (1956/57), S. 398–417.

Griffiths, Richard T.: The Economic Disintegration of Europe. Trade and Protection in the 1930s, Florenz 1989 (= EUI Colloquium Papers Doc. IUE 138/89).

Griffiths, Richard T.: À la recherche des débuts de l'intégration Européenne, in: Revue de Synthèse 4 (1990), S. 235–252.

Griffiths, Richard T.: The Common Market, in: Griffiths (Hrsg.), Netherlands, S. 183–208.

Griffiths, Richard T.: The Beyen Plan, in: Griffiths (Hrsg.), Netherlands, S. 165–182.

Griffiths, Richard T. (Hrsg.): The Netherlands and the Integration of Europe 1945–1957, Amsterdam 1990.

Griffiths, Richard T.: A Slow One Hundred and Eighty Degree Turn: British Policy towards the Common Market 1955–1960, Florenz 1994 (= EUI Discussion Paper Doc. IUE 19/94 (Col.1)).

Griffiths, Richard T. (Hrsg.): Explorations in OEEC History, voraussichtlich Paris 1996.

Groeben, Hans von der: Aufbaujahre der Europäischen Gemeinschaft. Das Ringen um den Gemeinsamen Markt und die Politische Union (1958–1966), Baden-Baden 1982.

Grosser, Dieter / Müller-Armack, Andreas (Hrsg.): Soziale Marktwirtschaft, Stuttgart 1988.

Guillen, Pierre: L'Europe remède à l'impuissance française? Le gouvernement Guy Mollet et la négotiation des traités de Rome (1955–1957), in: Revue d'Histoire diplomatique 102 (1988), S. 319–335.

Haberler, Gottfried: Dollar Shortage?, in: Harris (Hrsg.), Foreign Economic Policy, S. 426–445.

Haberler, Gottfried: Die Konvertibilität der Währungen, in: Hunold (Hrsg.), Konvertibilität, S. 15–59.

Handels-Hochschule St. Gallen (Hrsg.): Die Integration des europäischen Westens, Zürich 1954.

Hankel, Wilhelm / Käckenhoff, Günther: Konvertierbarkeit bleibt Ziel, in: Zeitschrift für das gesamte Kreditwesen 8 (1955), S. 96–98.

Harbrecht, Wolfgang: Die Europäische Gemeinschaft, Stuttgart 1984².

Hardach, Gerd: Weltmarktorientierung und relative Stagnation. Währungspolitik in Deutschland 1924–1931, Berlin 1976.

Hardach, Gerd: Die Rückkehr zum Weltmarkt 1948–1958, in: Schildt/Sywottek (Hrsg.), Modernisierung, S. 80–104.

Hardach, Gerd: Der Marshall-Plan. Auslandshilfe und Wiederaufbau in Westdeutschland 1948–1952, München 1994.

Harris, Seymour E. (Hrsg.): Foreign Economic Policy for the United States, Cambridge 1948.

Hartung, Kurt Rudolf: Die Probleme der Währungskonvertierbarkeit, Berlin 1959.

Hein, John: The Mainsprings of German Monetary Policy, in: Economia Internazionale 17 (1964), S. 317–324.

Heller, Walter F.: The Role of Fiscal-Monetary Policy in the German Economic Recovery, in: American Economic Review 40/2 (1950), S. 531–547.

Helmstädter, Ernst: Die Wirtschaftsordnung in der Bundesrepublik Deutschland: Soziale Marktwirtschaft, in: Weidenfeld/Zimmermann (Hrsg.), Deutschland-Handbuch, S. 214–257.

Hennings, Klaus-Hinrich: West Germany, in: Boltho (Hrsg.), Economy, S. 472–501.

Hentschel, Volker: Die Entstehung des Bundesbankgesetzes 1949–1957, in: Bankhistorisches Archiv 14 (1988), S. 3–31 und S. 79–115.

Hentschel, Volker: Die Europäische Zahlungsunion und die deutschen Devisenkrisen 1950/51, in: Vierteljahrshefte für Zeitgeschichte 37 (1989), S. 715–758.

Herbst, Ludolf (Hrsg.): Westdeutschland 1945–1955. Unterwerfung – Kontrolle – Integration, München 1986.

Herbst, Ludolf: Die zeitgenössische Integrationstheorie und die Anfänge der Europäischen Einigung 1947–1950, in: Vierteljahrshefte für Zeitgeschichte 34 (1986), S. 161–205.

Herbst, Ludolf: Option für den Westen. Vom Marshallplan bis zum deutsch-französischen Vertrag, München 1989.

Herbst, Ludolf: Die Bundesrepublik in den Europäischen Gemeinschaften, in: Benz (Hrsg.), Geschichte, Bd. 2, S. 210–247.

Herbst, Ludolf: Stil und Handlungsspielräume westdeutscher Integrationspolitik, in: Bührer/Herbst/Sowade (Hrsg.), Marshallplan, S. 3–18.

Hirn, Wolfgang: Macht am Main: Die Bundesbank, in: Manager-Magazin 22/11 (1992), S. 74–87.

Hirschman, Albert O.: The European Payments Union. The Negotiations and the Issues, in: Review of Economics and Statistics 33 (1951), S. 49–55.

Hirschman, Albert O.: Types of Convertibility, in: Review of Economics and Statistics 33 (1951), S. 60–62.

Hirschman, Albert O.: National Power and the Structure of Foreign Trade, Berkeley 1980.

Hölscher, Jens: Krisenmanagement und Wirtschaftswunder. Die Überwindung der Zahlungskrise 1950/51, in: Riese/Spahn (Hrsg.), Geldpolitik, S. 32–43.

Hogan, Michael J.: The Marshall Plan. America, Britain and the Reconstruction of Western Europe 1947–52, Cambridge 1987.

Hogan, Michael J.: European Integration and German Reintegration: Marshall Planers and the Search for Recovery and Security in Western Europe, in: Bischof/Maier (Hrsg.), Marshall Plan, S. 115–170.

Hohmann, Karl (Hrsg.): Ludwig Erhard. Gedanken aus fünf Jahrzehnten. Reden und Schriften, Düsseldorf 1988.

Holtfrerich, Carl-Ludwig: Relations between Monetary Authorities and Governmental Institutions, in: Toniolo (Hrsg.), Independence, S. 105–159.

Holtfrerich, Carl-Ludwig (Hrsg.): Interactions in the World Economy. Perspectives from International Economic History. Festschrift für Wolfram Fischer, New York 1989.

Hoose, York: Aufwertung – Pro und Contra, in: Zeitschrift für das gesamte Kreditwesen 10 (1957), S. 461–464.

Horsefield, J. Keith u. a.: The International Monetary Fund 1945–1965. Twenty Years of International Monetary Cooperation, 3 Bde., Washington 1969.

Horstmann, Theo: Die Angst vor dem finanziellen Kollaps. Banken- und Kreditpolitik in der britischen Zone 1945–1948, in: Euchner/Petzina (Hrsg.), Wirtschaftspolitik, S. 215–233.

Horstmann, Theo: „The Worst Banking Practice in the World“. Inter-Allied Discussion over American Plans to Reform the German Banking System in 1945/46, in: German Yearbook on Business History 1986, Berlin 1987, S. 93–115.

Horstmann, Theo: Die Entstehung der Bank deutscher Länder als geldpolitische Lenkungsinstanz in der Bundesrepublik Deutschland, in: Riese/Spahn (Hrsg.), Geldpolitik, S. 202–218.

Horstmann, Theo: Die Alliierten und die deutschen Großbanken. Bankenpolitik nach dem Zweiten Weltkrieg in Westdeutschland, Bonn 1991.

Howson, Susan: The Monetary Policies of the 1945–51 Labour Governments, in: Gorst/Johnman/Lucas (Hrsg.), British History, S. 80–94.

Hunold, Albert (Hrsg.): Die Konvertibilität der europäischen Währungen, Zürich 1954.

Issing, Otmar (Hrsg.): Geschichte der Nationalökonomie, München 1988[2].

Jacobsson, Per: Die Wiederbenutzung der monetären Ausgleichskräfte, in: Zeitschrift für das gesamte Kreditwesen 5 (1952), S. 32–36.

Jacobsson, Per: Die Konvertibilität der Währungen als realisierbares Ziel, in: Hunold (Hrsg.), Konvertibilität, S. 60–75.

Jacobsson, Erin E.: A Life for Sound Money. Per Jacobsson. His Biography, Oxford 1979.

Jaeger, Hans: Geschichte der Wirtschaftsordnung in Deutschland, Frankfurt a. M. 1988.

James, Robert M. / Mintzberg, Henry / Quinn, James Brian: The Strategy Process. Concepts, Contexts, and Cases, New Jersey 1988.

Jenkis, Helmut: Die importierte Inflation. Eine theoretisch-empirische Untersuchung der deutschen Währungspolitik von 1950 bis 1960, Meisenheim 1966.

Jerchow, Friedrich: Außenhandel im Widerstreit. Die Bundesrepublik auf dem Weg in das GATT 1949–1951, in: Winkler (Hrsg.), Weichenstellungen, S. 254–289.

Jerchow, Friedrich: Der Außenkurs der Mark 1944–1949, in: Viertelsjahrshefte für Zeitgeschichte 30 (1982), S. 256–298.

Kaplan, Jacob J. / Schleiminger, Günther: The European Payments Union. Financial Diplomacy in the 1950 s, Oxford 1989.

Kaufman, Burton J.: Trade and Aid. Eisenhower's Foreign Economic Policy, Baltimore 1982.

Kennedy, Ellen: The Bundesbank. Germany's Central Bank in the International Monetary System, London 1991.

Keynes, John Maynard: A Tract on Monetary Reform, London 1971.

Keynes, John Maynard: A Treatise on Money, London 1971.

Keynes, John Maynard: The General Theory of Employment, Interest and Money, London 1973.

Kindleberger, Charles P.: Die Weltwirtschaftskrise 1929–1939, München 1973.

Kindleberger, Charles P.: Marshall Plan Days, Boston 1987.

Klausinger, Hansjörg: Theorien der Geldwirtschaft. Von Hayek und Keynes zu neueren Ansätzen, Berlin 1991.

Klemm, Bernd / Trittel, Günter J.: Vor dem „Wirtschaftswunder“: Durchbruch zum Wachstum oder Lähmungskrise? Eine Auseinandersetzung mit Werner Abelshausers Interpretation der Wirtschaftsentwicklung 1945–1948, in: Vierteljahrshefte für Zeitgeschichte 35 (1987), S. 571–624.

Klopstock, Fred H.: Monetary Reform in Western Germany, in: Journal of Political Economy 57 (1949), S. 277–292.

Klump, Rainer: Wirtschaftsgeschichte der Bundesrepublik Deutschland. Zur Kritik neuerer wirtschaftshistorischer Interpretationen aus ordnungspolitischer Sicht, Wiesbaden 1985.

Knapp, Manfred: Einleitung: Außenpolitik und Außenwirtschaftsbeziehungen in der Entstehungsphase des westdeutschen Nachkriegsstaates, in: Knapp (Hrsg.), Bizonengründung, S. 1–12.

Knapp, Manfred (Hrsg.): Von der Bizonengründung zur ökonomisch-politischen Westintegration. Studien zum Verhältnis zwischen Außenpolitik und Außenwirtschaftsbeziehungen in der Entstehungsphase der Bundesrepublik Deutschland (1947–1952), Frankfurt a. M. 1984.

Köhler, Henning: Adenauer. Eine politische Biographie, Frankfurt a. M. 1994.

Koerfer, Daniel: Kampf ums Kanzleramt. Erhard und Adenauer, Stuttgart 1987.

Koerfer, Daniel: Wirtschaftspolitische Kontroversen zwischen Konrad Adenauer und Ludwig Erhard (1956–1963), in: Pohl (Hrsg.), Verhältnis, S. 33–45.

Köllner, Lutz / Volkmann, Hans-Erich: Finanzwissenschaftliche, finanzwirtschaftliche und finanzpolitische Aspekte eines deutschen Beitrags zur EVG, in: Militärgeschichtliches Forschungsamt (Hrsg.), EVG-Phase, S. 757–873.

Könneker, Wilhelm: Vom Zentralbanksystem zur Deutschen Bundesbank, in: Zeitschrift für das gesamte Kreditwesen 10 (1957), S. 796–798.

Kramer, Alan: The West German Economy 1945–1955, Oxford 1991.

Kriz, Miroslav A.: Central Banks and the State Today, in: American Economic Review 38/4 (1948), S. 565–580.

Krüger, Frank: Voraussetzungen und Maßnahmen zur Herstellung der Konvertibilität der Währung der Bundesrepublik Deutschland, Diss. Berlin 1957.

Kühne, Rudolf: Die Regelungen für den Außenwirtschaftsverkehr unter der Geltung der besatzungsrechtlichen Devisenbewirtschaftungsgesetze, Mai 1945 bis August 1961, o. O. o. J. [Frankfurt a. M. 1984].

Küng, Emil: Konvertibilität und Europäische Zahlungsunion, in: Außenwirtschaft 8 (1953), S. 31–41.

Küsters, Hanns Jürgen: Die Gründung der Europäischen Wirtschaftsgemeinschaft, Baden-Baden 1982.

Küsters, Hanns Jürgen: Adenauers Europapolitik in der Gründungsphase der Europäischen Wirtschaftsgemeinschaft, in: Vierteljahrshefte für Zeitgeschichte 31 (1983), S. 646–673.

Küsters, Hanns Jürgen: Zollunion oder Freihandelszone? Zur Kontroverse über die Handelspolitik Westeuropas in den Fünfziger Jahren, in: Berding (Hrsg.), Integration, S. 295–308.

Küsters, Hanns Jürgen: Der Streit um Kompetenzen und Konzeptionen deutscher Europapolitik 1949–1958, in: Bührer/Herbst/Sowade (Hrsg.), Marshallplan, S. 335–370.

Lappenküper, Ulrich: „Ich bin wirklich ein guter Europäer“. Ludwig Erhards Europapolitik 1949–1966, in: Francia 18 (1991), S. 85–121.

Laurent, Pierre-Henri: America's Ally, Britain's Opponent: Belgium and the OEEC/EPU Debates, 1947–1950, in: Millennium 16 (1987), S. 453–466.

Limmer, Herbert: Die Konvertierbarkeit der Währungen. Probleme und Ziele im internationalen Zahlungsverkehr unter besonderer Berücksichtigung der westeuropäischen Länder, Diss. Nürnberg 1956.

Lindblom, Charles E.: The Science of „Muddling Through“, in: Public Administration Review 19 (1959), S. 79–88.

Lindenlaub, Dieter: Historisches Archiv der Deutschen Bundesbank, in: Der Archivar 40 (1987), S. 361–362.

Link, Werner: Die Außenpolitik und internationale Einordnung der Bundesrepublik Deutschland, in: Weidenfeld/Zimmermann (Hrsg.), Deutschland-Handbuch, S. 571–588.

Loth, Wilfried: Vertragsverhandlungen bei abklingender Europabegeisterung. Eine zeitgeschichtliche Einordnung, in: Integration 10/3 (1987), S. 107–115.

Loth, Wilfried: Der Weg nach Europa: Geschichte der europäischen Integration 1939–1957, Göttingen 1991².

Lutz, Friedrich A.: Goldwährung und Wirtschaftsordnung, in: Weltwirtschaftliches Archiv 41 (1935), S. 224–251.

Lutz, Friedrich A.: Das Problem der Konvertibilität europäischer Währungen, in: Ordo 6 (1954), S. 79–131.

Lutz, Friedrich A.: Die Konvertibilitätsdiskussion, in: Hunold (Hrsg.), Konvertibilität, S. 297–316.

Machlup, Fritz: A History of Thought on Economic Integration, London 1977.

Maddison, Angus: Dynamic Forces in Capitalist Development. A Long-Run Comparative View, Oxford 1991.

Mai, Gunther: Osthandel und Westintegration 1947–1957. Europa, die USA und die Entstehung einer hegemonialen Partnerschaft, in: Bührer/Herbst/Sowade (Hrsg.), Marshallplan, S. 203–225.

Maier, Charles S.: Introduction: „Issue then is Germany and with it Future of Europe“, in: Bischof/Maier (Hrsg.), Marshall Plan, S. 1–39.

Maier, Klaus A.: Die Auseinandersetzungen um die EVG als europäisches Unterbündnis der NATO 1950–54, in: Bührer/Herbst/Sowade (Hrsg.), Marshallplan, S. 447–474.

Mangoldt, Hans-Karl von: Internationale Währungspolitik an der Jahreswende, in: Zeitschrift für das gesamte Kreditwesen 6 (1953), S. 13–15.

Mangoldt, Hans-Karl von: Konvertierbarkeit, ein- oder zweigleisig?, in: Zeitschrift für das gesamte Kreditwesen 7 (1954), S. 59–60.

Mangoldt, Hans-Karl von: Die letzte Stufe vor der Konvertierbarkeit, in: Zeitschrift für das gesamte Kreditwesen 7 (1954), S. 472–474.

Mangoldt, Hans-Karl von: Ein neues EZU-Jahr, in: Zeitschrift für das gesamte Kreditwesen 8 (1955), S. 458–461.

Mangoldt, Hans-Karl von: Zwischenbilanz der Konvertierbarkeitsbestrebungen, Berlin 1955.

Manz, Mathias: Stagnation und Aufschwung in der französischen Besatzungszone 1945–1948, Ostfildern 1985.

Marsh, David: Die Bundesbank. Geschäfte mit der Macht, München 1992.

Meyer, Fritz W.: Die Währung der Bundesrepublik Deutschland auf dem Weg zur Konvertibilität, in: Hunold (Hrsg.), Konvertibilität, S. 242–256.

Michalsky, Wolfgang: Export und Wirtschaftswachstum. Schlußfolgerungen aus der Nachkriegsentwicklung der Bundesrepublik Deutschland, Hamburg 1972.

Militärgeschichtliches Forschungsamt (Hrsg.): Die EVG-Phase, München 1989.

Militärgeschichtliches Forschungsamt (Hrsg.): Die NATO-Option, München 1993.

Milward, Alan S.: The Reconstruction of Western Europe 1945–51, London 1987.

Milward, Alan S.: Belgium and Western European Interdependence in the 1950s: Some Unexplained Problems, in: Dumoulin (Hrsg.), Belgique, S. 145–152.

Milward, Alan S.: Nationale Wirtschaftsinteressen im Vordergrund, in: Integration 10/3 (1987), S. 100–106.

Milward, Alan S.: Motives for Currency Convertibility: The Pound and the Deutschmark, 1950–5, in: Holtfrerich (Hrsg.), Interactions, S. 260–284.

Milward, Alan S.: The Marshall Plan and German Foreign Trade, in: Bischof/Maier (Hrsg.), Marshall Plan, S. 452–487.

Milward, Alan S.: The European Rescue of the Nation-State, London 1992.

Milward Alan S.: The European Monetary Agreement, in: Trausch (Hrsg.), Integration, S. 115–128.

Milward, Alan S.: Conclusions: The Value of History, in: Milward u. a., Frontier, S. 182–201.

Milward, Alan S. u. a.: The Frontier of National Sovereignty: History and Theory 1945–1992, London 1993.

Möller, Hans: Das innereuropäische Verrechnungs- und Zahlungsabkommen, in: Europa-Archiv 4 (1949), S. 1781–1794.

Möller, Hans (Hrsg.): Zur Vorgeschichte der Deutschen Mark. Die Währungsreformpläne 1945–1948, Tübingen 1961.

Möller, Hans: Die deutsche Währungsreform von 1948, in: Deutsche Bundesbank (Hrsg.),Währung, S. 433–483.

Möller, Hans: The Reconstruction of the International Economic Order after the Second World War and the Integration of the Federal Republic of Germany into the World Economy, in: Zeitschrift für die gesamte Staatswissenschaft 137 (1981), S. 344–366.

Morgan, Roger: West European Politics, London 1972.

Müller, Heinz: Die Politik der deutschen Zentralbank 1948–1967, Tübingen 1969.

Müller, Angelika: Die Mindestreserve: Ausgestaltung und Wandlung eines Instruments der deutschen Zentralbank seit 1948, Berlin 1992.

Müller-Armack, Alfred: Art. „Soziale Marktwirtschaft“, in: Handwörterbuch der Sozialwissenschaften, Bd. 9, S. 390–392.

Neebe, Reinhard: Optionen westdeutscher Außenwirtschaftspolitik 1949–1953, in: Bührer/Herbst/Sowade (Hrsg.), Marshallplan, S. 163–202.

Neebe, Reinhard: Überseemärkte und Exportstrategien in der westdeutschen Wirtschaft 1945 bis 1966, Stuttgart 1991.

Neumann, Manfred J.: Die Bundesbank – ein Modell für eine Europäische Zentralbank?, in: Duwendag/Siebke (Hrsg.), Europa, S. 81–95.

Newton, Scott: Operation ROBOT and the Political Economy of Sterling Convertibility 1951–1952, Florenz 1986 (= European University Institute, Working Paper 86/256).

Österreichisches Institut für Wirtschaftsforschung: Zur Konvertibilität, in: Monatsbericht des österreichischen Instituts für Wirtschaftsforschung 28/1 (1955), S. 25–32.

Olesen, Thorsten B. (Hrsg.): Denmark, Scandinavia and European Integration 1945–1960, Odense 1995.

Palgrave's Dictionary of Political Economy, hrsg. von Henry Higgs, London 1925–1926.

Patterson, Gardner: Discrimination in International Trade. The Policy Issues 1945–1965, Princeton 1966.

Peters-Godts, Sabine S.: La politique européenne du gouvernement belge septembre 1944 – Mai 1950, Diss. Florenz 1987.

Petzina, Dietmar (Hrsg.): Ordnungspolitische Weichenstellungen nach dem Zweiten Weltkrieg, Berlin 1991.

Pfleiderer, Otto: Pfund, Yen und Dollar in der Weltwirtschaftskrise, Berlin 1937.

Pfleiderer, Otto: Europäische Währungsfragen, in: Bank-Archiv 43 (1943), S. 369–372.

Pfleiderer, Otto: Das Weltwährungsproblem und die Europäische Zahlungsunion, in: Roscher, Max (Hrsg.), Für eine neue Weltwirtschaft. Bekenntnisse abgelegt auf dem Deutschen Weltwirtschaftstag 1950, Frankfurt a. M. 1950, S. 99–102.

Pfleiderer, Otto: Zur Frage der Konvertibilität der Währungen. Vortrag gehalten am 14. 11. 1953 bei der Tagung der Landesausschüsse der Commerz- und Creditbank AG im Kurhaus in Baden-Baden, hrsg. von der Commerz- und Creditbank AG, Berlin 1954.

Pitman, Paul M.: Le programme de réforme financière français et le rétablissement de la convertibilité en Europe occidentale, in: Comité pour l'histoire économique et financière de la France (Hrsg.), Franc, S. 449–470.

Pitman, Paul M.: The French Crisis and the Dissolution of the European Payments Union, 1956–1958, in: Griffiths (Hrsg.), Explorations, 1996.

Pohl, Hans (Hrsg.): Adenauers Verhältnis zu Wirtschaft und Gesellschaft, Bonn 1992.

Posthuma, Suardus: Die EZU vor neuen Aufgaben, in: Zeitschrift für das gesamte Kreditwesen 6 (1953), S. 16–21.

Predöhl, Andreas: Deutschlands Stellung in der Weltwirtschaft, in: Albrecht (Hrsg.), Deutschland, S. 19–35.

Rees, Graham L.: Britain and the Postwar European Payments System, Cardiff 1963.

Reichert, Johann Ernst: Die Rückkehr zur Konvertibilität der Währungen. Theoretische und wirtschaftspolitische Aspekte einer internationalen Währungsordnung, Diss. Basel 1962.

Rhenisch, Thomas: Die deutsche Industrie und die Gründung der EWG, Diss. Florenz 1994.

Riese, Hajo / Spahn, Hans-Peter (Hrsg.): Geldpolitik und ökonomische Entwicklung, Regensburg 1990.

Ritschl, Albrecht: Die Währungsreform von 1948 und der Wiederaufstieg der westdeutschen Industrie. Zu den Thesen von Mathias Manz und Werner Abelshauser über die Produktionswirkungen der Währungsreform, in: Vierteljahrshefte für Zeitgeschichte 33 (1985), S. 136–165.

Röhl, Klaus: Die Entwicklung des Kapitalmarktes in der Bundesrepublik Deutschland nach der Währungsreform unter besonderer Berücksichtigung finanzpolitischer und kreditpolitischer Maßnahmen, Diss. Kiel 1957.

Röper, Hans: Die D-Mark. Vom Besatzungskind zum Weltstar, Frankfurt a. M. 1978.

Röpke, Eva (Hrsg.): Wilhelm Röpke. Briefe. Der innere Kompaß 1935–1966, Zürich 1976.

Röpke, Wilhelm: International Economic Disintegration, London 1942.

Röpke, Wilhelm: Ist die deutsche Wirtschaftspolitik richtig?, Stuttgart 1950.

Röpke, Wilhelm: Wege zur Konvertibilität, in: Hunold (Hrsg.), Konvertibilität, S. 76–122.

Röpke, Wilhelm: Integration und Desintegration der internationalen Wirtschaft, in: Beckerath (Hrsg.), Wirtschaftsfragen, S. 493–501.

Röpke, Wilhelm: International Order and Economic Integration, Dordrecht o. J. [1960].

Romero, Federico: Interdependence and Integration in American Eyes: From the Marshall Plan to Currency Convertibility, in: Milward u. a., Frontier, S. 155–181.

Roskamp, Karl W.: Capital Formation in West Germany, Detroit 1965.

Rupieper, Hermann-Josef: Der besetzte Verbündete. Die amerikanische Deutschlandpolitik 1949–1955, Opladen 1991.

Samuelson, Paul A. / Nordhaus, William D.: Economics, New York 1989[13].

Sayers, Richard S.: Central Banking in the Light of Recent British and American Experience, in: Quarterly Journal of Economics 63 (1949), S. 198–211.

Scheide, Joachim: Die deutsche Konjunkturpolitik in den 1950er Jahren, in: Konjunkturpolitik 33 (1987), S. 243–267.

Schildt, Axel / Sywottek, Arnold (Hrsg.): Modernisierung im Wiederaufbau, Bonn 1993.

Schleiminger, Günther: Von der Europäischen Zahlungsunion zur Währungskonvertierbarkeit, in: Europa-Archiv 14 (1959), S. 544–554.

Schlesinger, Helmut: Geldpolitik in der Phase des Wiederaufbaus (1950–1958), in: Deutsche Bundesbank (Hrsg.), Währung, S. 555–607.

Schmidt, Hubert G.: The Liberalization of West German Foreign Trade 1949–1951. Hrsg. von der Historical Division, Office of the Executive Secretary, Office of the US High Commissioner for Germany, o. O. 1952.

Schumpeter, Joseph A.: Die goldene Bremse an der Kreditmaschine, in: Die Kreditwirtschaft, Leipzig 1927, S. 80–106.

Schwabe, Klaus (Hrsg.): Die Anfänge des Schuman-Plans 1950/51, Baden-Baden 1988.

Schwabe, Klaus: German Policy Responses to the Marshall Plan, in: Bischof/Maier (Hrsg.), Marshall Plan, S. 225–281.

Schwartz, Thomas: European Integration and the „Special Relationship“: Implementing the Marshall Plan in the Federal Republic, in: Bischof/Maier (Hrsg.), Marshall Plan, S. 171–215.

Schwarz, Hans-Peter: Adenauer und Europa, in: Vierteljahrshefte für Zeitgeschichte 27 (1979), S. 471–523.

Schwarz, Hans-Peter: Die Ära Adenauer. Gründerjahre der Republik 1949–1957, Stuttgart 1981.

Schwarz, Hans-Peter: Die Ära Adenauer. Epochenwechsel 1957–1963, Stuttgart 1982.

Schwarz, Hans-Peter (Hrsg.): Die Wiederherstellung des deutschen Kredits. Das Londoner Schuldenabkommen, Stuttgart 1982.

Schwarz, Hans-Peter: Adenauer. Der Aufstieg: 1876–1952, Stuttgart 1986.

Schwarz, Hans-Peter: Adenauer. Der Staatsmann: 1952–1967, Stuttgart 1991.

Serra, Enrico (Hrsg.): Il rilancio dell'Europa, Brüssel 1989.

Shonfield, Andrew: British Economic Policy since the War, London 1959[2].

Sohmen, Egon: Competition and Growth. The Lessons of West Germany, in: American Economic Review 49 (1959), S. 986–1003.

Sontheimer, Kurt: Die Adenauer-Ära. Grundlegung der Bundesrepublik, München 1991.

Spahn, Heinz-Peter: Das erste und das zweite deutsche Wirtschaftswunder, in: Wirtschaftsdienst 71 (1991), S. 73–79.

Starbatty, Joachim: Ordoliberalismus, in: Issing (Hrsg.), Nationalökonomie, S. 191–207.

Stucken, Rudolf: Geldpolitik und Bankenliquidität in Westdeutschland seit der Währungsreform, in: Finanzarchiv N. F. 13 (1952), S. 197–212.

Stucken, Rudolf: Geld und Kredit, Tübingen 1957[2].

Stucken, Rudolf: Deutsche Geld- und Kreditpolitik 1914–1963, Tübingen 1964[3].

Temin, Peter: The „Koreaboom" in West Germany: Fact or Fiction?, in: Economic History Review 48 (1995), S. 737–753.

Tew, Brian: The Evolution of the International Monetary System 1945–77, London 1977.

Thoß, Bruno: Sicherheits- und deutschlandpolitische Komponenten der europäischen Integration zwischen EVG und EWG 1954–1957, in: Bührer/Herbst/Sowade (Hrsg.), Marshallplan, S. 475–500

Thränhardt, Dieter: Geschichte der Bundesrepublik Deutschland, Frankfurt a. M. 1986.

Toma, Eugenia Froedge / Toma, Mark: Central Bankers, Bureaucratic Incentives, and Monetary Policy: An Introduction, in: Toma/Toma (Hrsg.), Central Bankers, S. 1–7.

Toma, Eugenia Froedge / Toma, Mark (Hrsg.): Central Bankers, Bureaucratic Incentives, and Monetary Policy, Dordrecht 1986.

Toniolo, Gianni (Hrsg.): Central Banks Independence in Historical Perspective, Berlin 1988.

Trausch, Gilbert (Hrsg.): Die Europäische Integration vom Schuman-Plan bis zu den Verträgen von Rom. Pläne und Initiativen, Enttäuschungen und Mißerfolge, Baden-Baden 1993.

Triffin, Robert: Europe and the Money Muddle, New Haven 1957.

Triffin, Robert: The Return to Convertibility: 1926–31 and 1958-? or Convertibility and the Morning After, in: Banca Nazionale del Lavoro Quarterly Review 12 (1959), S. 3–57.

Turner, Ian (Hrsg.): Reconstruction in Post-War Germany. British Occupation Policy and the Western Zones 1945–1955, Oxford 1989.

Turner, Ian: Great Britain and the Post-War German Currency Reform, in: Historical Journal 30 (1987), S. 685–708.

Van der Wee, Herman: Der gebremste Wohlstand. Wiederaufbau, Wachstum, Strukturwandel 1945–1980, München 1984.

Van Rijckeghem, Willy: Benelux, in: Boltho (Hrsg.), Economy, S. 581–609.

Vandeputte, Robert: Economische Geschiedenis van Belgie 1944–1984, Tielt 1985.

Vaubel, Roland: Eine Public-Choice Analyse der Deutschen Bundesbank und ihre Implikationen für die Europäische Währungsordnung, in: Duwendag /Siebke (Hrsg.), Europa, S. 22–79.

Veit, Otto: Die Zukunft des Goldes. Eine Abhandlung über Geld und Währung, Berlin 1937.

Veit, Otto: Kapitalbereitschaft und Kriegsfinanzierung, in: Bank-Archiv 39 (1939/40), S. 522–524.

Veit, Otto: Die Verantwortung der Notenbank, in: Weltwirtschaftliches Archiv 68 (1952), S. 147–177.

Veit, Otto: Grundriß der Währungspolitik, Frankfurt a. M. 1969[3].

Vocke, Wilhelm: Gesundes Geld. Reden und Aufsätze, Frankfurt a. M. 1956.

Vocke, Wilhelm: Der 13. Juli 1931, in: Zeitschrift für das gesamte Kreditwesen 24 (1971), Beilage zu Heft Nr. 13 vom 1. Juli 1971.

Vocke, Wilhelm: Memoiren, Stuttgart 1973.

Vogel, Walter: Westdeutschland 1945–1950, 3 Bde., Koblenz 1956 und Boppard 1983.

Wagenhöfer, Carl: Währungspolitik in der Sozialen Marktwirtschaft, München 1961.

Wallich, Henry C.: Triebkräfte des deutschen Wiederaufstiegs, Frankfurt a. M. 1955.

Wallich, Henry C. / Wilson, John F.: Economic Orientations in Postwar Germany: Critical Choices on the Road towards Currency Convertibility, in: Zeitschrift für die gesamte Staatswissenschaft 137 (1981), S. 390–406.

Wandel, Eckhard: Die Entstehung der Bank deutscher Länder und die westdeutsche Währungsreform. Die Rekonstruktion des westdeutschen Geld- und Währungssystems unter Berücksichtigung der amerikanischen Besatzungspolitik, Frankfurt a. M. 1980.

Watt, Donald C.: Großbritannien und Europa 1951–1959, in: Vierteljahrshefte für Zeitgeschichte 28 (1980), S. 389–409.

Weidenfeld, Werner / Zimmermann, Hartmut (Hrsg.): Deutschland-Handbuch. Eine doppelte Bilanz 1949–1989, Bonn 1989.

Weilemann, Peter: Die Gründung der Europäischen Atomgemeinschaft. Zur Gründungsgeschichte von Euratom 1955–1957, Baden-Baden 1983.

Weiss, Frank D. u. a.: Trade Policy in West Germany, Tübingen 1988.

Welschke, Bernhard: Außenpolitische Einflußfaktoren auf die Entwicklung der westdeutschen außenwirtschaftlichen Beziehungen in der Frühphase der Bundesrepublik Deutschland (1949–1952), in: Knapp (Hrsg.), Bizonengründung, S. 187–286.

Welteke, Marianne: Theorie und Praxis der sozialen Marktwirtschaft, Frankfurt a. M. 1976.

Wexler, Immanuel: The Marshall Plan revisited. The European Recovery Program in Economic Perspective, Westport 1987.

Winand, Pascaline: Eisenhower, Kennedy and the United States of Europe, Basingstoke 1993.

Winkler, Heinrich August (Hrsg.): Politische Weichenstellungen im Nachkriegsdeutschland 1945–1953, Göttingen 1979.

Wolf, Eduard: Die Neuindustrialisierung der Erde und ihre Auswirkungen auf den europäischen Industriekapitalismus, Diss. Münster 1931.

Woyke, Wichard (Hrsg.): Europäische Gemeinschaft. Problemfelder – Institutionen – Politik, München 1984.

Wrede, Viktor: Möglichkeiten und Grenzen monetärer Konjunkturpolitik, hrsg. vom Institut für Wirtschaftsforschung, München 1950.

Wysocki, Josef (Hrsg.): Wirtschaftliche Integration und Wandel von Raumstrukturen im 19. und 20. Jahrhundert, Berlin 1994.

Verzeichnis der Abbildungen

Verzeichnis der Tabellen

Verzeichnis der Abkürzungen

AA	Auswärtiges Amt
ABC	Allied Banking Commission
AHK	Alliierte Hohe Kommission
AKA	Ausfuhrkredit-Gesellschaft mbH, Frankfurt
AST	Stiftung Bundeskanzler-Adenauer-Haus Rhöndorf
AVBRD	Akten zur Vorgeschichte der Bundesrepublik Deutschland
BAK	Bundesarchiv, Koblenz
BAnz	Bundesanzeiger
BBK	Historisches Archiv der Deutschen Bundesbank, Frankfurt
BDI	Bundesverband der deutschen Industrie
BdL	Bank deutscher Länder
Beko-Mark	Beschränkt konvertierbare Mark
BGBL	Bundesgesetzblatt
BIS	Bank for International Settlements, Basel
BIZ	Bank für Internationalen Zahlungsausgleich, Basel
BLEU	Belgium-Luxembourg-Economic-Union
BLPES	British Library of Political and Economic Sciences, London
BMF	Bundesministerium bzw. Bundesminister für Finanzen
BML	Bundesministerium bzw. Bundesminister für Ernährung, Landwirtschaft und Forsten
BMM	Bundesministerium bzw. Bundesminister für den Marshallplan
BMWi	Bundesministerium bzw. Bundesminister für Wirtschaft
BMZ	Bundesministerium bzw. Bundesminister für wirtschaftliche Zusammenarbeit
BoE	Historical Archives of the Bank of England, London
BRD	Bundesrepublik Deutschland
cts.	cents
DIHT	Deutscher Industrie- und Handelstag
DM	Deutsche Mark
ECA	Economic Cooperation Administration
EFTA	European Free Trade Association
EGKS	Europäische Gemeinschaft für Kohle und Stahl
EMA	European Monetary Agreement
EPG	Europäische Politische Gemeinschaft
EPU	European Payments Union
ERP	European Recovery Program
Euratom	Europäische Gemeinschaft für Atomenergie
EVG	Europäische Verteidigungsgemeinschaft
EWA	Europäisches Währungsabkommen
EWG	Europäische Wirtschaftsgemeinschaft
EZU	Europäische Zahlungsunion
FedNY	Historical Archives of the Federal Reserve Bank of New York, New York
FRUS	Foreign Relations of the United States
GATT	General Agreement on Tariffs and Trade
HAEC	Historical Archives of the European Communities, Florenz
HdSW	Handwörterbuch der Sozialwissenschaften
HdWW	Handwörterbuch der Wirtschaftswissenschaften
IHK	Industrie- und Handelskammer
IMF	International Monetary Fund
IWF	Internationaler Währungsfonds
JEIA	Joint Export Import Agency
KfW	Kreditanstalt für Wiederaufbau
LESt	Ludwig-Erhard-Stiftung, Bonn
Libka-Mark	Liberalisierte Kapitalmark

LZB	Landeszentralbank
NAC	National Advisory Council on International Monetary and Financial Policy
NARA	National Archives and Records Administration, Suitland und Washington
NATO	North Atlantic Treaty Organization
NL	Nachlaß
NSDAP	Nationalsozialistische Deutsche Arbeiterpartei
OECE	Organisation européenne du coopération économique
OEEC	Organisation for European Economic Co-operation
OMGUS	Office of Military Government for Germany (US)
PA AA	Politisches Archiv des Auswärtigen Amtes, Bonn
PRO	Public Record Office, Kew
RE	Rechnungseinheit
RM	Reichsmark
TAA	Transferable Account Area (Sterling)
UEP	Union européenne des paiements
VfW	Verwaltung für Wirtschaft
VWG	Vereinigtes Wirtschaftsgebiet
WEU	Westeuropäische Union
WWA	Westfälisches Wirtschaftsarchiv, Dortmund
ZBR	Zentralbankrat
ZBS	Zentralbanksystem

Personenregister